本书受平顶山学院博士科研启动基金项目
"中原城市群早期形成与发展研究"
（项目编号：PXY-BSQD-2018015）资金资助。

河南省会变迁研究

(1951—1957)
——区域政治中心变迁与城市发展的历史考察

张勇 著

中国社会科学出版社

图书在版编目(CIP)数据

河南省会变迁研究:1951-1957:区域政治中心变迁与城市发展的历史考察/张勇著. —北京:中国社会科学出版社,2019.8
ISBN 978-7-5203-4812-6

Ⅰ.①河… Ⅱ.①张… Ⅲ.①省会—变迁—研究—河南—1951-1957 Ⅳ.①K296.1

中国版本图书馆 CIP 数据核字(2019)第 161186 号

出 版 人	赵剑英
责任编辑	张　湉
责任校对	林玉萍
责任印制	李寡寡

出　　版	中国社会科学出版社
社　　址	北京鼓楼西大街甲 158 号
邮　　编	100720
网　　址	http://www.csspw.cn
发 行 部	010-84083685
门 市 部	010-84029450
经　　销	新华书店及其他书店
印　　刷	北京明恒达印务有限公司
装　　订	廊坊市广阳区广增装订厂
版　　次	2019 年 8 月第 1 版
印　　次	2019 年 8 月第 1 次印刷
开　　本	710×1000　1/16
印　　张	26.5
插　　页	2
字　　数	416 千字
定　　价	115.00 元

凡购买中国社会科学出版社图书,如有质量问题请与本社营销中心联系调换
电话:010-84083683
版权所有　侵权必究

目 录

绪论 …………………………………………………………（1）

第一章　河南省会变迁动因 ……………………………（27）
　第一节　开封的历史沿革 ………………………………（27）
　第二节　清、民国开封省会地位的动摇 ………………（35）
　第三节　新中国建立初期河南省会迁移动因 …………（51）
　小结 ………………………………………………………（89）

第二章　郑州市的新省会规划与初步建设 ……………（91）
　第一节　郑州的历史沿革 ………………………………（91）
　第二节　郑州市的新省会规划 …………………………（97）
　第三节　新省会郑州市的初步建设 ……………………（111）
　第四节　城市扩建中的征地 ……………………………（127）
　第五节　省内外积极支援新省会建设 …………………（138）
　小结 ………………………………………………………（148）

第三章　河南省会迁移过程及相关问题解决 …………（150）
　第一节　省会迁移对开封民生经济的影响及政府应对 ………（150）
　第二节　郑州市迎接河南省会迁移的筹备工作 ………（169）
　第三节　省会迁移中的组织工作与组织关系调整 ……（203）

第四节　开封由省会转变为专区 ………………………………（212）
　　第五节　开封市政府接收迁郑单位移交房产场地及其处置 ………（221）
　　小结 ……………………………………………………………（235）

第四章　新省会郑州市的崛起 ………………………………（237）
　　第一节　蒸蒸日上的经济与成长中的技术工人 ………………（237）
　　第二节　突飞猛进的城市建设 …………………………………（251）
　　第三节　与日俱进的教育事业 …………………………………（261）
　　第四节　日趋繁荣的文化事业 …………………………………（275）
　　第五节　日益改善的医疗卫生事业 ……………………………（282）
　　第六节　郑州市人民生活水平的提高及原因分析 ……………（289）
　　小结 ……………………………………………………………（304）

第五章　开封省会地位丧失与发展的滞缓 …………………（306）
　　第一节　发展滞缓的经济 ………………………………………（306）
　　第二节　总体萎缩的教育事业 …………………………………（319）
　　第三节　文化发展走向衰落 ……………………………………（329）
　　第四节　卫生事业发展缓慢 ……………………………………（335）
　　第五节　人口增长缓慢、结构趋向不合理 ……………………（339）
　　小结 ……………………………………………………………（348）

第六章　省会变迁对河南省城市经济文化教育发展的影响 ……（350）
　　第一节　省会变迁对河南省城市经济发展的影响 ……………（350）
　　第二节　省会变迁对河南文化教育发展的影响 ………………（374）
　　小结 ……………………………………………………………（385）

结语 …………………………………………………………………（387）
参考文献 ……………………………………………………………（412）

表 目 录

表 1-1　新中国成立后中国行政区划表 …………………………（58）

表 1-2　新华烟厂组织情况调查表 ………………………………（72）

表 1-3　郑州地区矿藏量及年度生产能力实有情况 ……………（73）

表 1-4　开封市 1948—1953 年工业总产值（按 1952 年不变
　　　　价格计算）………………………………………………（76）

表 1-5　开封市与郑州市工业生产总值增长率对比 ……………（76）

表 2-1　郑州市 1953 年各基建单位目前任务确定情况与
　　　　完成情况统计表 …………………………………………（118）

表 2-2　郑州市 1954 年基本建设计划完成情况综合表 …………（120）

表 2-3　郑州市城市建设用地情况一览表（1951—1957 年）……（129）

表 2-4　第一个五年计划期间基本建设用地的利用情况
　　　　调查综合表 ………………………………………………（135）

表 2-5　郑州市房屋建筑物建筑密度情况表 ……………………（136）

表 3-1　第一批省直迁郑单位（行政单位）统计表 ………………（151）

表 3-2　第一批省直迁郑单位（部队、事企业单位）统计表 ……（152）

表 3-3　开封市第三区省府迁郑情况调查受影响户
　　　　人数统计表 ………………………………………………（160）

表 3-4　开封市第四区省府迁郑情况调查受影响户
　　　　人数统计表 ………………………………………………（160）

表 3-5　迁汴人员需要汴市供应物资计划表 ……………………（215）

表3-6　1954年省属单位迁郑交回房产统计表 …………………（221）
表4-1　郑州市工业企业数、工业总产值一览表
　　　　（1952—1957年）………………………………………（239）
表4-2　郑州市城市建设局1953—1957年基本建设投资计划 ……（260）
表4-3　郑州市电影院解放后发展情况表 ……………………（278）
表4-4　郑州市卫生事业基本情况 ……………………………（284）
表4-5　郑州市每千人中占有床位及医师情况 ………………（285）
表4-6　郑州市各公立医院几年来发展情况统计表 ……………（287）
表4-7　1951年和1956年郑州市居民消费结构对比……………（290）
表4-8　1951年和1956年郑州市居民食用品每人
　　　　平均消费量 …………………………………………（291）
表4-9　1951年和1956年郑州市居民非食用品每人
　　　　平均消费量 …………………………………………（292）
表4-10　1949—1956年郑州市实有住宅增长情况 ……………（293）
表4-11　郑州市1950—1956年年底人均居住面积统计表 ……（294）
表4-12　郑州市基本建设投资计划调查表 ……………………（301）
表4-13　郑州市1957年基本建设计划调查统计表 ……………（302）
表5-1　1957年度分专、市工业总产值（按1957年不变
　　　　价格计算）…………………………………………（307）
表5-2　开封市1948年至1955年工业总产值 …………………（308）
表5-3　郑州市1948年至1955年工业总产值 …………………（309）
表5-4　1957年度工业企业单位数及职工人数 ………………（311）
表5-5　1953年至1957年新增职工固定人数 …………………（311）
表5-6　基本建设投资额——按地区分（一）…………………（313）
表5-7　河南省建筑工程局1953—1957年限额以下建设
　　　　单位一览表 …………………………………………（314）
表5-8　1953—1957年开封市基建拨款表 ……………………（317）
表5-9　开封邮电历年财务收支情况统计表 …………………（318）

表 5-10	河南省幼儿园教育事业分专市计划	(319)
表 5-11	河南省小学教育事业分专市计划	(320)
表 5-12	河南省初中教育事业分专市计划	(322)
表 5-13	河南省公立高中教育事业分专市计划	(323)
表 5-14	开封市与郑州市中等专业学校对比(1949—1957)	(324)
表 5-15	河南省职工业余文化教育分专市计划(1958年度)	(326)
表 5-16	开封市与郑州市高等教育对比	(327)
表 5-17	开封市1952年至1955年博物馆广播站实有数	(331)
表 5-18	开封市1952年至1955年剧场变化情况表	(332)
表 5-19	开封市1952年至1955年电影事业放映情况表	(333)
表 5-20	1952年至1955年开封市剧团杂技团变化情况表	(334)
表 5-21	20世纪50年代开封卫生医疗机构基本情况	(336)
表 5-22	开封市1950—1957年卫生事业费预算执行情况统计表	(338)
表 5-23	1949—1957年郑州市与开封市人口对比	(340)
表 5-24	开封市历年来各类人口所占比重	(341)
表 5-25	开封市历年来各类人口的增减变化	(342)
表 5-26	开封市平均每个基本人口与服务、抚养人口的比例	(342)
表 5-27	郑州市基本人口发展情况	(345)
表 5-28	郑州市历年来人口的增减变化	(345)
表 5-29	开封市与郑州市主要人口结构对比	(346)
表 6-1	"211工程"高校名单	(381)
表 7-1	近现代以来国外政治中心城市变化情况表	(392)

图 目 录

图 1-1　1949—1951 年河南省政区图 …………………………（62）
图 1-2　1878—1948 年中国铁路分布图 …………………………（64）
图 1-3　郑州交通区位示图 ………………………………………（70）
图 6-1　河南省政区图 ……………………………………………（351）

绪　　论

一　研究缘起及意义

马克思主义政治经济学认为"经济基础决定政治，政治反作用于经济"[①]，新中国建立初期河南省会的变迁可以说正是马克思主义政治经济学在现实中的具体体现。在新中国建立初期，为了适应国家大规模经济建设的需要，河南省委向中南军政委员会以及政务院提出把省会从开封迁到交通便利、发展前景较好的郑州市，这一提议后获得批准。河南省会由开封迁往郑州市，是河南省委在综合了经济、交通等多种因素后做出的慎重决定，其中郑州市经济发展的优势是其主要动因。河南省会迁到郑州，对郑州开封两市以及河南省的经济和文化教育发展产生了深远的影响。河南省会变迁在中华人民共和国建立初期并非个例，新中国建立初期还有七个省或自治区的省会或首府发生了变迁，即内蒙古、黑龙江、吉林、河北、江苏、安徽、广西等省或自治区的省会或首府都在新中国建立初期进行了调整。成为新省会的城市无一例外都得到了发展，迁出省会的城市则发展缓慢，或者从此衰落。显然，一个城市如果成为区域政治中心，对它发展的推动作用是巨大的，而失去区域政治中心地位的城市，则会发展乏力。有学者认为："在高度集中的权力配置机制下，一方面，城市发展的动因受到国家权力的强烈干预和影响，由于城市自身权力匮乏，只能依赖由国家配置的公共权力作为城市聚集的引力源，使得城市发展严重依赖于国家权力（尤其是行政权力），一旦

[①]　马克思：《〈政治经济学批判〉序言》，《马克思恩格斯文集》第2卷，人民出版社2009年版，第591页。

缺乏国家权力（未作为政区治所或高等级治所），则自身动力严重缺乏，致城市萎缩；另一方面，公共权力高度集中于各级治所所在地的城市，那么，相应地，政区等级越高，权力积聚越多，则城市发展动力越强，城市规模也越大，导致城市体系与政区体系高度一致性"。[①] 由此我们可以解释区域政治中心对一个城市发展的重要性，而且在计划经济体制下，这种城市体系与政区体系的高度一致性表现得更加明显，"1949年以来的中国城市规模分布还受到经济体制的深刻影响。在传统的计划经济体制下，所有决策集中到中央政府，然后通过各级行政机构层层下达执行，这样，50年代以来，我们行政中心城市的发展一直很快。"[②] 因此，什么样的城市能成为区域政治中心城市，它需要具备什么样的条件？区域政治中心功能是如何对一个城市的发展产生影响的？这就是本书研究的旨趣所在。

探讨和研究中华人民共和国建立初期河南省会变迁有三个层面的意义：

其一，从本书研究的学术价值来讲，河南省会变迁是新中国建立后河南政治经济和社会生活中的大事，可以称得上是一个重大的历史事件。在这个事件中有许多值得探讨的问题，河南的政治中心为何会在新中国建立初期由开封迁往郑州？开封作为七朝古都，在元明清以及民国时期都是河南的政治中心，到新中国建立初期为什么会失去区域政治中心地位？这一领域缺乏专著，而地方志的记载也不详细，这使人们对这一事件的来龙去脉了解得不是很清楚，因此这其中的历史动因是值得探讨的。

其二，从城市史的角度，探索近现代城市政治功能的变化对现代城市发展的影响是本书研究的又一目的。学者何一民通过研究得出：城市的出现从起源之时起就与其政治地位密不可分，很多城市就是统治者为

[①] 范今朝：《仁政必自经界始——中国现当代城市化进程中的行政区划改革若干问题研究》，浙江大学出版社2011年版，第100页。

[②] 宁越敏等：《中国城市发展史》，安徽科学技术出版社1994年版，第544页。

了构建政治中心而兴建的。其次，统治集团的行政推力是古代城市发展的最大动力。这主要表现为城市的发展需要依靠政治、军事的力量等"权威性资源"来集聚各种资源和发展动力，即依靠这些政治权力获得资本、劳动力和聚集人口，所以政治中心通常比其他类型的城市发展得快。故农业时代中国作为政治中心的城市通常比其他类型的城市发展得快。农业时代中国政治中心城市优先发展成为一条规律，即作为政治中心的城市总能得到优先发展。① 中国城市发展的这条规律从新中国建立初期的计划经济时代到今天仍然在发挥作用，中华人民共和国建立初期，开封作为河南省省会，其城市规模、人口数量、经济水平远远超过郑州市，但自从1954年10月河南省会由开封迁至郑州后，郑州一跃成为中原的大都会，而开封则发展缓慢，沦为三四线城市。这除了郑州的交通区位优势之外，城市政治功能的变化也是其城市地位变化的重要原因之一。凡是成为全国或区域政治中心的城市都将获得优先发展，一旦失去政治中心的地位，城市就会衰落。② 事实上，当代区域政治中心功能对城市发展的影响无处不在，现在很多城市在发展扩张的过程中往往要建立新城区，如何使相对荒凉的、人烟稀少的新城区迅速发展起来成为政府部门不得不思考的首要问题，于是很多地方政府在建新城区的同时也首先考虑把政府部门迁过去，从而在新城区形成一个新的区域政治中心来带动新城区的快速发展，这不得不说是区域政治中心功能在当今社会的具体体现。区域经济理论认为，区域中心城市发展的规模与水平取决于该城市与城市辅地即经济区之间联系的广度与深度以及在这一经济区中的位置，区域经济是城市赖以存在的基础，区域经济越发展，城市也越繁荣；相应地，城市越繁荣对周围地区社会活动的吸引力也越大，并带动区域经济的发展。③ 因此，通过本书的研究来探讨在区域经

---

① 何一民：《从政治中心优先发展到经济中心优先发展》，《西南民族大学学报》2004年第1期。
② 何一民：《近代中国衰落城市研究》，四川出版集团巴蜀书社2007年版，第4页。
③ 王明德：《从黄河时代到运河时代：中国古都变迁研究》，四川出版集团巴蜀书社2008年版，第336页。

济发展的过程中，如何选择一个比较适合的城市作为区域政治中心城市？如何尽量避免对失去区域政治中心地位城市发展的影响？总之，探讨如何利用好城市的区域政治中心功能来促进城市发展是大有裨益的。

其三，本书的研究对于更好地理解和执行国家的中原城市群发展战略以及推动郑汴一体化具有重要现实意义。20世纪50年代的河南省会迁郑是中原城市群得以形成的历史基础与造成开封衰落的重要原因之一。在当代，河南省委、省政府提出了建设中原城市群、推进郑汴一体化的发展思路。其中中原城市群发展思路是河南省委、省政府在2003年提出的。2003年8月15日河南省委、省政府制定的《河南省全面建设小康社会规划纲要》提出了实施区域性中心城市带动战略、加快中原城市群发展、实现中原崛起的发展思路，确定以郑州为中心，并由一个半小时经济圈内的开封、洛阳、新乡、焦作、许昌、平顶山、漯河、济源9个省辖市组成中原城市群。[①] 这一区域土地面积和人口分别占全省的35.1%和40.4%，创造了全省55.2%的生产总值和55%的财政收入，城镇化水平为35.5%，是河南经济发展的核心区。[②] 中原城市群是2012年设立的中国首个内陆城市群，是中国9大区域性城市群之一。它是以郑州为中心，以洛阳为副中心，以开封、新乡、焦作、许昌、平顶山、漯河、济源等地区性城市为节点的紧密联系圈。中原城市群也是河南省乃至中部地区承接发达国家及中国东部地区产业转移、西部地区资源输出的枢纽和核心区域之一，并将成为参与国内外竞争、促进中部崛起、辐射带动中西部地区发展的重要增长极。[③] 2016年12月28日国务院发布通知，原则上同意国家发改委报送的《中原城市群发展规划》，这意味着中原城市群正式上升为国家战略，标志着中原城市群已

[①] 吴宏亮、葛凯丽：《郑汴都市区建设与中国中部地区的现代化》，《城市和郊区的现代化——第十二期中国现代化研究论坛论文集》，2014年。

[②] 李杰、戴鹏：《培育发展平台 助推中部崛起 河南构筑中原城市群经济隆起带》，《人民日报》2004年5月21日第1版。

[③] 李纲、张曦编：《河南省产业机构优化升级研究 基于承接产业转移的视角》，社会科学文献出版社2014年版，第202页。

经不再局限于河南一省，已经是包括河北、山西、安徽、山东周边四省12个城市，即河北省邯郸市、邢台市、山西省长治市、晋城市、运城市，安徽省宿州市、淮北市、阜阳市、亳州市、蚌埠市，山东省聊城市、菏泽市，以及河南省18个省辖市在内的国家级的城市群，与京津冀、长三角、珠三角等城市群同样为国家七大城市群之一，郑州市也获得建设国家中心城市的支持。① 省会迁郑是中原城市群形成的历史基础，因此，开展此方面的相关研究，具有重要的现实意义。

郑汴一体化发展思路是河南省发改委在2005年4月17日召开的中原城市群规划开封专题座谈会上首先提出的。当时河南省发改委受河南省委、省政府委托召开了这次座谈会。在这次座谈会上，"一体化"这个概念在中原城市群规划中先后两次被提到。这个规划是这么描述的，"在中原城市群的总体规划中，应将开封作为郑汴一体化的功能城市，将郑州的部分教育职能逐步向开封转移，在郑州不再增加高等教育用地，使开封成为郑州都市圈的教育基地，实现一体化发展。""开封市中心距郑州市中心72公里，两城市边界处相隔不足40公里，属于45分钟通勤圈，在郑州的极化效应下，大量要素流向郑州。如果这种情况不得到及时改变，那么开封的发展将会受到严重的制约。所以开封要从自身的优势出发，扬长避短，在发展自身优势产业的同时，改变目前发展的被动局面，通过与郑州经济一体化，吸引和利用郑州的各种要素，促进开封的发展。"②

中原城市群、郑汴一体化发展战略正是依据历史和现实提出的。其一，省会郑州的中心位置是1954年省会迁移后形成的。在此之前，开封是河南省的省会，但开封位于豫东，位置偏东，而郑州市的地理位置

---

① 引自国务院《国务院关于中原城市群发展规划的批复》国函〔2016〕210号，主体分类：国民经济管理、国有资产管理/宏观经济，网站：www.gov.cn，发布日期：2016年12月30日。国家发展与改革委员会《关于印发中原城市群发展规划的通知（发改地区〔2016〕2817号）》及附件《中原城市群规划》，网址：http://www.ndrc.gov.cn/zcfb/zcfbtz/201701/t20170105_834444.html，发布日期：2017年1月5日。

② 《河南省全面建设小康社会规划纲要》，《河南日报》2003年8月20日第1版。

适中，且位于河南省一些重要工业城市的相对中心位置，因此河南省会迁郑对形成河南今天的城市发展布局是有重要影响的，没有20世纪50年代的河南省会迁郑，也就没有今天的中原城市群概念。其二，河南省会迁郑，对开封市是有着重要影响的。"1954年省会西迁，开封由省会城市降为地方中心城市，政治地位下降，经济持续滑坡。从纵向上看，尽管经过新中国成立后几十年的发展，开封已建设成为一个以轻工、纺织、农机等为主的工业城市，城市面貌发生了很大变化，但与全省同时期的其他城市相比，发展迟缓，经济总量落后。这是开封城市发展史上重要的衰落时期"，可见开封市在现代发展缓慢，其中失去省会城市功能是其重要原因之一。"2005年至今。随着河南省委、省政府加快实施的'郑汴一体化'战略决策，以及近期提出的'郑汴核心都市区'规划，开封迎来了新的发展机遇，经济开始逐步复苏，城市面貌有所改观"①，实行郑汴一体化也可以说是利用郑州市的政治经济辐射功能来带动开封市的发展，是对开封历史地位的一种补偿。因此，对河南省会迁郑的研究，将有助于我们更好地理解中原城市群以及郑汴一体化发展战略。

二 学术研究回顾与分析

（一）有关中国城市史的研究

省会变迁终究是城市地位的变迁，因此，从学术史上追根溯源，我们不得不提到城市史。国外城市史的研究兴起于19世纪末20世纪初的美国，第二次世界大战后在欧美地区有了进一步发展。到20世纪六七十年代取得了长足的进展，有关城市史的著作增长迅速，据统计，20世纪60年代按平均年度计算突破了500种，70年代中期为1000种，1982年已经达到1400种。②

中国是世界城市发源地之一。古代城市之多，规模之大是世界上所罕见的。我国史学的宝库也不乏有关城市的记载，蕴藏着丰富的城市史

---

① 吴鹏飞：《开封城市生命周期探析》，《江汉论坛》2013年第1期。
② 何一民：《中国城市史·序》，武汉大学出版社2012年版。

资料。有《洛阳伽蓝记》《东京梦华录》《都城纪胜》《长安志》《历代帝王亲记》《宋东京考》《河南通志》等专门以描写城市为内容的史籍，还有"三言二拍"《红楼梦》《老残游记》以及班固的《两都赋》、张衡的《二京赋》、左思的《蜀都赋》等名著，对历代京都与通都大邑做了很有史料价值的描述。但是我国古代没有产生独立的城市学、城市史学。

近代以来，一些外国人写过有关汉口、上海等城市的研究论著。到了20世纪二三十年代，我国还出现过上海史研究的高潮，著名学者梁启超对都会历史也有一些研究。但从严格意义上说，国内学术界并没有形成城市史的专著。就上海而言，近世以来，除了若干论文以外，专史则有法国人写的上海史，英国人写的上海史，日本人写的上海史，但这些研究成果则为公共租界史或法租界史，有的侧重于地理历史或只及于社会现象，而无完整的上海史，更无中国人写的上海史。一些文史游记类作品，如《天津指南》《武汉指南》《上海指南》《拉萨见闻》《成都导游》《雄伟的南京》《重庆风光》等作品，其内容和主旨与城市史学科的构建尚有很大的距离。因此，近代中国无独立的城市学、城市史学。新中国成立后三十多年，出于各种原因，这一领域亦为研究视野所不及。

进入20世纪80年代以后，随着我国城市化进程的发展，国家经济建设大潮与史学界改革要求相结合，驱动了我国城市史研究的构建。有关中国古都及历史文化名城的研究、中国城市起源的考古研究，以及个体和地区的城镇研究不断推出了新的成果。尤其是在国家"七五"哲学社会科学规划中将中国近代城市研究纳入国家项目，并将沪、津、汉、渝四个城市列为首批课题，从而开辟了新中国有组织、有计划地研究城市史的新局面。国家"八五"哲学社会科学规划又将中国近代不同类型城市综合研究、东南沿海城市研究、华北沿海城市研究、中国古代城市发展的考古学研究、城市学等列为重点课题，[①] 强化了我国城市

---

① 何一民：《中国城市史纲》，四川大学出版社1994年版，第3页。

史学的构建工作，引导了一批有关城市史研究的专著、论文，初步构建起了我国的城市史学科。当前我国学术界对城市史的研究主要集中在以下两个方面：

第一，对全国性或局部城市进行整体性研究。在当代的城市史研究中，对全国性城市进行整体研究的著作以四川大学何一民的《中国城市史纲》①《近代中国衰落城市研究》②《从农业时代到工业时代：中国城市发展研究》③ 及《中国城市史》④ 等著作较为系统深入。《中国城市史纲》对中国城市产生、发展的整体历程进行了全面论述，将中国城市发展的历程归纳为三个时期：从原始社会末期到春秋战国时期为"城市产生和初步发展时期"，从秦代到清代鸦片战争前的时期为"古典城市发展时期"，从鸦片战争到1949年为"传统城市向近代城市过渡时期"。《近代中国衰落城市研究》交叉运用历史学、区域经济学、城市经济学、城市地理学、社会学、生态学等多学科的理论和方法，深度挖掘史料，将理论与史料相结合、纵向研究与横向研究相结合、定性分析与定量分析相结合、系统分析与对比分析相结合、微观研究与宏观分析相结合，对中国近代衰落城市进行了全面、系统、科学的剖析，是一部论述有力、观点新颖、结构完整的著作。《从农业时代到工业时代：中国城市发展研究》这部著作主要介绍了20世纪中期，西方主要发达国家已经有80%左右的人口工作、生活在城市当中。这是他们已经完成了城市化进程的结果。而到20世纪末期，全世界已经有约50%的人口居住、工作、生活在城市当中，其中包括中国、印度等国家在内的亚洲、非洲、拉丁美洲的一些发展中国家的城市化进程也进入了高速发展时期。《中国城市史》对中国城市发展的历史进行了全方位把握和科学分期，全面阐述了中国城市的缘起以及数千年的发展演变过程，尽可能

---

① 何一民：《中国城市史纲》，四川大学出版社1994年版，第3页。
② 何一民：《近代中国衰落城市研究》，四川出版集团巴蜀书社2007年版。
③ 何一民：《从农业时代到工业时代：中国城市发展研究》，四川出版集团巴蜀书社2009年版。
④ 何一民：《中国城市史》，武汉大学出版社2012年版。

地展现各个时代中国城市的不同特点，为漫长而复杂的中国城市历史梳理出一条较为清晰的脉络。

何一民的这些著作得到了国内同行专家的高度评价，知名学者章开沅、马敏、隗瀛涛、傅崇兰、张仲礼等认为："是一部很有学术价值的开创性著作"，"标志着他在这一领域处于全国同行领先地位"，"填补了城市史研究的一个空白，对中国城市史学科的构建，具有很大意义"。①

此外，对局部城市进行整体性研究的著作有李润田的《河南城市的整体发展与布局》②、刘吕红的《清代资源型城市研究》③、侯宣杰的《清代广西城市发展研究》④ 等。这些著作分别对局部城市的发展布局、功能变化等进行了研究。

上述对我国全国性城市进行整体性研究的著作系统探讨了中国城市的起源、发展、衰落、城市化、城市发展分期等一般规律性的内容；对局部城市进行整体性研究的著作则对局部城市发展的特点、布局以及影响其发展的因素进行了探讨。这些相关研究对我们了解中国城市发展的一般性规律有重要启示。

第二，对具体的或单个的城市进行研究。随着学术界对城市史研究的重视，出现了一批对具体的城市进行研究的城市史著作，它们是：陈桥驿的《中国七大古都》⑤ 是针对安阳、西安、洛阳、开封、南京、杭州、北京等中国七大古都城市所写的专著，这部著作对每一古都的历史、地理、人文、掌故等都进行了全面、系统的描述，内容极为丰富多彩，文字较为精练生动。隗瀛涛的《近代重庆城市史》⑥ 是新中国成立以来首批研究中国近代城市史的学术专著，对重庆城市的地域结构、经

---

① 何一民：《从农业时代到工业时代：中国城市发展研究》，四川出版集团巴蜀书社2009年版，作者简介。
② 李润田：《河南城市的整体发展与布局》，河南教育出版社1994年版。
③ 刘吕红：《清代资源型城市研究》，四川出版集团巴蜀书社2009年版。
④ 侯宣杰：《清代广西城市发展研究》，四川出版集团巴蜀书社2011年版。
⑤ 陈桥驿：《中国七大古都》，中国青年出版社1991年版。
⑥ 隗瀛涛：《近代重庆城市史》，四川大学出版社1991年版。

济、政治、社会、文化等五个方面进行了系统而深入的探讨。程子良、李清银主编的《开封城市史》①记述了开封城市建立、发展演变的历史过程。罗澍伟的《近代天津城市史》②讲述了天津近代城市化的历史。皮明庥主编的《近代武汉城市史》③较为详细地介绍了武汉近代城市的发展史，内容包括武汉城市空间形体的演变、城市历史的演变、城市大小的演变、城市经济文化的演变等方面。张学军、张莉红的《成都城市史》④对新中国成立以前的成都历史进行了系统而深入的研究，是第一部比较完整的成都城市史。何一民主编的《变革与发展：中国内陆城市成都现代化研究》⑤选取中国西部内陆中心城市成都为个案进行研究，以现代化为主线，对成都市从传统的消费性城市转变为现代化综合性中心城市的现代化变迁过程进行了全面描述，从而使读者对成都的城市现代化进程有了一个较为全面的认识。张仲礼著《近代上海城市研究（1840—1949）》⑥比较完整、全面地讨论了上海城市，研究时段贯串整个近代，囊括上海经济、政治、社会、文化等各个方面。李民等编写的《郑州古代都城》⑦探讨了古代郑州的地理位置、生态环境，并综合分析和研究了郑州地区发现的数座具有都城性质的古代城址的文化内涵、基本面貌、性质特点以及历史地位和学术价值等，特别是重点关注了郑州商代都城、登封王城岗夏代早期都城、两周时期的郑韩故城等重要城市遗址。陈隆文的《郑州历史地理》⑧对郑州及其城市发展过程中的相关历史地理问题进行了全面、系统、深入的研究，并对郑州历史地理研究的学术框架进行了初步构建。陈平原等编的《开封：都市想象与文化

---

① 程子良、李清银：《开封城市史》，中国社会科学出版社1993年版。
② 罗澍伟：《近代天津城市史》，中国社会科学出版社1993年版。
③ 皮明庥：《近代武汉城市史》，中国社会科学出版社1993年版。
④ 张学军、张莉红：《成都城市史》，成都出版社1993年版。
⑤ 何一民：《变革与发展：中国内陆城市成都现代化研究》，四川大学出版社2002年版。
⑥ 张仲礼：《近代上海城市研究（1840—1949）》，上海文艺出版社2008年版。
⑦ 李民、岳红琴、张兴照：《郑州古代都城》，河南大学出版社2008年版。
⑧ 陈隆文：《郑州历史地理》，中国社会科学出版社2011年版。

记忆》》①从多个视角对"开封"进行了精彩解读,兼及古今中外,侧重史学,兼具有文学色彩。上述著作分别对各个城市的起源、发展、近代化、现代化等方面进行了探讨,有助于我们了解具体或单个城市的发展变迁历程。

从总体上看,我国城市史研究起步较晚,研究还比较薄弱,就目前的成果看,个体城市研究的成果较多,区域乃至全国性的成果较少;专题研究的成果较多,整体研究的成果较少,因而还是有比较大的拓展空间,比如:其一,关于近现代城市比较研究。我国城市发展的区域不平衡使开展比较研究有很大的空间,尤其是进行城市经济、文化、教育等发展的动态的比较研究,进而探讨影响现代城市发展的因素。其二,省会城市研究。省会城市是重要的区域政治中心城市,其自身具有本区域重要的政治、经济、资源等优势,具有带动性、集聚性、开放性和示范性等特点。加强以省会城市为中心的区域经济和文化一体化进程是必然趋势。由于省会城市具有重要的地位和作用,因而对省会城市开展研究具有较大的学术价值;近些年在经济学、社会学、人文地理学等各个领域出现了省会城市研究的热潮,省会城市建设和发展思路、省会城市经济发展、省会城市的文化建设、省会城市的中心性作用、省会城市群发展等方面涌现出大量的研究成果。但当今历史学界对省会城市的研究成果还非常薄弱,因此开展对省会城市的研究还是有相当大的拓展空间。

(二) 国内有关中国政治中心城市变迁的研究

有关政治中心城市变迁的研究作为城市史研究的一个分支,国内学术界对其研究还相当薄弱,还是有待加强研究的一个领域。相关著作有:王明德的《从黄河时代到运河时代:中国古都变迁研究》②,这部著作对中国古都的变迁进行了系统的研究梳理,着重探讨了都城文明变

---

① 陈平原、王德威、关爱和:《开封:都市想象与文化记忆》,北京大学出版社2013年版。
② 王明德:《从黄河时代到运河时代:中国古都变迁研究》,四川出版集团巴蜀书社2008年版。

迁的内在经济动因及经济重心的关系，对中国古代都城文明的时空演进过程作了整体动态的把握，并提出了黄河时代与运河时代两个新的概念，作者认为中国古代都城文明发展经历了两个巨大的时空转换过程。吴殿廷的《定都与迁都：兼论中国迁都问题》① 对定都北京的利与弊进行了全面分析，并对当今迁都的可行性进行了探讨。镇江市历史文化名城研究会编著的《民国江苏省会镇江研究》② 是一部全面记述民国时期江苏省会城市镇江各方面情况的研究专著，该书较为系统深入地阐述了镇江被确定为江苏省省会的经过与历史背景，并对民国时期江苏省会镇江的城市建设、经济、科技、社会事业、文化遗产、专制政治等方方面面有较为详实的介绍。朱军献的《因革之变：中原区域中心城市的近代变迁》③ 采用法国历史学家布罗代尔的区域整体史观，以区域系统环境的整体变迁为背景，对区域中心城市的变动更替开展研究；以近代河南的区域政治文化中心城市开封、经济中心城市朱仙镇与新兴的区域中心城市郑州之间发生更替的历史理路与轨迹为重点考察对象，并对影响区域政治中心城市更替、城市结构关系发生变动的深层次力量、动因及规律等方面进行探讨。相关论文有：孙泽学的《北伐战争中迁都之议研究的几个问题》④ 对广州国民革命政府迁都武汉之议进行了探讨；何一民、范瑛的《从府城到省会：清代苏州行政地位之变迁》⑤ 对苏州在清代城市地位的变化进行了探讨，并分析了原因。沈伟涛的硕士论文《中华人民共和国成立后河北省会变迁研究》⑥ 全文共分三章，第一章以中华人民共和国建立为分界点，分别对两个时间段的河北省会变迁的历史

---

① 吴殿廷等：《定都与迁都——兼论中国迁都问题》，东北师范大学出版社2008年版。
② 镇江市历史文化名城研究会编著：《民国江苏省会镇江研究》，江苏大学出版社2010年版。
③ 朱军献：《因革之变：中原区域中心城市的近代变迁》，山西出版传媒集团·山西人民出版社2013年版。
④ 孙泽学：《北伐战争中迁都之议研究的几个问题》，《史学月刊》2008年第8期。
⑤ 何一民、范瑛：《从府城到省会：清代苏州行政地位之变迁》，《天府新论》2009年第5期。
⑥ 沈伟涛：《中华人民共和国成立后河北省会变迁研究》，硕士学位论文，青海师范大学，2016年。

进行了简要论述；第二章从历史、政治、经济等三个方面对河北省会变迁的原因进行了探讨；第三章主要论述了省会变迁对石家庄市和保定市的影响。

这些著作或论文对引起政治中心城市变迁的原因、条件或对变迁产生的影响进行了探讨，了解相关研究使我们对引起政治中心城市变迁的相关因素有了一个基本的理解，从而为本书的研究提供一些借鉴。

直接写河南政治中心变迁的论文只有谢晓鹏的《1954年河南省会由汴迁郑的历史考察》[①] 一文，谢晓鹏对河南省会由汴迁郑原因、经过、影响进行了简要叙述，但鉴于其篇幅，内容写得极为宽泛，分析也不是很深入，许多问题有待拓展。

其次是一些内容涉及河南政治中心变迁的论文。它们是：王发曾的《开封市的衰落与振兴》[②] 对影响开封城市衰落的原因以及振兴的机遇进行了探讨。朱军献的《边缘与中心的互换——近代开封与郑州城市结构关系变动研究》[③] 着重考察了影响近代中原地区区域中心城市变动的三种结构因素，即地理因素变迁、经济社会运动和政治关系重构等三种因素，并认为它们之间存在着一种循环关系，并且这三种关系依照历史时序的推进，相继介入发生作用，成为开封与郑州城市的结构关系发生本质性变动的重要推手。吴鹏飞的《开封城市生命周期探析》[④] 探讨了从古至今影响开封城市发展兴衰的因素，并对原因进行了分析。这些论文虽非专门探讨河南省会变迁的专题论文，但其内容对河南省会变迁给开封、郑州城市发展带来的影响等方面均有不同程度的涉及。

目前还没有发现有关河南省会变迁的专题硕博论文，只有内容涉

---

① 谢晓鹏：《1954年河南省会由汴迁郑的历史考察》，《当代中国史研究》2011年第6期。
② 王发曾：《开封市的衰落与振兴》，《城市问题》1986年第2期。
③ 朱军献：《边缘与中心的互换——近代开封与郑州城市结构关系变动研究》，《史学月刊》2012年第6期。
④ 吴鹏飞：《开封城市生命周期探析》，《江汉论坛》2013年第1期。

河南省会城市的硕士论文数篇，它们是：宋谦的《铁路与郑州城市的兴起》①，尚姗姗的《京汉铁路与沿线河南经济变迁（1905—1937）》②，杨菲的《郑州城市规划与市政建设的历史考察（1908—1954）》③，刘艳萍的《郑汴一体化背景下开封产业选择研究——基于历史比较的视角》④ 等，这些硕士论文并非专门研究河南省会变迁的专题论文，但内容对河南省会迁郑的原因以及影响等方面有所涉及。

其次是文史资料、报纸上刊载的一些关于河南省会变迁的回忆性、纪念性文章。较早的是一些当事人的回忆性文章：萧枫的《省会迁郑纪事》中（《郑州文史资料》1993 年第 14 辑）当事人记叙了当年省会由开封迁往郑州的一些事件细节。王均智、萧枫的《五十年代前期郑州市的城市规划和省会迁郑》（《河南文史资料》2000 年第 1 辑）中，作者以当事人身份对当年的郑州城市规划以及省会迁郑的经过进行了回顾。报纸及杂志也登发了一些纪念性、回忆性文章：孟冉的《"解密档案"报道之一：开封到郑州省会大搬迁》（《大河报》2007 年 1 月 10 日）这篇报道通过对事件经历者的采访，对当年的搬迁过程进行了追忆；杨敏的《汴河水带走省会离去的忧伤——河南省会迁离开封往事》（《决策》杂志 2008 年第 7 期）略述了省会迁离开封对开封城市发展产生的巨大影响；今明大的《省会迁离开封往事》（《瞭望东方周刊》2011 年 11 月 21 日）通过对相关当事人的采访，对当年的一些事件进行了回忆；《1954 年河南省会迁离开封》（《党建文汇》2012 年下）简单记述了省会迁离开封经过；朱金中的《地理和经济因素造就新省会》（《大河报》2013 年 6 月 18 日）中记者通过使用部分档案资料对河南省会由汴迁郑的原因进行了探讨；孙斌的《省会迁郑 60 年——郑州解放后便被内定

---

① 宋谦：《铁路与郑州城市的兴起》，硕士学位论文，郑州大学，2007 年。
② 尚姗姗：《京汉铁路与沿线河南经济变迁（1905—1937）》，硕士学位论文，华中师范大学，2008 年。
③ 杨菲：《郑州城市规划与市政建设的历史考察（1908—1954）》，硕士学位论文，郑州大学，2011 年。
④ 刘艳萍：《郑汴一体化背景下开封产业选择研究——基于历史比较的视角》，硕士学位论文，河南大学，2013 年。

为省会》(《大河报》2014年7月24日)通过采访一些当事人,对省会由汴迁郑的原因进行了探讨;李凌的《郑汴轮回:省会迁郑的开封情节》(《东方今报》2014年10月14日)对开封悠久的历史和文化进行了回顾。当事人和记者撰写的回忆性、纪念性文章虽非专题论文,但他们的成果为我们开展学术性研究提供了一些有价值的资料和线索。

通过回顾已有的研究成果可以看出国内学术界关于省会变迁的研究是相当薄弱的。首先,研究成果的数量非常少。以往学术界研究政治中心变迁的著作,也往往是关于都城变迁,且大都是概括性的,没有专门研究具体政治中心城市变迁的成果。关于省会变迁的研究,至今没有出现一部专题研究著作,仅有论文数篇。其次,研究的广度有待加强。从当前学术界关于政治中心城市变迁的研究成果来看,其研究领域大多关注都城变迁。对于省会、地级市以及县城等区域政治中心城市的变迁则关注不够,在这些领域研究成果很少,或者是没有研究成果。因此,对于区域政治中心城市变迁的研究,是有待加强的领域。再次,研究的深度有待加强。从发表的关于省会变迁的学术论文看,或是写得比较宽泛,不系统、不深入;或是只对关于省会变迁的某方面的因素进行了探讨;缺乏关于省会变迁的全面的、系统的、深入的研究。

(三) 海外及港台相关研究

台湾、香港等地的学者,也注意到内地城市史的研究。台湾学者刘石吉著《明清时代江南市镇研究》[①] 以江南市镇的发展为线索开展研究,探讨与说明中国社会内部的"传统内变迁",力图从中国社会内部来探求历史发展的动因。谢敏聪先生所著《北京的城垣与宫阙之再研究》[②] 以明清时期的城垣与正式宫殿为研究对象,展开深入研究。尤其注重对北平城址演进的研究,并对现存宫阙规制加以论述,其中对于清朝规制尤为详述,并进一步从都市的文化地位、规建思想、制度渊源加

---

① 刘石吉:《明清时代江南市镇研究》,中国社会科学出版社1987年版。
② 谢敏聪:《北京的城垣与宫阙之再研究》,台湾学生书局1989年版。

以探究，详尽论述了500年来北京城垣、宫阙制度的渊源和变革。香港学者如宋肃懿女士的《唐代长安之研究》① 对唐代长安城市布局、街市、民屋建筑、皇城等方面进行了详尽的研究。梁元生《晚清上海：一个城市的历史记忆》② 以清末民初的上海为选点，进而对近代中国城市在现代化的历史行程中所产生的急剧变化以及所需要面对的严峻挑战进行了探讨。

西方学者对中国城市史研究也给予了关注，其中以美国学者研究成果较多。美国芝加哥大学地理系鲍尔·惠特利教授在其巨著《四方之极——中国古代城市起源及特点初探》③ 一书中以中国商朝都城为选点，并与中美洲、美索不达米亚、东南亚、埃及、地中海、及西非约鲁巴地区早期城址的实例做了比较，进而提出中国商代都邑典仪中心的出现与城市的起源之间存在一种有机的联系，并特别强调了中国古代城市设计中的象征主义。［美］约翰·路易斯的《共产中国的城市》④（John Wilson Lewised, The City in Communist China）对中国社会主义早期的城市控制和改造进行了探讨。［美］林达·约翰逊（Linda Cooke Johnson）主编的《帝国晚期的江南城市》⑤ 以中华帝国晚期江南地区的城市为研究对象，对中国江南地区城市形态长期稳定的根源、区域发展与中心城市的关系、导致城市地位升降的原因以及中国传统城市的特点等一系列问题进行了研究，并提出了一些新的诠释。［美］施坚雅主编的《中华帝国的晚清城市》⑥ 对晚清中华帝国的城市发展、十九世纪中国的地区城市化、中国社会的城乡以及城市的行政管理等内容进行了研究。［美］鲍德威《中国的城市变迁：1890—1949年山东济南的政治与

---

① 宋肃懿：《唐代长安之研究》，大立出版社1983年版。
② 梁元生：《晚清上海：一个城市的历史记忆》，广西师范大学出版社2010年版。
③ ［美］鲍尔·惠特利：《四方之极——中国古代城市起源及特点初探》，Chicago: AldinePublishing Company，1971年。
④ ［美］约翰·路易斯：《共产中国的城市》，斯坦福大学出版社1971年版。
⑤ ［美］林达·约翰逊（LindaCooke Johnson）主编：《帝国晚期的江南城市》，成一农译，纽约州立大学出版社1993年版。
⑥ ［美］施坚雅主编：《中华帝国的晚清城市》，叶光庭等译，中华书局2000年版。

发展》① 以历史的视角对山东济南的城市发展和社会变迁进行了探讨。[美] 夏南悉（Nancy Shatzman Steinhardt）《中国都城规划》② 对古代中国的都城规划进行了深入的研究。

日本和欧洲一些学者对中国城市研究也有所关注。[日] 斯波义信《中国都市史》③ 对中国都市的起源进行了追溯，并对都市的体系、结构进行了深层次的探讨。[法] 白吉尔《上海史：走向现代之路》④ 探讨了在城市演变过程中，导致这种持续性和统一性的重要因素。[德] 阿尔弗雷德·申茨《幻方·中国古代的城市》⑤ 以中国城市文明的发展过程为主线，以客观的角度进行深入论述分析。作者认为在承载着几千年文明的中国城市与聚落交错繁杂的发展过程中，中华文明对于永恒宇宙、天地秩序的诠释是贯穿始终的一个主题，他认为中国城市与聚落布局规划中所蕴含的宇宙观和哲学观可以用具有象征性的"幻方"图形与神圣的数字符号寓意的形式来再现。

从总体上看，港台以及海外对中国城市史研究较为重视，成果也较多，但这些著作大多或侧重于对全国性和局部城市进行的整体性研究，或者对具体的单个城市进行研究。在这些研究中，对具体的中国政治中心城市变迁很少涉及，即使提到也往往是概括性的，没有出现具体关于中国政治中心城市变迁及其影响方面的著作或专题论文。但它们对中国城市史研究所采用的一些理论和方法，可以为本书的研究提供一些借鉴。

---

① [美] 鲍德威：《中国的城市变迁：1890—1949年山东济南的政治与发展》，北京大学出版社2010年版。
② [美] 夏南悉（Nancy Shatzman Steinhardt）：《中国都城规划》，Hawaii：University of Hawaii Press，2015年。
③ [日] 斯波义信：《中国都市史》，布和译，北京大学出版社2002年版。
④ [法] 白吉尔：《上海史：走向现代之路》，王菊等译，上海社会科学院出版社2005年版。
⑤ [德] 阿尔弗雷德·申茨：《幻方·中国古代的城市》，梅青译，中国建筑工业出版社2009年版。

三　研究的思路、方法及创新点

（一）研究思路

城市的政治功能变迁对城市的发展有着至关重要的作用，它的变迁将对迁出与迁入城市以及对整个相关区域的经济文化发展产生重要影响。河南省会作为河南的区域政治中心，它的变迁对开封、郑州两市城市发展以及对河南省的发展是有重要影响的。本书将运用相关资料对河南省会变迁这一重大历史事件进行记叙，并对省会变迁所产生的影响展开论述，进而探讨区域政治中心变迁与城市发展关系的一般规律性问题。本书共六章，研究的基本思路大致如下：

第一章主要写河南省会变迁的历史动因。本章首先对河南省原省会开封进行简单介绍，并对晚清时期的迁省会之议、北洋政府时期河南省署部分机关迁离开封以及抗日战争时期河南省会在日寇进攻下被迫迁移的历史进行回顾。对新中国建立初期河南省会变迁的历史动因进行探讨是本章的重点内容。新中国建立初期，在大规模行政区划调整以及省级行政中心变迁的历史背景下，平原省撤销，使郑州市处于河南省一个相对适中的位置，为郑州成为省会创造了良好条件；在中华人民共和国建立初期沿海工业内迁、中央以及地方政府对郑州市建设加大投入以及郑州市周边矿产资源比较丰富等有利条件下，郑州市经济发展迅速，工业产值超过开封；同时郑州市处于京汉铁路和陇海铁路交会处，具有相对良好的交通及区位优势。而相比之下，开封则有一些发展瓶颈，如交通落后、面临黄河水患威胁、处于黄泛区中心、资源匮乏等。在计划经济体制初建时期，河南地方政府出于发展地方经济的考虑，向中南局以及政务院提出省会由开封迁郑请求，并获得批准。

第二章主要写郑州市的新省会规划和初步建设。本章首先对郑州市的历史沿革进行了简要回顾；继之简述了郑州市被确立为新省会所在地后，有关新省会郑州市的市区、市政规划和筹划情况及市政、市区建设的全面实施概况；最后简述了市政、市区建设用地的征用和补偿办法，并对郑州市各界以及省内外对新省会的建设所给予的大力支持和支援情况作了简单阐述。

第三章主要描述河南省会由汴迁郑以及迁移过程中相关问题的解决。郑州市被定为河南新省会，河南省直属机关、大批企事业单位以及家属等将迁离开封，省会的迁离对开封的经济、民生造成了一定的困难，开封市政府采取了一系列应对措施，才暂时克服了困难，省会迁郑遗留问题最终随着开封市社会主义改造的结束而得到解决。郑州市为迎接省会迁郑做了大量的筹备工作，如专门成立了"欢迎省直机关迁郑委员会"负责机构，积极开展宣传工作、组织货源保证物资供应，整顿交通秩序、加强安保工作，加强市政建设等。这些卓有成效的工作，保证了河南省省会由汴迁郑的顺利进行，加强了郑州市的基础设施建设，提高了市民的文明程度，推动了郑州市的都市化进程。河南省委在省会迁移过程中作了大量的组织动员工作，并对省会迁移过程中所产生的人事组织关系变动进行了相应调整。省会迁离开封后，开封面临城市地位如何定位以及巨大的民生经济压力等问题，因此河南省委同时要求郑州专区在省会迁郑后迁入开封，郑州专区此后经过精心组织以及开封市委的协助由荥阳顺利迁入开封市，并于1955年改名为开封专区。郑州专区迁入开封，部分解决了省会迁离开封后的遗留问题，但也给开封的发展造成了一定的影响。开封市对省会迁走后迁郑单位所遗留下的房产场地进行了接收，在接收过程中对本市的利益进行了积极争取。

第四章主要写新省会郑州市的快速发展。本章首先写郑州市工业迅速发展和技术工人队伍迅速成长、壮大的状况。自从郑州市被确定为河南省新省会后，中央和河南地方政府加大了对郑州市的建设投资力度，郑州棉纺织及纺织机械业、电力、油脂化工业迅猛地发展，商业、服务业也得以迅速地发展、扩大，同时，在各项工业的发展建设中，大批的工人受到了职业技术培训和锻炼，基于此，郑州市由解放前的一个贫穷落后的小县城迅速地成长为河南省的经济中心。其次对新省会郑州市的道路建设、排水、供水、照明、河道治理及绿化等市政建设的快速发展作了记述;并对市政建设得以快速发展的原因作了分析。再次主要写新省会郑州市教育事业的高速发展和文化事业日趋繁荣的发展状况。随着大量人口的迁入、入学生源的增加,郑州市兴建了大量的中小学校,基础教育实力大大加强。继河南农学院、河南医学院、河南中医进修学校(河南中医学院)的迁郑以及郑州大学等一批新高校的兴建后,郑州市高等教育的实力也迅速增强。随着大量文化娱乐设施的兴建以及大批文化艺术家的迁郑,郑州市迅速成长为河南省的文化中心。许多新医院的兴建、扩建以及基础设施的改进,也使郑州市的医疗卫生事业得到了快速发展。基于此,人民的住房条件有了极大的改善,生活水平有了显著提高;因此,郑州市人民的幸福感、归属感也普遍地大增。最后,本章对郑州市人民生活水平提高的原因进行了分析。

第五章主要写丧失区域政治中心功能后发展相对滞缓的开封市。本章主要通过采用对比的方法进行研究分析,即通过将开封市与郑州市以及河南其他城市在同一时期的发展进行对比分析。在开封市丧失区域政治中心功能后,它的一些企业迁郑,经济资源流失;同时中央和河南省政府对开封市的建设投入大大减少,"一五"期间,开封市没有被确定为重点建设城市。由于省会的迁移,开封市的经济发展滞后,随着人口数量的变化,其结构已经趋向不合理;而一些高校的迁郑,也使一些科技人才、文化艺术人才相继西迁外流,开封市的教育事业、文化艺术事业、娱乐业以及医疗卫生事业的发展随之受到了严重制约和影响,开封市民众生活水平的提高也很缓慢。小结部分对开封经济、文化、教育以及医疗卫生事业发展缓慢的原因进行分析。

第六章主要写省会变迁对河南省城市经济文化发展的影响。省会迁郑,以郑州为中心的河南老工业城市和中小城市得到发展,随着平顶山、焦作、鹤壁、三门峡等工业城市的兴建,河南省在城市发展布局上形成了以郑州市为中心的工业城市群;但由于在省会迁移后没有适当照顾开封的发展,这也造成了开封发展的相对滞后。同时郑州市成为河南文化中心城市对河南省产生了深远的影响,郑州成为河南省文化中心，其迅速发展的经济、良好的交通条件，为河南省文化的发展与传播带来了良好的物质基础。但是由于郑州市是从一个小城市发展起来的新兴城市，它缺乏良好的文化底蕴。开封作为历史文化名城，文化底蕴深厚，但其城市地位降低，经济发展落后，也不利于其文化发展与传播。与陕西西安等古都相比较，河南文化的发展在传统文化的继承性上存在着断层。这也带来了一些不利的影响，书中将对此进行深刻分析。

结语部分探讨区域政治中心变迁对城市发展影响的一般规律，探讨其得失，总结经验。根据现有资料，对国内外政治中心城市变迁进行历史的考察，探讨区域政治中心变迁对城市发展、建设影响的一般规律和得与失，从中总结经验教训，并结合当前国家"中原城市群""郑汴一体化"发展战略的形成，来分析区域政治中心功能在当今发展经济的现实表现，为今后的城市经济发展、建设提供参考依据。

（二）研究方法

城市历史地理学：城市历史地理学是研究城市的一种重要思想方法。马正林先生提出，"城市历史地理学是研究城市兴起、发展和演变规律的学科，它的任务就是揭示地理条件在城市发展中的作用和规律性，为当前的城市建设服务，促进城市规划、城市布局、城市职能和结构趋于合理，有利于城市的发展；城市历史地理学研究城市历史的范围或主要内容包括城市兴起的地理特点、城市职能及其转化的地理特点、城市结构的地理特点、城市风貌的地理特点、都市化的地理特点等方面"。[①] 因此概括起来说，城市历史地理学具有多学科的跨学科特点，带有地理学和历史学的双重显著印记，是专门研究城市地理的历史和城市历史的地理的一门交叉学科。政治中心城市是一种特殊的城市，也是一个复杂的城市系统，运用城市历史地理学研究政治中心城市，主要是研究影响其形成、发展与变迁的地理、自然、经济及历史等因素的作用情况。

---

① 马正林：《中国城市历史地理》，山东教育出版社1998年版，"绪论"。

对比分析法：是把客观事物加以比较，以达到认识事物的本质和规律的目的并做出正确的评价。对比分析法通常是把两个相互联系的指标数据进行比较，从数量上展示和说明研究对象规模的大小、水平的高低、速度的快慢以及各种关系是否协调。① 对比分析法是本书所采用的重要研究方法之一。本书将通过同一时期开封市在经济、文化、教育、卫生等方面发展情况与郑州市及河南其他主要城市的横向对比，以及在省会迁郑前后开封市自身发展的纵向对比，来展示开封市在省会迁走后各方面发展的滞缓，并分析其原因。

政治地理学：一方面从空间角度来研究人类社会政治现象和政治过程产生和发展的原因和结果，研究人类社会政治现象和政治过程在地理空间中分布的一般规律和特征；另一方面，研究人类社会政治现象和政治过程的地理空间的改变。这种研究必然集中在对政治区域的研究上。② 政治中心城市的变迁就是一种逝去的政治过程的地理空间的改变，需要用一种空间的动态的方法去把握。如本书中河南省会变迁问题，其中关于省会变迁的历史动因就需要从历史、经济、地理、交通、政治等多种因素来分析。

城市史学：以城市历史作为研究对象，其研究的范围应包括城市历史的各个方面及总体状况。隗瀛涛先生则提出了城市史学研究的基本内容："我们主张城市史应该以研究城市的结构和功能的发展演变为基本内容。……城市史和地方史、城市志的根本区别，在于它重视的是城市本身的发展演变，而不仅是城市范围内发生的历史事件和历史现象，只有当这些历史事件和历史现象同城市结构、功能的演变有密切关系时，才成为城市史的研究内容。"③ 本书中河南省会变迁对开封、郑州两市的发展都产生了巨大的影响，郑州从一个普通城市一跃成为现代化大都市，而开封则发展缓慢，千古名城，一度沉沦。因此用城市史的研究方

---

① 王丽萍、高文才、梁松：《统计学》，中国铁道出版社2011年版，第248页。
② 王恩涌等：《政治地理学——时空中的政治格局》，高等教育出版社1998年版，第2页。
③ 隗瀛涛：《近代重庆城市史》，四川大学出版社1991年版，第5—6页。

法对开封、郑州两市进行历史考察,并进行比较研究,来探讨区域政治中心变迁对城市发展的巨大影响。

(三) 创新点

1. 运用第一手的档案、报刊等资料进行研究

本书立足于尊重历史,实事求是。河南省会变迁作为河南省人民生活中的一件大事,虽然有地方志记载,但大多较为简略。学术界的相关研究成果也较少,至今没有一部研究此事件的史学专著。本书在依托档案资料以及当时的报纸杂志和回忆录的基础上,尽量客观地再现新中国建立初期河南省会由汴迁郑的历史场景,真正做到章开沅先生所倡导的"神游于内"与"置身事外"。本书依据历史事实记述此历史事件,并以史料为依据,对一些重大问题做出客观的分析与评价。

2. 对开封和郑州城市发展展开比较研究

在中国历史上,开封曾经是七朝古都,是一座历史文化名城,但在当代却沦为三四线城市;郑州市在新中国成立前还是一个很普通的小城市,但自从成为河南的省会后,一跃成为中原的大都会,这个历史过程是怎样的?本书将通过对比在省会迁移前后,郑州、开封在经济、文化、教育、卫生等方面存在的巨大差异,来显示省会迁郑对开封、郑州两市发展的巨大影响,并全面展现这一动态的历史过程。同时探讨区域政治中心功能变迁对城市发展的巨大影响,以及在选择一个新的区域政治中心城市时如何尽量避免对失去区域政治功能城市的发展所带来的负面影响。

3. 更加注重微观研究

回顾以往的关于政治中心城市变迁的著作或者论文,对于政治中心城市变迁的过程,往往只注重宏观层面的描写,至于具体的变迁过程,往往是疏于描写或者是简略带过。总体上来说,目前的研究注重了宏观研究,忽略了微观研究。本书在利用大量档案、报纸、地方志的基础上,对河南省会由开封迁郑州的具体过程进行微观研究,进行细节描述,这将是本书的一个亮点。

四　研究对象与概念说明

（一）研究对象

本书把河南省会变迁（1951—1957）作为研究对象，希望通过本书的研究把河南省会由汴迁郑这一历史事件全面展现出来，并对省会迁郑前后郑州和开封的发展做比较研究，从而考察区域政治中心变迁对城市发展的巨大影响。同时，郑州成为新的省会，对河南的工业发展以及整体城市布局也产生了重大影响，如形成了以郑州为中心的河南工业城市发展布局，以及以郑州市为中心的棉纺织业基地等。这些都将是本书考察的对象。

本书把时间点选在 1951—1957 年，主要出于以下原因：

其一，把研究的时间起点选在 1951 年。首先，根据档案资料的记载，早在 1951 年河南省委就已经向政务院提出：为了适应经济建设的需要，加强对河南省工作的领导，决定把省会迁到郑州，只是由于当时开展"三反五反"运动而暂时搁置。其次，综合看各种资料，河南省委自向中央提出省会迁郑后，已经有意地在加强对郑州市的经济建设、市政建设。再次，自 1952 年 8 月份开始，河南省委再次向中南局及政务院提出迁郑请求，直至 9 月份该请求获得批准，在这前后，河南省委成立了省直建筑工程处，在郑州开始了新的办公机关的建设；同时配合 1953 年的第一个五年计划，对郑州市的市政、经济、文化、教育、卫生建设等方面全方位加大了投入，从而使郑州市的综合实力迅速超过省会开封。到 1954 年 10 月河南省直机关迁郑时，郑州市已经成为河南的经济中心城市了。

其二，把研究的结束时间定在 1957 年。首先，河南省会的搬迁是一个费时较长的过程，不仅有省直机关企事业单位的搬迁，还有学校、企业、合作社等的搬迁。河南农学院、河南医学院、河南中医进修学校（即今天河南中医学大学）直到 1957 年 9 月才由开封迁往郑州。[①] 其

---

① 司福亭：《郑州市教育志》，中州古籍出版社 2006 年版，第 27、29 页。

次，1957年是我国第一个五年计划的结束时间，也是我国经济正常发展、不受干扰的一个时期，利用1951—1957年这段时期对开封与郑州的城市发展进行对比，具有客观性。再次，在第一个五年计划期间，郑州市被列为重点建设城市，国家和河南地方政府加大了对郑州市的建设投入，郑州市市政建设、经济、文化、教育、卫生等事业快速发展。因此，时间点选在1957年，能更好体现郑州市在成为省会城市后巨大的变化，更好地体现区域政治中心功能对城市发展的巨大推动作用。

综合以上因素，故把本书研究的时间段选定于1951—1957年。

(二) 概念说明

省会变迁：省会，或称省治、制所、省汇，始于元代。元代以"中书省"为中央最高行政机关，并于河南、江浙、湖广等处设"行中书省"，置丞相、平章等官总揽各相应地区政务。其驻地一般称为省会，清代称为省城，为省行政中心（政府驻地）。中国的省会为一级行政区——一般为省的政治、经济、教育、科技文化中心，正式文件中直辖市、自治区和特别行政区的行政中心并不称为省会。自治区的行政驻地通常称首府，在没有严格要求的情况下有时也被称为省会；直辖市和特别行政区所在的城市不称省会，直接称为政府所在地、驻地或制所。[①] 变迁（据新华字典解释）：指事物的变化转移，它包括时代的变迁、环境的变迁。因此，本书中所指的省会变迁主要包含两个方面的含义：第一，河南省会由开封迁往郑州的地理位置的变化转移。第二，河南省会迁往郑州后，对开封、郑州城市发展以及对河南省整体发展的影响。概括起来讲即指河南省会地理空间的变迁以及由此带来的影响。

区域政治中心变迁：政治中心是指以行政管理为主要职能的城市。这些城市除具有政治中心、行政中心、文化中心的作用外，一般还具有经济中心和其他多功能的综合性职能。在我国由于各个城市在行政管理体系中所处的地位不同，其中心作用大小也不同。如北京作为中国的首

---

① 《辞海（修订稿）词语分册》（下），上海人民出版社1977年版，第1201页。

都，其直接管辖范围包括中国全境，是全国性的政治中心；省会城市的行政管辖范围包括整个省境，为省级政治中心。地区城市的行政管辖范围包括整个地区，县（区）级城市的管辖范围包括整个县（区），各级政治中心，都设有相应的行政机关和检察院、法院等相应的司法机关，行使对其所管辖地区的管理职能。① 本书所指的区域政治中心主要指的是省级政治中心，区域政治中心变迁即指省级行政中心变化迁移对迁出与迁入城市以及整个省域城市经济文化教育等发展的影响。

城市发展：目前学术界对城市发展尚无统一的定义，如经济学家一般把城市发展定义为"城市经济（GDP）规模的增大"，地理学家和城市规划学家一般把城市发展定义为"城市用地规模的扩大"，人口学家则一般把城市发展定义为"城市人口规模的增长"。② 本书中的城市发展主要是指在计划经济时期，城市的经济、文化、教育、卫生、人口数量及结构、人民生活水平等方面的发展情况。

---

① 林凌、陈永忠：《城市百科辞典》，人民出版社1993年版，第616页。
② 陈家华、张力、任远：《改革开放与人口发展：多视角的研究》，复旦大学出版社2008年版，第316页。

第一章　河南省会变迁动因

在历史上，自元、明、清、民国以来开封曾经长期是河南的政治中心。虽然在此期间，由于水灾、战乱等因素，开封城数次遭到严重破坏，在晚清、抗战时期，其省会地位也一度动摇，但由于开封重要的地理位置、便利的水运网络以及历史传统的因素，开封作为河南政治中心的地位一直未能改变。晚清时期，由于京汉铁路与陇海铁路交叉点在郑州，开封在河南逐渐被边缘化，郑州的地位上升。中华人民共和国建立初期，在当时特殊的政治、经济背景下，经河南省委的主动请求，最终河南省会由开封迁郑州的动议获得中央批准。

第一节　开封的历史沿革

开封，是我国七大古都之一，同时也是国务院首批公布的全国24座历史文化名城之一。开封地处中原腹地，北襟黄河，与新乡的封丘、长垣隔河相望；南挟陇海铁路，与周口地区的扶沟、太康以及许昌市的长葛、鄢陵相邻；东与商丘市的民权、睢县接壤；西接省会郑州市的新郑和中牟。开封位于豫东大平原、黄河下游冲积扇的南部，界于北纬34°11′43″—35°11′43″，东经113°51′51″—115°15′42″之间，南北宽约92公里，东西长约126公里。①

---

① 姚志祥等：《开封市土地志》，中州古籍出版社1999年版，第1页。

开封城历史悠久，早在五六千年前的原始公社母系氏族社会时期，这里的先民已能使用石斧、石铲、石镰垦殖土地，种植禾稼，过着比较稳定的农业定居生活，当时的土地、牲畜等生产资料归氏族公社所公有，人们共同劳动，共同消费，无私有、无剥削。夏朝时，据《帝王世纪》载，禹为了不与舜的儿子商君竞争部落首领之位，曾到浚仪躲避起来，而浚仪正是开封的最早称呼之一。可见原始公社后期的父系氏族社会时期，开封正因农业比较发达而形成城邑。公元前21世纪，夏王朝的第七世帝杼把国都迁于距今开封东约20里处的老丘，历七世约217年。夏王朝实行土地国有，首创计口授田的井田制。所以，开封一带是我国历史上最早实行井田制的地区之一。① 殷商时代（公元前18至公元前12世纪），开封地区已经由游牧进入农耕，手工业和原始交换商业已经发生，社会生产方式已经进入奴隶社会。②

春秋时期，开封一带属郑国领地，开封之名乃由距今开封城南50里处的启封古城嬗变而来。郑庄公命郑邴在此筑城，取"启拓封疆"之意，命名启封。战国初期，魏国从安邑迁都于此，筑大梁城。③ 魏国在都城大梁（今开封），开凿鸿沟，沟通了黄河、淮河、济水三条水系，开封的手工业相继兴起，既有官办的手工业作坊，又有私营个体手工业户，特别是冶铸行业最为发达，不仅能铸造生产工具和生活用品，并且能铸造锋利的武器。④

公元前225年，秦始皇命王贲攻魏，王贲引浚仪水灌大梁，大梁城被破坏。秦灭魏后在此设浚仪县，属三川郡。⑤ 秦统一六国之后，因大梁城濒临浚水，且曾称仪邑，置为浚仪县，启封亦为县治，同属砀郡。秦朝建立之后，依始皇三十一年所颁布"黔首自实田"的法令，开封一带让百姓自报占田数量，按亩纳税。而时距水淹大梁不久，开封一

---

① 姚志详等：《开封市土地志》，中州古籍出版社1999年版，第3—4页。
② 李长傅：《开封历史地理》，商务印书馆1958年版，第7页。
③ 黎骏湘：《开封市城建志》，测绘出版社1989年版，第1页。
④ 开封市经济委员会工业志编辑室编：《开封市工业志》上卷，1987年，第1页。
⑤ 李长傅：《开封历史地理》，商务印书馆1958年版，第10页。

带衰败不堪，此时的开封水网紊乱，经济衰退，手工业亦长期处于中衰时期。①

汉代，浚仪县属陈留郡，它是楚汉相争时的要地，郦食其对汉高祖刘邦说："陈留天下之冲，四通五达之郊"，以此表明开封地理位置的重要，汉文帝时，曾封梁孝王于大梁，后因其地卑湿，迁至睢阳（今商丘），②汉景帝时，避景帝刘启名讳，改启封县为开封县，自此有开封的称谓。而浚仪、开封各为县治，不在一处，互不相干。开封县属河南郡，浚仪县属陈留郡管辖。西汉藩封数代梁王，都应以旧大梁城为都城，而实际上没有以此为都，原因皆是该地低洼潮湿，四野萧条。

三国时期，浚仪、开封两县均属魏国。魏文帝黄初三年（222），文帝封曹峻为陈留王，陈留郡改为国。③之后，陈留又在郡与国之间互改数次。魏晋时期开封县属荥阳郡。当时开封在曹魏境内，由于曹魏实行屯田，五年中仓廪丰实，解决了军需民食。原本因战乱破坏而荒凉的北方地区，逐渐成为人口稠密的富庶地区。尽管如此，时至魏晋时期，阮籍笔下的开封一带仍然是"徘徊蓬池上，还顾望大梁。绿水扬洪波，旷野莽茫茫。"由这一派凄凉的景象，可见战乱对于开封破坏之大。④

东晋十六国时，由于征战不休，两县尽管归属多，但都是各为县治。

南北朝时，浚仪、开封两县先归南朝宋，后又归北魏。北魏分裂，东魏孝静帝在天平元年（534）设梁州辖陈留、开封、阳夏三郡。浚仪县为陈留郡和梁州治所，开封县为开封郡治所。北朝周武帝建德五年（576），因梁州城临近汴水，改梁州为汴州，这是开封称汴的开始，州治浚仪。浚仪和开封两县均归陈留郡管辖。

隋朝统一了南北，文帝开皇三年（583）撤郡，实行州、县两级

---

① 开封市经济委员会工业志编辑室编：《开封市工业志》上卷，1987年，第1页。
② 李长傅：《开封历史地理》，商务印书馆1958年版，第10页。
③ 开封市地方史志编委会主编：《开封历史沿革》，中牟县印刷厂1986年版，第9—10页。
④ 开封市土地房屋管理局姚志详等：《开封市土地志》，中州古籍出版社1999年版，第4页。

制。汴州直辖浚仪、开封等七县，浚仪县为州治。炀帝大业三年（607），又恢复郡、撤汴州。浚仪县、开封县均属汴州荥阳郡，成为一般县治，①但隋炀帝开运河、疏汴渠，通济渠由荥阳、氾水经浚仪入淮河，连接邗沟、江南河直达江浙，地处汴河要冲的开封，随着汴河的通航又逐渐兴旺起来。

唐高宗武德四年（621）设置汴州总管府，统辖四州，睿宗延和元年（712）开封县治移入汴州城内，和浚仪同为汴州附廓，原县治废除。从此浚仪和开封两县同在一个城市，开封市这个名字才和开封连在一起。

五代时期，由于开封扼汴水之喉，交通便利，梁、晋、汉、周相继在开封定都，号称东京。在此期间，土地的兼并和垄断之势非常猛烈，土地大量集中，两极分化、贫富悬殊，加之官府的残酷田赋剥削，这些因素加快了农民的破产，中原地带尤为严重，每逢春荒战乱之时，人民大批死亡，"田无禾麦，邑无烟火者，将近十年"。而由于后梁、后晋、后汉、后周四个朝代相继在开封建都，开封一带反而很快发展起来，到五代后期，由于人口增长很快，开封城周扩展为48里233步。②在古都开封的历史上，曾有过重大贡献的，当首推后周世宗柴荣。他继位后，励精图治，开疆拓土，改内城、扩外城，恢复以开封为中心的水道网，为以后开封取代长安和洛阳的重要地位开辟了道路。时人诗赞开封"琪树明霞五凤楼，夷门自古帝王州"，史书上也有"一苏二杭三汴州"之说。③

960年，后周殿前都点检赵匡胤在陈桥驿发动兵变，黄袍加身，废周建宋，天下一统，史称北宋，定都东京，使开封从封建割据的一国京城，成为全国政治、经济、文化中心。北宋建立后，置开封府，经历九帝共167年，这是开封历史上最辉煌的时期。其间真宗大中祥符二年

---

① 开封市地方史志编委会主编：《开封历史沿革》，中牟县印刷厂1986年版，第12页。
② 开封市土地房屋管理局姚志详等：《开封市土地志》，中州古籍出版社1999年版，第5页。
③ 黎骏湘：《开封市城建志》，测绘出版社1989年版，第1—2页。

(1009)改浚仪县为祥符县。北宋在开封建都达160多年，更使开封成为全国政治、经济、文化和交通的中心，常住人口达150万左右，城周扩展为50里165步，开封也成为当时世界上最大最繁华的都会。宋之开封设府，府之辖域称京畿，开封府辖16县，浚仪（后为祥符）、开封为尉廓首县分管京城东南、西北。宋朝十分重视水利建设，当时开封"四水贯都"（即五丈河、金水河、汴河、蔡河），京城四郊河网密布，沟渠纵横。尤其宋神宗时，王安石颁布《农田利害条约》鼓励农民发展田地灌溉，并利用黄河淤灌农田改良土壤。十年间，"淤京东、京西汴田九千余顷"，课民种树，桑枣各半，还举熟悉土地之宜、树艺之法的当县府农艺师，当时开封附近皆是园圃，"百里之内并无闲地"，① 北宋时期是开封历史的鼎盛时期。在汴州城的规模基础上，北宋王朝还对东京进行了大力扩充。② 全城共分三重：皇城、内城、外城，布局合理，建筑讲究，颇具特色，充分体现了我国古代城市规划的极高水平。后来的金、元、明、清多为仿效和继承。现在的开封旧城区虽多为清末民初所建，但城内街道仍大致保留着北宋东京内城的布局。当时的东京，城廓宏伟，交通发达，商业繁盛，人文荟萃，人口达170余万，成为当时驰名中外的国际都会。据《东京梦华录》记载，当时大街小巷店铺林立，异常热闹，市内有许多繁华街市，商贾望族云集，南船北马如龙，中外贡购贸易十分活跃。由现存《清明上河图》可见当年东京繁华之一斑。它有跨长26米的虹桥，有高大的城门，有城市住宅和农村住宅等。③ 东京不但是全国政治中心，也是文化中心。太学是全国的最高学府，崇宁间最盛时有学生38000人。太学以外还有国子学、四门学、武学、律学、画学、算学、医学等学校，培养各种人才。三馆（昭文馆、史馆、集贤院）藏书8万卷，可见文化的发达。④

---

① 开封市土地房屋管理局姚志详等：《开封市土地志》，中州古籍出版社1999年版，第5页。
② 黎骏湘：《开封市城建志》，测绘出版社1989年版，第2页。
③ 同上。
④ 李长傅：《开封历史地理》，商务印书馆1958年版，第25页。

开封也是国际上首屈一指的大都会，开封的手工业在这个时期极度繁荣，官办和私营的手工业作坊和工场的工匠有8万多人，其特点是门类多、分工细、规模大，主要行业有军器、纺织、陶瓷、酿酒、制茶、雕刻、印刷等，如规模最大的军器制造业，拥有军匠4000人，东西作坊有工匠5000人；在纺织业方面，不仅能织多种纺织品，而且仅为皇室服务的织锦院，就有织机100张，织工400余人，这时开封的手工业，由中衰到发展，逐渐进入繁荣极盛时期。①

金灭北宋后于公元1130年改东京为汴京。不久，在公元1137年设置汴京路开封府。海陵王贞元元年（1153）定开封为南京，改汴京路为南京路。宣宗贞佑二年（1214）金迁都南京，成为在开封定都的第七个朝代。

元朝于公元1291年在开封设河南江北行中书省，下辖南京路，这是河南称省的开端，祥符县和开封县都属中书省、南京路管辖。以后元改南京路为汴梁路，开封由国都降为中原省会。元末农民起义军刘福通部曾定都汴梁，但仅有1年多的时间（1358年5月—1359年8月）。

明太祖洪武元年（1368），朱元璋派徐达北伐，攻下汴梁，改汴梁路为开封府，管辖祥符等36县，开封县并入祥符县。朱元璋以开封地处中原，四方朝贡，原来打算在开封建都。在攻取元大都后，于同年8月又下令改开封为北京，至洪武十一年（1378）废除开封的北京称号，开封作为陪都长达10年。同年，朱元璋封其五子朱橚为周王，由其镇守开封，朱橚便在开封建周王府。在明代，开封号称"八省通衢""势若两京"，可见其繁荣。开封附近之朱仙镇，则因沟通东南，连接西北，商业日渐发展，到明末号称四大名镇之一，与广东佛山镇、湖北汉口镇、江西景德镇齐名。明末，思宗崇祯十五年（1642），李自成起义军第三次攻打开封，围城四个多月，官军决堤以淹义军，造成大水灌城，全城淹没，37万多人中得生者不及两万。大水过后，泥沙淤积，城池

---

① 开封市经济委员会工业志编辑室编：《开封市工业志》上卷，1987年，第1—2页。

淹没，仅露城垛，蒿蓬遍地，历史名城因此毁为废墟。①

清世祖顺治二年（1645）清军占领河南，仍如明代设河南省，省治开封府，辖四州三十县，祥符县附廓。② 在清代，开封的手工业开始出现名牌产品，如景文洲的汴绸、姚家的皮鞭、林景录的毛旱烟以及葫芦牌剪子、双王菜刀、老泰牌风箱、紫铜暖锅、酒油篓、金银首饰、木杆秤、漆器、毛笔等，但由于黄河数次灌城，手工业也遭到了严重的破坏。③ 清政府对外实行闭关锁国政策，妄自尊大，对内进行残酷的民族压迫，工业落后、经济残破、政治腐败、统治者昏庸，自嘉庆帝以后，清王朝日益衰落，农民起义不断（1853年5月，太平天国农民起义军曾占领开封禹王台，因大雨绵绵，攻城不克撤离西去）。

到民国时期，1913年2月，民国政府撤销开封府，将祥符县改为开封县，仍作为河南省省会，此外还将清末之开归陈许郑道改为豫东道，开封县也是道治，1914年6月改豫东道为开封道，辖38县。1927年国民党政权废道，实行省、县制，开封仍是省会。1932年国民政府为了"清乡"（剿共），于同年8月在河南省设置了11个行政督察区。开封县属第一行政督察区，专员公署驻杞县，11月改驻郑县。1938年6月，侵华日军占领开封城，8月河南省政府将开封县（流亡）划入第十二行政督察区（专员驻地不固定），1939年仍划归第一行政督察区。日军于1938年8月根据驻开封日本陆军特务机关长的指示，以"开封维持会"为基础成立了伪"开封市临时市政公署"，10月正式成立，并作为伪河南省省会。1939年1月成立了伪"开封县"公署，属伪豫东道，伪县公署在市区，市、县互不相属。1945年抗日战争胜利，伪开封市被撤销，开封县仍为河南省省会，属第一行政督察区。④

第一次世界大战前后，我国的近代工业开始兴起，开封作为河南省

---

① 开封市地方史志编委会主编：《开封历史沿革》，中牟县印刷厂1986年版，第22—23页。
② 同上书，第24页。
③ 开封市经济委员会工业志编辑室编：《开封市工业志》上卷，1987年，第2页。
④ 开封市地方史志编委会主编：《开封历史沿革》，中牟县印刷厂1986年版，第26—27页。

的省会，同时也是河南省的政治、经济、文化中心，发展近代工业相较于内地其他城市有较多有利条件，但和沿海城市相比，因交通闭塞，经济落后，发展速度又比较缓慢。据有关资料记载：1888年建立的开封电报局，是开封市第一家近代企业，接着又有几家较大的官办企业建立，使开封的近代工业有了初步的基础。据1920年前后的统计，全市有产业工人7000多人，手工业工人2000多人，另外还有推水工人、建筑工人、粪业工人、人力车工人14000多人，总计24000多人，占开封全市总人口的11%。开封最早的官办工业企业还有：1897年创办的河南兵工局，又称河南机器局，是全省最早的官办工业，也是开封市第一家使用机器生产的近代工业。该厂有职工1100多人，设有枪厂、子弹厂，以及铸工、木样、锻工、化铜炉、压铜片、维修等车间。1905年开始制造子弹，1917年仿造新式机关枪，并试制出威力较大的蛋式弹，1931年停办。①

  民国时期，虽然当时的政府在口头上也讲要重视兴办实业，但由于政治腐败，军阀连年混战，人民缺吃少穿，政治上无地位，生活上无保障，原有的基础比较薄弱的近代工业和历史悠久的手工业因此遭受极大的困难和障碍。但社会上也有一些有识之士为了建设开封，把有限的资金投入到兴办近代工业和发展手工业中，使开封的工业和手工业得到进一步发展。抗日战争爆发后，日本侵略军占领开封达7年之久，他们出于侵华战争的需要，从各方面进行管制，除个别行业有所发展外，多数近代工业遭到摧残，不少手工业被迫歇业，抗战胜利后，国民党政府又发动内战，开封的整个工业和手工业，都处于时兴时衰、时开时停的境地。古城开封，在历史上是一个经济繁荣的大都会，但它也经历了无数次盛衰和起伏，特别是新中国成立前的几十年间，历遭兵火黄水之祸，饱受水旱蝗汤之灾；加上统治者搜刮民脂民膏，使开封逐渐衰落，工厂倒闭，经济萧条，广大人民群众挣扎在死亡线上。② 据1948年统计，全

---

① 开封市经济委员会工业志编辑室编：《开封市工业志》上卷，1987年，第2—3页。
② 同上书，第4—5页。

市机器生产和半机器生产的工业、手工业共有755户，其中百人左右的工厂仅有五六家，其余大多是小型作坊和家庭手工业户，设备简陋，技术落后，劳动强度大，生产效率低。从实质上讲，这时的开封基本上是一个消费性城市。①

第二节 清、民国开封省会地位的动摇

开封作为河南省会的地位也受到水患、战乱的威胁。开封的水患威胁主要来自于黄河。"黄河从西部高原出华北大平原，它的迁徙起点，在华北平原三角地区的尖端。但十二世纪以前，主要泛滥于华北大平原的北部，迁徙起点在开封以北，所以对开封影响不大。在自然条件上，北部河流受多次的泛滥，河床淤淀，黄河势必南徙。金人侵宋，利用黄河南行，遂开黄河夺淮的新局面。十二世纪以后，开封附近成为黄河迁徙的起点，开封从此多河患了。"② 清时期，迫于黄河水患的威胁，开封作为河南省会的地位一度动摇。在抗战时期，在日寇的逼迫下，河南省会被迫迁离开封。

一 清初驻开封各级衙署的被迫迁出

明思宗崇祯十五年（1642）李自成起义军围攻开封六个月，官军掘开开封城西北17里的朱家寨，引黄河水灌起义军。满城皆水，只有钟鼓二楼和各王府露出屋脊，士民淹死的十之七八。这是黄河对开封城破坏最厉害的一次。河水入涡河，次年河复故道。③

这次黄河决口对开封造成的破坏是相当严重的，清初王胜时在《漫游纪略》中描述了他路过开封时所看到的黄河水退后的情景：

---

① 开封市经济委员会工业志编辑室编：《开封市工业志》上卷，1987年，第6页。
② 李长傅：《开封历史地理》，商务印书馆1958年版，第30页。
③ 同上书，第80页。

入豫州境，由宋城直走大梁周公故家。大梁自河决后，十有四年，而始归故乡。今威重来，城郭都非矣，予策马行，见道上有二鸱吻出地，问之，则文庙也。南至相国寺，大殿簷（檐）溜当胸。迦释巨像，裁露肩肘。北至虚左一，相传古夷门也，铁塔巍然，傍空而立，黄沙白草，残照秃城，徘徊久之，凄然魂断。若乃周藩故邸，废为棘院，梁苑汴宫，与哀离黍。①

由此可见，这次人为的黄河决口对开封所造成的破坏是相当严重的，开封文庙被泥沙淤没，只露出屋脊上的鸱吻；开封大相国寺被淤泥淹没后，屋檐离地面只有人的胸口那么高。巨大的释迦牟尼像，只露出肩肘。只有开封铁塔独自傍空而立。明代周王的故潘邸，变成了长满杂草的地方；繁华的汴梁城，变成了长满黄沙白草的荒凉之地。在开封城被破坏得如此严重的情况下，清初的政府机构被迫迁往开封附近各县暂驻：

巡抚都察院，旧在府治司东，明末河水没，驻节杞县，国朝康熙元年（1662），巡抚张自德创复；承宣布政使司，旧在按察司东，明末，河水没，驻节杞县，国朝康熙二年（1663）左布政使徐化成改建今署。提刑按察使司，旧在布政司西，明末，河水没，国朝康熙七年（1668）按察使李士祯修复旧址，建今署。提学道，旧在按察司西南，明末，没于水，移驻河北辉县，后移鄢陵。国朝康熙元年（1662），提学道张九征，捐俸改建府治东南。开封府署，明洪武元年（1368）建，在城内钟楼西南隅，明末河水淹没，移署封丘县，又移延津县，国朝顺治七年（1650）知府丁时升创建今治；军捕同知署旧在府治内，明末河水淹没，国朝康熙元年（1662）军厅韩齐范修建布政司东，今移署周家口。南

---

① （清）王胜时：《漫游纪略》，新文化书社1935年版，第9页。

河同知署旧在府治内，明河水淹没，迁移柳园，国朝顺治十四年（1657）河厅赵汝斌建今署，在布政司北。北河同知署在河北陈桥镇，督粮通判署旧在府治内，明末水没，今移治府东；经历司、照磨所、司狱司俱在府治内，明末河水没；税课司、军储仓俱在府治东南，今改为常平仓，在猪市口。① 祥符县衙门驻在陈桥镇后扫头集。②

驻在开封的各级衙署大都被水淹没，许多重要的行政及司法机构被迫搬迁，巡抚都察院、承宣布政使司被迫驻杞县，提学道被移驻河北辉县，后移鄢陵。直到康熙元年（1662）才在明开封府城基础上重修开封城，河南省级衙门才陆续修建，迁回开封城内。③ 开封府署则移署封丘县，后移至延津县。设在其内的各府署也被迫迁移，祥符县衙则在驻陈桥镇后迁移至扫头集，这些机构分别在顺治以及康熙年间迁回开封。这说明黄河水患对开封的威胁是极大的，开封全城被淹没，各级衙署被迫迁离开封多年，这也初步动摇了开封作为河南政治中心的地位，并成为始终困扰开封作为河南政治中心的一个难题。

二 晚清时期的迁省会之议

（一）道光帝首提迁省会之议

开封省会地位动摇最严重的一次发生在晚清时期。道光二十一年夏六月十六日（1841年8月2日），开封北十五里的张湾（当时称祥符三十一堡）黄河大堤决口，水围开封达8个月之久，使河南、安徽二省五府二十三县遭受历史上罕见的严重水灾。④ 在大水围城开封的极其危急时期，为了保住开封百万百姓的生命安全，道光帝首提迁省会

---

① 开封市地方史志办公室整理：《开封府志》（康熙三十四年），燕山出版社2009年版，第151—152页。
② 李长傅：《开封历史地理》，商务印书馆1958年版，第24页。
③ 同上。
④ （清）痛定思痛居士：《汴梁水灾纪略》，河南大学出版社2006年版，第1页。

之议。

　　由于这次洪水来势凶猛，持续时间较长，开封省城出现"省城水围匝月，来源盛涨，现在吃重情形"，"南门内水势愈涌，声喊数里，铁裹门扇冲漂至雷家桥。城内除数大街及布政司署、粮道署、开归道署、开封府署无水，余如行宫及巡抚署、按察司署、祥符县署、参游守各署、驻防满营、龙亭（即宋故宫，明周藩故址今名，万寿宫）各处，皆深八九尺、四五尺、二三尺不等。民房倒塌无算。"① 开封几乎全城被水淹，在这种危急情况下，道光帝于道光二十一年七月二十日谕令河南巡抚牛鉴："著牛鉴等设法疏消，以免浸灌。其应如何挑溜勿令水势冲射之处，著细心妥办。现当秋汛正长，水源消长靡定，加意防护，毋得再有疏虞。所有河南司库报存正杂银，除分解湖北南河外，实存银三十五万五千一百二十余两零。又库存封贮银十五万两，均准该抚动用，事竣核实报销。惟不能消退，而城垣断不能久泡无妨，岂非坐待百万生灵俱归沉没，朕心实有不忍。与其搬移砖石，剜肉补疮，徒事补苴，终难保护，莫若取所拨库银以为迁徙赈济之需，著牛鉴悉心妥酌，剀切晓谕。凡此城内居民各有父母妻子，趁此及早迁徙，以冀生全。如有安土重迁不愿轻去其乡者，亦不可加以逼迫。其文武大小官员兵丁人等，倘至事出危急，亦即随时酌量就近迁避，不必以城已就淹，因有守土之责，徒作无益之举。"② 可见，道光帝认为如果大水持续围城，为了保住开封百姓的生命安全，则准许牛鉴动用库银作为迁省城之用。

　　牛鉴则在回奏道光帝时表示，自己正带领开封百姓竭尽全力防水，对于道光帝提出的迁省会之议，牛鉴则表示，"至省城为辐辏之地，聚集百万生灵……是臣等一月以来困守危城得以幸保无虞者，实由人心维系之故。若一闻迁徙之令，彼愚民无知，以为城垣决不可保，则众心涣散，各自逃生，一线孤城，谁与防守？变生俄顷，间不容发，亦恐迁徙

---

① （清）痛定思痛居士：《汴梁水灾纪略》，河南大学出版社2006年版，第4页。
② 同上书，第44—45页。

未必能及，而大溜已灌入城中矣。又恐奸民四出乘机抢夺，不但官之号令不行于百姓，即满营及标左右两营兵丁不下数千名，亦必纷纷四散不能禁止，所谓舟中之指可掬者，此时情状真不堪设想矣！昔盘庚迁殷，从容晓谕，原在河患未至之先。以现在情形考之，实有不同。臣钦奉谕旨，臣等悉心妥酌，臣牛鉴谨与署藩司鄂顺安反复筹商，实有万难议迁之势。"①牛鉴的回奏也表明了当时的实际情况，在当时大水围城的紧急情况下，由于百姓事先没有心理准备，突然提出迁省会势必会造成严重的混乱，带来更大的损失。同时牛鉴向道光帝保证，"臣等惟有殚竭血诚昼夜驻工督办，但得料物应手，自可化险为平。"

道光帝对牛鉴是否有把握保住开封省城及全城百姓生命安全仍然不放心，再次谕令牛鉴："前有旨谕知牛鉴，事出危急，城内居民及早迁徙，官员亦酌量迁避，计此时当已接奉。现在秋汛方长，水势靡定，倘万分危急不能保守，著即遵照前旨，先尽城内居民择地迁避，文武大小官员以次递迁。牛鉴身任巡抚，自应照料妥当，随后起身。此次议迁万不获已，原以保全百姓，总须先民后官，以免惊窜纷扰，是为至要。"②道光帝对牛鉴能否保住开封省城仍然放心不下，再次下旨催促，并对迁徙的顺序做了安排，可见对此已经下了很大的决心。牛鉴接到道光帝谕令后再次表示："臣跪读之下，仰见我皇上保护全城百姓咸予安全，并及守土官僚示以生路，仁慈恺恻，臣等在事官员绅庶无不感激涕零。伏念处常处变，事有经权。省城辐辏之区，百万生灵所聚，如果万分危急不能保守，当凛遵谕旨速谋迁避。惟事体重大，审度宜详，城虽屡濒于危，而人力足以捍御，人心略无动摇，守则转危为安，迁则变生意外，此中措置，间不容发。臣与署藩司鄂顺安体察情形，实有万难议迁之势，是以于二十五日据实详陈在案。查自七月十八、九至二十三、四等日，城角被冲吃重之后，城墙塌陷者计十六段，共长一百二十余丈，俱

---

① （清）痛定思痛居士：《汴梁水灾纪略》，河南大学出版社 2006 年版，第 45—46 页。
② 同上书，第 54 页。

经随时竭力镶补。"① 牛鉴仍然担心"迁则变生意外",且开封城内"人力足以捍御,人心略无动摇",还是有防守战胜洪水的把握的;并且开封城内秩序良好,官民团结一致,"在工官弁绅民,众志成城,毫无惶惑。各厂赈济灾民,计口授食,亦皆一律安静。此目前实在情形。似此人心维系,安固不移,不特不可议迁,亦且无从议迁。"②

道光帝接牛鉴上奏后,态度有所缓和,再次谕令牛鉴:"牛鉴奏'河南省城被水情形、断难迁移、并日内保护绥辑'一折。又另片奏'西北角以至西门赶筑挑水大坝,以资抵御'等语。览奏均悉。有难以迁徙之势,自系实在情形。著牛鉴即督饬文武员弁,将应办各工迅速妥办。"③ 道光帝初步同意了牛鉴的不迁省会的观点,并督促牛鉴抓紧建设各项防水工程。

随着河臣④文冲上奏道光帝开封大水围城形势又转为危急,道光帝的态度又变得严厉,"旋据牛鉴奏称,有难迁之势。朕以为该抚揣度情势,保护城垣必有把握,故亦不为遥制。本日据文冲奏'省城西北隅甚为险要,西坝裹头尚不敢轻率动工,恐激怒溜势省城吃重,将来堵筑口门,恐逼射省垣。又运送物料船只一经运到,辄被地方官员扣留,移住眷口,停泊城隅,又不载送上坝,俾资轮转'等语。现在秋汛正长,若果如所奏,水势激射,裹头尚不能兴工,则将来筹堵口门,溜势更急,彼时城垣愈酥,安能保其无倾圮之患?若牛鉴果有把握,必能力保无虞,则应饬令运料船只源源轮替接济,不应任听各员扣留城隅移住眷口。倘只苟安目前,毫无权变,设水势愈大,人力难施,数百万生灵与夫城内钱粮仓库俱付漂没,咎将谁归?王鼎、慧成现住河工,见闻较确,如可以进城,即会同牛鉴、鄂顺安熟筹定议,妥速具奏。"⑤ 可见,

---

① (清)痛定思痛居士:《汴梁水灾纪略》,河南大学出版社2006年版,第54页。
② 同上书,第55页。
③ 同上书,第57页。
④ 张政烺:《中国古代职官大辞典》,河南人民出版社1990年版,第688页。河臣为清河东河道总督,清朝督理河东河道之最高长官。雍正七年(1729)改原副总河设,驻济宁,总督河南、山东河道,掌理黄河南下、汶水分流,运河蓄泄及支河湖港疏浚堤防之事。
⑤ (清)痛定思痛居士:《汴梁水灾纪略》,河南大学出版社2006年版,第60页。

道光帝对牛鉴等能否带领开封官民战胜洪水仍无信心，对是否迁省城的态度仍是摇摆不定。

在此情况下，牛鉴又联合钦差大臣①王鼎、慧成联名上奏道光帝，"查省城防守安定，断难议迁缘由，经臣牛鉴两次切实奏陈在案。臣王鼎、慧成未经抵汴之先，亦以为避灾远害，人情之常。及至汴半月，接晤绅士，博采舆论，历次赴城查看实在情形，水势委渐松缓，防闲亦极周备，民情又极静谧。未迁者固安堵如常，已迁者又复纷纷折回。倘或轻举妄动，百姓至愚，以为城不可保，官已弛防，产业不可保，生计无可谋，四出窜逃，仓皇靡止。因之无赖棍徒乘机抢夺，赤手游民随声附和。即此时急公效力之义民，亦将变而为劫掠作乱之奸民。祸生不测，只在须臾，岌岌危城，何从防守？其不能迁徙委系实在情形。臣牛鉴与鄂顺安住宿城隅，躬督修守，确见水势日平。自城西北角以至西门，所筑挑水坝已作三道，城根间段业已生淤。其西北以东虽系常冲，而溜已渐弱，较之七月十八日，以至二十三等日光景，大有霄壤之别。且料物充足，城身纵有续塌，随塌随镶，咄嗟立办，省城之保守已确有把握。"并表示"总之，省城可守而不可迁。即使情形危迫，毫无把握，亦万万有不可迁之势。而况水势消落，料物充足，城垣之可保，已实实得有把握也。口门可堵而不可漫。不特省城数百万生灵盼望合龙，即省城以外各州县，及安徽、江苏各地方百姓，亦无不引领盼望合龙。若该河臣文冲所奏，畏难不办，是置百姓于不顾。明岁大汛经临，水之所至，尽成灾区，议赈议蠲，自不待言。万一数省灾黎聚集一处，更有他虞，又将何策以御之？而况检阅河口旧档，如下埽、进占、敲冰，遇万难措手之时，莫不竭尽人力，期于成功，亦断无因难不办之理。臣牛鉴殚力守城已将两月，自署藩司鄂顺安到省，得藉勷劳，于城垣修守、夷险情形，委属真知灼见。臣王鼎、臣慧成抵汴半月，三次进城，亦于守顺迁逆情形得其窍要。"守

---

① （清）痛定思痛居士：《汴梁水灾纪略》，河南大学出版社2006年版，第48页。钦差大臣是指：道光帝派东阁大学士钦差王鼎，署理藩院事、通政司通政使慧成，及随员刑部郎中蒋方正、内阁中书张亮基、刑部候补主事吴光业至开封督办河务。他们于道光二十一年（1841）七月二十六日至开封。

住省城，使黄河水合龙，则可使安徽、江苏等地百姓，免受黄河洪水的侵害，因此，保证开封省城不迁徙，意义重大。牛鉴还认为"若河臣文冲自漫口以来，并未进省一视。其先后陈奏各折，一时危迫情形，并未亲见，即现在水势消落情形，亦未目睹。均系悬揣臆度之辞，何足凭信？臣等受恩深重，事关重大，断不敢稍执偏私，亦不敢因循怠玩。惟有准情酌理据实具陈，亦期仰副皇上殷殷垂询，保卫民生之至意。所有臣等遵旨熟筹定议缘由，面商署藩司鄂顺安，意见相同。理合恭折由驿复奏。"①

随着开封周围水势的回落，道光帝暂时同意了不迁省会的意见："河南省城为百万生灵所聚，筹谋迁避，原系万不获已之举。既据该抚奏称水消溜缓，人夫料物已充，民情安定，自以保护省城为是。但秋汛方长，水势靡定，该抚总宜竭力筹防，悉心保护。"②

（二）开封绅士反对迁省会

开封绅士在这次大水围城中一直在参与防水，道光帝迁河南省会的提议在开封绅士中也引起了很大的反响，于是绅士公禀总河，上《不迁省节略》：

> 本年夏六月，汴垣猝被水灾，大河环绕城隅，雉堞半皆倾圮，各大宪悉力保障，幸获安全。皇上轸念民依，屡颁谕旨，以省城应否迁徙，命钦使及各大宪详察情形，恩晖周千里而遥，圣虑廑万全之策，阖城绅士军民人等。罔不感颂皇仁。谨熟筹全局，缕陈管见六条，是否有当，伏乞钧裁。
>
> 一、详察形势必不可迁也。汴梁自古为都会之地，溯元明以迄国朝定都燕京，必于开封建省会者，以其地偏北，可以联燕冀，上拱京师。京师之于汴梁，疆土相接，正如车辅相依。嘉庆初年，三省不靖，而畿辅不至震惊者，汴梁为之屏蔽也。而下游吴越诸境，

---

① （清）痛定思痛居士：《汴梁水灾纪略》，河南大学出版社2006年版，第60—62页。
② 同上书，第63页。

一水可通，汴梁控制于上，乃可联南北之势，而江淮资其保障。唐张巡守睢阳，而安史兵不能南下，汴梁仅距睢阳三百里耳！金、元以汴梁为南京，经南宋二百年，屡图中原，迄不能越淮北半步。此二者即其明证。形势有必不可失者，是以代遭水患，前人不敢议迁，实鉴乎其大也。洛阳偏西，可以蔽陕右，而不足以卫京师。为京师藩篱计，汴梁无可议者。此其不可迁者一也。

二、较量经费必不可迁也。省会非外府可比，御水其偶，御寇乃其常。若新移他处，则城垣必须加筑，城壕必须加挑，仓库监狱衙署公所必须添建。外府形势多狭，城基仅仍其旧，势必有所难容。若广拓城基，经费繁，而一时难以集事。且汴城虽以残缺，地当孔道，境接畿辅，断不能弃之弗雇。即使改省为郡，一切筑堤、挑壕修城、疏泄积水等事，仍无一事可缺。是一迁而增两城之费，不若不迁，而节省者多多矣！此其不可迁者二也。

三、审度营制必不可迁也。汴者当直隶山东、江西、安徽之冲，设立重兵始足以资控制而备调遣。若迁省他境，彼处必议增兵，此处必议减兵，即使仍设镇协，必不能如省城之兵额多而将才集。所有汴梁接壤，如东北之归德、曹、单，迤北之长垣、东明，迤南之颖、亳、肖、砀，其地犬牙相错，其俗强悍著名。一值多事之时，必因地旷兵少，乘虚窃发，患有不可胜言者。是省城迁而营制必变，营制变而安危顿异矣！此其不可迁者三也。

四、文武闱场必不可迁也。河南文闱乡试不下万人，加以商贾辐辏动辄数万计，即武闱校场可在城外，而买卖寓所均在城内，以各府城地面计之，实无一可容者。闱陕甘合为一闱，以甘肃无地容建贡院也。安徽、江苏合为一闱，以安徽无地容建贡院也。若省城果尔迁徙，欲置科场于新城，则限于地而难容；欲仍在旧城，则百执事临时调派，一切窒碍，且迁省原为避水患，若科场仍置旧地，则每逢乡试，正值秋汛极险之时，更将何计以避之乎？是省一迁而科场亦大费周章。此其不可迁者四也。

五、劝谕捐输必不可迁也。本年黄水漫溢，城垣残缺，闹场新毁，城壕淤垫，在在均须修筑。惟国家经费有常，断难各项请帑，势必借资劝助。现在一经劝谕，人即乐于捐输者，为省城仍旧故也。若迁省之议一行，则人心必多惶惑，谁复踊跃乐输乎？且省城乃九府四州所倚仗，为省城计，则各府州县皆以为分所应捐；若废省城为外府，则人人视同隔膜，劝谕者亦无措词。是省一迁而劝捐之说全行格碍矣。此其不可迁者五也。

六、体察民心必不可迁也。中州之民，安土重迁，读盘庚之诰，民情概可想见。本年大灾之后，民气亏损，急宜休养抚恤，倘甫经复业而遽令迁徙，富者自顾产业而必不欲迁，贫者苦无资斧而必不能迁，故家大族恋先人坟墓而又不忍迁，加以驻防必无可迁之地，回民必无乐迁之人。本欲安之，适以扰之，本欲靖之，适以乱之。且朝廷设官，原以卫民，如谓迁省不迁民，官可迁而民不必迁，是官移乐土而弃民于危急也！揆之各上宪爱民如子之心，必不出此。此其不可迁者六也。

以上六条，均系上关国计下卫生民之实在情形也。矧值海疆多事，人心宜静而不宜动。迁徙之说行，必致人心摇动，其患有不可胜言者。如谓城外四面淤高，中成釜底，不无后虑。窃维衡工之后，不闻再有衡工；马工之后，不闻再有马工；仪工之后，不闻再有仪工。良以经办大工处所，堵筑自必加固，兵夫自必加防，非寻常工次可比，应不致复有他虞。现已赶期合龙，所有善后事宜，急应于春正定议，次第妥速奉行。更可以工代赈，俾亿万灾黎藉资糊口。此则满汉军民人等，焚香顶祝，仰戴皇仁于生生世世者矣！"①

从开封绅士的《不迁省节略》看，主要表达了开封绅士的以下

---

① （清）痛定思痛居士：《汴梁水灾纪略》，河南大学出版社2006年版，第79—82页。

思想：

其一，开封军事地理位置重要，是拱卫京师的重要屏障；如迁省会，开封必减少驻兵，一旦有事，则会威胁清政府统治安全。

其二，迁省会所需经费巨大，且将面临很多困难。迁省会则要新建一城，城壕、城墙以及仓库、监狱、衙署、公所均需建设；而开封城因地理位置重要，不能轻易丢弃，但因受洪水破坏严重，很多设施需重修。因此，迁省会是增添两个城市的建设费用，在当时的经济条件下这些代价是难以承受的。迁省会将会有很多困难，开封是文武闱场所在地，科场迁出，则新的府城限于城市规模将很难容纳。

其三，民心不愿意迁徙。中州人民，安土重迁，富者有产业，不愿意迁移，贫穷的人没有资金不愿意迁徙，且先人坟墓皆在开封，民众更不愿意迁徙。

其四，迁省会则会造成劝谕捐输困难，被破坏的开封城难以重建。被洪水破坏的开封城重建不但需要国家资金，更需要士民的捐输，一旦迁省会"则人心必多惶惑，谁复踊跃乐输乎？"，且如果开封丧失省会地位，则全省九府四州士民"人人视同隔膜，谕者亦无措词。是省一迁而劝捐之说全行格碍矣。"没有了资金，开封城的重建也就越发困难。

其五，由于1840年爆发了中英鸦片战争，开封被洪水围困期间正值鸦片战争时期，所以"刻值海疆多事，人心宜静而不宜动。迁徙之说行，必致人心摇动，其患有不可胜言者。"一旦迁徙，造成人心摇动，则会成为内忧外患之势。

其六，开封城经过大修之后，应当"不致复有他虞"，能抵御今后洪水的侵袭，且工程可以以工代赈，暂时解决开封大灾后百姓的生计问题。

但是开封绅士的意见还要征得主要治水官员的同意，然后才能上奏朝廷，由于当时开封城洪水威胁仍然没有解除，"先是总河朱至，睹省城危险恐不可保，且各大宪亦俱犹疑，仍有议迁之意。绅士等面见总河，力陈不可迁之故，总河命开节略，以便再行会议入奏，至是合词联名上之。旋奉旨允行。"① 至此，这次省会议迁结束，开封作为省会的地位才得以继续稳固。

从晚清这次省会议迁情况看，这次议迁是由清朝最高统治者道光帝在开封被洪水围困，百万百姓面临灭顶之灾，为了保证开封百万百姓的生命安全，才提出的迁河南省会之议；由于当时情况危急，道光帝又不是现场亲历者，因此道光帝的迁省会之议并没有明确指示河南省会究竟要迁向何处，这只是在开封被洪水围困的危急万分情况下的无奈之举。河南巡抚牛鉴带领开封官民一起战胜了洪水，保住了开封城，同时也保住了开封作为河南省会的地位，他事后也得到了道光帝的奖赏，升任两江总督。② 但是困扰开封城的黄河洪水问题并没有根除，开封作为河南省会的地位以后还会受到黄河洪水的挑战。

三 民国时期河南省会的迁移

在历史上，开封曾经长期是河南省的省会。但在民国时期，由于军阀混战、外敌入侵等原因，河南省会曾两度迁离政治中心开封，这在一定程度上动摇了其省会的地位。

第一度迁移是在民国北京政府时期。1923年12月12日，河南省长张凤台被免职，由同属于直系军阀派系的李济臣继任。由于李济臣和前任省长张凤台以及河南督军张福来之间有矛盾，因此李济臣上任之后把河南省署移驻洛阳办公，仅留实业、教育两厅在开封。但李的迁移省署行为遭到了开封工商界的反对，1924年1月，"开封商界推举代表50人赴洛，请省长李济臣早日到汴，省署不必移洛阳"。1924年10月，第二次直奉战争时期，冯玉祥发动北京政变，随后，孙岳率国民军开始清剿吴佩孚的残余势力，国民军进展较为顺利，迅速清除了直系在河南省大部分的势力。1924年11月7日，北京政府命令：免去李济臣河南

---

① （清）痛定思痛居士：《汴梁水灾纪略》，河南大学出版社2006年版，第82页。
② 同上书，第79—82页。

省长职务，以孙岳继任。由于国民军与直系残余的战争仍在继续，12月7日，孙岳电执政府请辞河南省长职务，国民军一师四混成旅参谋长何遂由间道入汴，宣布代理河南省长职务。开封仍为河南省会。① 这次省会迁移只迁出了部分省署办公机构，时间仅一年，可见只是军阀之间的一场闹剧而已，对开封省会地位的影响相对较小。直系军阀失败后，在历史传统力量的作用下，开封很快又重新成为河南省会。但我们由此可以看出，军阀关心的只是自己的地盘、自己的势力范围。只有城市工商业阶级，才是真正关心城市省会地位的，因为他们的利益与城市省会的地位息息相关，也只有他们才会是真正想阻止省会迁移的力量。

第二度迁移是在抗日战争期间，由于日寇的步步紧逼，河南省会被迫经历了数次迁移。

河南省会第一次迁移：1938年6—7月份河南省会由开封迁往南阳。1938年5月21日，中日豫东会战打响。当日，日军大本营在徐州会战基本结束后，部署前线部队向西挺进，扩大战果。② 此时，中国第一战区司令长官程潜部署部队，计划将突出的日军第十四师团歼灭于内黄、兰封（兰考）、民权之间。这次会战，给日军以沉重打击。1938年6月3日，日军第十六师团攻占杞县、通许、陈留。"豫东兰封会战后，日军第十四师团和第十六师团一部挥军西指，直下开封。1938年6月5日晨，日军3000余人由白兰寨向开封北城进攻。同时，敌重炮数十门，飞机十余架向开封猛轰，顿时开封城内居民死伤逾千。开封守军宋肯堂一四一师一个旅和税警旅，虽然击退日军多次登城，但因开封城郊敌人尚陆续增加，傍晚，日军终于从东、北两门攻入城内。守军遵守战区"与开封共存亡"的严令，同入城之敌展开巷战，但宋肯堂却擅自下令撤退，并率先逃出开封。6月6日凌晨，省会开封陷落，广大平民惨遭

---

① 王天奖、庞守信、王全营等：《河南近代大事记（1840—1949）》，河南人民出版社1990年版，第218—226页。

② 河南地方史志办公室编纂：《河南通鉴》（上），中州古籍出版社2001年版，第801页。

洗劫。1938年7月12日，日军土肥原部向开封商会勒索巨款60万元，强征壮丁2000余人。从此，开封古城即成为人间地狱和日伪统治反动中心。与此同时，国民党河南党政机关由开封迁驻南阳。① 同时迁徙的还有河南省图书馆和一些文化教育部门，如河南大学等。这是河南省会在抗战期间被日军逼迫下的首次迁徙。②

河南省会第二次迁移：1939年10月由南阳迁往洛阳。1939年10月5日，第一战区司令长官卫立煌奉1939年9月19日行政院第四四三次会议关于"免去主席程潜、代理主席方策及委员龚浩等本兼各职，任卫立煌、方策、曹仲植、张广舆、鲁荡平、齐真如、罗震、李鸣钟为河南省府委员；以卫立煌兼主席"的命令，在洛阳宣誓就职视事，同时决定将省府由南阳迁至洛阳。7日，卫立煌奉命兼省保安、防空司令。25日，卫立煌发表施政方针，表示"澄清吏治""推行教育""打破经济难关""努力维持社会治安"。可是就在卫立煌宣誓就职并把省府迁到洛阳时，日军25架飞机在29日轰炸了洛阳，以致洛阳全城警报至晚9时方息，给卫立煌来了一个下马威。卫立煌出任河南省府主席后，在军事上他不能不勉力发动所谓"冬季攻势"，命令孙桐萱第三集团军渡河东去，破坏陇海路罗王段，并向兰封（今兰考）、开封进袭；命令郭寄峤第九军主力协同李家钰四十七军在豫北破坏沁阳至博爱交通，并攻击沁阳、武陟日伪据点。在政治上，容忍三十一集团军总司令汤恩伯指使少将参议耿明轩制造"确山惨案"，进攻新四军留守处，袭击中共河南省委。在经济上，1939年11月3日由省府委员会第八一二次会议决定设立周口镇营业税局槐店（沈丘）分局，并由建设厅决定在全省50余县试办纺织。在对待难民问题上，他责令一战区于10月20日成立难民调查委员会，自兼主委，同时又于11月15日亲由洛阳赴郑巡视河防，并以"豫东河防、汛防，皆极坚强，郑州甚为安谧镇定"安定民心。③

---

① 河南地方史志办公室编纂：《河南通鉴》（上），中州古籍出版社2001年版，第801页。
② 同上书，第828页。
③ 同上书，第814页。

河南省政府在由南阳迁往洛阳的同时，1939年3月31日，饬令省图书馆由宛移洛开馆。①

河南省会第三次迁移：1942年4月28日，河南省政府及其所属机关由洛阳迁往鲁山县。1942年4月10日日机轰炸陕州（今陕县）、渑池等县后，日机百余架又炸洛阳。19日，日机18架再炸洛阳。《河洛日报》因之停刊月余。21日，省主席卫立煌以洛市损失惨重报告请救，蒋介石允拨10万元予以施赈。1942年5月9日，侵占龙门的日军骑兵2000余人在战车百余辆的配合下北犯洛阳。10日，洛阳城防警戒线被日军突破。11日，敌占里河，继占西工。13日，敌坦克部队一部从西南角突入洛阳城内，守军与之展开激烈巷战。次日，守军终将该敌赶出城外。然在14—22日的城北邙岭战斗中，守军十五军虽对敌人的疯狂进攻予以英勇抵抗并付出重大牺牲，但终未扭转战局，阵地全毁，主力被迫撤入城内，转守城垣。24日晨，在日军劝降遭到守军严拒后，日军以第六十三师团和坦克第三师团为主力，在大炮百余门和飞机27架掩护下向城内发起总攻。守军各部分据四门及城防要地，顽强抵抗。午后，守军第九十四师防守的东北城角和六十五师防守的西北城角同时被敌突破。各部守军依托既设阵地对敌节节抵抗，给敌军以大量杀伤。下午5时，敌坦克部队突入市内，守军指挥系统被敌断绝。各部无险可守，利用民房与敌巷战。至晚，守军弹药将尽，无力再战，奉令从东门夺路突围。午夜，洛阳失守。至此，历时37天的河南战役，以国民党军的"日退百里，日失一城"的大溃败而告结。早在洛阳沦陷前的4月28日，河南省政府及其所属机关由洛阳迁移鲁山，易地办公。省府主席李培基亦于本日抵达鲁山。30日，国民党河南省党部及其机关报《河南民国日报》亦随之南迁。同日，《河南民国日报》发表社论《告别洛阳》，1942年5月14日，该报在鲁山恢复出版。同时迁移的还有河南省图书馆，河南省图书馆挑选4000余册新书由内乡运至鲁山鲁阳

---

① 河南地方史志办公室编纂：《河南通鉴》（上），中州古籍出版社2001年版，第839页。

中学女子部，开辟河南省图书馆鲁山阅览处。1943年3月14日，鲁山阅览室正式对外开放。①

河南省会第四次迁移：1944年5月河南省府由鲁山县迁往南阳丹水镇。1944年5月初，省会鲁山就因许昌失守而受到严重威胁。2日，日机5架轰炸鲁山县城，遇难群众71人，伤40余人。5、6两日，日机连续轰炸鲁山，人民生命财产又遭到损失。5月7日，鲁山被敌占领，省府机关即随一战区向西南转移，行至内乡，即驻丹水镇（现属西峡县）。接着在1944年7月18日，行政院第六六九次会议通过免去李培基河南省府主席职务和任命刘茂恩为河南省府主席的决议，另任齐真如兼省府秘书长，王公度为教育厅厅长，王抚洲为财政厅厅长，汤子珍为建设厅厅长。1944年7月22日和9月25日，明令刘茂恩任省政府主席兼省保安司令。省府驻地仍治丹水镇。②

河南省会第五次迁移：1945年4月由丹水镇迁往卢氏朱阳关。由于日寇的进一步紧逼，"次年4月因日军进犯豫西南又迁避卢氏朱阳关。此时，省府处于豫西南一隅，又与平汉路东七、八、九区失去联络，几乎名存实亡。"③

河南省会第六次迁移：抗战胜利后，1945年9月，河南省会迁回开封。9月2日，日本政府签字投降，抗日战争胜利结束。9月16日，国民党河南省府主席刘茂恩等省府全班人马，随着一战区和五战区等对河南大片领土和大中城镇交通要道的抢占，由卢氏朱阳关迁返开封，同时根据陆军总司令部关于"各省市辖区内一切行政及事业机构，应由各该省政府主席接收"的命令，开始对全省实际控制区发号施令，行使职权。④

由此，我们可以看出河南省会在抗战时期的迁移路线：开封→（1938年6—7月）南阳→（1939年10月）洛阳→（1942年4月）鲁

---

① 河南地方史志办公室编纂：《河南通鉴》（上），中州古籍出版社2001年版，第839页。
② 同上书，第816页。
③ 同上书，第867页。
④ 同上书，第873页。

山→（1944年5月）南阳丹水镇→（1945年4月）卢氏朱阳关→（1945年9月16日）开封。

综上所述，河南省会的第一度迁移只迁出了部分省署办公机构，其主要原因在于军阀政客之间的利益、权力之争，时间范围也仅仅持续了一年。随着直系军阀的倒台，河南省长的易人，开封省会的地位很快恢复，虽然这次事件影响较小，但它毕竟是一次付诸实际的行动，对于开封传统的省会地位仍然有一定的损害。河南省会第二度迁移的原因在于躲避日军的进攻，抗战时期河南省会一再迁移，直至退到偏远的小乡镇，几乎名存实亡。抗日战争时期的河南省会迁移，是国民党在日本侵略者逼迫下的被动迁移，战争给开封城造成了巨大的破坏，严重影响了其正常的发展，尤其是1938年国民政府为阻止日军西进，炸开了花园口大堤，在豫东平原形成了面积广大的黄泛区，使开封周围的生态环境遭到了极大的破坏。同时，河南省会迁出开封及其以后的一再迁移，也动摇了开封作为河南传统省会在民众心中的神圣地位，既然省会可以一再迁移，久之，民众便也习以为常。而相隔10年（1945年河南省会迁回开封到1954年）之后，河南省会再次由开封迁郑州，自然在民众中也引不起很大的震动了。

第三节　新中国建立初期河南省会迁移动因

开封曾经是七朝古都，且在元明清以及民国时期都是河南的政治中心。但由于开封地势低洼，时常面临黄河水患的威胁，民国时期又遭战乱破坏，这些因素都动摇着开封作为河南政治中心的地位。开封解放后，由于历史传统的因素，开封仍然作为河南省的省会，但在中华人民共和国建立初期的省级行政区划调整、计划经济体制初建的发展经济的大环境下，由于开封的发展前景不如郑州市，出于发展河南地方经济的考虑，河南省委向中南军政委员会以及政务院提出省会迁郑的申请，经中央批准后，1954年10月河南省会由开封迁往郑州市。

一 新中国建立初期河南省会迁移的国内经济背景

1949年中华人民共和国建立,中国在学习苏联借鉴苏联经验的基础上开始建立计划经济体制。在当时,实行计划经济体制有其必然性。

其一,依据马克思主义的传统观念,在对社会主义的认识上,把计划经济看作是属于社会主义基本制度的范畴,而把市场经济看作属于资本主义制度的范畴,计划经济是社会主义社会的基本特征,中国是要确立社会主义制度,自然要实行计划经济。

其二,20世纪30年代世界主要资本主义国家普遍爆发了经济危机,生产过剩,工人失业,市场调节的自发性、盲目性也暴露了市场经济的缺陷;而当时实行计划经济的苏联在各方面取得了举世瞩目的成就,这彰显了计划经济具有强大的生命力。受其影响,二战后新成立的社会主义国家纷纷实行计划经济。

其三,实行计划经济是当时的中国恢复和发展经济的客观需要。旧中国长期战乱,中国人民长期处于三座大山的压迫之中,工业基础极为薄弱,在新中国建立初期毛泽东曾经感慨地说:"现在我们能造什么?能造桌子椅子,能造茶碗茶壶,能种各种粮食,还能磨成面粉,还能造纸,但是,一辆汽车、一架飞机、一辆坦克、一辆拖拉机都不能造。"①毛泽东形象地说明了新中国建立初期我国贫穷落后的现状。社会的大机器工业极为稀少,农业在国民经济中占主导地位,适应现代经济发展要求的第三产业几乎是一片空白,产业机构极为不合理。据统计:1952年在中国国民收入生产额中,农业的比重占57.7%,工业仅占19.5%。② 新中国建立初期实行高度集中的计划经济体制,可以有效地医治战争创伤,在物资极为贫乏的年代,满足广大人民群众基本的生活需要,还可以集中必要的人力、物力、财力,进行重点建设,大力发展工业,尤其

---

① 中共中央文献研究室:《毛泽东文集》第六卷,人民出版社1999年版,第329页。
② 舒炼主编:《中国红 辛亥革命百年祭 红旗卷》上册,中央文献出版社2011年版,第141页。

是重工业，改变旧中国贫穷落后的面貌。同时帝国主义国家对中国采取敌视态度，实行经济封锁，实行计划经济也是打破帝国主义国家经济封锁的一种必要手段。

在1949到1952年这一阶段，是我国计划经济体制的初步确立阶段，主要表现为：首先建立国民经济机构。1949年10月21日政务院根据1949年9月27日中国人民政治协商会议第一届全体会议通过的《中华人民共和国中央人民政府组织法》第十八条的规定，成立政务院财政经济委员会，统一领导财经工作，由陈云任主任，[①] 同时在中央和地方政府设立了相应的经济管理机构。这标志着国家经济管理机构的框架已经基本形成。

1950年3月3日中央人民政府政务院作了《关于统一国家财政经济工作的决定》。这个决定规定的主要内容是：统一全国财政收支，使国家财政收支的主要部分集中到中央，用于国家的主要开支；统一全国物资调度，使国家掌握的重要物资从分散状态集中起来，合理使用，以调剂余缺；统一全国现金管理，一切军政机关和公私合营企业的现金，除留若干近期使用外，一律存入国家银行，统一调度。[②] 这个决定做出了统一全国财政经济的重大决策，我国的财政经济工作从基本上分散管理到高度集中统一的体制开始形成。在当时大陆还没有完全肃清残匪，军费开支依然很大的情况下，在当时物资极端匮乏、经济极端落后的情况下，中央的这一决定符合当时的国情。在统一财经后，中央人民政府迅速抑制了通货膨胀，稳定了国民经济，并为集中有限的财力、物力进行重点经济建设，改变我国工业极端落后的局面打好了基础。对此当时的《人民日报》社论评价"这个决定是依据新中国成立以后经济发展新形势提供的条件而提出的，新中国成立以前解放区的财经工作，从抗日战争开始直至1949年的12年间，都是分散经营的。这种分散经营的

---

① 李景田主编：《中国共产党历史大辞典·社会主义革命和建设时期（1921—2011）》，中共中央党校出版社2011年版，第4页。

② 《中央人民政府政务院关于统一国家财政经济工作的决定》，《人民日报》1950年3月4日第1版。

政策，是适应当时解放区被分割的情况的，因此取得了很大的成绩。1950年初进入新的时期。依据这个新情况，中央人民政府政务院决定：财经工作要从基本上分散经营，前进到基本上统一管理。也就是说，虽然分散经营的成分有，但主要的将是统一管理。这种改变，是适应1950年年初在地域、交通、物资交流、关内币制等方面已经统一的情况的。这是第一。第二，这个决定也是适应当时消除通货膨胀、支援革命战争和恢复国民经济的迫切需要而提出的。如果不实行统一管理，如果国家收入不作统一使用，如果国家支出不按统一制度并遵守节省原则，如果现有资金不加以集中使用，则后果必然加剧通货膨胀，有害于对战争和军政人员的供应，有害于国民经济的恢复和人民生活的改善"。①

同时，为了既能保证国家的财政经济工作统一领导、又能充分发挥地方政府的积极性，因地制宜，发展地方经济，1951年4月6日政务院通过了《关于一九五一年国营工业生产建设的决定》。这个决定指出：国营地方工业在发展国民经济中具有重要作用，必须采取积极发展的方针，鼓励各级地方政府经营工业的积极性。该决定扩大了地方政府发展地方工业方面的权力和责任，同时对地方工业的经营方向，进行了明确的规定与说明。② 在此基础上，1951年5月24日政务院又颁发了《关于划分中央与地方在财政经济工作上管理职权的决定》，这个决定把划给地方的职权分为两类：其一，把一部分国营企业或一部分财经业务全部划给地方管理，如地方工业、地方财政、地方贸易、地方交通事业等，在这些事业上，除保证政策、方针、重要计划、重要制度的全国统一性外，一切经营管理工作与一切政治工作，全部由地方负责。其二，散在各地的由中央财经部门直接管理的企业单位，其一切政治工作均归大行政区人民政府指定的地方当局领导，这些企业在执行上级交付的任务上，必须受地方当局的

---

① 《为什么要统一国家财政经济工作》社论，《人民日报》1950年3月10日第1版。
② 《中央人民政府政务院关于一九五一年国营工业生产建设的决定》，《人民日报》1951年4月3日第1版。

监督、指导、协助。① 这就进一步明确了中央和地方在财经管理权限上的关系，给了地方一定的管理权限，对调动地方的积极性，对促进地方主动实现工业化、发展地方经济，促进国民经济迅速恢复，起到了重要作用。

后来的事实证明：到1952年，地方国营工业的企业数达到7272个，占国营企业（包括中央工业和地方工业）总数的76.4%，职工人数达887044人，占总数的32.7%，总产值达38.2686亿元，占总数的28.4%。② 这说明中央的政策效果是明显的。

1951年，河南省委有关领导就已向政务院请求：为适应河南省经济建设的需要以及加强对城市建设、工业建设和农村生产建设的领导，初步决定把省会由开封迁往郑州。③ 河南省委提出这样的请求，也正是出于实现河南工业化、建设河南地方经济的主动性，为全国即将开始的大规模经济建设做准备。

总之，新中国建立初期国内计划经济体制初建以及最终确立的经济背景对河南省会的迁移是极为重要的。没有计划经济体制的国内经济背景，省会迁移则较难实现。这主要是因为：

其一，计划经济体制的初步建立为河南省委提供了迁移省会的思想动机。计划经济体制初建时期，需要鼓励地方发展经济，实现工业化。河南省要发展地方经济、实现工业化，自然要选择一个地理位置适合、交通便利、矿产资源较为丰富的城市作为省会来领导全省工农业的发展。而就河南省内来说，原省会开封已经不具备这样的条件，而郑州则完全具备这样的条件，自然是河南省委、省政府的首选考虑，这也是其考虑省会迁移的基本思想动机。

其二，计划经济体制的确立为河南省会迁移提供了经济基础。在我国，省会一般是全省的政治、经济、文化中心。因此，迁移省会绝不仅

---

① 《论中央与地方财经工作职权的划分》，《人民日报》1951年5月26日第1版。
② 中国社会科学院中央档案馆编：《1949—1952中华人民共和国经济档案资料选编·工商体制卷》，中国社会科学出版社1993年版，第280页。
③ 《河南省省会由开封迁往郑州》，《人民日报》1954年10月31日第4版。

仅是河南省直机关搬个家这么简单，郑州城市的原有基础仅仅是河南省内的一个小县城规模，其城市基础极为薄弱，离政治、经济、文化中心的标准还有相当大的距离。把郑州确定为河南新省会，自然要建设它，使它达到省会城市的标准，这需要大量的资金投入。晚清道光帝提出的迁移河南省会之议最终没有成功，其中原因之一就是建设一座新城需要大量的经费，在当时内忧外患的情况下，统治者考虑到这个原因最终还是选择了放弃。在新中国建立初期，由于中原地区长期战乱，河南省的财政收入也极端匮乏，以河南省以及郑州市之力把郑州市建设成新省会城市是存在极大困难的，这可能需要一个极漫长的过程。而计划经济体制却解决了这个问题，把郑州定位为河南新省会、全国重点建设城市之一，由此就能获得中央政府大量的建设投资倾斜。这样，建设郑州市的力量就不仅仅是河南省、郑州市，而主要的来自于中央政府了。国家的力量使郑州从一个小县城迅速成长为河南省的政治、经济、文化中心城市，由此可见计划经济的巨大力量，没有计划经济，河南省会迁移郑州很难实现。

其三，计划经济也为中央政府批准河南省会迁移的提议提供了可能性。1953年，国家即将开始全国范围内的计划经济建设，而河南省要想很好地完成国家的建设任务，显然以郑州市作为省会最合适；同时省会迁移的经费可以以国家投资倾斜的方式来实现，出于这种考虑，中央政府也会考虑河南省委、省政府迁移省会的请求。

其四，从更深层次来说，计划经济体制的初步确立，也在一定程度上为省会迁移减少了阻力。计划经济体制的初步确立，使国营经济逐步占据主导地位，城市资产阶级、小资产阶级逐步被边缘化；而这部分人显然是与开封省会地位的利益最相关的，也是最有话语权的。但由于他们的地位被边缘化，又由于经过"三反五反"等运动，他们很难再联合起来提出反对省会迁移的意见。这点与晚清时期开封绅士、民国北京政府时期开封商界成为反对省会迁移的重要力量显然是截然不同的。可以说，计划经济体制的初步确立在一定程度上减少了省会迁移的阻力。

二 新中国建立初期行政区划调整及省级行政中心变迁

中华人民共和国建立初期,为了适应人民解放军顺利进军,肃清余匪,巩固人民民主政权,医治战争创伤的需要,在省级、县级行政区划方面,既要注意到革命战争年代形成的行政区域,又要考虑到新形势的需要,因此缩小了原有省区,保留了革命战争进程中留下的一些行政区域。例如,1949年,在华北地区,以豫北、冀南、鲁西南的部分行政区域,设立了平原省;把东北地区在解放战争中形成的松江、黑龙江、嫩江、吉林、辽北、安东、辽宁等7个省和冀察热辽地区改设为辽东、辽西、吉林、松江、黑龙江、热河6省,并根据旅大仍为苏军控制的现实而设置旅大行署区;把江苏、安徽两省分设为苏南、苏北、皖南、皖北4个行署区。①

新中国建立后,随着人民民主政权的巩固和国民经济的恢复,新生的中华人民共和国政权日益稳固。1952年11月15日,周恩来总理在中央人民政府委员会第十九次会议上作关于"改变大行政区人民政府(军政委员会)机构与任务","调整省、区建制","增设中央人民政府机构"等问题的报告中指出"大行政区人民政府或军政委员会,是在新中国初建之时成立的……这种组织形式在全国刚刚解放,各地区发展不平衡的情况下,是完全必要的,现在,为了适应即将开始的国家大规模经济建设的需要,必须加强中央的统一和集中领导,加强中央人民政府的机构,同时,也要加强省、市人民政府的组织,加强省市领导的责任"。会议通过了《中央人民政府关于改变大行政区人民政府(军政委员会)机构与任务的决定》,《关于调整省、区建制的决议》。② 依据会议精神,大行政区一级改为虚级,一律改为行政委员会,并撤销一些为适应中华人民共和国建立初期的战争、反匪形势及战争年代留下来的行

---

① 于治民:《试析中华人民共和国行政区划沿革》,《铁道师院学报》(社会科学版) 1990年第2期。

② 中共中央文献研究室:《周恩来年谱(1949—1976)》上卷,中央文献出版社2007年版,第268—269页。

政区划单位，依据历史传统设置，归还建制，还合并了一些省区。1954年6月19日，中央人民政府委员会第32次会议通过《中央人民政府关于撤销大区一级行政机构和合并若干省市建制的决定》，① 依据决定精神，六大行政区相继被撤销，1954年《中华人民共和国宪法》第53条明确规定"全国分为省、自治区、直辖市"，因此新中国建立初期是我国行政区划较大范围变动调整的时期。新中国成立时，全国共有大行政区6个、省级行政单位为50个、地级单位215个、县级单位2180个。② 此后，省级行政区又经历了多次变动。如表1-1：

表1-1　　　　　　新中国成立后中国行政区划表

时期	一级政区	二级政区	三级政区	四级政区
1950年	53	277	2593	约200000
	29省	198个专区	2058县	镇
	1自治区	8盟	58旗	乡
	13直辖市	1自治区	4自治区	行政村
	8行署区	65地级市	65县级市	
	1地方	2行政区	334辖区	
	1地区	2行署	23宗	
		1矿区	2特区	
			18设治局	
			2办事处	
			13镇	
			1矿区	
			3工矿区	
			2中心区	
			1管理区	
			1管理处	
			1军管会	
			1盐区	

---

① 范晓春：《中国大行政区（1949—1954）》，东方出版中心有限公司2011年版，第334页。
② 闫新民编：《全国市县地名沿革表》，河北人民出版社2012年版，第437页。

续表

时期	一级政区	二级政区	三级政区	四级政区
			4 盟辖区	
			2 政区辖区	
1954 年	32	286	2824	218739
	3 直辖市	82 地级市	471 直辖市	镇
	26 省	150 专区	80 县级市	乡
	1 自治区	7 盟	1997 县	
	1 地方	26 自治区	48 自治区	
	1 地区	9 行政区	54 旗	
		2 矿区	1 自治旗	
		4 总管	83 宗	
		2 基巧	57 区	
		4 办事处	5 镇	
			12 版纳	
			4 矿区	
			1 个矿区	
			1 盐区	
			1 特别区	
			1 特区	
			2 办事处	
			1 专区辖区	
			3 行政委员会	
			2 中心区	

资料来源：候景新、蒲善新、肖金成：《行政区划与区域管理》，中国人民大学出版社 2006 年版，第 59—62 页。

1950 年，行政区划经过调整后，全国共有 53 个省级行政区；省级政区下辖 277 个地级政区；2593 个县级政区领导 20 多万个乡级政区。1954 年，全国的省级行政区调整为 32 个省级区，领导 2824 个县级行政区、218739 个乡级政区。[①]

其中，省级行政区划变化的原因是：1952 年，撤销平原省，其行

---

① 候景新等：《行政区划与区域管理》，中国人民大学出版社 2006 年版，第 59—62 页。

政区域划归河南、山东两省；撤销察哈尔省，划归山西、河北两省；皖北、皖南两行署区合并成立安徽省；苏北、苏南两行署区和南京市合并成立江苏省，南京市降格为省辖市；川东、川南、川西、川北四行署区合并，恢复四川省；1953 年 8 月，哈尔滨、长春由省辖市升格为直辖市。1954 年撤销绥远省，并入内蒙古自治区；撤销宁夏省，并入甘肃省；撤销松江省，并入黑龙江省；辽东、辽西两省合并为辽宁省；撤销除北京、上海、天津以外的 11 个直辖市，降为省辖市，至 1954 年 6 月底，全国共有 26 个省、1 个自治区、3 个直辖市、1 个地方、1 个地区，计 32 个省级行政单位。[①]

随着新中国建立初期行政区划的大幅度调整，一些省的行政中心也随之迁移或调整，如乌兰浩特当时是内蒙古自治区（1947 年 5 月 1 日成立，其范围只在东半壁）的行政中心，为便于加强对内蒙古西部地区的领导，经内蒙古自治区政府申请和中央批准，1950 年内蒙古自治区的行政中心迁至察哈尔省的张家口市，张家口即成为两省的行政中心；1952 年经中央批准内蒙古行政中心又迁至绥远省的归绥市（即现在的呼和浩特市），1954 年，绥远省撤销，并入内蒙古自治区，呼和浩特即成为内蒙古的首府。齐齐哈尔为黑龙江省的行政中心，而哈尔滨为松江省的行政中心，1954 年两省合并为黑龙江省，其行政中心为哈尔滨市。吉林市当时为吉林省的行政中心，1954 年，吉林省的行政中心由吉林迁至长春。丹东当时称为安东，为辽宁省的行政中心，锦州当时为辽西省的行政中心，1954 年，辽西、辽东两省合并为辽宁省，行政中心迁至沈阳。[②] 这其中一些省的行政中心迁移是与新中国建立初期国家大规模行政区划的调整密切相关的。我们以吉林省为例，1954 年 6 月 19 日，中央人民政府委员会第 32 次会议通过《关于撤销大区一级行政机构和合并若干省市建制的决定》，其中"撤销辽东、辽西两省建制，合并改为辽

---

　　① 陈潮：《我国省级行政区划的调整》，《地图》2003 年第 4 期。
　　② 陈潮、陈洪玲：《中华人民共和国行政区划沿革地图集（1949—1999）》，中国地图出版社 2003 年版，第 19—20 页。

宁省",① 1954年8月1日，长春市由中央直辖市改为吉林省省辖市。②1954年9月15日，吉林省人民省府电告中央人民政府政务院"根据中央人民政府关于撤销大区一级行政机构和合并若干省市建制的决定，省府自9月29日起迁长春市斯大林街二段16号办公，"③ 同时，由于迁移时间较紧，没有时间进行省府机关办公建筑的建设，省府仅"迁长春市斯大林街（原地质部学校办公）"。④ 可见，吉林省的行政中心迁移是由新中国建立初期国家的行政区划调整促成的，是一种被动的省会迁移。1950—1954年，是我国行政区划变化较大的一个时期，行政区划调整较为频繁，由此带来相应的省级行政中心调整，因此省级行政中心的迁移也较多。在这种大的政治环境下，对于一些想主动迁移省会的地方政府也提供了极大的便利。如1952年中央对于平原省的撤销即为河南省委争取郑州成为河南新省会提供了极便利的条件。如图1-1。

中华人民共和国建立初期省级行政区划的大幅度调整以及众多省级行政中心的迁移使河南省会迁移成为可能：首先，平原省撤销前，郑州位于河南最北部，并不十分适合做河南省省会，平原省撤销，郑州才真正位于河南中部偏北。其次，从历史上看，政权的更替是行政中心变化的一个重要因素，新政权往往要重新思考定位国家的发展前途，并进行大范围的改革，且这些改革受到的阻力较小；同时，在新的政治中心保守势力往往相对较弱，更利于新政权在发展中进行各种改革，因此能够在国家层面上对定都问题重新考虑；在地方层面，也会对行政区划、区域政治中心做出新的调整。新中国建立初期正处于我国行政区划的大规模调整时期，许多省级行政区被合并，这也意味许多省会要调整。内蒙古、黑龙江、吉林、河北、江苏、安徽、广西等省或自治区的省会或首府都先后进行了调整。再次，在这种历史背景下，河南省委主动向中南

---

① 张晋藩、海威：《中华人民共和国国史大辞典》，黑龙江人民出版社1992年版，第168页。
② 房冽：《档案吉林：省档案馆卷》，吉林出版集团有限责任公司2014年版，第231页。
③ 《关于省府迁长的报告、通知》，1954年，吉林省档案馆藏，档号：2-56-7。
④ 同上。

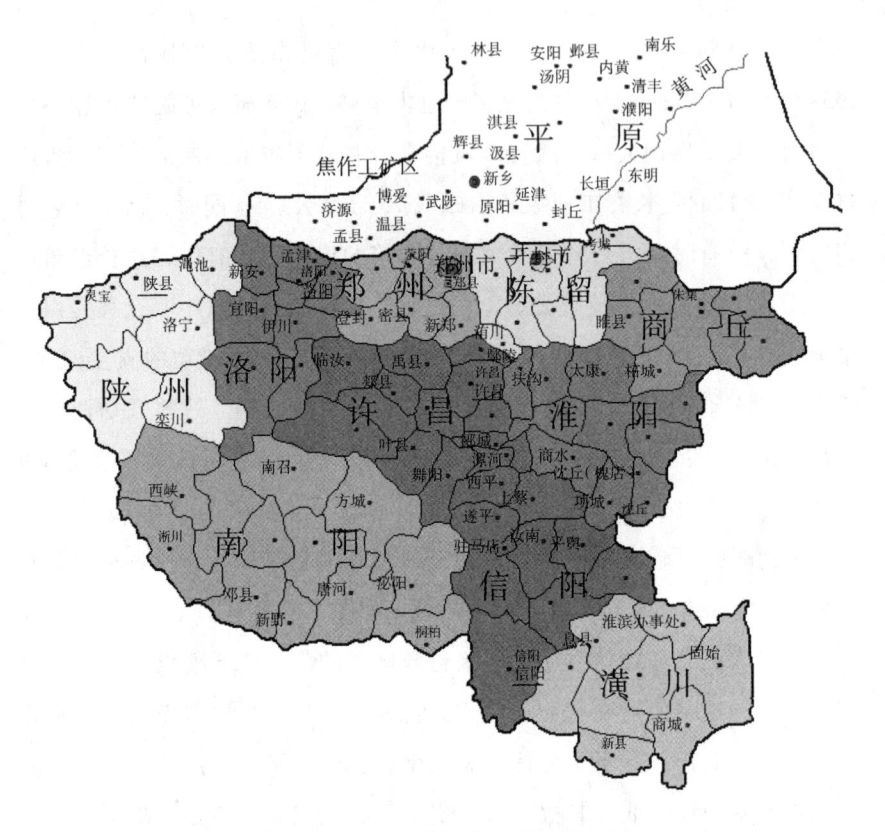

图1-1　1949—1951年河南省政区图

(资料来源：陈潮、陈洪玲主编：《中华人民共和国行政区划沿革地图集 1949—1999》，中国地图出版社2003年版，第96页绘制。)

军政委员会以及中央政务院提出河南省会迁移郑州的动议，这种大环境对于河南省的提议获得上级机关批准也是极为有利的。

三　郑州成为河南省新省会的优势

(一)　交通优势

1. 南北铁路大动脉京汉铁路经过郑州

郑州的铁路时代是从京汉铁路的修建开始的。1889年时任清两广总督的张之洞向清廷呈奏，建议修建京汉铁路，当时清政府财政拮据，无力官办，借用外债又多顾虑。1889年8月27日清政府命张之洞和直隶总督李鸿章，会同海军衙门筹议京汉铁路，并斥责对修路的偏颇成见。1894年7月25日，中日甲午战争爆发，直隶总督王文韶和湖广总督张之洞联合奏请清政府修建京汉铁路。① 1895年7月19日两广总督张之洞再次奏请清政府修建京汉铁路，至1895年12月，清政府颁布上谕："芦汉铁路长，用款多，各省富商如有能集股至千万以上者，准其设立公司自行修建。"殷商富贾、华侨对清政府不信任，不愿投资，民办毫无结果。在这种情况下，1896年10月，张之洞和直隶总督王文韶又奏请设立铁路公司，派盛宣怀为督办大臣，准铁路公司一面召华股一面借外债，商借商还；并说明洋债与洋股不同，路归洋股，则路权仍属于我。该办法得到清政府批准后，1897年1月6日盛宣怀在上海成立中国铁路总公司，4月以"先以官款造路，建成一段抵债一段"的方式筹款。同年5月27日，盛宣怀与比利时银行工厂合股公司（简称比公司）代理人马西、海沙地在武昌订立《芦（沟桥）汉（口）铁路借款初步合同》17款。7月27日在上海签订《芦汉铁路借款续增合同》，比国无力单独投资，实际是由法、俄、比集团投资2000万两，共筹款4000万两。1897年滠口玉带门段23.58公里，由聘请的德国人测量并施工，于同年7月开工，12月建成，1898年5月通车。由于1897年比国借款成功，自1898年10月起京汉铁路统归比公司承建。卢沟桥至保定段132.7公里，于1899年1月建成，1899年2月1日正式通车。②

在与比利时签订借款合同时，比利时的条件是非常苛刻的，同时法、俄两国也假手比利时，间接控制芦汉铁路，从中国获取政治权益，把其势力范围伸向中国的黄河、长江流域。1898年6月26日，盛宣怀与比公司在沪签订《芦汉铁路比国借款续详细合同》10款，这一借款合同是法、俄两国向总理衙门施加外交压力签订的，8月11日清廷予

---

① 郑州铁路分局史志办公室：《郑州铁路分局年鉴1984》，中国铁路出版社1985年版，第134页。
② 同上。

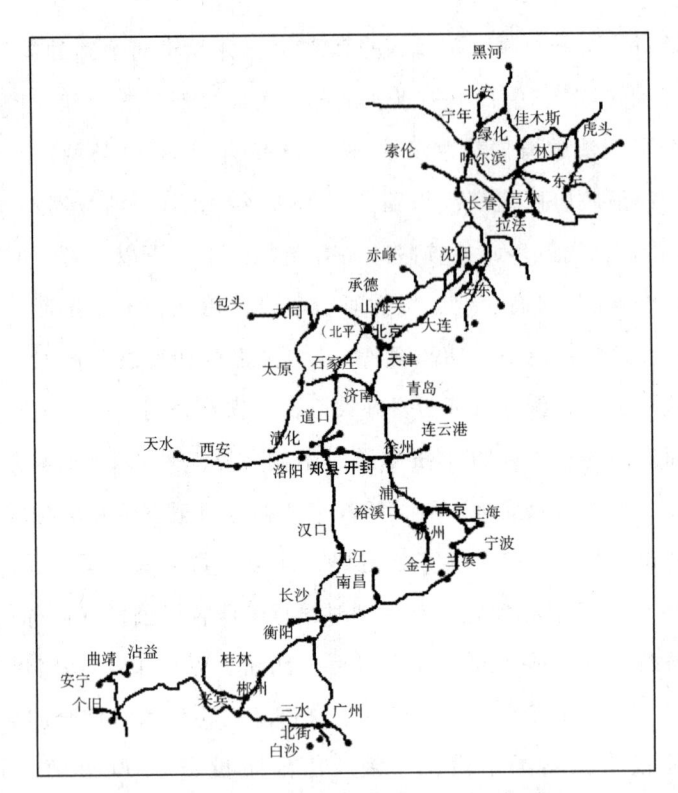

图 1-2　1878—1948 年中国主要铁路分布图

(参照 1878—1948 年中国铁路分布图绘制，来源：360doc 个人图书馆，网址：http://www.360doc.com/content/15/0321/07/276037_456854585.shtml)

以批准，上述详细合同凡 20 条，规定借比款 11250 万法郎（合 450 万英镑），年利 5%，九扣实付，以本公司财产和营业收入为担保，期限 30 年。借款由华俄道胜银行办理，收取行佣二毫半，即每万英镑付佣金 25 英镑。修筑汉口至保定全线和行车后所需材料，除尽先向汉阳铁厂购办外，均需比公司承办。《行车合同》有 10 款，规定在借款期内，一切行车（运营）事务由比公司代理，并每年提取 2% 余利作为比国酬金，比国从外国运来的物料，免纳关税厘金，之后，在 1905 年工程接近尾声时，因借款用尽，又向比公司续借 1250 万法郎。

在修路资金的问题解决后，1899 年（清光绪二十五年）正式交由比利时银行工厂合股公司接管。筑路工程师来自比、法、意等国，其中法国技师 40 人，比国技师 30 人，意国技师 12 人，中国劳工每区有 3000 人。① 工程分南北两端同时进行，北方工事由比利时人负责，南方工事起点在汉口的刘家庙，由法国人负责，1900 年 8 月，汉口至信阳段竣工，但时值北方义和拳运动兴起，保定车站道木被毁，八国联军为了顺利进入北京，将北端的工事由卢沟桥展筑至北京正阳门，此后，正式更名为京汉铁路。1904 年，郑州至信阳段竣工，次年，郑州至詹店竣工，保定以南的路工自 1899 年开工后，并没有遇到较大的难关，至 1905 年也已经陆续告竣，黄河铁桥由于工程艰巨，到 1905 年 10 月才完工。② 光绪三十二年三月二十三日，即公元 1906 年的 4 月 1 日，京汉铁路全线通车，并以此为纪念日。

在修筑京汉铁路时，从哪里渡过黄河天堑、架黄河铁桥是很令工程师们头疼的一个问题，"按常理而言，开封为河南省的首府，是河南的政治经济文化中心，西南四十里可到商业名镇朱仙镇，北距黄河亦不远，选择通尉氏、朱仙镇至开封渡黄河入卫辉市最合适不过的。"这是工程师们最初的设想，但当工程师们经过考察后发现，"在荥泽间，黄河幅度虽达二里之宽，但较其他各地，尚为狭窄，秋季大水之外，颇为平稳，水深不过数尺，附近又有广武山高达三百尺，利用架设铁桥最易。"③ 再者，考虑到黄河自郑州花园口往下，河道摇摆不定，是实实在在的"地上悬河"，而黄河开封段的水面已经比开封市区高了近 10 米，如果在开封段修建黄河大桥，必然为以后的洪水断路留下隐患。因此，为了减少施工难度，保证工程质量，工程师们最终选择了从许昌经长葛、新郑到郑州的路线；这一小小的交通偏移，改变了以后的河南交通格局，也改变了郑州城市的命运，为以后河南省会由开封迁往郑州，郑州成为河南新的政治、经济、文化中心埋下了伏笔。

---

① 姜明清：《中华民国交通史料（四）·铁路史料》，国史馆 1981 年版，第 527 页。
② 同上。
③ 同上书，第 526 页。

2. 东西铁路大动脉陇海铁路通过郑州

陇海铁路的修建以及在郑州与京汉铁路形成平面交叉，最终奠定了郑州铁路枢纽的地位。由于旧中国贫穷落后，且陇海铁路段路况复杂，陇海铁路的修建经历了晚清、民国和中华人民共和国三个阶段。

晚清时期，1903年11月清政府督办铁路大臣盛宣怀与比利时铁路电灯合股公司代表卢法尔在上海签订《1903年中国国家五厘借款》，也称《汴洛铁路借款合同》，借比款2500万法郎（合100万英镑），修筑汴洛铁路，勘测设计、施工和管理权均由此公司操持。该线起自河南开封，沿黄河冲积平原经中牟、郑州西行进入一二级黄土台地，经荥阳、巩县过伊洛河，出黑石关沿伊洛河北岸到终点洛阳（今洛阳东），全长185.4公里。该铁路于光绪三十一年（1905年6月）开工，1907年3月21日开封到郑州段建成通车，同年3月因施工经费不足，又向比公司续借1600万法郎，12月修至汜水。1908年3月郑洛间隧道打通，6月伊洛河（黑石关）大桥建成，1908年12月汴洛全线184.5公里建成通车，当年客货营业收入银201442.55元。宣统元年（1909）5月20日夜，伊洛河涨水，黑石关大桥桥梁倾斜，钢梁冲断，该桥总办汇谦与外总工程师锡几宾磋商后，于伊洛河东岸增设临时车站，6月16日起恢复行车，桥断处两岸暂用渡船来摆渡，并进行修复工作，宣统二年（1910）正月汇谦因办事不力被撤职，再限9月竣工，而桥工仍未完，后来采取重建办法，直至1911年新桥方告完成，汴洛线恢复通车。1907年9月10日，清政府批准成立商办河南铁路公司，1908年3月25日在开封正式成立。其资金来源主要是民股和盐股（对行销豫省长芦盐、鲁盐、淮盐、晋池盐每斤加价制钱4文为股款）。由于资金不足，同时为杜绝比公司将汴洛铁路向西展筑的企图，以挽权利起见，清廷决定自建洛阳至潼关铁路。1908年6月勘测线路长约237公里，预计需款银1500万元，至1910年春实收股银仅150余万元，此时该公司改为洛潼铁路公司，邮传部限其3年内建成该路。在此情况下，该公司于1910年5月向北京公益银行（以袁世凯为首，豫人投资经营）借银

200万两，8月9日从洛阳端向西开工，并在洛阳举行开工典礼。但是直到清朝灭亡后的1912年5月，仅完成洛阳至新安县的一段，长35公里，行驶工程列车；新安县至铁门闸13公里土方工程，因股款不足停建。①

民国时期，民国政府对于晚清留下的未完工的陇海铁路继续建设。1912年9月24日交通、财政两部与比公司签订《陇秦豫海铁路借款合同》，借款400万英镑，年息5%，折扣8.5%，以40年为期；并规定：中国提前偿还汴洛铁路借款，比公司将《汴洛铁路借款合同》《行车合同》取消。中国准许比公司将汴洛铁路延长而称陇秦豫海铁路（简称陇海铁路），东段由开封至海州（今连云港市），西段由洛阳至兰州，1914年5月开始由开封向东施工和由洛阳向西同步修筑。合同签订后，比公司仅在次年3月发售对此项借款的第一期股票400万英镑，折扣实付340万英镑。随后未再发行，陇海铁路总公司无法提前偿还汴洛铁路借款，因此汴洛行车合同未能取消。1915年4月交通部发行国内短期公债500万元，年利7%，分5年还本付息，以应陇海展筑工程急需。5月开封至徐州276.8公里和9月洛阳至观音堂92.6公里铁路分别建成临时通车；1916年1月正式通车。1916年、1919年又发行国库券3000万法郎以新债还旧债，此后展筑工程又停顿4年之久。陇海线从1905年动工，到1945年12月宝天段铺通，共用了41年时间，才完成了连云港至天水间1385公里的铁路。1946年5月国民政府交通部开工修筑天（水）兰（州）段，但直到1949年西安解放时才约完成全部工程的3.6%。②

新中国成立后，人民政府继续修建陇海路，1952年10月1日天水至兰州段354.3公里接轨，陇海线始告全线通车。

3. 郑州交通枢纽地位的确立与郑州商业的繁荣

郑州交通枢纽的地位是在郑州车站的基础上发展起来的。1904年

---

① 郑州铁路分局史志办公室：《郑州铁路分局年鉴1984》，中国铁路出版社1985年版，第150页。

② 同上书，第151页。

京汉铁路修至郑州时，建立京汉铁路郑州车站，1908年12月汴洛铁路作为京汉铁路的支线通车，在郑州和京汉铁路形成平面交叉，① 由此郑州铁路交通枢纽的地位开始形成。以后又随着陇海铁路的逐渐建成通车，郑州成为京汉、陇海两条铁路干线的交汇处，成为沟通祖国东西南北的交通要冲。

交通枢纽的地位带来了郑州商业的繁荣。"元至明代，兵乱、天灾不断，郑州的商业始终未得到发展。到十九世纪末，一度繁荣兴旺的郑州已经衰落成为一座商业凋敝的小县城，仅在西大街、大什字一带有几家小店铺，20世纪初，平汉、陇海两大铁路干线相继建成通车，郑州的商业贸易又趋于繁荣。"② 尤其是1922年3月31日北京政府大总统徐世昌签署命令，批准郑州开为商埠后，③ 郑州商业发展速度加快，"20年代末和三十年代初，以火车站为中心的商业区基本形成，已拥有各种店铺1000家，其中较为知名的有绸缎布业的'瑞丰详''长发详细'；百货业的'国货公司''庆太昌''义聚合''四合慎''福利详'；鞋帽业的'象记帽业公司''三友鞋店'；钟表眼镜业的'宝山斋''亨达利'；文具图书业的'商业（龙文）书局''义聚魁文具店'；酱菜糕点业的'玉泰生''鸿兴源''五美长''老宝太''有恒'等"④。由此足可以看出郑州铁路通车后商业的繁荣。

郑州交通的便利吸引了一些商人在郑投资近代工业，如1919年4月上海留美学生、民族资本家穆藕初在郑州豆腐寨购地，兴建近代纺织企业郑州豫丰纱厂，全厂员工3 870人，为当时郑州从业人员最多的企业，是河南省最大的纱厂⑤等，使郑州的工业有了初步的基础，同时，工商业的兴盛也带来了服务业的发展。

---

① 邢基东：《郑州铁路分局志》，中国铁道出版社1997年版，第138页。
② 郑州市地方史志办公室：《郑州市志》第5分册，中州古籍出版社1998年版，第3页。
③ 郑州市劳动人事志编纂委员会孙玉谦：《郑州市劳动志》，中州古籍出版社1990年版，第315页。
④ 郑州市地方史志办公室：《郑州市志》第5分册，中州古籍出版社1998年版，第4页。
⑤ 郑州市劳动人事志编纂委员会孙玉谦：《郑州市劳动志》，中州古籍出版社1990年版，第314页。

总之，两大干线的交汇使得当时的郑县（1948年之后称郑州市）比豫东的省城开封有了更强的地理优势，具有了更强的商业吸附力。但是在整个民国时期郑州还只限于商业的发展，工业还很薄弱，其实力还远远不如开封。郑州的交通地位的优势在新中国成立后北京成为首都，京汉—粤汉铁路的重要性大大加强，以及工业化的推动下才真正显现出来。

新中国定都北京后，受政治因素的影响，京汉—粤汉（1957年武汉铁路大桥建成后称京广线）铁路线的地位大大加强，郑州市的地位也越来越突出，主要表现为：

其一，在南京国民政府时期，民国的首都是南京，津浦铁路线纵贯河北、山东、安徽、江苏四省，为我国南北交通的大动脉，[①] 因此对于国民政府来说津浦铁路线的重要性要远远大于当时的京汉—粤汉铁路线，由于郑州远离津浦线，郑州的地位还无法取代开封。

其二，新中国以北京为首都，京汉—粤汉铁路作为一条贯穿南北的大动脉，其重要意义大大增加，郑州正处于陇海线与京汉—粤汉铁路线的交通枢纽地位，而开封则远离京汉—粤汉铁路，郑州这时的地位已经超过开封。

其三，在当时京汉—粤汉线上已经有北京、武汉、长沙、广州等三个省会和一个直辖市，京汉—粤汉铁路线显然已经成为一条政治中心的中轴线，而郑州正好处在这个中轴线其中的一个重要交通枢纽位置，自然成为首选的河南省会。

（二）郑州的区位优势

1949年8月20日，华北人民政府以豫北、冀南、鲁西南的部分行政区域设立了平原省。[②] 1952年12月撤销平原省，并依据中央精神将原属河南省的林县等22个县，新乡、安阳两市及焦作矿区划归河南省；原属河北省之清丰、南乐、濮阳、长垣、东明五县为治黄及建设之方

---

① 陈绍闻：《经济大辞典》，辞书出版社1993年版，第191页。
② 何立波：《建国初期中国行政区划的变迁》，《党史博采》2006年第2期。

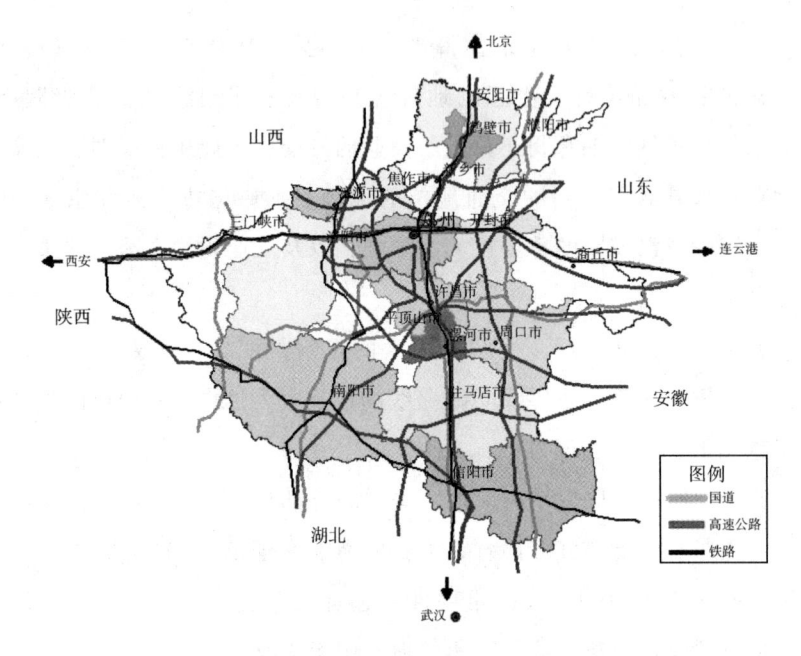

图 1-3　郑州交通区位示图　（图片来源于网络）

（资料来源：《河南省地图》，星球出版社 2015 年版，绘制）

便，亦划归河南省。① 这样，郑州市处于河南省中部偏北，黄河中下游分界处；西依中岳嵩山，东南部连黄淮平原；地理坐标为：北纬34°16′—34°58′，东经112°42′—114°14′；② 交通便利，四通八达，具有极其优越的区位优势。"从郑州到洛阳、新乡、焦作等工业城市和各专区也均极方便，郑州距首都北京较近，朝发夕至，省级机关迁到郑州，就能更及时得到中央的指示。"③ 1954年11月1日，时任河南省省委第二副书记的赵文甫在各部委党组、直属党委及郑州市委负责干部会议上说："省会为什么要迁郑？一句话，便于领导全省的工作，领导工作方

---

① 河南地方史编纂委员会李振华等：《河南省大事记》，河南人民出版社 1993 年版，第 647 页。
② 郑州市地方史志编纂委员会张平：《郑州市志》第 1 分册，中州古籍出版社 2009 年版，第 3 页。
③ 《我省省会迁移郑州——省级领导机关均已到郑》，《河南日报》1954 年 11 月 1 日第 1 版。

便。郑州地理位置适中，交通便利，除南阳不临铁路外，其他均在铁路沿线，特别是对工业大城市，尤其是对洛阳的领导，当然对其他城市新乡、平顶山等也都较为方便"，① 这明确表达了郑州作为省会城市的区位优势。它的区位优势，确实也为指导全省工作提供了便利。据河南省委组织部退休干部赵如相介绍说："省会迁郑确实是因为工作需要。开封交通不太便利，每次省里开会，其他地市的同志都要先到郑州，然后再向东到开封，很不方便，而郑州市位于陇海铁路与京汉铁路（即后来的京广线）交汇处，省会迁到郑州，就能避免这个问题。"②

郑州市还是当时河南省相对较为发达的城市或矿区中心，这也是其成为省会的一个有利条件。它处于当时的煤炭工业城市焦作、平顶山煤矿矿区、重点建设城市洛阳、工业相对较发达的城市新乡（原平原省省会）以及许昌、开封的中间位置，这对于郑州市发展经济，以及对于河南省形成经济辐射效应极为有利，这也是河南省会由汴迁郑的一个重要原因。

（三）郑州成为河南经济发展的中心

中华人民共和国建立初期，郑州市的经济发展迅速，取代传统经济中心开封成为河南省经济发展的中心。其经济发展的原因主要有：

首先，郑州市地理位置优越，铁路交通便利，且处于中原腹地，能较为便利地提供轻工业原料，因此吸引了沿海地区的一些工厂迁入。从1949年末到翌年夏季，上海的华菲烟厂、新华烟厂、吉士烟厂、中国火柴厂、友谊铸字厂、协升印刷厂和济南的振业印刷厂相继迁郑，迁郑职工共有350人；1949年8月，江苏无锡的新毅纱厂迁郑，随迁职工共275人；1950年春，从上海和江苏南汇迁郑的还有信和、利民二家纱厂，信和纱厂随迁职工205人，利民纱厂于是年2月迁郑，随迁职工54人；1951年徐州的庆祥、新生、鲁新、谦益等纺织厂先后迁到郑州。③

---

① 《在各部委党组直属党委及郑州市委负责干部会议上的讲话》，1954年，河南省档案馆藏，档号：J01-234。
② 《1954年河南省会迁离开封》，《党建文汇》2012年下，第41页。
③ 郑州市劳动人事局志编纂委员会编：《郑州市人事志》，中州古籍出版社1990年版，第101页。

我们将通过上海市新华烟厂迁郑来具体说明沿海企业迁郑的情况，"据本市新华烟厂函报拟拆运卷烟机两部、切烟机三部、轧筋机一部、磨刀机一部、加香机一部、烘烟机一部赴郑州设厂生产。"① 如表1-2：

表1-2　　新华烟厂组织情况调查表② 1950年2月7日填报

								附注	
组织情形	厂名	新华烟厂	职工人数	职员	3人	开业日期		资本额待下次原材料运达后估价填	报开工日期因房屋及电力问题现在不能确定
	经理姓名	鲍奕铭		技师		资本总额			
	厂址	博爱街30号		工人	8人（技术工）	独资或合资	合资		
	仓库地址			学徒		公营或私营			
	仓库容量			炊事		公私合营			
生产工具	械器名称	单位	数量	名称			商标或牌名		
	卷烟机	部	2部	马力数		30匹	20支白熊牌		
	切烟机	部	3部	每日开用	日	小时	每日出产数量		
			1部		夜	小时			
	加香机	…	1部	总计用油		加仑			
	轧筋机	…	1部	总计用电		瓦特	销售地区		
	烘烟丝机	…	1部	有无妨碍					
	磨刀机	…							
	糊壳机	…	1部						
	修理机	…							

这些内迁工厂主要是一些私营、公私合营企业，以轻工制造业为主，虽然它们资金少、规模小，但它们不仅给郑州带来了新的机器设备，而且还为郑州带来了大批熟练的技术工人，增强了郑州市发展工业的力量。

其次，郑州市及其周边矿产资源也较丰富。在中华人民共和国建立初期，为了迅速改变我国贫穷落后的面貌，国家将建设重点放在了发展工业上，而矿产资源对于发展工业具有重要的战略意义，当时在郑州发

---

① 《上海市货物税局公函：为新华烟厂迁郑生产函照由》，1950年，郑州市档案馆藏，档号：92-13。

② 《新华烟厂组织情况调查表》，1950年，郑州市档案馆藏，档号：92-13。

现的矿产资源要比开封丰富,这也是郑州能取代开封成为省会的重要原因之一。据当时统计,仅在各县初步发现的各种矿就有煤、铁、钙、云母、铜、磷、石棉、重晶石、黄铁矿、铅锌矿、萤石、白云石、银、翠、石灰石、石英石、锰、石油、水晶石、油沙、石膏等21种,其中初步探明储量较大的有煤73.7亿吨,铁矿石2.6亿吨,按品位40%可炼铁9200万吨,每1.2吨铁炼1吨钢来估算,可炼钢近8000万吨;铝6.4亿吨,重晶石75万吨,白云石5亿吨,石英石3亿吨。另外,还有漫山遍野的耐火材料、建筑材料和烧制陶瓷器用的干子土、白黏土、黑黏土、白垩土、高岭土、白粉土等,其数量更是无法计算了。①如表1-3:

表1-3　　郑州地区矿藏量及年度生产能力实有情况②

	矿藏总量（万吨）						现有年产能力（万吨）					
	合计	荥阳	密县	登封	巩县	新郑	合计	荥阳	密县	登封	巩县	新郑
煤	737353	120000	257353	210000	000000	150000	240	0	50	100	50	40
铁	26110	15	495	18600	2000	5000	150	4	20	6	100	20
铝	64398	58	14340	30000	20000							
铜				有		有						
磷	578			578								
银			有									
锰					有	有						
黄铁			有		有							
铅锌				有		有						
云母	7.7		有	7.7	有	有						
石棉	200		有	200								
萤石	0.8			0.8								
油岩	5000				5000							
石油					有							

---

① 《郑州地区基本情况》,1958年,郑州市档案馆藏,档号:39-01。
② 《郑州地区基本情况附表三、四》,1958年,郑州市档案馆藏,档号:39-01-09-10。

续表

	矿藏总量（万吨）			现有年产能力（万吨）		
石膏		有				
重晶石	75		75			
白云石	5000	有	5000			
石灰石	30000	有	30000			
石英	30000		30000			
水晶石		有	有			
翠矿	5	5				

据表1-3统计，当时郑州发展工业的资源是比较丰富的，且矿种比较齐全，储量可观；尤其是当时对于发展工业极为重要的煤、铁、铝等资源，郑州地区的储量都很大，并且已经具备了一定的生产能力，且与开封相比较，郑州距离河南新兴的平顶山煤矿区和焦作市煤矿区都较近；而同时期开封的矿产资源却比较贫乏，直到2012年才发现开封有较大储量的煤炭资源。①

再次，中央及河南省政府加大了对郑州市的建设投资，这是郑州市工业快速发展的一个重要因素。除了因沿海工业内迁加强了郑州的工业实力外，特别是在国家进入计划经济建设和确定郑州为重点建设城市以后，国家在此新建、改建和扩建了不少工厂，郑州的消费性质正被改造着，使它迅速地成为河南的新兴工业城市。② 中央及河南地方政府对郑州市的加大建设投资，是郑州市工业快速发展的一个决定因素。

1950年郑州火电厂（即南阳寨电厂或363电厂）开始破土动工，该厂是苏联援助中国156工程的重点项目之一。该厂从选址、勘测到设计均在苏联专家帮助下进行，其设备全部由苏方提供。1953年12月29日，郑州火电厂建成并举行庆祝典礼。③

---

① 高长岭、谭勇：《估算资源达158亿吨》，《中国矿业报》2013年1月31日第A4版。
② 王均智：《欢迎省会迁郑为国家社会主义工业化而奋斗》，《郑州日报》1954年11月1日第1版。
③ 郑州市地方志编纂委员会编：《郑州市志》第1分册，中州古籍出版社1999年版，第102页。

1950年9月，郑州市组建河南省机械厂（后改名为郑州纺织机械厂）。同年在郑州原豫丰纱厂旧址新建郑州棉纺织厂（位于郑州市管城区西南隅，后更名为郑州第二棉纺织厂）。①

1953年5月1日动工兴建了郑州第一棉纺织厂，简称郑棉一厂，1955年8月1日投产。该厂系国家于第一个五年计划的第一年在全国同时兴建的4个现代化中型棉纺织厂之一，设计规模为纱锭5.056万枚，布机1584台，年产棉纱6942.94吨，棉布366.67万米，基建投资额为3169万元。②

1953年12月开始筹建郑州第三棉纺织厂，简称郑棉三厂，1955年8月1日正式投产。该厂位于郑州市建设路北侧，国家共投资5265万元，设计规模为纱锭9.5万枚、线锭3.42万枚、44英寸织布机2436台。③

新中国成立后国家把郑州列为棉纺织区。自1952年开始，已有国营郑州第一、第二、第三、第四棉纺厂投入生产，共有棉纺锭8.15万枚、棉布织机645台、年生产棉纱1.01万吨、棉布1924万米。第五、第六棉纺厂也正在建筑和筹建中，其他如国营油脂化学厂、国营郑州粉厂、国营肉类加工厂等都是新建的现代化的企业。④ 中央和地方政府的投资迅速增强了郑州地方工业的实力，使郑州成为新兴的纺织工业基地。⑤ 到1954年10月，郑州市"工业获得了迅速的发展，现在已经是一座拥有五十多万人口的新兴工业城市，成为全省经济的中心，并已成为全国重点建设城市"⑥。

由于以上因素，郑州市在新中国建立初期的工业发展速度非常快，远远超过了开封，我们通过表1-4的数据进行对比：

---

① 《郑州市工业发展情况的简单介绍》，1956年，郑州市档案馆藏，档号：39-02-07。
② 河南省地方史志编纂委员会编：《河南省志·地方工业志》，河南人民出版社1993年版，第55页。
③ 同上书，第56页。
④ 《郑州市工业发展情况的简单介绍》，1956年，郑州市档案馆藏，档号：39-02-17。
⑤ 《新的纺织工业基地》，《人民日报》1954年10月29日第1版。
⑥ 《我省省会迁移郑州——省级领导机关均已到郑》，《河南日报》1954年11月1日第1版。

表 1-4　开封市 1948—1953 年工业总产值（按 1952 年不变价格计算）

单位金额：元①

开封市工业总产值	1948 年 总产值	1949 总产值	1950 年 总产值	1951 总产值	1952 年 总产值	1953 年 总产值
总计	9116057	17607968	18039282	25965181	32990774	44852435
国营	268061	500480	444146	565168	1399199	1411711
地方国营	71475	865776	2308982	6323964	13576394	20907059
公私合营		122203	2613634	3263751	4404455	6247783
合作社营			54730	86320	101709	244110
私营	8776521	16119509	12617790	15725978	13509017	16041772

由表 1-4 我们可以计算出开封市的工业（包括手工业）总产值，1948 年为 9116057 元，1949 年为 17607968 元，1950 年为 18039282 元，1951 年为 25965181 元，1952 年为 32990774 元，1953 年为 44852435 元。而根据郑州市的档案资料看，该市 1948 年工业实际总产值为 2997000 元，1949 年为 7229000 元，1950 年为 26532000 元，1951 年为 38533000 元，1952 年为 60961000 元，1953 年为 96009000 元。② 依据这些数据，我们可以计算出开封市与郑州市的工业生产总值增长率，见表 1-5：

表 1-5　　　　开封市与郑州市工业生产总值增长率对比　　单位金额：元

	1948 年	1949 年	1950 年	1951 年	1952 年	1953 年
开封工业总产值	9116057	17607968	18039282	25965181	32990774	44852435
与上年同比增长率		93.15%	2.45%	43.94%	27.05%	35.95%
郑州工业总产值	2997000	7229000	26532000	38533000	60961000	96009000
与上年同比增长率		141.21%	267.02%	45.23%	58.20%	57.49%

资料来源：上表依据《开封市 1948—1957 年全部工业总产值》，1957 年，开封市档案馆藏，档号：23-357-03 和郑州市《国民经济统计资料汇编（1948—1955）》，1957 年，郑州市档案馆藏，档号：179-01-13，所提供的数据绘制而成。

---

① 《开封市 1948—1957 年全部工业总产值》，1957 年，开封市档案馆藏，档号：23-357。
② 《国民经济统计资料汇编（1948—1955）》，1957 年，郑州市档案馆藏，档号：179-01-13。

由表1-5可知，郑州市的工业生产总值增长率要远远高于开封市，尤其是在1949年和1950年，郑州市的工业生产总值更是成倍地增长，并迅速赶超开封市，这显然是与沿海工业迁郑以及郑州市大量新工厂的兴建分不开的，郑州市从1948年的工业产值2997000元飞速增加到1953年的96009000元，短短的6年间上翻了32倍，而开封市1948年的工业产值为9116057元，到1953年增长到44852435元，仅上翻了4.9倍。1948年开封市的工业产值是郑州市的3倍，而到了1953年郑州市的工业产值却是开封市的2.14倍。

中华人民共和国建立初期，开封是河南的省会，也是河南的政治、经济、文化中心。而郑州当时仅仅是河南省管辖下的一个普通城市。开封这样的经济发展速度显然与其省会地位不相称；郑州市依靠其优越的地理位置，依靠政府的投资和沿海企业的内迁，工业飞速发展，并且在1953年和洛阳一起被确定为国家重点建设城市，而作为河南政治经济文化中心的省会开封却没有。

郑州市具有发展经济的相对优势，更适合新中国建立初期的工业化建设，而开封市却不具备这些条件。

四　开封发展的瓶颈

相比较于郑州的几大优势而言，开封则具有明显的劣势。

其一，开封的交通条件不如郑州。同时期的开封处于位置相对次要的陇海铁路线上，传统的水运优势也因黄河水患造成的河道淤塞而大大下降。

其二，黄河水患成为开封发展经济的隐患。据统计，在1194—1949年的750多年间，黄河在开封境内决溢达338次，使开封城15次被洪水围困，数次遭灭顶之灾。[①] 这表明了黄河对开封城市发展所产生的巨大影响。开封所处的豫东地区地势低洼，开封一段又是有名的地上

---

① 程遂营等编著：《开封》，中华地图学社2005年版，第4页。

悬河，即在位于开封市北 10 千米处的黄河段，南北长 5 千米，东西宽 10 千米，面积宽阔，因开封黄河段河床淤沙抬升，高出地面 7—8 米，成为名副其实的悬河。① 黄河水患"不仅使开封城市建筑遭到严重破坏，也使其水陆交通失去优势；加上外港朱仙镇因水患失去繁荣，这就使得开封的工商业发展失去了依托条件。城市破败，居民贫困，造成缺乏经营场所，购买力下降；水陆交通不便，外地商人运货入汴和城内居民贩运外出大为减少，因此，开封城市工商业发展的兴衰起伏，总与水患的破坏和水患治理密切相连"。②

其三，开封位于豫东的中心位置，在新中国建立初期仍是黄泛区的中心。除了因黄河地上悬河而发生决口所造成的灾害外，还有人为的决口灾难，这就是 1938 年日本侵华造成的"花园口决堤事件"③。花园口决堤事件给河南人民带来了深重的灾难，由于黄河水全部从花园口下泄，黄河下游故道逐渐干涸，黄河彻底改道。由于没有固定的河道，新黄河滚来滚去，这样就在豫、苏、皖三省之间形成了一个沼泽区，也就是黄泛区。④ "百里不见炊烟起，唯有黄沙扑空来，无径荒草狐兔跑，泽国芦苇蛤蟆鸣。"这就是劫难后黄泛区生态环境的真实写照。九年黄泛，不仅使豫东泛区民众饱尝洪流肆虐的劫难，而且还带来了积水淤沙的巨大祸患，恶化了泛区固有的生态环境。生态环境的恶化给豫东泛区的农业经济和社会生活造成了深远的负面影响。这种负面影响并没有随着花园口堵口的结束而消失，而是给新中国建立后的豫东地区遗留下了沉重的生态债务，并成为长期难以根治的"痼疾"。⑤ 这次人为的灾害对开封城市生态也造成了恶劣影响。1952 年 10 月 30 日毛泽东来到当时还是河南省会的开封，"毛主席健步走上 20 多米高的龙亭，绕亭转了一

---

① 余斌、余国忠主编：《河南旅游》，河南科学技术出版社 1997 年版，第 146 页。
② 程子良、李清银编纂：《开封城市史》，社会科学文献出版社 1993 年版，第 204—205 页。
③ 李原等编纂：《20 世纪灾祸志》，福建教育出版社 1999 年版，第 88—89 页。
④ 黄泛区农场编纂委员会：《黄泛区农场志》，河南人民出版社 1987 年版，第 301 页。
⑤ 李艳红：《豫东黄泛区灾民死亡和流移探析》，《学理论》（下）2011 年第 1 期。

圈。他听说好天能看到黄河,便手搭凉棚,极目远眺北方,看到的是一条黄龙——黄河大堤。接着,他说:'来过开封的人都说这里风沙很大,这回我算亲身领教了。远望黄河堤防是光秃秃的,铁塔周围也是光秃秃的,龙亭周围还是光秃秃的,一出北城,沙丘比城墙还高,黄沙要把开封城吞没了。这是国民党遗留下来的,你们要在绿化上多动脑子,打一场持久战,每年都栽些树,情况就会一年比一年好些。对于铁塔和龙亭也要很好修缮一下,以改变这种破旧不堪的样子。龙亭很适中,铁塔也在市内,把它们修好,多种些树木花草,再把黄河水引来,将龙亭两旁这两个湖疏通一下,栽些藕,一来可供游人观赏荷花,二来可供应群众一些鲜藕,岂不是两全其美吗?'"① 开封周边的生态环境也破坏严重,"豫东有波及20个县的黄泛区,被淹土地一亿亩"②。也正是因为黄河水患的威胁以及黄泛区的影响,开封失去了作为全国重点建设城市发展的机会。

其四,开封市缺乏发展工业的矿产资源,矿产资源贫乏始终是制约开封经济发展的一个瓶颈。

五 河南省地方政府与中央政府的契合

新中国建立后,河南省党政领导很早就有把省会从开封迁到郑州市的意图,据1951年时任郑州市副市长的王均智回忆,"1948年10月郑州解放后,省会迁郑就内定了","省里不少工程项目,如省农业机械厂(后改名郑州纺织机械厂)、省人民医院等,在省会1954年未迁前就建在了郑州。"③ 王均智当时并非河南省委领导核心成员,且又事隔几十年,其回忆未必准确,但这说明河南省委主政领导在郑州解放后很早就有把河南省会从开封迁到郑州的意图。1950年,上海联合工程师事务所哈雄文教授等一行3人应河南省政府的邀请,来郑州进行实地勘

---

① 刘洪声、张林南主编:《张玺纪念文集》,河南人民出版社1992年版,第612页。
② 同上书,第526页。
③ 孙斌:《郑州解放后便被内定为省会》,《大河报》2014年7月24日第A06版。

察，历时 9 个月两易其稿，编制了《郑州市都市计划草案平面图》，并草拟了《郑州市都市计划报告书》。① 郑州市《都市计划》已经显示了河南省主政领导准备把省会迁到郑州市的意图，其中行政区的规划规定，"省府区位于金水河北，顺河向东延展，市府区位于市区西部，总面积为 3.42 平方公里。"在具体规划中也提到：二七交运广场六个拐角之建筑，初步规划如下：解放路，通省府大道的拐角，为工业器材公司。通省府大道，德化街的拐角，为花纱布公司。西关大街；通省府大道的拐角，为合作社。通省府大道，二七路的拐角，为人民银行。② 可见，河南省政府在郑州市制定《都市计划报告书》时已经考虑到了省会迁郑，并对此进行了明确的规划。

1951 年 4 月，郑州市根据河南省府指示以及本市市政建设需要，在土改中留用了一部分土地。这次留用土地预留了河南省府机关的预备土地，如在规划道路时，"通新省府大道，用地 87 亩；金水河北岸大道，东经省府大道，西经郑县县府以南至修配厂连接洛阳大道，需地 273 亩"③。在规划用途时有两次都提到了新省府大道，并预留了土地，为河南省府机关新址的建设做准备。

同时，河南省政府开始了申请郑州市为省会的程序，"1951 年我省省级领导机关经请示中央人民政府政务院批准，决定把省会迁至郑州。从那时起，省级领导机关新址即按照郑州市城市规划在郑州市的东北隅开始建设。"④ 1951 年 8 月河南省在郑州市开始了河南省府机关新址的基本建设工作。⑤

1951 年 10 月 6 日，郑州市奉河南省政府命令"派副市长史隆甫和建设局技术室主任程壬等赴中南军政委员会请示关于郑州市都市计划之

---

① 郑州市建设委员会、郑州市城市科学研究会、郑州市城建发展科研中心编印：《郑州市城乡建设志（送审稿）》，刊印时间不详，第 4—5 页。
② 《解决有关建设上几项问题的报告》，1951 年，郑州市档案馆藏，档号：179-247。
③ 《土改时市政建设留用土地意见》，1951 年，郑州市档案馆藏，档号：179-247。
④ 《我省省会迁移郑州——省级领导机关均已到郑》，《河南日报》1954 年 11 月 1 日第 1 版。
⑤ 《省级领导上不重视基本建设程序 省府建设工程盲目进行》，《河南日报》1953 年 4 月 2 日第 1 版。

核备、河南省人民政府迁来郑州与郑州市 1952 年市政工程费概算请列入中南城市建设费项下等三事。他们于 10 月 6 日出发，15 日返郑。"① 1951 年 10 月 12 日下午 3 时由中南财委会高秘书长召集民政部周济方副部长，财政部管寒涛副部长与隆甫等正式开座谈会对这三事进行讨论，"其中关于河南省府迁郑问题，他们均认为开封无发展前途，迁来郑州确有必要，这是手续问题，只需会后共同签署意见报告中南军政委员会通过后，转请政务院批示，且中南军政委员会开会在即，吴主席②来时，可再与邓主席③当面会谈，似无问题"。④

省会迁郑申请工作因"三反"停了一段，⑤ 1952 年 8 月 5 日河南省委再次向中南军政委员会提出省会迁郑建议："我省省会原驻开封，鉴于位置偏于全省东部，指导全省工作多方不便；郑州市则为中原交通中枢，为全省经济中心，将来建设发展前途尤大，如省会迁往该市，对全省工作指导及上下联系均甚便利，对该市发展也大有裨益。"⑥ 1952 年 8 月 21 日中南军政委即复函，同意"河南省会由开封迁移郑州市"⑦，1952 年 9 月 19 日，中央人民政府政务院复函表示"经核同意"⑧。

从上述河南省申请省会由开封迁郑州的经过，我们可以看出，自新中国建立后，河南省主政领导一直在努力把省会迁到郑州，这其中的原因又是什么呢？河南省会迁移又为何获得中央如此快的批准呢？我们首

---

① 《郑州市人民政府致河南省人民政府财政经济委员会公函》，1951 年，郑州市档案馆藏，档号：179-247。
② 依据《奉派赴中南请示关于郑州都市计划之备案，省人民政府迁郑州市、郑州市 1952 年市政建设费核定的报告》，1951 年，郑州市档案馆藏，档号：179-247。吴主席为时任河南省政府主席吴芝圃。
③ 同上，邓主席为时任中南军政委员会副主席邓子恢。
④ 《郑州市人民政府致河南省人民政府财政经济委员会公函》，1951 年，郑州市档案馆藏，档号：179-247。
⑤ 《赵文甫同志在各部委、党组、直属党委及郑州市委负责干部会议上的讲话》，1954 年，河南省档案馆藏，档号：J01-234。
⑥ 《关于河南省迁往郑州市的决议》，1952 年，河南省档案馆藏，档号：J78-700。
⑦ 《中南军政委员会批复》，1952 年，河南省档案馆藏，档号：J78-700。
⑧ 《中央人民政府政务院为同意河南省省会迁移郑州市致中南军政委员会函》，1952 年，河南省档案馆藏，档号：J78-700。

先看第一个问题。

1954年10月28日上午，时任河南省副主席的赵文甫在留汴及迁郑单位联席会议中说："把省领导机关迁到郑州，其意义主要是为了领导方便，因为郑州地处本省交通中心，有京汉、陇海两铁路交叉点，除南阳外，均在铁路线上，这是较开封为好的地方……这是迁郑的唯一目的。"① 1954年11月1日下午，赵文甫在各部委、党组、直属党委及郑州市委负责干部会议上的讲话中又强调："省会迁郑的唯一目的是加强对工农业及其他各方面的工作的领导，舍无其他……一句话，便于领导全省的工作，领导工作方便。首先，地理适中、交通方便，除南阳不临铁路外，其他均在铁路沿线，特别是对工业大城市，尤其是对洛阳的领导，当然对其他新乡、平顶山等也都较为方便。"② 从赵文甫的两次讲话可以看出，省会迁郑主要是为了领导方便，便于加强对工农业以及其他各方面工作的领导，这主要是因为郑州地理位置适中，处于铁路枢纽，交通便利等因素，赵文甫也主要强调了郑州的交通区位优势。

1954年11月1日，发表在《河南日报》上的《省会迁移郑州的重大意义》社论一文指出："郑州是国家的重点建设城市之一，是京汉、陇海两大铁路的交叉点，在全省地位适中，交通方便。省会迁移郑州后，对于密切省领导机关和全省各地的联系，提高省领导机关的工作效率，加强对全省工作的领导，以及对于及时接受中央指示和接受其他地区的先进经验，都是非常有利的。特别是随着国家经济建设的发展，郑州已逐渐成为新兴的工业城市，它又直接联系着洛阳、新乡和焦作等地的工业建设。省会迁移郑州后，对于加强全省工业建设和城市建设的领导，对于团结和动员全省人民支援国家的重点建设，更为有利。所以，省会迁移郑州，乃是适应国家社会主义建设需要的重要措施，是逐步实现国家社会主义工业化，保证完成国家'一四一'项工程在河南省的

---

① 《留汴及迁郑单位联席会议》，1954年，河南省档案馆藏，档号：J01-234。
② 《赵文甫同志在各部委、党组、直属党委及郑州市委负责干部会议上的讲话》，1954年，河南省档案馆藏，档号：J01-234。

建设任务的重要措施，是完全符合全省人民的利益和要求的"。① 由这则社论可以看出，郑州能成为新省会是由于：其一，郑州市交通区位优势明显。处于交通枢纽位置，在全省位置适中，因此对于"密切省领导机关和全省各地的联系，提高省领导机关的工作效率，加强对全省工作的领导，以及对于及时接受中央指示和接受其他地区的先进经验，都是非常有利的。"其二，郑州市是国家重点建设城市之一，且已经成为河南省的新兴工业城市，把省会迁到郑州，对省政府领导、协调和支援洛阳、新乡、焦作等地的工业建设极为有利。其三，省会迁移郑州，能更好地保证河南逐步实现社会主义工业化、落实国家在河南的苏联援建项目。

由于郑州的相对优势，社论要求河南省领导机关要利用当前有利条件进一步改善工作作风。首先，深入基层调研、掌握第一手材料、进行科学决策和正确领导是中央的要求。1954年9月23日周恩来总理在第一届全国人民代表大会第一次会议上所作的政府工作报告中指出："'在我国进入经济建设时期以后，我们的国家机关工作人员认真地钻研业务，学习科学，深入下层，了解情况，用具体的切实的领导来代替形式主义的一般化的领导，比以前任何时期更有迫切的意义'。所以，周恩来总理接着指出：'我们必须反对那些空洞的不提出问题不解决问题的文牍，反对那些冗长的不经过准备不做出决定的会议，反对那些只会坐机关开会、签公文而不研究业务、不熟悉情况、不检查工作、不接近群众的工作人员，反对若干国家机关中的那些机构臃肿、办事拖沓、纪律松懈、责任不明的现象，因为这些实际上都是官僚主义的表现，是完全不符合我们的国家机关的要求和人民事业的利益的。'"其次，在当时的河南省领导机关中也确实存在着中央指出的缺点："周总理所指出的国家机关工作中所存在的缺点，在我们省的某些领导机关中同样是存在着的。这说明我们领导机关工作效率，还远远赶不上国家建设形势发展的需要。"再次，省会由开封迁到郑州后，由于郑州地理位置适中，交

---

① 《省会迁移郑州的重大意义》社论，《河南日报》1954年11月1日第1版。

通便利，这也确实为河南省领导机关下基层调研以及向上级汇报工作提供很多便利，从而更好地实现对河南省工业建设、城市建设以及其他各项事业的领导。因此河南省委要求"目前省领导机关都必须充分利用郑州的有利条件和机关办公集中的条件，深入下层检查工作，深入实际创造经验，努力提高工作效率，树立科学的工作方法，树立密切联系群众的作风，树立艰苦奋斗、按计划、按政策办事的作风，从而有效地加强对全省社会主义建设和社会主义改造事业的领导。特别是加强对工业建设和城市建设的领导。"同时又进一步指出"只有如此，才能做好工作，才能进一步改善省领导机关的工作作风。这是全省人民的要求，是社会主义建设事业的要求，也是省会迁移郑州的目的"①。由此可见，郑州便利的交通，适中的位置，确实能为河南省政府领导机关下基层调研提供许多方便，使其更好地改变工作作风，进行科学决策，从而更好地实现对全省各项事业的领导，更好地指导河南省"一五"计划的进行。

河南省会迁郑，与当时河南的主要领导人的倾向也有关系。当时河南的两位主政领导分别是省委书记张玺、省政府主席吴芝圃。张玺1912年3月19日生于河北省平山县东田村，1936年中共北方局决定派张玺到直鲁豫特委任宣传部长，从此张玺对河南开始有了了解，特别是到1948年6月1日，张玺先后任豫西区党委书记、第一书记兼区政治委员，对河南的情况有了更深入的了解，1949年5月—1952年底张玺又任河南省委书记兼军区政治委员。② 吴芝圃1906年3月16日生于河南省杞县，而且长期生活和工作在豫东，1949年5月—1955年2月任河南省人民政府主席。③ 从当时河南省两位主政领导的经历可以看出，他们对河南是相当了解的，对郑州市交通枢纽的地位，以及开封市发展的瓶颈是有着深入认识的。

对郑州市交通区位优势的认识，与张玺的领导方法和工作方法也是

---

① 《省会迁移郑州的重大意义》社论，《河南日报》1954年11月1日第1版。
② 刘洪声、张林南主编：《张玺纪念文集》，河南人民出版社1992年版，第9、25页。
③ 傅振武主编：《纪念吴芝圃文集》，河南人民出版社1993年版，第1—7页。

有很大关系的。张玺的领导方法和工作方法,可归纳为四点:(一)常年坚持"三三制"。每年约用4个月到中央和上级开会,4个月统筹安排全盘工作,4个月深入基层;(二)吃透两头摸经验。对上吃透中央的精神,对下吃透本地区的实际,将这两者结合起来,摸到经验,指导工作;(三)走好这步看下步。当关系到全局性的工作进行到后期时,就想到下一步的中心工作,一环扣一环地抓下去;(四)把握中心带全盘。寻找并解决各种事物中的主要矛盾,突出中心环节,带动其他各项工作的开展。① 新中国建立初期,河南和全国一样,需要巩固政权,恢复发展经济,各项事业百废待兴,张玺自然要经常出去调研和到北京、武汉(中南军政委员会所在地)开会,开封市交通的不便利与郑州市交通的便利形成了鲜明的对比,这自然会影响到张玺的关于河南省的发展思路。

张玺在其1950年的一则日记中写道:河南省的基本情况是,农业占全省总收入的73%,手工业占12%,商业占12%,工业占1%。他认为工业是重点,需要着重发展农机、电力和纺织工业;恢复矿产和榨油业;维持面粉业和卷烟业。② 新中国建立后,党的工作重点已经由乡村转移到城市,河南的工业基础如此落后,这不能不对张玺产生很大的触动,而从河南的主要城市和矿产资源分布情况看,河南要发展经济,需将主要工作重点放在豫西、豫中和豫北。这是因为豫东工业基础薄弱,缺乏资源,又是生态环境破坏较严重的黄泛区,因此从发展工业的角度看,开封自然远远不如郑州市。

虽然河南省主政领导在新中国建立初期就想确定郑州市为河南省会,并一直为此努力,但直到1952年9月份其动议才获得中央批准。这主要是因为:

其一,中华人民共和国建立初期中央对于行政区划的大规模调整,必然也涉及省会的调整。为了适应即将开始的国家大规模经济建设的需

---

① 刘洪声、张林南主编:《张玺纪念文集》,河南人民出版社1992年版,第28页。
② 同上书,第315—316页。

要，加强中央统一领导，1952年11月14日政务院第一五八次政务会议通过了《中央人民政府关于改变大行政区人民政府（军政委员会）机构与任务的决定》，① 这样，大行政区不再是一级政权机关，而只是作为中央领导地方政府工作的代表机关。继而政务院又通过了《关于调整省、区建制的决议》，决定建立江苏省，撤销苏南、苏北两个行署区；撤销平原省，所辖区域并入山东、河南、河北；撤销察哈尔省，所辖区域并入山西、河北。经过此次调整，中国不再存在省级行署区。② 在此背景下，河南省委提出的省会迁郑请求得到批准，显然与当时的"调整省区建制以适应经济建设"的背景是分不开的。1952年11月24日《平原省人民政府关于省府机关结束、移交工作方案》指出："由于革命形势的胜利发展，全国即将进入大规模的经济建设之际，而平原省处在四个省的结合部，首先缺乏经济中心的城市，就其经济的联结上说，实有其不可克服的困难，再加河南、山东两省在建设上有与其原属豫北、鲁西结合的必要……因此中央人民政府政务院决定撤销平原省而分别并入山东、河南两省的措施，以集中人力、物力迎接大规模建设高潮到来，是完全正确的、必要的、适时的。"③ 首先，这份文件提到了"河南、山东两省在建设上有与其原属豫北、鲁西结合的必要"，假设没有豫北回归河南，郑州也就没有了其"位置适中"的优越区位优势；且如果郑州成为省会，没有豫北腹地支撑其发展，也不适合。其次，当时的平原省省会为新乡，它与郑州市的距离仅80公里，在如此近的距离出现两个省会城市，显然也不合适。中央对此应该是有考虑的。郑州市被批准成为河南省会与平原省的撤销显然是河南省委积极争取以及在"恢复大省制，有利于今后大规模的经济建设"的背景下中央全盘考虑的结果。河南省关于省会迁郑的再次申请是从1952年8月5日开始的，

---

① 中共中央文献研究室：《建国以来重要文献选编》第3册，中央文献出版社2011年版，第373页。
② 同上书，第421—422页。
③ 《平原省人民政府关于省府机关结束、移交工作方案》，1952年，河南省档案馆藏，档号：J35-109。

于 1952 年 9 月 19 日即被中央政务院批准，批准时间离中央的大规模行政区划调整只有不到两个月的时间。河南省政府的请求，会被中央政府考虑成为这次调整中的一部分，从而比较容易获得批准。

其二，经过三年的国民经济恢复与发展期，在此基础上，我国发展国民经济的第一个五年计划即将付诸实施。根据中国共产党在过渡时期总路线的要求，国家规定"一五"计划的基本任务是：集中主要力量进行苏联帮助我国设计的以 156 个建设单位为中心的，由限额以上 694 个建设单位组成的工业建设项目，建立我国的社会主义工业化的初步基础。① 由于"河南地处中原，交通便利，地势平坦，矿产资源和农产品资源极为丰富。国家从全国经济发展战略的需要出发，确定河南为'一五'时期全国重点建设地区之一。其中，由苏联援建的 156 项重点工程安排在河南的有 10 项，即洛阳第一拖拉机厂、滚珠轴承厂、矿山机械厂、有色金属加工厂、柴油机厂、郑州热电厂、洛阳热电厂、焦作中马村煤矿、平顶山二号矿井、三门峡水利枢纽工程。国家确定，洛阳、郑州为新建煤矿基地，同时扩建和新建焦作、平顶山、鹤壁、宜洛 4 个煤矿区，修筑北京至广州、郑州至洛阳铁路复线，继续根治淮河并开始根治黄河。"② 从国家确定的河南的建设任务看，工业建设任务主要分布在豫西、豫中和豫北，豫东没有大的建设任务。因此，从中央政府层面考虑，河南省会由开封迁郑州，河南省政府能够更有效地对建设城市与建设工程进行领导、协调与支援，能够更好地保证苏联援建项目在河南的落实，河南能够较好地完成"一五"计划。同时把郑州市确定为重点建设城市，在计划经济体制下，依靠国家的投资倾斜，也解决了郑州市的建设经费问题。

从 1950 年开始，河南省主政领导一直在为河南省会迁移郑州努力，1950 年《郑州市的都市计划》开始了早期规划，由于 1951 年 4 月 6 日

---

① 赵梦涵：《中华人民共和国财政税收史论纲（1949—1991）》，山东大学出版社 1993 年版，第 147 页。

② 中共河南省委党史研究室编：《河南省"一五"计划和国家重点工程建设》，河南人民出版社 1999 年版，第 10 页。

和 1951 年 5 月 24 日政务院分别通过和颁发了《关于一九五一年国营工业生产建设的决定》，《关于划分中央与地方在财政经济工作上管理职权的决定》，这给了地方政府一定的管理权限，鼓励发展地方经济，实现工业化。这对河南省地方政府也是一个极大的鼓舞，河南省政府开始一边向中央申请，一边在郑州市建设新省府工程。从 1951 年 10 月 12 日下午由中南方面与郑州市方面举行的座谈会上，代表们"关于河南省府迁郑问题，均认为开封无发展前途，迁来郑州确有必要，这是手续问题"来看，河南省政府申请省会迁郑，确是因为河南省经济发展的需要，由于开封市发展的瓶颈，在开封发展没前途，而在郑州发展则前景光明。但在计划经济体制初建时期，国家没有大的建设任务，河南省以及中南军政委都无力承担河南省会迁郑以及建设新郑州的巨大建设费用，因此中央也没有很快批准。然而，河南省政府于 1952 年 8 月 5 日再次向中南军政委员会和中央政务院申请，9 月 19 日即获得了中央政务院的批准。这期间只有一个多月的时间，中央政府在 1952 年如此快地批准河南省会迁郑，显然是有其考虑的。把郑州市作为河南新省会不仅有利于河南省更好地完成"一五"计划，而且平原省即将撤销，撤销该省，使豫北回归河南，也为郑州市的发展增加了广阔的腹地，郑州作为河南省会显然更合适。

可见，正是河南地方政府与中央政府考虑的契合，才使河南省会迁郑得以实现。1954 年 9 月 23 日河南省委在工作指示中明确提到："为了适应国家社会主义建设的需要，便于对全省工作的领导，特别是城市工作的领导，提高省领导机关的工作效率，省委确定省级领导机关于十月中旬由开封市迁至郑州市。"[1] 可见河南省委提出这样的请求，也正是出于实现河南工业化、建设河南地方经济的主动性，为全国即将开始的大规模经济建设（1953 年开始的第一个五年计划）做准备。在计划经济体制初步建立时期实行工业化、发展经济，国家和地方政府的投资

---

[1] 《中共河南省委关于省直机关迁郑工作指示》，1954 年，河南省档案馆藏，档号：J01-234。

要占主导地位。在当时第一个五年计划即将开始,苏联援建的项目也即将落实的情况下,正如当时《河南日报》社论《省会迁移郑州的重大意义》一文所指出的,"河南同全国一样,在胜利完成各项社会政治改革和经济恢复之后,在中央统一领导下,也同时进入了计划经济建设的新时期,河南担负的国家建设任务是非常艰巨而光荣的。在这种新的形势和新的任务面前,作为全省领导机关所在地的省会,就需要是一个最便利于省领导机关更有效地领导全省人民进行社会主义建设和社会主义改造事业的城市。那么,从当前各方面的条件看,从今后长期建设任务来看,河南省显然以郑州市作为省会最适宜。"① 中华人民共和国建立初期,由于长期战乱,百废待兴,在国家的物资基础极为薄弱的现实背景下,这就迫使政府层面在进行建设投资时不得不慎重考虑。在开封和郑州的综合对比中,开封明显处于劣势,省会由开封迁郑州,也就成为河南省委的必选。

小　结

开封曾经长期是河南的政治中心。但由于黄河水患以及战乱的影响,在晚清、抗战时期开封的省会地位一度发生动摇,因为重要的地理位置以及历史传统等因素,开封作为河南省传统政治中心的地位未能改变。新中国建立初期,河南省委向中南军政委员会以及中央提出河南省会由开封迁移郑州的建议,并获得批准。其原因在于:首先,这是当时特殊的国内政治经济环境所造成的。在经济上,初步确立了计划经济体制,国家的导向已经逐步以发展经济为中心。而河南省地方政府提出省会迁移的动议正是出于发展河南省地方经济的目的。中央批准河南省委的申请也正是为了河南能够更好地落实"一五"计划。同时,要在河南省建设郑州这样一个缺乏基础的新省会城市,仅靠河南省地方政府以

---

① 《省会迁移郑州的重大意义》,《河南日报》1954年11月1日第1版。

及郑州市的力量是无法完成的。在计划经济体制下，郑州的建设则可以依靠中央政府的投资倾斜来完成，这也解决了郑州市的建设经费问题。晚清时期的迁省会之议，其阻力之一在于重建一个新省会在当时的小农经济社会下是极其困难的，因此迁省会难以实现。而在中华人民共和国建立初期，1953年即将开始国家大规模的计划经济建设，因此中央在1952年9月份批准河南省会迁郑州。显然，计划经济是河南省会得以迁移的重要前提与经济后盾。在政治上，新中国建立初期，经过镇反、抗美援朝、"三反五反"等事件和运动，政权已经稳固。国家开始调整解放初期为适应战争、稳固政权而设立的行政区划，开始依据历史传统设置、回归建制，以适应新的经济建设形势的需要。从河南地方政府层面来说，提出迁移省会的申请也正是看准了这个有利的时机。从中央层面来看，批准郑州为河南新省会与撤销平原省显然是放在一起考虑的。

其次，郑州与开封发展的反差是河南省会迁移的客观因素。郑州有着更为有利的交通区位、资源优势等。而开封则有很多发展瓶颈：其交通区位不如郑州，又处于生态环境破坏严重的豫东黄泛区，资源匮乏等。因此，河南省与中南军政委员会主要领导一致认为在开封发展没前途，而在郑州则发展前景尤大。再次，这也是与河南省委主要领导的认识与积极努力分不开的。当时河南省的两位主政领导，即省委书记张玺和省主席吴芝圃，从他们的履职经历看，他们都对河南的基本情况相当了解，对郑汴发展的反差有着深刻的认识。同时，从河南省委书记张玺的工作经历看，他对郑汴的交通区位对比反差更有亲身的体会。因此，自1950年开始，河南省委已经有了把省会迁到郑州的打算，并为此积极努力，如进行初步规划等。自1951年开始，河南省委即开始了申请郑州为新省会的程序，如和中南军政委员会相关领导进行沟通，向中央提出申请等；并在申请的同时，开始力所能及的基本建设。在河南省委的持续努力下，其迁移河南省会之议最终于1952年9月份获得了中央的批准。

第二章 郑州市的新省会规划与初步建设

郑州市的新省会规划与建设大体可以分为两个阶段。第一个阶段为 1950—1952 年 9 月。这一阶段是河南省委积极争取郑州成为河南新省会，但还未获得中央批准阶段。这一阶段河南省委已经开始对郑州市的未来进行积极筹划，比如《郑州市都市规划》等，但由于资金限制，规划无法获得落实，只能进行一些力所能及的小规模建设。1952 年 9 月 19 日中央批准以后为第二个阶段。郑州市被中央批准为河南新省会后，河南省对郑州市进行了更科学合理的规划。1953 年国家开始实施第一个五年计划，对郑州市进行了大规模的投资，郑州市按照新规划开始了全面建设。

第一节 郑州的历史沿革

郑州，虎踞中原。北枕黄河，与新乡市隔河相望，西依巍巍嵩山，和洛阳市相连，东面与开封市交界，南面与许昌市和辽阔的黄淮平原接壤，是河南省省会所在地，中国中部地区重要的中心城市、国家重要的综合交通枢纽、商贸物流中心、中原城市群中心城市。截至 2018 年末，郑州下辖 6 个市辖区、1 个县，代管 5 个县级市，总面积 7446 平方公里，建成区面积 830.97 平方公里，总人口 1012 万人，2018 年全年完成生产总值 10143.3 亿元。[①]

[①] 《2018 年底郑州人口过千万，总量破万亿》，中华人民共和国中央人民政府官网，网址：http://www.gov.cn/xinwen/2019-01/23/content_5360340.htm?_zbs_baidu_bk，发布时间：2019 年 1 月 23 日。

郑州市具有承东启西，贯通南北，联系沿海辐射各地得天独厚的地理优势。自古即以"九州腹地"，"雄峙中枢"、"控御险要"而闻名于世；当代更是连接我国四面八方的重要中心城市之一，素有"十省通衢"之称。米字形高铁网加快成型，使郑州成为全国普通铁路和高速铁路网中唯一的"双十字"中心；郑州航空港区是中国唯一一个国家级航空港经济综合实验区，郑州也是中国（河南）自由贸易试验区核心组成部分。2017年1月，国家发展和改革委员会发布"郑州建设国家中心城市指导意见"指出郑州"要发挥区位优势，打造交通和物流中枢，彰显人文特色，建设国际化现代都市"。①

郑州不仅是发达的国际化、现代化大都市，还是一座具有悠久历史文化传统的城市，新中国建立初期的调查资料显示：郑州有新石器时代仰韶文化遗址和龙山文化遗址两处，仰韶文化遗址主要分布于林山岩、白庄、齐庄、后王庄等地，后王庄和林山岩两处也属仰韶文化遗址，从这些遗址考古人员发现具有仰韶文化特征的烧制陶器的窑、储藏东西的窑穴和房基（房屋有圆形的和方形的两种），房基地坪下铺垫白灰，周围还有柱窝，在后王庄还发现大批的成人墓和幼童墓。郑州的龙山文化遗址，已经调查的有旭旭王、齐礼、牛岩、陈武、西沙口等20余处，经过发掘，牛岩、二里岗和旭旭王等三处，发现有大量的陶窑以及各种生产和生活用的陶器和石器。② 这说明早在距今约8000年至11000年，郑州市的先民们，已在今黄河、滨水河、双泊河、黄水河沿岸台地上的裴李岗、胡杜牧等地建造村落，建起陶窑、可磨制骨器和石器等的手工作坊；村落附近的部分土地则被开发来种植谷物等粮食作物。

大禹在郑州市古阳城建立了我国第一个奴隶制王朝——夏。启都黄

---

① 《河南自贸区3片区范围及功能公布》，新浪网网址：http://henan.sina.com.cn/news/s/2016-09-01/detail-ifxvqcts9086960.shtml?cre=sinapc&mod=g&loc=28&r=0&doct=0&rfunc=59&tj=none，发布时间：2016年09月01日。《国家发展改革委关于支持郑州建设国家中心城市的指导意见》，中华人民共和国国家发展和改革委员会，网址：http://www.ndrc.gov.cn/zcfb/zcfbtz/201701/t20170125_836754.html，发布时间：2017年1月22日。

② 《郑州市经济文化基本情况和十年（一九四九年至一九五八年）经济建设提要》，1958年，郑州市档案馆藏，档号：39-06。

台，太康、仲康、少康及夏傑均在斟鄩建都。这说明郑州市，是夏朝的政治、经济、文化和交通中心。夏朝的疆域狭小，仅仅包括黄河流域的冀、兖、青、徐、扬、荆、豫、梁、雍九州。

公元前1600年，汤推翻夏王朝，建立政权，称自己的王朝为商，商汤灭夏以后，商王汤、仲丁先后曾在郑州建"亳都""嚪都"，郑州市被划为王畿，商朝直辖的国土面积相当狭小。《史记》称："殷商之国，左孟门、右太行、常山在其北、大河经其南。"商人善于交易，后人把善于做买卖的人称为商人。据档案记载："商代遗址主要集中在郑州的周围，发现的主要有商代城址，大批房址、窑址以及商代的制骨坊、烧陶窑厂、冶铜坊等，这些都是商代的重要遗址，同时也发掘了商代的墓葬，在墓葬内发掘出大量的器物和随葬品，比较重要的有大量的人骨、骨刻文字、釉陶、硬陶等，这些文物证明郑州早在3000多年前已经是一个人口聚集的城市了"，[①] 商代时郑州已是一个人口众多、手工业繁荣、对外交通发达的东方古代大城市。1965年郑州商城遗址出土大量贝币，这是我国最早的货币之一，反映了当时郑州古城的商业发达繁荣。

公元前1114年，郑州是周代管叔鲜的封地，建城管，又称为管国。国土形似"嚪都"，春秋时期郑州是郑国公子产的采邑，叫作东里。战国时郑州先属韩，后归赵，周朝的诸侯分封制，使郑州分布了众多诸侯国，如密、虢、郐、郑、巩、祭等诸侯国。由于各诸侯国长期占据世袭封地，并将自己的封地继续分封给子女及亲属、臣民等，周王室已逐渐丧失了诸侯国领地的土地所有权。周幽王九年（前773）郑桓公于虢、郐之间建国，至郑武公时，统一郑州的大业已完成，郑国成为春秋初期强国，境域东西宽175公里，南北长200公里。公元前376年，韩哀侯灭郑，郑州市中西部地区属韩国，东部属魏国。公元前221年，秦始皇完成吞并六国的大业，推行郡县制，郑州分属三川郡和颍川郡，郑州设管县。汉朝时郑州属河南郡。

[①]《郑州市经济文化基本情况和十年（一九四九年至一九五八年）经济建设提要》，1958年，郑州市档案馆藏，档号：39-06。

魏晋时郑州并入中牟县，由于东汉末年的战乱，郑州人民大批流亡，田园荒芜，形成"白骨露于野，千里无鸡鸣"的悲惨局面。曹操在许昌建都后，为解决军粮问题，在许昌以北、黄河以南的黄淮地区首先实行屯田制。郑州县设典农都尉、乡设典农功曹、村设屯司马。这一措施对恢复和发展郑州的农业生产以及安置流民起了积极作用。①

西晋晋元帝司马睿东迁金陵后，郑州在北方汉、后赵、前燕、前秦、后秦、冉魏、东晋等诸国混战时期，归属多易。北朝时，北魏在郑州置东恒农郡、东魏置广武郡复设管县，直到北周才置荥阳郡。隋文帝开皇元年，改荥州为郑州，州治在今荥阳汜水；开皇十六年改郑州为管州；大业初年，又改为郑州，治管城县，后又改置荥阳郡。唐武德四年复设郑州，该年重修管州城及衙署，管州城周长9里30步，面积约2平方公里，衙署占地67.5亩。唐贞观七年，郑州州治从汜水迁至管城。历史上管城称谓郑州应始于此。贞观十七年（643）又把郑州从武牢县改回这里。天宝初年再改为荥阳郡，乾元初年又再称为郑州，唐朝时郑州有了很大的经济发展，出现了繁荣的局面，杜佑《通典》记载，唐开元十三年（725）从长安到汴梁（开封市）、宋（商丘）交通要道的郑州一带"夹路都有店肆待客，酒食丰足，每店供客租用，称为驿驴。"天宝十三年以后，节度使对朝廷进奉的驼马、牲畜亦日日不息，郡县沿途供应熟食酒肉和草料。

北宋熙宁五年（1072）废州，管城县属开封府。元丰八年（1085）复置郑州，崇宁四年（1105）升为宁军路，治管城县。建炎二年金兵克西辅，复设郑州，属南京路。金将宗翰强行迁徙郑州汉人到河北，女真族极为野蛮残暴，使大批汉族人被烧杀掳掠或逃离家园，他们还大肆圈占汉族土地，给郑州及黄河流域人民带来巨大灾难。1234年元太宗窝阔台灭金占领中原，郑州属汴梁路总管府。元的统治集团是以游牧为主的民族，他们对汉人实行以烧杀抢掠为主的征服策略。郑州的汉人被

---

① 刘国喜、王玉学：《郑州土地志》，河南科学技术出版社1996年版，第3—6页。

大量残杀或掠去做为驱口、部曲（即奴隶），这给郑州人民带来了深重的灾难。①

明朝升管城县为郑州，将其交由开封府管辖，②明太祖朱元璋于洪武七年秋组织山西洪洞县迁民3700丁，分24牌，1牌至郑州，其余留在巩义拓荒务农，以此医治金、元两代遗留的战争创伤和破坏。洪武二十七年，诏令河南等北方地区"额外垦荒、永不起科"。由于统治者的努力，明初的郑州出现了繁荣的局面，明朝文学家薛瑄在诗中说道："自古中州胜迹多，管城风物喜重过，西来驿站临京水，东去人烟接汴河"。

清朝时期，雍正二年（1724）升郑州为直隶州，由郑州辖荥泽、荥阳、河阴、汜水4县。13年后仍改由开封府统辖。③清光绪三十一年（1905），因为平汉铁路的修通，1909年汴洛铁路建成通车，郑州的商业活动再度繁荣。由于郑州地位日益重要，经济发展的远景为世人瞩目，英美托拉斯各洋行也进入郑州。同时，郑州的民族资本主义经济开始兴起、发展，如我国民族实业家穆藕初在郑州建立的豫丰纱厂，1919年中华蛋粉公司的创立等。"九·一八"事变前后，日商洋行大仓、吉田、茂木等曾垄断了郑州的棉花市场，英、法、德、日等国大商业集团，在郑州设有机构，如大同路中段的英商怡和洋行。外国商人廉价收购郑州的原料，反过来又把制成品高价倾销到郑州市场，年贸易额高达四万两白银以上。但到了清末，郑州随着朝廷腐败而衰败。清末御史王守历在《过郑州有感》中写道："一望荒城百感生，颓垣败壁总关情"④。

民国时期郑州降为郑县。1941年10月21至31日，郑县一度被日军侵占，1944年4月20日，郑县沦陷，遭日军烧、杀、劫、掠和轰炸，

---

① 刘国喜、王玉学：《郑州土地志》，河南科学技术出版社1996年版，第6—9页。
② 郑州市建设委员会、郑州市城市科学研究会、郑州市城建发展科研中心编印：《郑州市城乡建设志（送审稿）》，刊印时间不详，第5页。
③ 同上。
④ 郑州市建设委员会：《郑州市建设志》，中州古籍出版社2005年版，第3页。

郑州人民灾难深重。抗战胜利后，由于上海、开封等地的资本家纷纷进入郑州购地办厂，在郑州占地产从几亩至几百亩不等，这在一定程度上刺激了郑州近代工业的发展。1948年10月22日，刘邓大军解放郑县全境。10月28日，郑县成立郑州市人民政府，辖一、二、三区，人口16.4万，市区面积7845亩。①

1949年以前，郑州的工业基础是十分薄弱的。"解放前由于长期处于国民党反动统治的勒索、掠夺和破坏下，工业极落后，尤其现代化的工业根本没有，虽有一些手工业、半机器工业与轻工业，但也都是处于半开工或停工的状态。原来国民党第七粮秣厂所经营的规模较大的面粉厂和榨油厂，则于解放前将其全部设备拆走，他如豫丰纱厂、电厂等早于抗日战争开始时即将其全部设备迁往蒋匪后方或遭战火破坏。因此，1948年郑州解放后，政府所接收或代管的工厂就仅有规模较小，设备破败不堪的利民烟厂、郑州电灯公司、南阳铁工厂、大众烟厂、郑铁车辆段、久丰面粉厂等6个单位了，其中除利民烟厂及电力公司于解放前还勉强维持开工外，其余4个厂全部在停顿中。电厂我们接收时只有一部美制15千瓦发电送电机，利民烟厂只有1部卷烟机，当时全市接收工厂共有职工458人，全年总产值仅为57.6万元。另外，私营工业在解放前，由于国民党反动派的勒索、掠夺，也都不能得到顺利发展，规模更是小得可怜，1948年全市私营工业虽有100户，但总共才有1587人，加上半机器工业全市工业全部总产值才共有52.9万元，其中绝大部分是为帝国主义和官僚资本的经济附庸，缺乏独立性，只有少数机器工业仅能制造些铁锅、水车、轧花机等产品。从以上情况可知解放前的郑州工业是很少的，按全市的工业比重说，工业只占5.8%强，而94.2%都是商业，这就充分说明了解放前的郑州是一个消费性的城市。"②

解放前郑州的教育文化卫生事业也非常落后，"1948年解放前，郑州市仅有一所中等技术学校，8所中学、小学36所，总共在校学生

---

① 刘国喜、王玉学编纂：《郑州土地志》，河南科学技术出版社1996年版，第12页。
② 《郑州市工业发展情况的基本介绍》，1956年，郑州市档案馆藏，档号：39-02。

13764人，根本没有高等学校，工农业教育和幼儿教育"。① 娱乐场所仅有几家戏院，也都是苇席木台搭起的，医院4家，其中一家叫华美医院，一家叫天主教医院，都是外国人所开设的，病床有138张。解放前，郑州的手工业也极为落后："由于天灾战祸的摧残，受资本家的重重盘剥，使手工业者处于破产、半破产的地步，使手工业产品受到很大压力，造成部分行业垮台，即便有些手工业者从事手工业生产，也是处于极其困难状态，当时因为资金少，无原料，生产非常疲软。在此情况下，虽然每天工作12至14小时，但因货币膨胀，物价高昂，苛捐杂税过重，仍维持不了最低生活，甚至无隔夜之粮，过着极为饥寒交迫的生活，更谈不上手工业的发展和满足需要各方面的需要了"。②

第二节　郑州市的新省会规划

早在1950年，河南省即对郑州市进行了新省会规划，即《郑州市都市计划报告书》，这次规划由于新中国建立初期国家没有大的建设任务，基于资金限制，没有得到落实，但《郑州市都市计划报告书》对郑州市争取成为河南省会起了重要作用。1952年9月郑州市被批准为河南省会，1953年郑州市邀请苏联专家进行了新的规划。在第一个五年计划期间，国家对郑州市进行了大规模的投资，郑州市按1953年规划开始了全面建设。

一　郑州市新省会的初步规划

郑州市的新省会规划是从1950年开始的，根据哈雄文教授编制的《郑州市都市计划草案平面图》和《郑州市都市计划报告书》③，这次规

---

① 《郑州市经济文化基本情况和十年（一九四九年至一九五八年）经济建设提要》，1958年，郑州市档案馆藏，档号：39-06。
② 《郑州市手工业发展情况》，1956年，郑州市档案馆藏，档号：39-03。
③ 郑州市建设委员会、郑州市城市科学研究会、郑州市城建发展科研中心编印：《郑州市城乡建设志（送审稿）》，刊印时间不详，第4—5页。

划的期限为20年，规划区面积87.56平方公里，人口规模110万。分区情况如下：

1. 工业区：位于西北部三角地带和陇海路东段的外侧，面积为17.23平方公里。

2. 铁路区：位于南阳寨和天主教堂之间，面积为11.75平方公里。

3. 行政区：其中省府区位于金水河北，顺河向东延展，市府区位于市区西部，总面积为3.42平方公里。

4. 商业区：位于市中心，面积为3.80平方公里。

5. 文化区：位于市区东北，面积为8.46平方公里。

6. 仓库区：分别位于市区的北部和东部，面积为2.20平方公里。

7. 住宅区：位于铁路的西南和东北，面积为40.7平方公里。

其中：绿地的分布为：

1. 工业区：4.32平方公里，占全区总面积的25%。

2. 行政区：1.09平方公里，占全区总面积的32%。

3. 商业区：0.89平方公里，占全区总面积的23%。

4. 文化区：4.20平方公里，占全区总面积的50%。

5. 住宅区：18.0平方公里，占全区总面积的44%。

道路系统规划有：

1. 高速道路：宽17米，中间设1.2米宽分车带，两侧各设6米宽快车道，旁设慢车道，利用原有地形两侧各设1.9米宽路肩，绝对避免平交。

2. 林荫大道：总宽66米，中间设6米宽花坛式分车带，左右各为9米宽的快车道，两侧各设6米宽慢车道，中隔分车带各宽7米。两旁为9米宽人行道。

3. 干道系统：

（1）总宽41米，中间设12米宽四车道，两侧各设5米宽慢车道，中隔3米宽分车带，两侧人行道各宽6.5米。

（2）总宽34米，中间设3.2米花坛式分车带，左右各为7米宽双车道，两侧各设 2.4 米宽平行停车道，两侧为 6 米宽人行道。

（3）总宽 26 米，中间设 12 米宽四车道。两侧各设 2.5 米宽的平行车道。

（4）总宽 60 米，中间设宽 6 米的花坛，两侧各有 15 米宽车道和 12 米宽人行道。

此外，还对郑州市的水电供应、电话、公共交通、河道治理以及防沙林的建造进行了规划。当时规划总的指导思想是充分利用旧城的物资基础，围绕旧城向外扩展，采取了欧美"花园城市"的规划方法。但由于当时正值新中国建立初期，城市建设任务小，《都市计划》基本上没有实现。

《郑州市都市计划报告书》虽然没有实施，但在为郑州市争取成为省会城市的过程中发挥了重要作用。从《郑州市都市计划报告书》中，我们可以看出这个规划较为科学合理，要完成这个规划目标建设任务巨大；并且在规划中已经有了对省府区的明确规划，可见当时已经把郑州市依照省会城市的标准进行规划设计。郑州市政府在 1951 年 10 月《奉派赴中南请示关于郑州都市计划之备案，省人民政府迁郑州市、郑州市 1952 年市政建设费核定的报告》中提到，"郑州市都市计划，曾经中央财政经济委员会初步核定，但未向中南军政委员会核备，是尚未完成法定程序，河南省人民政府迁来郑州问题，应由中南军政委员会第一步核准，再转请中央人民政府政务院核定后，方为定案。至郑州市 1952 年工程概算，势必仰仗大行政区之城市建设费大量补助方能迅速展开。为此河南省人民政府指派隆甫、程壬等于 10 月 7 日到汉，8 日到中南军政委员会秘书处与朱遂初处长接谈，领见张执一秘书长得到介绍函 3 封后，当即到中南财委会与秘书处张向南处长，到财政部与管寒涛副部长，到民政部与民政处许建业、刘天两处长分别当面报告上列三事详细情形。"①

---

① 《奉派赴中南请示关于郑州都市计划之备案，省人民政府迁郑州市、郑州市 1952 年市政建设费核定的报告》，1951 年，郑州市档案馆藏，档号：179-247。

由此可见，郑州市制定《都市计划》显然有为争取郑州市获得中南军政委员会批准成为省会提供方便的意图。但由于郑州市市政建设经费所需甚大，新中国建立初期，限于财力不足，郑州市以及河南省财力在对郑州市的庞大市政建设投资上还存在困难，因此，他们希望中南军政委员会给予财政支持，而事实上，郑州市在城市建设上确实存在着很大困难。在1951年郑州市的城市建设中，"本市本年市政建设计划，业经4月5日河南省郑州市建设委员会成立会议讨论通过，所需建设费用计小麦1750万斤，曾经会议上作了具体分配，记录在案，即：1. 由市府地方费项下核拨小麦350万斤；2. 省府补助小麦1200万斤；3. 工商联筹措小麦200万斤。工商联分配担负建设费的情形是：当时会议是确定工程计划后讨论工款来源，本府望省人民政府补助1400万斤，牛副主席以省款困难只应允1200万斤，意谓郑州市建设，为着发展郑州市工商业，希望工商界亦筹措200万斤，共同担负完成本年计划。会议后，本府建设局即按照计划进行建设工程，由于时间短促，招聘工人购办材料，势必按照计划同时统一进行。因此目前仅在修福寿街、正央街、钱塘里、乔家门等5条大马路，2座大桥，二七广场及沟管等工程，工料亦已大体准备就绪，9月份即将先后开工"。① 可见，在市政建设中，郑州市及河南省政府基于财力所限，以及城市建设工程庞大，经费投入不足，不得不向工商业户摊派。但工商业户筹措也存在困难，郑州市政府不得不多次催促，"现闻你会（郑州市工商业联合会）尚未布置分配此200万斤小麦，深恐筹款不及时，工料不齐全，功亏一篑，大部分工程中断，本年建设计划将成泡影，为此函达你会赶速布置，向全体工商业界说明，建设是为生产服务的，与工商业的发展是分不开的，工商业界出一部分市政建设费，是为着建设新郑州，也就是为着自己的发展，希即召开会议，妥为研究布置，及早按数筹措，送交本府以便及时进行建设工程为荷。"② "你会所担负筹之市政建设费小麦200万斤，

---

① 《郑州市人民政府公函 市建》，1951年，郑州市档案馆藏，档号：179-247。
② 同上。

请及早按数筹措。据悉，你会业已分配到各行业各工商业户，具体担负款数，分期缴纳。现在年度将终，计划内市政建设工程，正在赶速进行，用款迫切，希即按计划急速催筹，缴送本府建设局，以免贻误工程为盼。"① 可见由工商业者承担建设工程的一部分也存在较大的困难，况且市政建设是一项长期工程，这种办法也并非长久之计。郑州市想利用中南军政委员会的力量予以支持，同时征求中南军政委员会对于河南省会迁郑州的意见，于是派郑州市副市长史隆甫与建设局技术室主任程壬去中南军政委请示："本市史隆甫副市长暨建设局技术室主任程壬等奉省令派赴中南军政委员会请示关于郑州市都市计划之核备，河南省人民政府迁来郑州暨郑州市 1952 年市政工程费概算请列入中南城市建设费项下等三事。"②

1951 年 10 月 12 日下午 3 时由中南军政委员会财委会高秘书长召集民政部周济方副部长，财政部管寒涛副部长暨史隆甫等正式开座谈会，这次座谈会的大致情形是：

> 首先由隆甫报告：1. 郑州市都市计划经过与发展目标。2. 省政府拟迁来郑州之必要与河南省方准备分期建筑计划。3. 郑州市 1952 年必须举办的市政工程与计划概算。由程壬报告郑州市都市计划设计根据与内容要点。大家随即逐项发表意见：（1）关于郑州市都市计划和发展方向总图问题，均认为既经中财委初步核定，同时分区规划和道路布置，亦还合适，无其他新的意见。（2）关于河南省府迁郑问题，均认为开封无发展前途，迁来郑州确有必要，这是手续问题，只需会后共同签署意见报告中南军政委员会通过后，转请政务院批示，且中南军政委员会开会在即，吴主席来时，可再与邓主席当面会谈，似无问题。（3）关于郑州市 1952 年

---

① 《郑州市人民政府公函 市建》，1951 年，郑州市档案馆藏，档号：179-247。
② 《郑州市人民政府致河南省人民政府财政经济委员会公函》，1951 年，郑州市档案馆藏，档号：179-247。

市政工程费概算问题，多主张分明年怎么办？长远怎么办？两方面来讨论。明年的市政工程费怎么办？一致认为按照郑州市所列工程概算总数 800 亿元①（人民币旧币，以下同），不能完全依靠中南，应当进一步来研究，郑州市本身能筹若干？再将原计划缩小一点，则几方面拼凑一下，即可将明年必须要办的工程作一些。并嘱应尽快回郑与省市两方面负责同志再行讨论，早日提出新的概算，以便列入中南区 1952 年城市建设费内。

前日牛副主席过郑赴观音堂煤矿时，曾当面请示，奉嘱另编新预算为 500 亿，要求中南补助 300 亿，省市两方面共同担任 200 亿（即省府补助 160 亿，郑州市自筹 40 亿），长远的市政工程费怎么办？

周济方副部长建议：中央既同意郑州市为中南新兴工业城市之一，又以发展轻工业为主，我们大家亦同意郑州发展河南新省会，那就应当为郑州市市政建设想一个长远的办法，以便于作两三个三年计划，以我的意见办法：

（1）应将郑县和郑州市合并，因为按现在郑州市发展没有郊区，对于发展和繁荣是有妨碍的。其次合并后将来郑县应当上缴之公粮，呈请中南转呈中央转在郑州市，作为建设事业之用。

（2）郑州市每年所收之工商业各种税收为数额大，亦应呈请中南转呈中央留下全部或一部作为市政建设之用。两个办法如能同时做到，则五年十年间，新郑州之远大计划，即可实现。

郑州市方面根据座谈会情形，总结中南军政委的意见得出以下这几项结论：

（1）关于郑州市都市计划请核备及河南省人民政府迁来郑州可能没问题。

---

① 这是我国流行的是第一套人民币，这套人民币于 1955 年 5 月 1 日起停止流通，第二套人民币于 1955 年 3 月 1 日开始发行，同时收回第一套人民币，第二套人民币和第一套人民币折合比率为 1∶10000，即新币 1 元换旧币 10000 元。

(2) 关于郑州市1952年市政工程概算问题,自应遵照中南各位首长意见及牛副主席指示,在500亿元范围内,另拟计划,另编概算。即由本府呈报中南军政委员会转行中南财政经济委员会,当可列入下半年度中南城市建设费项下。

(3) 关于周副部长等第一项建议,即郑县与郑州市合并问题,在现阶段我们已经感觉到有此必要,因省府决定迁郑,许多事业单位如国营农场,医院疗养院,畜牧场等,皆要地很多,郑州市亦无地可拨,势必在郑县境内不可,同时正如周副部长所说,以后大之新郑州而无郊区当然与发展是有妨碍的,所以市县合并是必要的,我们不便倡议,应请河南省人民省府注意考虑决定。

(4) 关于周副部长等第二项建议,即立解公粮及工商业各种税款留一部分或全部作为郑州市以后市政建设之用,的确是一个解决郑州市长远市政建设费的良好办法,应请省人民政府慎重考虑,如认为可行,请予以指示,以便先行拟具一个三年计划,逐步实现新郑州的市政工程。①

从上述会议经过我们看出:郑州市方面的请示意见主要有三项:1. 郑州市都市计划经过与发展目标。2. 省政府拟迁来郑州之必要与河南省方准备分期建筑计划。3. 郑州市1952年必须举办的市政工程与计划概算。其中第一项《都市计划》中南军政委方面是同意的。第二项河南省政府拟迁来郑州之必要与河南省方准备分期建筑计划,中南军政委方面也一致认为在开封发展没前途,迁来郑州确有必要,只是手续问题。第三项郑州市1952年必须举办的市政工程与计划概算,则没有得到很好的解决。因为牵涉到当时具体的经费问题,显然要支持郑州市成为河南省新的省会城市,中南军政委方面承担建设一个新郑州也是有困难的,因此中南军政委民政部周济方副部长提出关于解决郑州市发展的

---

① 《奉派赴中南请示关于郑州都市计划之备案,省人民政府迁郑州市、郑州市1952年市政建设费核定的报告》,1951年,郑州市档案馆藏,档号:179-247。

两条意见,第一,将郑县和郑州市合并,这样既可以扩大郑州市的郊区,同时原郑县上交的一部分公粮,也可以呈请中南转呈中央转在郑州市,作为建设事业之用。第二,郑州市每年所收的工商业各种税收,呈请中南转呈中央留下全部或一部作为市政建设之用。这两个办法是比较现实的,事实上以后在1953年河南省确实也呈报中央撤销郑县,并入了郑州市内。对于《郑州市都市计划和发展方向总图》,中南军政委方面是同意的,但认为预算惊人,中南军政委无力承担:"1. 本委原则上同意你府程壬的该项计划,按程序仍需报中南军政委员会及政务院批准。2. 该项建设费用预算数字惊人,超出市、省及中南财政经济委员会可能负担的预算之外(中南在1952年度无力拨款),而且根据国家计划对重点城市,尤其需要中央从各方面帮助与倾斜不可;3. 省市本身财力所能胜任的小规模建设,仍可按该计划继续进行。"① 中南军政委明确表达了对于郑州市的巨大建设经费,中南无力拨款,以后也只有依靠中央从各方面进行帮助与倾斜,即依靠国家的力量,但同意河南省以及郑州市当前依靠自身的力量先进行一些力所能及的建设活动。

但是,郑州市仍然希望中南军政委员会给予其市政建设一定的支持,"本府现遵以上所示意见,并又当面请示河南省人民政府牛副主席,另编出新的概算,总计为498.547亿元(人民币旧币,以下同),拟请中南补助300亿元,省市共担任200亿元(即省补助160亿,郑州市自筹40亿元)。钧委审核列入中南1952年城市建设费项下。"② "关于本市1952年市政建设工程费问题,所示意见,本府极为拥护,并遵照指示意见办理,尚望中南1952年度如仍有城市市政建设费时,给我市以一定的预算数字。"③ 郑州市政府缩小经费预算,仍然希望能得到中南军政委的支持,列入中南1952年城市建设费项下。

当时国家大规模的计划经济建设还没有开始,仅仅依靠中南军政委

---

① 《覆为你市市政建设工程费问题》,1951年,郑州市档案馆藏,档号:179-247。
② 《呈中南财政经济委员会》,1951年,郑州市档案馆藏,档号:179-247。
③ 《为呈覆本市市政工程意见由》,1951年,郑州市档案馆藏,档号:179-247。

的力量是无法完成郑州市作为省会城市的建设任务的。既然建设一个新郑州的任务依靠河南省、中南军政委都无法完成，那只有等待以后国家力量的帮助与倾斜了。

二 苏联专家与新省会城市规划

1953年，郑州市已经被中央确定为河南新省会，郑州市对本市的规划工作也更加重视。同年，郑州市城市建设委员会成立，统一领导郑州市的规划与建设工作，城市规划主要学习苏联的理论与方法。① 1953年，苏联专家穆欣为郑州市勾勒了一个城市规划草图，规划确定城市围绕旧城发展，跨越铁路，将整个城区置于陇海铁路北侧、京广铁路东侧，这样可以避免铁路分割带来的交通问题。规划布局以二七广场为中心，以人民路为轴线，呈扇形向北发展。以这个方案为依据，还规划了省府行政区，并设计了几栋面向西南的房子。② 穆欣的规划是：以火车站作为郑州的大门，以火车站至省人民政府办公大楼（未建，该处现为省人民会堂）的马路（现在的人民路是其中的北段，南段从火车站到二七广场未开通）为主轴线，使人一下火车就能看见省政府大楼；由主轴线向周围辐射，修建道路和建筑物。这样看起来虽十分壮观，但许多的道路和相应建成的各种建筑物都成了东北、西南或西北、东南走向。按照中国的传统，这些道路、建筑物都会被认为是斜的。③ 1954年春，中共河南省委第一书记潘复生来郑州视察工作。中共郑州市委书记、市长宋致和陪同他看了一些单位，随后来到省府工地。当时，这里已经建成了三幢宿舍楼，第四幢正在施工。潘复生当即发现这些楼的朝向不正。视察完毕，潘复生在中共郑州市委召开专门会议，研究省府工地建设问题。宋致和、吴玉清（时任中共郑州市委常委、秘书长）、王均智

---

① 郑州市地方史志编纂委员会编：《郑州市志》第3分册，中州古籍出版社1997年版，第16页。

② 郑州市建设委员会、郑州市城市科学研究会、郑州市城建发展科研中心编印：《郑州市城乡建设志（送审稿）》，刊印时间不详，第6页。

③ 同上。

及有关部门负责同志参加了会议。听完筹建处负责同志的汇报之后，潘复生肯定了筹建工作所取得的成绩，也指出了工程进度慢、工地管理混乱、领导不统一等不足之处，着重讲了建设布局不合理的问题。他认为，按照苏联专家的规划进行布局，不适合中国的国情和民情。中国人的传统习惯是住正面朝南、北或东、西的房屋，尤以坐北朝南的房子为堂屋，其他朝向的则被视为次要的房屋。这样的传统习惯已有几千年的历史，深入人心。如果把包括办公楼、宿舍的整个建筑群和街道都建成斜的，就会导致大多数房屋冬季向阳时间少，使人不好辨别东南西北方向，不利于工作和生活。他指出：办事一定要从实际出发，一定要有群众观点，这两条在任何时候都不能忘掉。他进一步说道：苏联的历史文化、地理位置、国情民俗和我们不同，因此学习苏联的经验必须与我们的实际情况相结合，绝对不能生搬硬套、盲目模仿。最后，他要求立即停止施工，改变布局，所有建筑物都要按正南、正北、正东、正西的走向来安排。与会人员经过认真讨论，一致认为潘复生的意见非常正确，并当场商定了省委、省政府、省军区三大单位的具体位置，其他单位依次安排。这一决策是非常合理、非常正确的，不仅解决了省直机关的合理布局问题，而且也解决了整个郑州市的城市规划、布局的指导思想问题。[①] 这次会议后，关于郑州市的城市规划问题，由时任郑州市副市长的王均智具体负责。王均智与有关专家和领导进行了多次讨论，在尽量依托老城市和维护按原规划已建成或基本建成项目的前提下，对原规划进行了重大修改。然后，王均智代表中共郑州市委、市人民政府到开封，向河南省委作了检讨和汇报。省委同意这些修改意见。潘复生嘱咐省委办公厅副主任苗化铭写了介绍信，指示王均智持介绍信赴北京向国家计委副主任张玺（原任中共河南省委书记）汇报。1954年秋，王均智和郑州市城市建设委员会副主任孙敬衡、高级工程师程壬、工程师叶运奎一行四人到达北京，向国家计委做了汇报。张玺对此非常重视，听

[①] 王均智、萧枫：《五十年代前期郑州市的城市规划与省会迁郑》，《协商论坛》2010年第7期。

完汇报后即责成国家城市建设局局长曹言行帮助解决。曹言行局长转请铁道部、水利部、一机部、纺织部、电力总局等有关部门协助办理。经过十多天的汇报、交谈，他们分别解决了与这些部门有关的重大问题。王均智一行回郑后，向郑州市市长宋致和报告了北京之行的结果。宋致和主张再次向潘复生汇报。当时潘正在洛阳，宋、王便前往洛阳向潘作了汇报。潘复生完全同意这个规划。① 同时，郑州国棉一厂等一组纱厂选址时，发现规划方案的工业区土质条件差。地下水位较高，不适合兴建大型厂房。因此，最终将厂址选在了西郊地下水位较深、地耐力强，工程地质条件好，且又靠近铁路，离水源（贾鲁河）较近的地方。② 所有这些因素促使1954年郑州市组织力量，重新制定方案，新的方案在国家城建总局的指导下编制完成，后经建工部苏联专家巴拉金修改，进一步完善。主要内容是：

城市性质：郑州市是以轻工业为主的城市，全国重要的交通枢纽和河南的政治、经济、文化中心。

城市规模：截止1954年6月，郑州市已有人口24.7万，到1972年，规划控制在58万人，规划用地控制在63.53平方公里，其中工业用地8.88平方公里，对外交通用地2.23平方公里，仓库用地2.05平方公里，卫生防护用地5.57平方公里，生活用地44.8平方公里。

城市布局：工业区分为4块，重工业位于市区西南部；沿陇海铁路南侧为棉纺织工业区；京汉铁路北段的两侧，主要安排一些中小型工业项目；市区东部、沿陇海铁路南北两侧安排轻工业及服务工业；仓库区主要分布在岗杜附近的京汉铁路以东及二里岗铁路货站的附近；居住区主要集中在西部工业区及东部旧城区，市中心位于市区西部。此外，规划还确定了东北部为行政区，北部为文化区，火车站南为铁路局所在地。

---

① 王均智、萧枫：《五十年代前期郑州市的城市规划与省会迁郑》，《协商论坛》2010年第7期。

② 郑州市建设委员会、郑州市城市科学研究会、郑州市城建发展科研中心编印：《郑州市城乡建设志（送审稿）》，刊印时间不详，第6页。

道路系统：整个市区的道路以"二七广场"为中心，向四面八方延伸。规划8条对称的主干道及8条环路，形成放射加环形的道路骨架。此外，根据各个功能区的性质、面积、地形等，还规划了方格形的道路网，生活居住区和道路以街坊为主来安排。

公共绿化：规划3处文化休息公园，分别位于市区西部、西南部和铁路东部，总面积约为4平方公里。

给水、排水：规划利用贾鲁河、索须河作为城市供水系统，给水管干管管径为200毫米，辅助管管径为150毫米；排水采用分流系统，雨水排至金水河、熊耳河，污水排放分南北两个系统，北污系统从蔡王沿金水大道穿过陇海京汉线流入姚寨污水处理厂，南污系统由齐礼阁经陇海路穿过旧市区流入东郊凤凰台以北的污水处理厂。1955年10月，该方案上报国家建设委员会和城市建设总局，国家建委于1956年2月22日对规划方案作批复。"一五"时期的城市规划和建设工作比较正规，取得较为显著的成绩，截至1957年年底，市区人口发展到45.7万人，建城区面积40.5平方公里。①

这次规划基本上是符合郑州市城市建设实际的，且由于郑州市已经于1952年9月被确定为省会，规划时国家已经开始了大规模的经济建设，国家以及河南省对郑州市的城市建设给予了大量的资金倾斜，所以这个规划得到了很好的落实，"一五"时期的郑州市城市建设正是按照这个规划进行的。下面我们看1954年11月2日《河南日报》对这个规划效果的具体介绍：

> 郑州市的城市规划第一阶段（即总体规划）工作已经于1954年10月份结束。现正绘制图纸以便报送上级审批。郑州市的城市总体规划完全是按照社会主义城市建设的原则和参考苏联城市建设经验来制定的，它贯穿着为生产建设服务、为劳动人民服务、为省

---

① 郑州市地方史志编纂委员会：《郑州市志》第3分册，中州古籍出版社1997年版，第17页。

会服务的原则，同时也是在现有的城市基础和工业基础上来逐步扩建的。这个城市将最好的地带划为工业区，保证工业建设有优良的厂址。这些地区的地质、水文、给水、排水、供电、供热、交通运输、工人住宅等条件都适合建厂和将来的生产要求。全市的工业用地不仅能满足规划期间的需要，而且保留有相当面积的后备用地，以供将来的发展需要。郑州市位于京汉、陇海两条铁路的交叉点，是全省公路网的中心。总体规划根据这个特点，对铁路的客运站、货运站、技术站、编程站和公路的联运计划，运河的联运等都保留优良的位置和足够的面积。在市内交通方面，规则的环形干道网，使现有的市区和发展中的市区结成整体。行驶在它上面的各种机动车辆，在40分钟内可将工人从住宅区任何一个角落送到最远的工厂去上班。规划中的道路广场总面积将比1953年年度的总面积大50多倍。凡主要干道与铁路交叉点，将由立体交叉来解决，即在相交处用天桥或地下道使火车与汽车、电车在同一时间内从同一立面上安全通过。

全市的劳动人民将生活在健康的条件之下。市内最卫生和最优美的地区将作为工人住宅之用。居民住宅区不仅有舒服的住宅，而且还有它内部的小型运动场，小学幼儿园、托儿所、诊所、合作社、公共食堂等等。住宅区都是在工厂的上风方向，和工厂之间保持有一定的卫生隔离带，以便使居民的生活和休息不受煤烟、有害气体、尘埃、噪音、震动等所干扰。市区的房屋除市中心主要建筑群和其他地方个别建筑物有特定的高度，其余大都是11至15米。三层以上的建筑房屋将占全部房屋的75%。层数虽然高，但住宅区的人口密度（即每公顷住若干人）仍旧合乎卫生标准。上述的住宅面积将比1953年政府批准的各种房屋建筑面积大40倍左右。自来水的生活用水总量将比现在大40多倍，下水道的长度将比1953年大13倍强。在市中心和七个区中心，主要干道两侧和主要广场以及相应的地点将适当的分布戏剧院、影剧院、展览馆、文化宫、科学技术宫、少年先锋宫、各种俱乐部等40多处。在最卫生和最安静的地方将有医院和产育院10多处。中等以上的学校将有30多处，小学校将有100多处，幼儿园和托儿所几乎10个街坊就有8个。文化休息公园、滨河公园、林荫大道等绿地面积将比1953年的绿地总面积大40多倍，几乎等于铁路以东旧市区的面积。运动场、体育场、游泳池等体育系统的用地面积将比现有的人民广场大20多倍。金水河、熊耳河将加以整理并局部改造使市区免于洪水威胁。横贯市区的金水河将有5公里的水面可放小游艇。在规划中，城市近郊将分布为大小不等的若干蔬菜区、乳品区、水果区、污水灌溉区、污水处理站、垃圾场、公墓等。在有山泉的山地和计划运河沿岸将划为疗养地带、休养地带和少先队夏令营地带等。①

从上述描述来看，这个规划还是比较科学合理的，由于对工业建设的重视，把最好的地段用于工业建设用地，并留足了充足的后备用地；照顾到了郑州市交通枢纽的优势，对铁路的客运站、货运站、技术站、编程站和公路的联运计划，运河的联运等都保留优良的位置和足够的面积；同时住宅区的建设在工厂风向区的上方，有隔离带，能有效防止粉尘、噪音污染，且住宅区离工厂较近，比较科学合理；市政建设如自来水等设施进一步扩大，文化教育设施分布比较合理，郊区分布有充分的副食品供应区等。这些规划设计为郑州市的科学合理发展提供了极大的便利。

综上所述，1950—1957年，郑州市进行了两次新省会规划。《郑州市都市计划报告书》由于在中华人民共和国建立早期，国家处于经济恢复时期，没有大的建设任务，仅靠河南省以及中南军政委员会无法支持郑州市的巨大建设经费，因此也没有获得实施。苏联专家穆欣帮助设计

---

① 《郑州市城市总体规划工作结束》，《河南日报》1954年11月2日第1版。

的郑州省会城市规划，在被时任河南省委书记的潘复生批评后，经过郑州市组织力量进行重大修改，且经过国家城建总局的指导，总体上是比较科学合理、符合郑州市建设实际的。由于国家"一五"建设计划的实施，苏联专家帮助设计的郑州省会城市规划得到了很好的贯彻实施，它为以后郑州市的进一步发展奠定了一个良好的基础。

第三节　新省会郑州市的初步建设

如前所述，郑州市自20世纪50年代早期就作为新省会开始筹备，但由于郑州市作为省会未被中央正式批准，国家计划经济建设还未正式开始，其建设是小范围的。1952年9月郑州被正式批准为河南省会，1953年国家开始实施第一个五年计划，在中央以及河南地方政府的投资下，郑州市开始了机关、工厂、学校、商业、文化机构等方面的全面建设。

一　新省府工程

1951年8月河南省在郑州市开始了省直属机关办公建筑的基本建设工作。由于当时河南新省会还处于申报阶段，郑州市还未被确定为新省会，当时河南省政府建设方针不明，没有按照基本建设程序办事，只是单纯地依据河南省直属各机关的现有人员就确定了总的平面布置图。最初建设计划占地6000亩，楼与楼之间距离200米，事先没有测量地形，进行勘探工作，没有从整个布局上展开考虑。以后由于总平面设计不切合实际，大改了12次，各种建筑图样设计了百余种，设计人员花费了两千多个工作日，建筑总面积由原计划6000亩缩小到5000亩，再缩小到3700亩，一改再改，费工极大。①

1952年8月5日河南省委通过了《关于省府迁郑的报告》，在报告中指出："若省直机关继续住于开封，人多房少，日愈不敷，势必另行

---

① 《省级领导上不重视基本建设程序　省府建设工程盲目进行》，《河南日报》1953年4月2日第1版。

添建，需要开支巨款，而去年曾购置大部建筑器材，运存郑州工地，长期搁置堆放，易造成物资的损失和浪费，在经济上也很不合算，且在郑进行修理，对救济目前失业工人亦需要，为此，省人民政府委员会第十三次会议暨省协商委员会常驻委员会第十次联席会议一致通过决议：决定将省会迁往郑州市，并成立省直建筑委员会，在省府领导下，驻郑统一进行修建与筹备工作，争取明年即进行迁移。"① 显然这个报告显示了河南省委已经决心把省会迁往郑州市，不想在开封另行添建建筑，而是把有限的资金用于郑州市的省府机关办公建筑建设；并且于1951年购置了大批建筑器材，运存郑州工地，只是由于郑州市未获得中央政务院明确批准而不敢放手建设。这也是造成省府工程建设初期方针不明的重要原因。

1952年8月21日中南军政委员会批复：所请示"你省省会决定于开封迁郑州市，并成立省直建筑委员会，驻郑统一进行修建，争取明年迁移"一案，经核同意，除报呈中央政务院核实外，特覆通知照。② 1952年9月19日，中央人民政府政务院批复："河南省省会曾拟于1953年由开封市迁移郑州市，经核同意，希即转知该省照办。"③ 1952年10月8日中南军政委员会通知河南省委："奉中央人民政府政务院9月19日政政齐字公文称：河南省省会拟于1953年由开封迁移郑州市，经核同意，希即转知该省照办等情；特通知，你府遵照。"④ 至此郑州市走完了成为省会的所有程序。

在得到明确批复后，河南省人民政府在郑州正式开始征地建设省委、省府所属机关用房与家属住房等，并规划为行政区，定为经1路至经8路和纬1路至纬5路，建设省府省委所属厅、局、委等办公楼房和家属住宅区，分为甲、乙、丙、丁、戌院，一、二、三住宅区等

---

① 《关于省府迁郑的报告》，1952年，河南省档案馆藏，档号：J78 - 700。
② 《中南军政委员会批复》，1952年，河南省档案馆藏，档号：J78 - 700。
③ 《中央人民政府政务院关于河南省省会迁郑的批复》，1952年，河南省档案馆藏，档号：J78 - 700。
④ 《中南军政委员会批复》，1952年，河南省档案馆藏，档号：J78 - 700。

家属住房。①

1953年1月河南省委省政府接受苏联专家的建议，派人到中央建筑工程部共同研究郑州市政建设规划及省直机关平面图布置问题。在中央建筑工程部和苏联专家的指导与帮助下，河南省政府经过两个月完成了平面布置草图的设计工作，于1953年4月开始计划安排和设计单位工程的布置工作。由于河南省委原上报迁移省会时间为"争取明年即进行迁移"，即1953年开始迁移，因此1953年5月20日中央人民政府内务部询问河南省人民政府"现在已否开始迁移，预计何时迁移完毕，希将迁移日期，步骤等情况报部备查"②。1953年5月29日河南省人民政府回复"我省郑州新址建筑工程今年开工很晚，且主要为平房宿舍、办公大楼现正在设计，至于何时迁郑，尚难确定，需待确定后报告"③。在受到中央催促前，"河南省级领导急于搬家，不管基本建设程序，把驻在北京的人叫回来，令承建省直基建的工程公司四月初开工；并说：设计图纸只要省里批准就可动工，不开工就要犯错误。该承建工程公司认为平面布置图未最后确定，无法开工，向省府提出几次建议，但省府领导一直没有好好考虑这些意见，并说'以后出了问题省里负责。'"④河南省府领导的做法被《河南日报》记者登报公开批评。

在受到报纸公开批评后，省府工程开工后不久，返工十多次、损失三千余万元的严重事实引起了领导的重视；河南省领导为了迅速地扭转省府工地上的混乱情况，同时也是为了更快完工，更早地迁移省会，从1953年8月下旬起，要求负责承建省府工程的河南省

---

① 郑州市建设委员会、郑州市城市科学研究会、郑州市城建发展科研中心编印：《郑州市城乡建设志（送审稿）》，刊印时间不详，第201页。

② 《中央内务部 关于省府及部分省直机关迁郑步骤及日期的报告》，1953年，河南省档案馆藏，档号：J78-700。

③ 《中央内务部 关于省会迁郑问题的报告》，1953年，河南省档案馆藏，档号：J78-700。

④ 《省级领导上不重视基本建设程序 省府建设工程盲目进行》，《河南日报》1953年4月2日第1版。

建筑工程局第二工程公司，① 在初步建立责任制的基础上，开始贯彻计划管理。为此，省府工程项目负责人做了动员报告，说明：要消灭这些无人负责现象，必须建立责任制，并依据各部门的业务范围，明确了工作权限和职责，初步建立了行政责任制和技术责任。同时，为了加强计划管理，全面地完成工程任务，在建立责任制的基础上，以党委为核心，党、政、工、团一起研究制定了贯彻计划管理的具体方法和步骤。② 此外，在施工过程中，注意贯彻"照顾经济条件、实际需要与将来发展远景"的原则，即建筑物结构要坚固实用，设备便于工作和生活等要求。省府工地的职工明确本身工作的意义，劳动热情十分高涨。在施工期间，涌现出200多个模范小组和模范人物：阎庆详泥工小组推行了变手挤浆砌砖法，杨兴家木工小组推行了门窗流水作业法，都不断地突破劳动定额，劳动模范吴日献创造了钢筋成型机，使生产效率提高16倍，劳动模范薛凤林预制平顶成功，提高工作效率4倍。正在施工的7、8区大楼二批工程中的职工，还曾以30多天的时间结束了两栋大楼的砌砖计划，超额8.4%完成了1953年9月份的计划，并努力完成10月份计划，以便省级各领导机关早日迁郑。③

经整顿后，省府工地工程建设进度大大加快，省直工地第一期工程于1954年8月4日基本竣工，并同时开始了第二期工程的准备工作。④ 1954年9月28日河南省人民政府报告中央人民政府政务院、中南军政委员会："目前第一批建筑工程业已竣工。因此，我们决定河南省人民政府统计局、省邮电管理局业于8月份迁郑，省监察委员会、省人民检察署、省工商联合会、省油脂公司、省食品公司、省保险公司、省交通银行等7个单位于1954年9月份迁往郑州市新址，中国共产党河南省

---

① 《省府工地积极进行施工准备工作》，《郑州日报》1953年4月4日第1版。
② 《在初步建立责任制的基础上 省府工地开始贯彻计划管理》，《郑州日报》1953年9月4日第1版。
③ 《省直机关郑州新址基本建成》，《河南日报》1954年10月14日第1版。
④ 《省直工地第一期工程基本竣工，第二期工程在积极地进行准备工作》，《郑州日报》1954年8月4日第1版。

委员会，包括各部及党群党委会河南省人民政府办公厅、中共省府直属委员会、省协商委员会、中国国民党革命委员会省分部、计划委员会、财政经济委员会、财政厅、粮食厅、劳动局、人事厅、工业厅、商业厅、公安厅、参事厅、农林厅、民政厅、政法委员会、中苏友好协会河南省分会、省妇女联合会、青年团河南省委员会、省总工会、省大众报社、河南日报社、新华社河南分社、省人民广播电台等共32个单位统一于1954年10月中旬迁往郑州市新址。另第二批建筑工程估计12月可能竣工；第二批尚未迁郑的省纪委、教育厅、卫生厅、法院等何时迁郑，待后另报，谨此报请备查。"①

1954年10月30日河南省直属机关由开封迁入郑州市。

1954年11月19日河南省致函全国各省市人民政府、自治区人民政府："我省奉前中南行政委员会1952年10月3日（52）会厅经（三）字第4344号函转中央人民政府政务院9月19日政政齐字第122号公函略称'河南省省会拟于1953年由开封迁往郑州市，经核同意。希即转知该省照办'。我省接奉指示后，当即建立迁郑组织，进行新址修建及从事各项迁移的准备工作，现省直新址第一批建筑工程业已竣工，省府直属机关现除文化教育委员会、教育厅、卫生厅、文化事业管理局、交通厅、省人民法院、省手工业管理局、财政厅所属税务局、农林厅所属林业局、水利局等单位新址未建齐仍住开封外，余均于10月30日迁到郑州新址办公，特此函告。"② 至此，河南省直属机关基本完成了迁移工作。

二 郑州市行政区划的调整以及相关建设机构的变化

（一）郑州市郊区扩大

随着郑州市被确定为河南省省会以及城市建设的快速发展，原有

---

① 《为报告我省省府及部分省直属机关迁郑步骤及日期请备查由》，1954年，河南省档案馆藏，档号：J78-700。

② 《河南省人民政府函 各省、市、自治区人民政府 为函告我省府直属机关迁郑（州）由》，1954年，河南省档案馆藏，档号：J78-700。

的行政区划已经不能满足其发展的需要。1953年4月，河南省经呈请中央人民政府政务院批准，将郑州市郊区扩大。具体变动如下：扩大郑州市郊区，撤销郑县建制。其区划是：将原郑县老鸦陈、柳林、祭城3个整区，南曹、黄岗市2个区的绝大部分与古城区东北角二十里铺等4个村，及成泉县古荥区与荥阳县须水区的须水等11个乡，贾峪县杨砦等5个乡，统划归郑州市郊区。另将原郑县南曹区东部2个乡划归中牟县领导；黄岗市区的竹竿园、曹庙、曹沟、黄沟、石匠庄、赵家咀等6个村，与原郑县古城区（除东北二十里铺等4个村）一并划归新郑县领导。郑州市扩大郊区后，北接黄河，南临新郑县，东界中牟县，西与成皋、荥阳两县相连，共计人口为490531人。①

为适应大规模经济建设需要，对郑州市、区行政区划也进行了调整。1954年5月24日，郑州市人民政府调整市、区行政区划：原郑州市郊金水区凤凰台乡的魏庄、二里岗、柴庄3个自然村合并成立二里岗街人民政府，划归市内一区。原金水区孟寨乡的海滩市、岗杜、东沙口、西沙口、王府坟、小孟寨、琉璃屯、寺坡合并成立岗杜街人民政府，划归市内三区，并将该乡其余各村划归朱屯乡，撤销孟寨乡。原金水区关虎屯乡的任寨村划归市内二区杜岭街政府领导。原金水区的白家庄、黄河水利委员会职工宿舍所在地、市内二区的天成路、工人第一新村划归市区回族自治区管辖。② 郑县的撤销及其并入郑州市，为郑州市的发展提供了广阔的腹地，满足了其当时发展的需要；对郑州市、区行政区划的调整则反映了郑州市城市规模的扩大。

（二）成立郑州市城市建设委员会

为了加强对郑州市城市建设领导，统一规划、设计和监督检查市政建设工作，郑州市人民政府于1953年4月25日在郑州市府会议室

---

① 《为适应国家大规模经济建设郑州市郊区扩大郑县、淮阳专区建制撤销》，《河南日报》1953年4月14日第3版。

② 郑州市地方史志编纂委员会编：《郑州市志》第1分册，中州古籍出版社1999年版，第106页。

召开会议,改组原郑州市人民政府市政建设委员会为郑州市人民政府城市建设委员会。经河南省人民政府核准,委员会由委员33人组成,以宋致和担任市长兼主任委员,史隆甫为副市长兼第一副主任委员,中共郑州市委工业部部长李亭兼第二副主任委员,孙敬衡为第三副主任委员。郑州市市长宋致和指出了改组成立城市建设委员会的意义,即:城市建设必须是为基本建设服务,与国防建设、工业建设密切配合。基本建设必须要按照城市建设发展的统一计划,服从城市建设规范。①

(三)改工业部基建处为基本建设部

随着郑州市基建任务不断增大,郑州市委为了进一步加强对基本建设工作的领导和监督,1954年5月20日郑州市委决定并经河南省委批准,将郑州市委原工业部基建处扩大组成郑州市委基本建设部。②

(四)成立中国人民建设银行郑州支行

郑州市人民政府根据1954年9月9日政务院"关于设立中国人民建设银行的决定",③ 结合郑州市基建任务日益扩大的实际情况,于1954年10月3日正式成立中国人民建设银行郑州支行。郑州市建设银行的任务,是负责办理本市基建拨款,对基本建设单位实行财政监督,并执行基建拨款的结算,保证基本建设资金的及时供应。④

郑州市行政区划的调整以及相关建设机构的变化,均是为了适应郑州市大规模建设的需要。行政区划的调整,将为郑州市的发展提供更为广阔的腹地,相关建设机构的调整与变化也将更有利于郑州市的全面建设。

---

① 《加强城市建设领导 本市成立城市建设委员会》,《郑州日报》1953年4月29日第2版。

② 《加强党对基本建设工作的领导 省委批准市委成立基本建设部》,《郑州日报》1954年5月20日第1版。

③ 中国人民建设银行总行编:《中华人民共和国财政史料》第六辑,中国财政经济出版社1987年版,第556页。

④ 《中国人民建设银行郑州支行正式成立》,《郑州日报》1954年10月6日第2版。

三 郑州市的全面建设任务

1952年9月郑州市被确定为河南省省会，1953年，国家计划经济体制开始实行，郑州市被确定为重点建设城市，开始了全面的建设任务。如表2-1：

表2-1 郑州市1953年各基建单位目前任务确定情况与完成情况统计表[①]　　单位：百万元[②]

单位名称	1953年计划		工程排队后确定数	1953年增加数		1953年预定完成数	
	原计划数	变动后计划数		基建处初步意见数	目前本单位确定数	基建处完成数	本单位预定完成数
总计	763321.688	732526.698	661883.458	41574.9	37514.10	705104.547	729118.098
截止到九月已经完工的19个单位							
小计	10964.648	14764.648	14764.648			14764.648	14764.648
年底可全部完成1953年计划的16个单位							
小计	539357.66	549271.6	518608.9	32903.17	63509.34	55150.89	682117.51
三六三电厂	157661	157661	157661	9674	12813.1	16733.5	170474.7
纺织机械厂	18698.94	18698.94	18378.94	1307	1307	19701.94	19701.94
教育厅建校委员会	16910	19001.86	16910	1991	3401.86	18700	24311.86
商业厅基建组	18621	20178	20178	271.61	1574	20449.61	21752
黄委会工程处	33374.67	40540.40	35738.67		474	35798.67	40544.28
国棉一厂	171713.17	170708.13	153321	17387.09	29741.43	170718.19	183068.42
公安厅	5801.72	5851.72	5851.72			5851.72	5851.72
国棉二厂	64607.04	66196.89	64262.04	345	1934.85	64607.04	66196.89
郑州市妇产科医院	2500	2604	1500	1000	1104	2500	2604
省农林厅干校	1000	1000	1000			1000	1000
省建筑工程局	9676	9333.82	8333.82	800	1000	9133.82	9333.82
中南煤矿管理局	1500	1500	1500			1500	1500
纺管局工程公司	16424	18124	16424		1700	16424	18124

---

① 《郑州市1953年各基建单位目前任务确定情况与完成情况统计表》，1953年，郑州市档案馆藏，档号：67-01。

② 为人民币旧币，新旧币兑换比为1∶10000，即新币1元换旧币10000元。

续表

单位名称	1953年计划		工程排队后确定数	1953年增加数		1953年预定完成数	
	原计划数	变动后计划数		基建处初步意见数	目前本单位确定数	基建处完成数	本单位预定完成数
省农林厅干校	840	840	840			840	840
空军后勤医院	12629	12629	12629			12629	12629
省烟草公司	4000	4000	4000	129	181.5	4129	4181.5
年底可完成1953年排队任务的八个单位							
小计	151520	116535.29	87528.24	6569	7270	94097.24	94998.24
省府工地	89073	56178	49319			49319	49319
中南纺纱学校	12800	12800	4671	1400	1829	6071	6500
省粮食厅工地	13000	8074.29	7874.29		7874.29	7874.29	7291.83
郑州新华书店	3289	3289	2460	829	265	3289	2725
郑州电力学校	10800	11036	10800		236	10800	11036
食品公司加冰厂	1000	3600	600	400	1000	1000	1600
文化局郑州戏院	4000	4000	300	540	540	840	840
第四护校	13358	13358	11503.74	3400	3400	14903.95	14903.95
不能完成1953年排队任务的五个单位							
小计	43133.38	43126.96			-5546.18	42428.38	35236.24
省邮电局	6749	7550	6349		-709	6349	6040
省疗养院	6210	5348.38	4682		-933.4	4682	3748.58
石油公司	2300	2300	2300		-1286.83	2300	1013.17
黄委会泥沙研究所	5116.38	5116.38	4239.28		494.91	4239.38	3344.47
郑州市建设局	22812	22812			-2122	24458	20690
排队的基建单位任务完成情况7个单位							
小计	14302.2	8682.2		2102.2	12301.45	2102.2	11801.46
省工商联合会	2000	2000		800	600	800	600
纺管局机关大楼	11000	5386			4539.26		4539.26
郑州市建筑公司	1302.2	1302.2		1302.2	1302.2	1302.2	1302.2
省人民银行					4320		4320
省粮食厅机关建筑					1500		1000
省广播电台							

由表2-1可知：郑州市1953年的建设任务巨大，涉及政府机关建

筑、工厂企业、学校、医疗卫生机构、文化机构、科研机构等，总计划数达到了7633.21688亿元（人民币旧币，以下同），实际变动后计划数也达到了7325.26698亿元。郑州市如此巨大的建设投入，以及如此繁重的建设任务显然是要建设一个新郑州，为省会的即将迁入做准备。

1954年，由于河南省直属机关即将从开封迁郑州，其建设任务也更加繁重，如表2-2：

表2-2　　郑州市1954年基本建设计划完成情况综合表

按计划价格计算：百万元（旧币）①

系统及单位	五四年计划					五四年计划累计完成	
	合计	建筑	安装	购置	其他	合计	占年划（%）
总计	1135218	767852	27886	281905	57575	1170659	103.13
一、国防	8930	8930				8930	100.00
第四护校	4409	4409				4409	100.00
空后医院	1621	1621				1621	100.00
江海部队	2900	2900				2900	100.00
二、国营工业	654402	328550	21308	261290	43254	674502	103.07
国棉一厂	175895	52914	8876	110405	3670	172231	97.92
国棉二厂	9606	8129	314	455	708	9559	
国棉三厂	336726	210607	6449	101253	27417	362846	107.76
纺织机械厂	23818	14723	436	8399	260	23048	
三六三电厂	13350	5738	1590	3960	2062	12975	97.19
油脂化学厂	49569	22932	3643	19244	3750	47718	96.26
郑州砂轮厂	5306				267	5308	100
外贸制冰厂	2022	796		1226		3999	
郑州电力学校	3420	3206		214		3274	
郑州纺织学校	12028	11009		867	152	11911	
纺管局工程公司	19822	4625		15000	197	19822	
纺管局办公大厦	2841	2841		3188		3156	
三、省工业厅系统	21601	14869	1131	4920	681	20878	96.55

---

①《郑州市一九五四年基本建设计划完成情况表》，1955年，郑州市档案馆藏，档号：86-04。

续表

系统及单位	五四年计划					五四年计划累计完成	
	合计	建筑	安装	购置	其他	合计	占年划（%）
郑州机械厂	8265	5210	564	1952	539	8141	
郑州烟厂	2934	1739	132	1062		2551	
郑州印刷厂	2101	1943	100		58	2743	
省木器厂	3820	2485	315	1020		3820	
工业厅试验所	2740	1751	20	885	84	1658	
郑州酒厂	292	292				439	
南阳面粉厂	411	411				419	
工业厅仓库	1038	1038				1107	
四、教育工程处	20229	20229				20618	99.70
五、农林厅系统	7461	6082	104	886	389	7757	
农药制造厂	4700	4187	104	20	389	4996	
农林厅直三处	1895	1895				1895	100.00
农业机器站	866			866		866	100.00
六、粮食厅系统	21669	21170			499	22776	
粮食厅仓库	3000	3000				3000	100.00
粮食厅粉厂	10363	10363				11212	
粮食厅企业住房	2686	2686				2606	
粮食厅工程队宿舍	810	810				1313	
郑州市粮食公司	810	810				1705	
粮食厅疗养院	4000	3501			499	2940	
七、商业厅基建组	7986	7465			521	8811	
八、交通厅系统	5673	5640			33	4059	71.54
交通厅建委会	3649	3616			33	2571	70.45
省运输局	2024	2024				1488	
九、卫生厅系统	43773	35123		5641	3009	49789	113.74
卫生厅基建组	36034	27849		5176	3009	40314	111.88
省立第二人民医院	1089	1089				1800	
康复医院	6650	6185		465		7675	
十、民政厅荣军招待所	1300	1300				1300	100.00
十一、公安厅四处基建组	2200	2200				4500	

续表

系统及单位	五四年计划					五四年计划累计完成	
	合计	建筑	安装	购置	其他	合计	占年划（%）
十二、治淮系统	5825	5825				6965	
治淮委员会	3468	3468				4608	
治淮机械工程总队	2357	2357				2357	100.00
十三、黄委会工程处	10869	10869				10881	
十四、省基建局系统	12263	7786		4240	237	12850	
省基建局设计处	2033	1000		1033		1713	2033
省建筑工程公司	10230	6786		3207	237	11037	10230
市建筑工程公司	100					100	100.00
十五、省劳动局工人学校	9550	7350		2200		12367	
十六、省邮电局基建组	5454	5354			100	5454	100.00
十七、省文化局系统	5000	4730		270		5094	
郑州大戏院	4079	3809		270		4079	100.00
文物仓库	421	421				421	100.00
影片公司河南办事处	500	500				594	
十八、省人民银行基建组	12176	11099		700	377	9660	
十九、木材公司系统	2115	1795	150		170	2258	
省木材公司	1025	1025				1025	100.00
市木材公司	1090	770	150		170	1233	
二十、市政建设	69981	57864	2993	3740	5384	58050	
市建设局工程队	42086	36722		3740	1624	40314	
市外宾招待所	3645	3645				4500	
自来水厂	24250	17497	2993		3760	14236	
二十一、市合作社	9086	8386		500	200	9809	
省联社	8200	7500		500	200	8923	
市社经理部	650	650				650	100.00
市社宿舍	236	236				236	100.00
二十二、省工会疗养院	5368	5368				5229	97.41
二十三、省直建委会	164993	157134			7859	131291	100.00
省府一期工程	131291	123432			7859	131291	100.00
省府二期工程	31502	31502				30341	96.31

续表

系统及单位	五四年计划					五四年计划累计完成	
	合计	建筑	安装	购置	其他	合计	占年划（%）
军区工程	2200	2200				2200	100.00
二十四、其他	49076	45875	1417	1349	435	47886	97.58
交保工地	7736	7736				7736	100.00
石油公司储油	1322	131	582	609		966	
省府气象科	1119	1119				1119	100.00
新华书店河南分店	1114	1032		19	63	1114	100.00
市文教科戏院	959	868		91		959	100.00
市委党校	525	482			43	525	100.00
新华社省分社	1400	1400				1400	100.00
省工商联	2593	2553			40	2593	100.00
建八师工程处	18000	17671		329		17166	
市搬运公司宿舍	1300	1300				1300	100.00
省总工会	4140	3888			262	4140	100.00
市文教局	1444	1444				1444	100.00
省广播电台	6119	4946	835	301	37	6119	100.00

由表2-2可知：由于1954年河南省直属机关即将由开封迁郑州，郑州市的建设任务因而更加繁重，也更加全面。基本建设包括国防、国营工业、地方工业、农林系统、粮食系统、商业系统、卫生系统、交通系统、治淮系统、治黄委员会、河南省基建局系统、学校、市政建设、河南省人民银行、合作社、军区工程、省府一二期工程、文化设施建设等，建设总投入达到11352.18亿元（人民币旧币，以下同），是1953年的实际计划数7325.26698亿元的1.55倍。从建设的内容看，1954年郑州基本建设计划几乎无所不包，它既包含了省会要迁来郑州市的所有机构的建设，又包含了要增强郑州市的经济、文化、教育、卫生实力的以符合省会城市标准为内容的各项建设，如国营一、二、三棉纺厂，砂轮厂的建设以及中等专业学校的建设等。在1954年11月1日，河南省直属机关迁郑后，郑州市市长王均智在《欢迎省会迁郑为国家社会主义工业化而奋斗》一文中讲到：特别是从国家

进入计划经济建设和确定郑州为重点建设城市以后，国家在此新建、改建和扩建了不少工厂，它的消费性质正被改造着，迅速地形成河南的新兴工业城市。随着工业化建设的发展和人口的增加，机关、学校、商店、住宅、公用事业和文化福利设施也相应地进行了建设，在发展生产的基础上，适当地提高了人民的物质和文化生活。① 随着河南省会的迁郑以及郑州市大规模的建设，郑州市迅速向河南省政治经济文化中心城市全面迈进。

四 迅速壮大的基本建设队伍

郑州市的巨大建设任务，需要一支庞大的基本建设队伍来完成。为了适应国家经济建设的发展，郑州市建筑业领导机关遵照中央指示，初步贯彻实现了国家统一经营建筑业的方针，成立了建筑工人统一调配处，组成了各种工程机关，健全了工会组织。1952 年共有 2859 名固定工人，1953 年增加到 7869 人（不包括三六三工地、黄委会工地及铁路基建单位）。1952—1953 年，劳动部门为各个工程建设单位输送了 3000 多固定工人；同时也输送了大量流动工人，仅 1953 年下半年输送流动工人即达到 17832 人次之多。

1952—1953 年，这批建设大军，经过冬季培训、各部门举办的特种技术工程训练班、业余技术学习班以及在施工中的实际锻炼，技术水平迅速提高。郑州市全市有固定学工 891 人，有 645 人升为技工，占全数的 72%；固定技工 6978 人，有 842 人升级，占全数的 12%；其中，成绩特别优异的，经过一定时期的培养和锻炼，有的已经提升为优秀的技术员和生产指导员；有的已经成为产业工会或基层工会的干部。仅据河南省工程局所属一、二公司的统计，在 1953 年一年当中，就培养了 76 名工人技术干部。

在基本建设工程中，广大职工发挥了创造性的劳动。国棉一厂工地

---

① 王均智：《欢迎省会迁郑为国家社会主义工业化而奋斗》，《郑州日报》1954 年 11 月 1 日第 1 版。

钢筋工甘志荣创造了电力钢筋拉直器，3人一天拉3200根，工作效率提高10倍多。河南省建一公司第一施工所木工杨与家小组仿造了万能划线机，工作效率提高12倍。省府工地泥工李庆奎等小组使用铺灰器，技工普工从平均每天每人砌220块提高到330块。据9个工程单位不完全统计，1953年共有发明创造、仿造、改造并试验成功的各种先进工具218件。这些新工具，为完成或提前完成建设工程任务做出了重大贡献。

在施工中，各部门的管理干部的管理水平也有所提高。大多数技术人员，经过民主改革、冬训、政治学习，特别是对国家过渡时期总路线的学习，提高了政治觉悟，打破了技术保守思想，提高了工作效率，技术得到提高。如郑州市建公司技师沈炳南经常深入工地，常常工作到深夜，有时星期天也不休息，为了让工人学会技术，他还义务担任该公司的技术指导员。①

郑州市这支建设大军的成长壮大，为保证郑州市基本建设的顺利完成提供了充足的人力保障。

五 坚持勤俭节约的建设原则

在新中国建立初期，由于旧中国贫穷落后，工业极不发达，又经过长期战争的破坏，国家建设是在一穷二白的基础上起步的。同时由于抗美援朝战争及其后续影响，国家要开支大量的军费，这也在一定程度上影响了国家财政对经济建设的投入，这些因素决定了中华人民共和国建立初期的经济建设坚持勤俭节约的建设原则的特点，郑州市的大规模建设总体上是在勤俭节约建设的原则下进行的。

勤俭节约建设首先表现在工程设计上。河南省基本建设局设计处，根据经济、适用并在可能条件下注意美观的建筑原则，修改文化宫、治淮总指挥部办公大楼和河南省速成中学的设计图纸。如文化宫工程，兴

---

① 《本市基本建设队伍迅速成长壮大》，《郑州日报》1954年3月1日第2版。

建单位为了追求美观,最后每平方米建筑费用达到 200 元,设计单位为了追求"民族"形式,设计了"庙宇"式、富丽堂皇的文化宫。其中虚假装饰和可要可不要的部分,就占了 30 万元左右。在这次修改当中,就把这些华而不实的琉璃瓦屋顶、花梁、太平楼等 20 多个项目都修改和削减了,经初步统计这可为国家节约 30 万元。治淮总指挥部的琉璃瓦屋顶和室内走廊花纹磨地坪,也都作了修改。省工农速成中学原设计在建筑物正面中间用混凝土预制的花棂窗,里边还有一层木框玻璃窗,这一华而不实的设计此后经过了修改,节约了大批建设资金。① 中国百货、交电、化工联合营业大楼在开工前夕,兴建单位本着厉行节约、反对浪费的精神,先后两次修改了工程设计,将华而不实的部分,作了尽可能的修改,如剁假石腰线经过修改,就节约了 3000 多元;其他如第二楼到第三楼去的中间楼梯,因为考虑到大楼第三层是宿舍,两端楼梯足够使用,也作了削减,这样既节约了造价,又增加了建筑面积;对过去设计安全系数较大的混凝土结构,也作了适当修改,通过以上的措施,在 1955 年 5 月 9 日工程竣工时,整个工程建筑成本比最初设计降低了 16% 左右。② 所有这些工程经过修改后,节约了大批建设资金。

对于违反节约精神的单位则进行公开批评。如河南省综合医院的筹建,据其工程负责人讲:"1953 年开始筹建河南省综合医院、肺结核医院防治医院等工程时,我就想着郑州将来是全国大城市之一,必须有一个像样的医院,尤其是想把综合医院建成为一个河南典型的医疗机构。在开始研究医院建筑质量时,我就提出病房要有隔音设置的好木地板,病房大楼和门诊部一律要采用钢窗,地面要用磨石;水电设计与基本建设处领导人提出医院最好用水暖(水暖温度较平稳,能使病人更舒适些,但水暖散热片多出暖气片 1/3,造价高),医院电线最好用暗线(更安全些,但暗线较明线造价约高 85%)。最后造成'根据 1954 年底

---

① 《本着经济、实用的精神 省基建局设计处修改工程设计》,《郑州日报》1955 年 4 月 2 日第 2 版。

② 《百货、交电、化工联合营业楼动工兴建》,《郑州日报》1955 年 5 月 10 日第 2 版。

卫生厅基本建设处反映，水电、暖气、土木建筑陆续超支43亿多元（旧币）。'"其工程负责人被迫在《河南日报》上公开做检讨。①

河南省委、省政府对勤俭节约建设十分重视。1955年7月12日至18日中共河南省委工业办公室和河南省计划委员会党组联合召开了一次基本建设工程排队会议，研究解决基本建设节约问题。经复核，郑州市原计划城市建设投资6045200元，可节约1855575元，占原投资的30.5%；并依据节约精神对每平方米工程建筑造价，工程建筑结构进行了严格规定。②

勤俭节约建设所节约掉的一些项目，在我们今天看来是合理而有远见的，在那个物资匮乏，又要完成庞大建设任务的年代，确是有很大作用的，唯有简约、实用、能省则省，才能确保利用有限资源完成更多的建设任务。

第四节 城市扩建中的征地

1948年10月22日郑州解放后，即设立了郑州市的建制，下辖一、二、三区，其市区面积仅有7845亩。③ 1949—1952年，随着郑州市国民经济的恢复，建设用地逐渐增加，尤其是自1952年郑州市被确定为河南省会后，随着大批行政机关的建设，以及之后"一五"计划的进行，用地规模更是迅速扩大，征地规模不断增长。

一 郑州市留用土地以及建设征地概况

郑州市的建设用地主要来源于土地改革时市政建设留用土地以及建设

---

① 《接受教训，做好今后河南卫生事业基本建设工作》，《河南日报》1955年1月27日第2版。
② 中共河南省委党史研究室：《河南省"一五"计划和国家重点建设工程》，河南人民出版社1999年版，第90—91页。
③ 郑州市地方史志编纂委员会：《郑州市志》第3分册，中州古籍出版社1997年版，第164页。

征地。

（一）土地改革时郑州市市政建设留用土地

1951年4月23日，河南省人民政府发布《河南省人民政府关于土改留用土地的决定》，① 郑州市根据这一指示以及近期市政建设需要，留用了一部分土地，并规定了用途。

留用土地及用途为：1. 国营农场：需地300亩。2. 苗圃：需地320亩。3. 公墓：需地30亩。4. 公用：需地430亩。5. 广场及体育场：需地900亩。6. 行政区：需地5250亩。7. 新商业区：需地750亩。8. 工业区内留地作公营工厂用，需地170亩。9. 仓库区：需地750亩。10. 金水河沿岸绿地：需地950亩。11. 道路用地：共8项计拟留用土地1706亩。其中：（1）通新省府大道，用地87亩。（2）铭功路自解放路起，至南阳车站，用地450亩。（3）二里岗货栈至东关大道，用地81亩。（4）金水河北岸大道，东经省府大道，西经郑县县府以南至修配厂连接洛阳大道，需地273亩。（5）陇海路以北500米处工业区东西干道1条，用地150亩。（6）通洛阳公路，用地180亩。（7）在陇海路以南、以北各修南北方向10条路，用地130亩。（8）自河南省机械厂南岔道起至京汉路止，用地355亩。② 后又增加学校区需地1100亩，具体为：北关外以东，金水河以南，旧城壕以北，需地300亩。行政区以东，金水河以北，需地200亩。官虎屯以北，机器窑地留作苗圃用地，需地300亩。园艺场以西，需地300亩。以上土地用以增加学校区用地；郑州市土改期间共留用土地13946亩。③

在土改时期留用土地为郑州市以后的市政建设作了必要准备。同时这次留用土地的一个典型特点是留用了河南省府的预备土地，如在规划道路时，"通新省府大道，用地87亩"，"金水河北岸大道，东经省府大道，西经郑县县府以南至修配厂连接洛阳大道，需地273亩"。在规

---

① 《河南省人民政府关于土改留用土地的决定》，《河南政报》1951年第4期。
② 《土改时市政建设留用土地意见》，1951年，郑州市档案馆藏，档号：179-247。
③ 《增加留用土地意见》，1951年，郑州市档案馆藏，档号：179-247。

划用途时有两次都提到了新省府大道,可见河南省委省政府领导最早在1951年4月土改期间即有意把郑州市规划为未来的河南新省会。

(二)郑州市建设征地

1951—1952年为郑州经济恢复期,两年城市建设征用土地18775.9亩,其中工厂用地3986.6亩,仓库用地1184.9亩,交通道路用地2637.9亩,住宅用地436.9亩,办公营业用地5497.4亩,学校用地696.8亩,其他用地4335.4亩。1953年2月,即自郑州被确定为河南省省会的建设任务开始后,郑州的建设用地进入高速发展期。郑州市由于地理位置适中,交通发达,资源丰富,被国家确定为重点建设城市之一。5年间,国家在郑州市的基建投资达5.41亿元。1956年,郑州市城市建设用地19175亩,创历史用地数量最高纪录。1948—1956年8年间,郑州已建成或正在建设的有郑州国棉一厂、三厂、四厂、五厂、六厂、郑州热电厂、纺织机械厂、变压器厂等141个工业企业,还兴建了一些大、中专学校,如郑州大学、郑州纺织工业学校、郑州机器制造学校等43所。到1956年底,市区面积已发展到39平方公里。① 我们从下面这个表格可以看出新中国建立初期1951—1957年间郑州市征地的使用情况。

表2-3　郑州市城市建设用地情况一览表(1951—1957年)②　　单位:亩

年份\内容	合计	工厂	仓库	交通道路	住宅	办公营业	学校	其他
1951年	5263.9	2881.9	628.6	688.9	238.3	366.2	280.5	179.5
1952年	13512.0	1104.7	556.3	1949	198.6	5131.2	416.3	4155.9
1953年	7041.7	1051.7	406.2	2414.7	656.9	649.9	1233.9	628.4
1954年	4673.7	1566.9	284.3	1070.1	127.2	641.4	407.6	576.2
1955年	8064.3	1891.1	389.1	1533.6	653	783.2	881.3	1933
1956年	19175	2729	1270.1	4424.1	2901.5	1984	3044.3	2822
1957年	6678.2	878.8	191.3	752.7	743.4	883.5	1245.9	1982.6

---

① 郑州市地方史志编纂委员会:《郑州市志》第3分册,中州古籍出版社1997年版,第164页。

② 同上书,第173页。

由表2-3可知：征地最多的年份分别是1952年和1956年，1952年郑州市征地达到13512.0亩，其中办公营业征地5131.2亩，这显然是1952年郑州市被确定为河南省会，需要建设河南省直机关办公建筑的原因所致。1956年征地达到19175亩，其中学校征地3044.3亩，住宅用地达到2901.5亩，道路用地达到4424.1亩，这是由于1956年郑州市兴建了一大批大中专学校，同时加强了城市基础设施建设以及职工宿舍建设。

二 郑州市土地征用相关政策及调整

随着郑州市城市基本建设的进行，征地成为一项经常性的工作，因此为了规范征地，减少征地中的矛盾，郑州市结合国家有关法规形成了一系列征地的办法与制度。

（一）征地办法

1948年，郑州解放。建设用地管理仍沿袭解放前的买卖和租赁办法。1951年郑州市政府颁布《郑州市公私建设使用公有土地暂行办法》，其中规定：国防或公共建筑、建筑使用公有土地采用划拨方式，概不收取皮租。国营企业或私人建设使用土地，采用租赁方式，免租2年，第3年开始计租，年租最高不超过标准地价的5%，其中公益事业可酌情减免。地面的附属物、农作物、水井、建筑物等酌情补偿。凡使用公有土地建设，均需将建设计划及所征用土地之地址、地界、亩数绘出详图，送经郑州市人民政府地政机关审查批准后，执行划拨或租赁之公有土地，使用期满或中途停止使用时，均需缴回，不得转租转让。与此同时颁布的还有《郑州市公共建设使用私有土地暂行办法》，其中规定：为发展城市建设，并尊重私有土地所有权，国家建设使用私有土地时，政府予以征购、征用或以公有土地交换，其地面附属物予以征购或无征购必要时，所有人予以拆迁，不愿拆迁者酌情补偿。凡使用私有土地均须拟具有土地使用情况说明书，注明占地位置、数量和被占地人的家庭经济状况，报市政府审查批准后执行。私人建设使用私有土地时，通过市房地产公司进行协商，按市场价格买卖或签约租赁。

1952年，郑州市政府重新公布市区土地价格为10级，每亩50—185万元（旧币），每个级差为15万元，从而为建设用地确定了统一标准。同年郑州市建委设土地科，负责建设用地的丈量、定界和补偿工作，并协调建设单位与被占地农民的矛盾，建设项目的规划、审查、选址定点以及土地划拨，由郑州市建设局负责。

1953年2月，河南省政府迁郑建设开始，郑州的建设用地进入高速发展期，在此期间经河南省政府批准，郑州市政府颁布了《郑州市关于城市建设拆迁建筑物补助办法草案》，这为解决建设用地拆迁问题提供了政策依据，加快了征地进度。至1955年底，共征地3.4万亩，年平均达8千多亩，其中1952年征地13512亩，省委、省政府、省军区用地约占69%。[1]

（二）征地审批权限

中华人民共和国成立以后，1953年11月5日，政务院颁布《关于国家建设征用土地办法》，规定：用地不足1000亩，或迁移居民不足50户者，由县人民政府批准；用地不足5000亩，而在1000亩以上者，或迁移居民不足300户，而在50户以上者，由省（市）人民政府批准；用地在5000亩以上，或迁移居民300户以上者，由大行政区行政委员会批准（大行政区撤销后，改由省（市）人民政府核准），并报中央内务部备案。[2] 郑州市执行县级政府的审批权限，即负责审批用地不足1000亩，移民不足50户者。

1954年9月，郑州市执行河南省《关于国家建设用地具体实施办法》，用地不足800亩，而在400亩以上者，或迁移居民不足20—50户者，由郑州市政府批准，报河南省政府备案；用地不足400亩或移民不足20户者，由县人民政府批准。1957年10月18日，国务院全体会议

---

[1] 郑州市地方史志编纂委员会：《郑州市志》第3分册，中州古籍出版社1997年版，第167—168页。

[2] 同上书，第159页。

第58次会议对《国家建设征用土地办法》进行了修正,并于1958年1月6日公布施行。在修正后的《国家建设征用土地办法》中规定,征用土地,须由有权批准本项建设工程初步设计的机关负责批准用地的数量,然后由用地单位向土地所在地的省级人民委员会申请一次或数次核拨,建设工程用地在300亩以下和迁移居民在30户以下的,可以向土地所在地的县级人民委员会申请核拨。①

（三）征地补偿

1948年郑州解放,征用土地补偿费仍依据1948年郑县公布地价,在有关部门主持下,由征地单位同被征地单位协商酌情补偿,1952年,郑州市规定每亩地补偿标准分为：44元、50元、56元、62元、68元、72元、76元、80元等。

1954年郑州市执行河南省《国家建设征用土地具体实施办法》,土地补偿与补助费按一般土地最近3—5年的实际产量总值为标准。但征用时,实际产量如低于常年产量时,也可按照常年产量计算。1956年,按当时市场价格每亩最高补偿不超过300元。一般1—5等好水浇地,每亩单价在200—250元；6—9等好旱滩地,每亩单价在160—190元；10—16等平坦岭地和一般水浇地,每亩单价在140—150元；17—20等一般岭地和好山地,每亩单价在100—130元；21—26等的坏岭地和山地,每亩单价80—100元；宅基地按6—9等的好滩地和一般水浇地每亩单价160—190元；经济作物地（棉花、花生、大豆等）,按等级每亩增加20元。青苗补偿费,能缓至庄稼成熟后,予以收割收获者,不予补偿；不能缓至收割收获者,幼苗按施肥、种子等作价赔偿；即将成熟之禾苗,按实产折扣计算赔偿。树木、房产、水井、坟墓等,各县、区都有一些具体的规定。具体地价和附属物的拆迁补偿,由用地单位协同被征地单位进行协商确定。②

---

① 郑州市地方史志编纂委员会：《郑州市志》第3分册,中州古籍出版社1997年版,第159页。

② 同上书,第171页。

(四) 征地实施中的问题及相关调整

随着郑州市建设规模的不断扩大，政府不断征购土地，对农民思想上、生产上、生活上都产生了显著的影响。因此，这就需要有计划地组织离开土地的农民转业生产，使他们的生活不受影响；并安抚其他农民的生产情绪，以巩固工农联盟，使其进一步参加和支援国家建设。

为此，郑州市财委基本建设处根据郑州市委指示，于1953年9月8日至10日召开了有郑州市各基本建设单位代表及郊区各乡农民代表参加的基本建设使用农民土地专业会议。郑州市副市长王均智等参加了这次会议。会议开始后郑州市基建处处长王仁德在会上作了《关于本市基建单位和郊区农民关系的调查报告》。他在指出了本市基本建设对于农民思想、生活上的积极影响（如加强了他们对国家工业化的信心，参加了工地工作，生活得到了保证或改善等。）后，指出在征购土地中由于工作不深入、宣传政策上不够、处理问题不及时，对农民也带来了若干消极影响，如有些农民不安心农业生产，在生活上也产生了一些浪费现象。同时，目前也存在着一些必须解决的迫切问题，如离开土地的农民转为工地、工厂工人问题，改变目前征购土地中的盲目性问题，基本建设对农业生产的影响（如运输材料踏坏青苗，基建单位截断了排水沟道等）问题，以及工地工人与农民在生活上的关系问题等。最后，他就如何解决以上问题，提出了一系列初步处理意见。各与会代表对这一报告作了深入的讨论。在大会发言中，到会各基建单位代表与农民代表都本着自我批评与相互谅解的精神，检查了工作中的缺点，并提出了一些改进办法。会议最后由王仁德处长作总结。他总结这次会议的主要成就是：代表们在讨论中进一步达成了互相谅解，明确了只有巩固工农联盟，才能搞好国家建设，农民代表们明确了基本建设的重要性和不能放松农业生产的道理；通过讨论，代表们帮助领导发现了基本建设单位与农民关系方面的一些重要问题，并在互相谅解的基础上使这些问题得到了解决；通过讨论，代表们提出了今后组织农业生产的一些具体办法。在组织离开土地的农民转业生产和安抚情绪方面，王仁德提出：要树立整体观念，今后如需要让出土地，农民仍应安心生产，应节约使用土地，遵照政策办理征地，领导上要采取一些办法来解决离开土地的农民生活问题，如政府、合作社协助农民转业生产，给他们以先进厂工作的机会，介绍条件适合的农民进入工厂工作，组织副业生产等。① 这次会议及时总结了征地工作中的经验教训，改进了工作方法，并与农民代表进行了沟通，减少了征地工作中的矛盾，起到了良好的效果。

由于改进了工作方法，建设国棉三厂土地征购工作进行得就比较顺利。国棉三厂征地工作是由郑州市建设委员会和工地党委会等单位组成的工作组进行的。工作组首先集中干部，学习了政务院关于国家建设征用土地办法等文件，武装了干部的思想；然后挨门挨户摸情况，妥善处理了建设国棉一厂的遗留问题，对损坏农民的树木和庄稼苗，作了赔偿。同时工作组协同地方干部，培养积极分子，进一步发动了群众。被征用土地的牛寨是回民聚居区，工作组特别邀请回族自治区及回联的负责人，给回民作动员报告，大大激发了群众的爱国热情，完成了土地征购工作。被征用土地农民的生活和居住问题，适当获得了解决。如根据郑州市公私建设使用国有土地暂行办法规定："需用土地者于拨用或租用后所设工厂或经营其他企业，对于被征用失去土地而有劳动力的农民及其家属等，应优先录用入厂工作或担任其他工作"。② 牛寨有156名农民被吸收为正式工或临时工。土地发价工作，也已基本完成。③

三 郑州市征地使用情况及其存在的问题

在"一五"期间，随着郑州市建设的快速发展，土地被大量征用，但在土地征用的过程中，也出现了一些浪费土地资源的现象。如表2-4：

---

① 《巩固工农联盟，完成国家建设任务——本市召开基本建设使用农民土地专业会议》，《郑州日报》1953年9月13日第1版。

② 《郑州市公私建设使用国有土地暂行办法规定》，1953年，郑州市档案馆藏，档号：179-247。

③ 《国棉三厂土地征购工作基本完成》，《郑州日报》1954年3月17日第1版。

表 2-4　第一个五年计划期间基本建设用地的利用情况调查综合表①

单位：平方米

事业种类	自建设起至1957年底止已征用的土地面积		自建设起至1957年底止已利用的土地面积		自建设起至1957年底止已退还的土地面积	
	合计	其中：耕地面积	合计	其中：耕地面积	合计	其中：耕地面积
总计	40527628	37991498	36436295	34604140	993752	929400
一、工业建设	8814551	7985127	7193323	6498906	278029	233110
二、手工业建设	227271	191528	197569	161826	4484	4484
三、农业建设	3410770	2958915	3397316	2945461	13334	13334
四、水利建设	5641646	5641646	5608774	5608774	5000	5000
五、交通运输建设	2615299	2575856	2417015	2377572	—	—
六、文教卫生建设	6368542	5945194	5468339	5065760	437687	437687
七、商业及贸易建设	1797835	1510369	1189373	1434458	44447	29032
八、建筑业建设	849365	825118	690480	665833	567	567
九、市政建设	3746437	3666432	3675370	3595365	71067	71067
十、行政建设	3157361	3075395	3058590	2976624	58311	58311
十一、其他	3898551	3615918	3540146	3273561	80826	76808

注：1. 建设起至1957年年底止已利用的土地面积中房屋建筑占用的土地面积为7405733平方米。2. 1957年年底全市共有耕地面积62003公顷。

郑州市第一个五年计划期间，基本建设共征用土地40527628平方米（折合60791亩）；实际利用土地36436295平方米（折合54654亩），征而未用的土地面积359万平方米（折合5385亩）；其中已退还农民暂时耕种的土地为993752平方米（折合1491亩）；此外，尚有260万平方米（约折合3900亩）土地征而未用，但也没有将其退给农民暂时耕种，这些土地暂时荒芜。下面我们看郑州市征用土地的具体浪费情况：

从第一个五年计划期间各系统征购、利用、浪费土地情况来看，以建筑、工业、文教卫生等系统浪费土地较为严重，建筑业系

---

① 《第一个五年计划期间基本建设用地的利用情况调查综合表》，1958年，郑州市档案馆藏，档号：39-150。

统早征晚用，征而不用的土地面积有 16 万平方米，占本系统征购面积的 18.58%，工业系统为 136 万平方米，占本系统征购面积的 15.58%；文教卫生系统为 46 万平方米，占本系统征购面积的 7.28%。从分别单位来看，郑州市浪费土地较为严重的单位有：郑州热电厂征购土地 14 万平方米，占本单位征购土地面积的 27.78%；油脂化学厂早征晚用的土地 15 万平方米，占本单位征购土地面积的 56.36%；郑州木器厂征而不用的土地 13 万平方米，占本单位征购土地面积的 46.98%；郑州纺织机械厂早征晚用的土地 11 万平方米，占本单位征购土地面积的 30.94%；矿山机械厂早征晚用和征而不用的土地 30 万平方米，占本单位征购土地面积的 87.64%；中南四公司征而不用的土地 7 万平方米，占单位征购面积的 76.39%；河南省水电公司征而不用的土地面积 2 万平方米，占本单位征购土地面积的 37.28%；海军学校征而不用的土地面积 4 万平方米，占本单位征购土地面积的 15.15%；郑州大学征而不用的土地 8 万平方米，占本单位征购土地面积的 25.18%。[①]

此外，在已利用的土地面积中仍有部分利用得不够合理，突出的是：建筑密度低于上级规定的定额。如表 2-5：

表 2-5　　　　　郑州市房屋建筑物建筑密度情况表[②]

	上级规定房屋建筑物的建筑密度（%）	五年内房屋建筑物实际建筑密度（%）	实际建筑物与上级规定标准的差额
总计		21.23	
1. 工业建设	25.0	21.91	-3.09
2. 手工业建设	25.0	22.66	-2.34
3. 农业建设		8.35	

---

① 《郑州市第一个五年计划期间基建征用土地情况分析》，1958 年，郑州市档案馆藏，档号：39-45。

② 同上。

续表

	上级规定房屋建筑物的建筑密度（%）	五年内房屋建筑物实际建筑密度（%）	实际建筑物与上级规定标准的差额
4. 水利建设		2.1	
5. 交通运输建设		10.75	
6. 文教卫生建设	25.0	13.45	-11.55
7. 商业贸易建设	30	19.75	-10.25
8. 建筑业建设		22.57	
9. 市政建设		81.14	
10. 行政机关建设	30	19.95	-10.05
11. 其他建设		22.22	

注：1. 市政建设实际建筑密度较高，是因计算道路占用土地面积时，按实有道路占地面积计算的。2. 农业、水利、交通运输由于建设性质和用途不同，故建筑密度较低。从单位上看，房屋建筑物利用土地面积比重差的有（也就是建筑密度小）：煤田地质学校占9.1%，郑州电力学校占9.3%，郑州师专占7.8%，省委占9.1%，海军学校占8.5%。

造成土地征用浪费现象的主要原因是：

1. 宽打窄用：有些建筑单位在征用土地时，出现了情愿多征、不愿少征、不怕用不完、只怕不够用的思想。如郑州木器厂原先申请征用土地58万平方米，郑州市建委仅拨给26万平方米，但是该厂最后仅用去14万平方米，占建委拨地面积的53.85%，占原申请征用土地的24.14%，目前尚有12万平方米没有利用；大专学校、中等专业技术学校和各级干部学校都要专设篮球场、排球场、足球场和约四五米的跑道，这是文教系统浪费土地的重要原因，如郑州电校的一个体育场就占了33万平方米。

2. 建设单位任务缩减、变更与推迟造成土地浪费。如郑州热电厂原计划要用51万平方米土地，但后来由于任务的变更，就多余了14万平方米没有使用的土地，但它们未得到及时处理，因而造成了浪费。

3. 划拨土地部门及投资单位没有严格按照需要分期进行划拨与征购。如矿山机械厂、纺织机械厂、油脂化学厂等单位由于没有按照实际需要分期征用土地的精神去征购土地，共造成早征晚用土地56万平方米（折合831市亩）。几年来新建的大部分机关，都把办公楼与宿舍连在一起，划在一个圆圈，不是正方形就是长方形的，导致别的建筑物很难插进去，因此，土地面积就不能充分利用。①

由于以上各种原因，郑州在第一个五年计划期间多征或早征了一些土地，特别是耕地，在资金利用和农业生产上造成了不少浪费，并造成了一些土地的荒芜和浪费。虽然当时的一些导致浪费土地的原因在今天看来有其合理性，如"大专学校、中等专业技术学校和各级干部学校都要专设篮球场、排球场、足球场和约四五米的跑道"，这只是当时的认识局限所造成的。但从总体上说，郑州市在"一五"计划时期出现多征土地的浪费现象也是存在的，并且还是较严重的。这也是我们今天在建设中所要注意的问题，即既要考虑到建设单位的当前建设与长远发展需要，又要科学合理征用土地，坚决反对土地闲置，浪费资源。

第五节 省内外积极支援新省会建设

在计划经济体制下，由于郑州市被确定为河南省新省会，且被确定为重点建设城市，在行政力量的作用下，郑州市的基本建设得到了省内外的积极支援，从而在短期内迅速集聚起巨大的人力、物力、财力，在很短的时间内获得了快速的发展。

一 郑州市各界的大力支援

郑州市被确定为河南省省会后，国家以及河南省地方政府对郑州投资巨大，基本建设如火如荼地开展，城市面貌日新月异，这些都极大地鼓舞了郑州市各界积极支援其基本建设，政府、企业和普通民众都显示了极大的热情。

(一) 政府层面

在建设郑州电厂的过程中，郑州市委书记赵武成、工业部部长李亭和市长宋致和、副市长王均智等，经常深入工地检查、指导郑州电厂的

---

① 《郑州市第一个五年计划期间基建征用土地情况分析》，1958 年，郑州市档案馆藏，档号：39 – 45。

基本建设工作。郑州市各部门干部也热烈响应郑州市委和市人民政府的号召，从各方面支援郑州电厂的基本建设。郑州市人民政府劳动局专门派了干部，负责给郑州电厂工地及时调配劳动力。① 在建设国营郑州第一棉纺厂的过程中，郑州市委、市人民政府为了争取提前完成基本建设任务，早日进行生产，当工人进行冬训时，郑州市委就抽调大批干部帮助工作，当厂址占用农民的土地时，郑州市人民政府、郊区人民政府就派干部帮助基建单位顺利完成农民搬家、发地价等工作。② 1953—1954年，郑州市人民政府有关部门大力支援基本建设，取得了很大成绩。一年来，郑州市有53个基本建设单位先后开工，郑州市城市建设委员会积极工作，划拨土地，保证了各单位的按期施工。建设委员会测量组改进了工作方法，先行测量土地，改变了过去工作中的某些被动现象。郑州市劳动力统一调配处一年来本着重点调配精神，首先满足了三六三、国棉一厂、省府三个工地对劳动力的需求，据统计，1953年调配处调出的工人，在工地工作者平均每天就有7000多人。郑州市建设局为了便利重点工地的物资运输，修建了通往三六三以及国棉一厂两工地的两条大道，这两条大道的投资额占郑州市全部马路建筑投资额的47%。③

（二）企业、商业服务业、科研院所及医疗机构层面

在郑州市的基本建设过程中，企业、商业服务业、科研院所及医疗机构层面也表现出了极大的热情来积极支援郑州市的基本建设。

在企业层面，中国煤业器材郑州支公司和中国工业器材公司郑州分公司，经常派干部和各建筑单位联系，及时供应工程所需用的各种器材。此外，中国人民银行郑州支行干部经常到工地给职工办理存款、汇兑手续。④ 郑州市交通银行为了大力支援基本建设，1953年建立了专柜

---

① 《郑州市党政机关和各界人民积极支援郑州电厂的基本建设》，《河南日报》1953年2月5日第1版。
② 同上。
③ 《市人民政府有关部门及各企业单位 一年来踊跃支援基本建设》，《郑州日报》1954年1月5日第2版。
④ 《郑州市党政机关和各界人民积极支援郑州电厂的基本建设》，《河南日报》1953年2月5日第1版。

付款的办法，简化了专款手续，先后往三六三、国棉一厂、省府等工地派出了工作组，实行了重点现场审核支票的办法，给工地工作以很大的方便；另外，还组织了对重点工地财务、材料工作的12次检查，及时协助工地改进了财务、材料工作。河南省建筑工程局所属兴华、中原、荥阳、孝义4个砖瓦窑厂，1953年共为各工地生产了机砖617万块，机瓦602万余块（不完全统计）。1953—1954年，郑州市搬运公司用在支援基本建设方面的运输力量占70%，公司所有的29辆汽车全部为运输基建物资服务。公司领导向工人进行了"一斤石子，一斤面"的爱护国家资财的教育，工人们努力改进运输工作，大大降低了材料的损耗率。五金机械公司为了做好五金建筑器材的供应工作，1953年一年曾派专人到各工地与厂、矿进行联系，据截至1953年12月24日的统计，1953年五金机械公司对各基建单位供应器材的数量，等于全年售货量的24.65%。①

在商业服务业层面，在建设国棉一厂过程中，由于这个工地距郑州市区远，工人买东西不方便，建筑工人合作社就准备了日用品，到工地上供应工人们的需要。② 郑州市国营食品公司不断扩大商品品种，加强对工地、工厂、机关、团体和市民群众的副食品供应工作。该公司自1954年6月16日正式成立以来，首先积极派出采购人员分赴沪、汉等地和河南省各地组织货源。对于消费量较大的肉类和干菜类，该公司有计划地组织合理供应。据1954年6月份不完全统计，该公司已供应了各工地、工厂等单位各种肉类6万多斤，供应了海带、黄花菜等18000多斤，各种肉类、水果罐头500多桶。公司已经增添了各类食品70多种，7月初又从上海大量运来了水果糖、炼乳、奶粉、火腿，从徐州购进各种咸鱼。为了具体贯彻"为生产建设服务、为劳动人民服务、为省会服务"的方针，该公司已经着手在国棉一厂和国棉三厂工地与省府工

---

① 《市人民政府有关部门及各企业单位 一年来踊跃支援基本建设》，《郑州日报》1954年1月5日第2版。
② 《本市各界人民大力支援郑州国棉一厂建厂工作》，《郑州日报》1953年4月29日第2版。

地分别设立副食品门市部，加强工地、工厂的副食品供应。① 郑州市合作总社经理部为了保证对工地的商品供应，新到的货物都首先供应工地合作社，1953年冬季时该经理部还保证了对工地职工的棉鞋供应。1953—1954年一年来，该社供应各工地合作社的各种商品均占每种商品总供应量的20％。郑州市邮电局为了便利职工写信汇款，1953年在三六三、国棉一厂、省府、文化区等工地分别设立了工作点。② 新华书店郑州分店的工作人员也经常到工地售卖职工喜爱的"工程手册"和连环图书。③

在科研院所层面，在建设过程中工厂的厂房和高楼大厦，必须建筑在坚实的土地上，这就要进行土壤的分析研究工作，若把这些建筑物建筑在流沙层上，那就有坍塌的危险。黄委会泥沙研究所为了支援基本建设，使各种建筑物不致遭到地基下陷的危险，特在本单位的繁忙工作外，热情地接受了各基建单位的委托，代替他们做土壤的分析研究工作。如国营郑州纺织机械厂、国营郑州面粉厂、省府工地等，都得到了黄委会泥沙研究所的支持。④

医疗机构层面，一些医疗机构改变了工作作风，主动出诊为建筑工人服务。河南省直工地省建公司第四工程处诊疗室的工作人员，以前不下现场，在屋里坐等病人，并且上下班时间和工人一样，职工看病很不方便，在大规模建设的影响下，他们检查了以往的缺点，从1954年4月初起深入现场看病，这样，轻微创伤和普通疾病，都能得到及时治疗。诊疗室还改变了上下班时间，从早上6时到下午6时，都进行诊疗，便利了职工看病。⑤

---

① 《食品公司加强副食品供应》，《郑州日报》1954年7月15日第2版。
② 《市人民政府有关部门及各企业单位 一年来踊跃支援基本建设》，《郑州日报》1954年1月5日第2版。
③ 《郑州市党政机关和各界人民积极支援郑州电厂的基本建设》，《河南日报》1953年2月5日第1版。
④ 《黄委会泥沙研究所 支援基本建设工作有成就》，《郑州日报》1954年4月24日第2版。
⑤ 《第四工程处医务人员下现场》，《郑州日报》1954年6月2日第3版。

（三）民众层面

郑州市人民群众对基本建设的支持，首先表现在精神方面，即给建设者们以极大的精神安慰与鼓舞，这些精神的力量鼓舞着他们忘我地劳动。全市人民为了支援在三六三工地上工作的人们，连日来送去了一批批的慰问品与慰问信，艺人、学生还在工地上进行了慰问演出，这就鼓舞了工人更积极地工作。郑州电厂职工家属队，到工地上给工人拆洗被服，全队22人，在半天内拆洗被服200多件。全市人民写的大批慰问信，都对三六三工地工人春节不回家、坚持施工的行为，表示崇高的敬意，并决心向他们学习。市工程公司冬训班泥工第五组在慰问信上写着："同志们！我们立功的时候到了，你们是我们的榜样，我们一定在建设上做出更大的成绩来。"合作社面粉厂的工人也来工地表示，要生产好面粉叫工地的工人们吃。①

工人们在郑州市的基本建设中努力劳动，表现出了极大的劳动热情。搬运工人日夜不停地把建筑材料运进现场。搬运工王福有已有50多岁，有时候连饭也顾不上吃，只拿个馒头走着吃着，他说："早点把材料运来早开工，我们的生活也就更好些。"鸿丰五金号的店员也推着三轮车冒着风沙，把五金器材运到工地。②国营郑州纺织机械厂的职工们保证：工地安装机器时需要什么配件，他们一定在完成国家规定的生产任务之外，及时制造出来。③退休工人也积极发挥余热，为郑州市的基本建设尽心尽力。退休工人王凤池在清代宣统年间就修铁路，风里雨里，奔走在洛阳、潼关至咸阳的铁路上，几十年来积累了丰富的修路经验。到国家在郑州市开始有计划的经济建设时，他已经鬓发皆白，退休6年了。他的住处离建设工地很近，他只要一抬头，就能够看见刚刚建设起来的国棉一厂，汽车、马车、架子车又在运料建设国棉三厂。但因

---

① 《全市人民热情支援慰问　大大鼓舞了三六三工地工人》，《郑州日报》1953年2月13日第1版。
② 《本市各界人民大力支援郑州国棉一厂建厂工作》，《郑州日报》1953年4月29日第2版。
③ 《郑州市党政机关和各界人民积极支援郑州电厂的基本建设》，《河南日报》1953年2月5日第1版。

年事已高，王凤池苦于没机会参加建设。有一天，老朋友黄森林找到了他，说建设国棉三厂，需要铺设轻便轨道，但工地上缺这样的人才，便想请他去帮忙。王凤池马上站起来说："老黄同志，咱们去吧！"有机会把自己的技术拿出来帮助国家建设，他高兴极了，只想着怎么能让一些青年人，学会自己的本领。一个多月的时间里，王凤池领导着一批临时工，修好了绕国棉三厂一周半的轻便轨道，修好了6个通往主厂房和各车间的岔道。当工人都领到工资，领导派人把工资送到王凤池家里，王凤池看到这些钞票时，他很不好意思地说："有毛主席的好领导，我两个儿子一个是铁路职工，一个儿子是公安干部，日子很好过，要钱干什么？国家在建设，我有这点本事还能不拿出来？"第二天，他又把这卷钞票原封不动地送还领导。①

郑州市的郊区农民也行动起来，积极支援郑州市的基本建设工作。在建设郑州电厂过程中，由于郑州市新建电厂与贾鲁河西岸某庄隔河相对，因而该电厂在建设中得到了某庄农民的大力支援，"1952年7、8月里三六三电厂一开始盖房，不要说年青人，（某庄）连60岁的臧德武也跟着下啦。这个满脸皱纹的瘦老头，在支援建设中却不服老，他扛起大木头来就想跑，领导同志笑嘻嘻的望着他说：这老头干得铁着哩！（某庄人）有的从河边上往工地担水，光着脚、挽着腿，忙碌不停。臧德房在担水中累病了。现在没好清，他就盼望着到工地去工作。从钻探、盖房、开工直到现在，某庄的农民在三六三工地从不间断。他们早上到河那沿去做工，晚上回到庄上来休息。"② 由郑州电厂工地连接某车站的一条长达7里多的铁路岔道，就是在郑州铁路局职工和郑州市郊区农民的帮助下迅速修成的。兴隆铺等3个乡1000多农民在修建路基时，提出了"早通一天车，早发一天电"的口号展开竞赛，他们在5天中就完成了7天的工作计划。③ 在建设郑州市国棉一厂的过程中，

---

① 《退休工人王凤池支援基本建设》，《郑州日报》1954年4月16日第2版。
② 《某庄农民支援基本建设》，《郑州日报》1953年4月19日第1版。
③ 《郑州市党政机关和各界人民积极支援郑州电厂的基本建设》，《河南日报》1953年2月5日第1版。

"郊区农民为了早日把厂建好,为工地争做各种工作,仅参加打井的就有 80 人,打井 12 眼。朱东明小组知道马上要用水,就加劲干,原计划打个井要 17 个工见水,结果只用 11 个工就见水了。有不少青年妇女们和男子一样,上在木器垛上剁木材。"①

二 郑州市群众积极为城市建设筹集资金

郑州市群众积极为城市建设筹集资金,其中一个重要的表现就是积极踊跃购买国家经济建设公债。国家经济建设公债是中华人民共和国中央人民政府出于加速我国经济建设,逐步提高广大人民群众物质和文化生活水平的需要,从 1954 年开始面向国内发行的公债。1953 年 11 月 30 日,中国人民政治协商会议全国委员会常务委员会第五十一次扩大会议举行。中央人民政府政务院副总理兼财政部部长邓小平在会上作了关于发行 1954 年国家经济建设公债问题的报告。报告首先就发行这次公债的必要性做了说明。报告指出:目前正当国家进入大规模建设时期,国家预算的收入部分,除了绝大部分依靠税收和国营企业利润两项以外,公债也是其中的一项。根据苏联的经验,发行公债是筹集社会主义工业化资金的重要的和经常的方法之一,因此,这次公债的发行有它更重要的意义。报告接着进一步分析说明了这次发行的公债是完全符合公私两利的。在城市和农村中,由于几年来生产建设的发展,人民生活逐步得到改善,收入有节余,加以经过抗美援朝和各种社会改革运动,人民的政治觉悟大大提高,因此这次公债的分配数额,一定能够胜利完成,而且还可能超额完成。② 1953 年 12 月 10 日,中央人民政府政务院发布《关于发行一九五四年国家经济建设公债的指示》,规定 1954 年公债定名为"一九五四年国家经济建设公债",自 1954 年 1 月起,开始推销、认购和收款,到 11 月底结束。③

---

① 《本市各界人民大力支援郑州国棉一厂建厂工作》,《郑州日报》1953 年 4 月 29 日第 2 版。
② 《政协全国委员会举行扩大会议,讨论发行建设公债问题》,《人民日报》1953 年 12 月 8 日第 1 版。
③ 《中央人民政府政务院 关于发行一九五四年国家经济建设公债的指示》,《人民日报》1953 年 12 月 10 日第 1 版。

由于"'一五'计划时期，河南开始全面建立计划管理，高度集中统一的计划体制逐步形成并有很大的发展。对国营经济实行'统一计划、分级管理'的原则，对整个经济实行直接计划与间接计划相结合的计划制度，绝大部分资金集中在中央，基本建设项目中绝大部分直属中央各工业部门管理，少数地方建设项目由省安排，国营工业企业的建设、生产和物资调配形成以中央主管各部管理为主的计划管理体制。"① 由于郑州市的绝大部分建设项目属于中央投资项目，因此郑州市民的购买热情十分高涨。

自1954年1月1日国家建设公债发行到1954年1月30日。郑州市国家经济建设公债推销委员会所属机关贸易、学校、基建三个分会，超额完成当年的认购公债任务，工厂分会也即将超额完成，铁路分局的职工正在热烈认购中。已经认购公债的不少单位和个人，并能做到提前缴款。机关贸易分会原预计认购四亿九千九百二十万元（为人民币旧币，以下同），实际完成了十五亿五千零七十三万元，等于计划数额的三倍强。学校分会预计认购数额是一亿七千五百四十万元，结果完成了六亿九千一百五十二万元（尚有三个学校，没统计在内）。基建分会预计认购数是六亿六千七百八十六万元，仅据分会所属6个大的单位的不完全统计，认购数字已达八亿七千八百二十九万元。在认购公债后，不少单位和个人都做到提前缴款。郑州市花纱布公司的职工认购数是二千二百四十万元，预计在元月份缴款九百四十五万元，其余的也要在五月份前全部缴清。郑州市银行职工预计在元月份缴款一千四百三十五万元，在1月28日前已缴到银行一千四百二十万元。纺织机械厂工人黄文秀认购了二十万元，原计划是三个月缴完款，但她后来进一步认识到了提前缴款和加速国家工业化的意义，就把银行储蓄的钱取出来二

---

① 河南省地方史志办公室编纂：《河南省志》第49卷，河南人民出版社1995年版，第37页。

十万元一次缴清了。①

郑州市群众在短短的一个月时间里就超额完成或即将超额完成国家经济建设公债的认购任务，认购公债后，不少单位和个人都做到提前缴款，充分显示了郑州市民众对本市基本建设的积极支持和高涨热情。

三 来自省内外的支援

不仅郑州市各界积极支援新省会建设，郑州市的建设还得到了来自省内外的人力、物力支援。

首先，来自省内外的物力支援，在郑州市的工业建设中发挥了巨大作用。省外的支援有天津、唐山和华中钢铁公司的钢筋，广州和湖北的水泥，东北、湖南的红松和杉木，这些支援在极大的程度上保证了郑州市各新建工厂厂房建筑工程的进行。仅据郑州国棉一厂和国棉三厂两个厂的统计，上述这些地区供应的钢筋即达 4215 吨，水泥 27781 吨，木材 69000 多立方米；各地机械制造厂和电工器材厂等工厂，也给郑州市新建工厂生产了大量机器装备。天津地方国营第三机械厂给郑州市派来了 10 多名工程技术干部，按照国营郑州油厂的要求绘制图样，以便制造和供应该厂需要的榨油机，他们将在短时间内努力完成机器全部机件的图样 2000 张。郑州国棉三厂所需要的 10 万纱锭、3 万线锭和 2500 台织布机，全部是由全国各地的纺织机械厂制造的。该厂将来装设暖气和打井用的钢管，由鞍钢无缝钢管厂供给。其他如郑州国棉一厂所用的锅炉，是由鞍山铆造厂制造的；而配电盘及其他电器则是湘潭中南电工厂和上海、东北等地电工厂的产品。河南省内的支援主要来自滑县、遂平和新乡等地，它们为郑州市的基本建设提供了大量的砖、瓦、灰、砂、石等建筑材料；在正常的情况下，由遂平运往郑州市的粗砂，其数量每

---

① 《本市基建、机关贸易、学校等公债推销分会超额完成认购建设公债任务》，《郑州日报》1954 年 1 月 30 日第 1 版。

月可达到 1000 个火车皮。① 可见，省内外的物力支援是郑州市的工业建设得以顺利进行的重要物质保障。

省内外还支援了郑州市工业建设所需的大批专业人才。例如中南电业局于 1953 年 1 月初把从东北学习回来的 8000 多个技术人员和几百个普通技工调到郑州电厂建厂工程工地，加强这一工程的技术力量。② 郑州国棉一厂安装机器时，华东房管局曾从上海 41 家私营工厂中，抽调训练了 100 多名优秀的安装工程师、技师、技术员和技工到郑州来。他们在安装工作中，连月超额完成任务，对保证该厂早日投入生产起到了相当重要的作用。上海、武汉、青岛以及豫北等地的棉纺织工厂，除为该市已经在 1953 年投入生产的国棉二厂、现已开始试车的国棉一厂和最近就要新建的国棉三厂训练数千名纺织工人和管理工人以外，还输送了 44 名行政管理和技术干部；在这 44 名管理和技术干部中，有 32 人是党员、团员或劳动模范。青岛、武汉、豫北等地的纺织厂，也分别给郑州市的纺织工厂输送了 50 多个厂长、科长、技术员和 150 多名技术工人。对于就要兴建的郑州国棉三厂，国家也已经从上海抽调了 8 名工程师、科长、技术员；今后上海各纺织厂还将继续给该厂以人力支援。③ 在省内外的有力支援下，郑州市的工业建设进展顺利，为工业经济的腾飞奠定了坚实的基础。

综上所述，郑州市的基本建设得到了全国各地、河南省各地以及郑州市各界的积极支援，从而在短时期内积聚了大量的人力、物力资源，获得了快速的发展，总结其原因在于：

其一，计划经济的特殊历史背景。在计划经济体制下，城市的发展、资源的集聚，行政权力所起到的巨大作用是不可忽视的。郑州市在"一五"期间被确定为河南省省会，又被确定为重点建设城市，这就决定了其在河南省城市发展及资源分配时所具有的无可比拟的优先地位。

---

① 《全国及本省各地积极支援郑州基本建设》，《河南日报》1954 年 4 月 21 日第 2 版。
② 《中南、西南等地基本建设力量迅速增加》，《河南日报》1953 年 1 月 19 日第 4 版。
③ 《全国及本省各地积极支援郑州基本建设》，《河南日报》1954 年 4 月 21 日第 2 版。

在国家计划以及河南省计划的双重行政权力的作用下,全国各地、河南省各地在人力、物力方面积极支援郑州市建设。资源的集聚,使郑州市快速地发展,并迅速成长为河南省的新兴工业城市,这充分反映了计划经济体制下集中力量办大事的特点。

其二,对于郑州市各界来说,国家对郑州市的巨大投资正改变着城市的面貌。郑州市旧貌换新颜,城市发展日新月异,以及即将成为省会市民的荣耀,这些都激发了他们对本市的热爱,促使他们更加积极地支持和支援本市的基本建设。

小　结

河南省与郑州市对新省会进行规划与初步建设是为省会搬迁做准备工作,河南省的这项准备工作自1950年就已经开始着手了。1950年,郑州市制定的《都市计划报告书》已经对郑州作为未来的新省会进行了初步规划,这项规划虽然最终没有实施,但对郑州市争取中南军政委员会同意郑州为河南省的新省会起到了积极作用。自1951年开始,郑州市开始了以省会城市为标准的城市基础设施建设。由于所需经费巨大,河南省政府与郑州市政府都无力全部承担,不得不向工商业者摊派一部分。郑州市为解决长期城市建设的经费问题,求助于中南军政委员会,但未获得资金支持,只能先进行一些力所能及的基本建设。同时,河南省政府在郑州市也开始了新省府工程建设。但在郑州市作为新省会获得中央正式批准前,由于建设方针不明确、经费不足,新省府工程时断时续,浪费较大。

郑州市的正式规划与建设是从1953年开始的,1952年9月后,郑州市开始了全面的规划与建设。1953年,河南省聘请苏联专家对郑州市进行了更科学合理的规划。随着"一五"计划的开始执行,郑州市开始了全面的基本建设,其基本建设包括政府机关建筑、工业、商业、学校、医院、文化娱乐设施等各个方面。随着城市建设规模的扩大,城市的用地进一步增加，郑州市依据国家政策，制定了适合本市的一系列征地办法，并有效地解决了征地过程中出现的矛盾。郑州市在全面建设中，扩大了郊区以及调整增设了相关建设机构以适应建设形势的需要；在建设中，基本建设队伍也进一步壮大。郑州市新省会的建设得到了郑州市各界以及省内外的积极支援，这也充分反映了在计划经济体制下集中力量办大事的特点。随着1954年新省府工程一期工程的基本竣工，省会由开封迁入郑州的条件基本成熟。

第三章　河南省会迁移过程及相关问题解决

自 1952 年 9 月 19 日中央批准郑州市为河南新省会后，1953 年国家开始实施第一个五年计划，郑州市在中央以及河南地方政府的投资下，开始了大规模的基本建设。至 1954 年，随着省府工程的基本建成，河南省直属机关于 1954 年 10 月 30 日迁注郑州市，一些企业、文化机构等也先后跟进。但在省会迁移过程中，也出现了一些问题，如省会迁出对开封民生经济所造成的影响、省会迁出后开封市的定位、省会迁移中的人事组织调整等。河南省委省政府、开封市政府、郑州市政府、郑州地委专署等各级政府对迁移过程中的相关问题进行了相应解决。

第一节　省会迁移对开封民生经济的影响及政府应对

作为曾经的七朝古都，开封在元明清以及民国时期都是河南省的政治中心。1954 年 10 月河南省会由汴（开封别称）迁郑，省会的迁移给开封的经济民生[①]带来了较大的困难，开封市采取了一系列积极的应对措施才使这些困难得以克服。

一　省会迁郑的部署

在河南省委的持续努力下，经过中央政府的综合考虑，郑州市被确

---

① 民生，有广义和狭义之分，广义概念是指凡是同民生相关的事情，无论是直接相关还是间接相关的均属于民生范围。本文是指狭义的民生，即民众的基本生活和生存状态。

定为河南新省会。随后河南省委加快了新省府工程的进度，随着省府一期工程的基本完工，省会迁郑的条件逐渐成熟，河南省委开始准备省会迁郑的部署。

按照河南省委要求，河南省直属机关在1954年下半年和1955年第一季度分两批迁往郑州，其中第一批迁郑单位以省府所属行政单位居多，有办公厅、省财委、工业厅、商业厅、统计局、民政厅、人事厅、盟委会、检查署、公安厅、财政厅、农业厅、农林厅、粮食厅、劳动局、法政委员会、省府党委会、民族事务委员会等单位（其中包括工业厅所属机构）及省党委群机构、部队、企事业单位等①。第一批迁郑单位具体情况如下：

表3-1　　第一批省直迁郑单位（行政单位）统计表②

	单位名称	迁郑月份	使用货车	迁郑人数					留汴安置人数						
				编制人员	家属	嬷姆	小孩	合计	休养人	留守人	孕妇	嬷奶姆	家属	小孩	学生	合计
政府系统二十个	省府办公厅	10	19	219		6	30	255		4		14	18	40		76
	协商委员会	…	4.5	13	1		1	15	1			2	8	5	2	18
	参事厅	…	…	41				41				2	19	16	20	57
	民革	…	…	14	1		1	16					25			25
	民盟	…	…	12	1		1	14								
	人事厅	…		56	2		2	60		3		4	4	1		12
	省府党委会	…		49				49		2			2	3		7
	政法委员会	…	1	35				35	1			12	2	18	3	36
	监察委员会	9	2	52	6	2	2	62					39		3	42
	民族事务委员会	10		12				12		1		4	7		1	13
	检察署	9	2	60		2	2	64		4			6	18		28
	民政厅	10	3	100				100	4			1	22	14	6	47
政府系统二十个	公安厅	…	13	508	9	11		528	5	3	2	17	70	17	3	117
	财委会	…	3	81	3		3	87		2		12	6	24		44
	计划委员会	…	3	120	2		2	124				14	10	32		56

---

① 《关于省府迁郑本市私营商业可能受到经济变化影响行业初步统计》，1954年，开封市档案馆藏，档号：23-126-168。

② 《送上省直迁郑人口表两份》，1954年，开封市档案馆藏，档号：23-126。

续表

单位名称		迁郑月份	使用货车	迁郑人数				留汴安置人数						
				编制人员	家属	嬷姆	小孩	合计	休养人	留守人	孕妇	嬷奶姆	家属	小孩	学生	合计

单位名称		迁郑月份	使用货车	编制人员	家属	嬷姆	小孩	合计	休养人	留守人	孕妇	嬷奶姆	家属	小孩	学生	合计
政府系统二十个	工业厅	…	16	479		23	25	526	4			12	76	89	61	242
	商业厅	…	3	117		7	10	134	1			6	13	18	9	47
	农林厅	…	3	105		8	8	121	1			18	6	19	6	50
	劳动局	…	3	70		7	18	95	2			12	10	22	15	61
	统计局	…	2	72		9	9	90					2	5		7
	粮食厅	…	10	240		17	17	274	5			5	39	20	6	75
	财政厅	…	3.5	141		7	8	156				3	1	4	3	11
	小计			2596	6	106	150	2858	12	19	4	140	380	374	142	1071
党群系统七个	省委（各部）	10	31	623		25	105	753	18	3		87	130	146	21	405
	统战部		3	59				59				5	22	7	16	50
	交通局		2	42		2	2	46				2	2	2		6
	省团委		4	83		3	3	89	1			10	2	9	4	26
	友协		1.5	23		2	4	29	1				5	13	6	25
	妇联		1	37		1	2	40				14	9	23		46
	省总工会		6.5	308		2	2	312		4	4	42	42	42	8	142
	小计			1175		35	118	1328	20	7	4	160	212	242	55	700
	迁委会办公室		4													
	总计			3771	6	141	268	4186	32	26	8	300	592	616	197	1771

表3-2　第一批省直迁郑单位（部队、事企业单位）统计表①

单位名称		使用货车	迁郑月份	迁郑人数			留汴家属
				编制人数（韩什）	非编人员（嬷奶姆家属小孩）	合计	
部队	河南军区	55	10	2275	115	2390	
	警卫连	3	10	300		300	
	小计	58		2575	115	2690	

---

① 《送上省直迁郑人口表两份》，1954年，开封市档案馆藏，档号：23-126。

续表

单位名称		使用货车	迁郑月份	迁郑人数			留汴家属	
				编制人数（韩什）	非编人员（娭奶姆家属小孩）	合计		
事企业单位十八个	省妇幼保健院		6	71	39	110	缺	以汽马车迁郑
	省邮电局	13	7	341	535	876	159	
	交通银行	3	9	103	46	149	65	
	人民银行	4	10	312	22	334	115	
	保险公司	3	9	72	40	112	19	
	食品公司	3	9	115	35	150	10	
	油脂公司	4	9	100	37	137	78	
	省直合作社	3	9	74	8	82	36	
	省合联社	6.5	10	221	46	267	66	
	省工商联	2	9	40	缺	40	缺	
	省广播电台	5	10	96	25	121	5	
	河南日报社	15	10	344	19	363	102	
	省气象科	2	9	86	6	92	缺	
	省直第一门诊部	1	10	19		19	缺	
	省直第二门诊部	1	10	11		11	缺	
	大众报社		10	59		59	与日报社在一起	货车及家属小孩与日报社在一起
	新华社	1.5	10	22	15	37	8	
	省第三印刷厂	2		97		97		
	小计			2183	873	3056	664	

注：准备在11月份搬迁的单位有农林厅农业处、特产处、人民出版社、新华书店、工会干校。

通过表3-1、表3-2可以看出，第一批迁郑的不仅有行政单位，还有部队以及大量的企事业单位，共9932人；加上11月份搬迁的单位（缺统计数据），迁郑人数可能更多。至于有部分家属留汴则是1954年9月11日，在讨论省直属单位搬家的省委会上，"住房紧张，所有家属和保姆一律不搬"①这条硬性规定所造成的。

第二批迁郑单位有文委会、教育厅、文化局、卫生厅、交通厅、省税局、水利局、体委会、学校党委、省法院、卫生厅所属训练班以及两个一二三门诊部，省保健院等单位，共计有6000人左右，计划在1955年第一季度迁郑。②

通过两组数据我们可以得出两次迁郑的人员近16000人，而据开封市当时的最终估计，"连同陆续迁出的家属将超过30000人"③，当时开封市的总人口是200988人，④迁出人口占开封市总人口的近15%。

二 省会迁郑前开封市政府的调查工作

为了积极协助省直机关迁郑工作的顺利进行，减少以至克服本市可能因此而产生的各种困难，并帮助妥善安置迁入各单位，加强对此工作的领导，1954年5月29日，⑤开封市组织成立"开封市欢送河南省直属机关迁郑委员会"，并以市长姜鑫为主任委员；孔繁季（郑专）、杜孟模、谭枝生、安道平、白光为副主任委员，罗少卿、张长江、傅伯岭、童玉振、李武乔、张建准、周震中、王子珍、刘振国、王六合、寇华亭、高洪英、李书锦、张镇恶、李秀卿、刘玉等16人为委员；并设办公室，由张建准任主任，王玉发为副主任，6月1日开始办公（办公地址设在市财委）。⑥

开封市欢送省直属机关迁郑委员会办公室人员分工名单如下：⑦

---

① 《档案解密：河南省会从开封到郑州大搬迁》，《大河报》2010年4月14日第A05版。
② 《关于省府迁郑本市私营商业可能受到经济变化影响行业初步统计》，1954年，开封市档案馆藏，档号：23-126-169。
③ 《开封市关于省直机关迁郑工作方案》，1954年，开封市档案馆藏，档号：23-126-14。
④ 《省直机关迁郑影响情况综合调查表》，1954年，开封市档案馆藏，档号：23-126-132-133。
⑤ 《报告》，1954年，开封市档案馆藏，档号：23-126。
⑥ 《开封市人民政府通知》，1954年，开封市档案馆藏，档号：23-126。
⑦ 《开封市欢送省直机关迁郑委员会办公室通知》，1954年，开封市档案馆藏，档号：23-126。

第三章 河南省会迁移过程及相关问题解决

主任　张建准　　　　　　副主任　刘振国①

宣传组组长　李继章

房产组组长　刘玉　　　　副组长　武永祯

救济组组长　王森　　　　副组长　张镇恶

交通、治安组组长　苏昭　　副组长　魏喜田

秘书组组长　王玉发　　　　副组长　华煊

　　领导机构在成立后，便立即开始开展工作。开封市迁郑委员会在省府迁郑前对于省会迁移可能对开封造成的影响已经有所评估："城市人口将在一定时间内继续减少，省府准备在1954年8月底开始分批迁出，至年底可能迁出13000人连同陆续迁出的家属将超过30000人。迁入机关郑州专区各单位连同家属也不过千余人，随着省府迁郑相当大数量的流动人口必然要减少。"②并据此估计："我市人民的生活将受到一定的影响，据初步调查第三季度由于省府第一批迁出6000余人，按每人平均购买力（加公用）107万元（为人民币旧币，以下同）计算，购买力估计要减少618000万元，除去郑专各单位迁入购买力增加部分，尚减少559540万元，省直属机关全部迁出，每季度购买力减少估计超过百亿元，加上家属人口与流动人口购买力减少数字还大，这将相当严重的影响国营特别是合作社的营业，对私营行业和群众生活也增加一定的困难。"③为了解确切的数据，开封市政府开展了专门的调查工作：

　　调查时间，选择在省府迁郑前的1954年"六月七日至十月上旬"④，调查人员主要是由"民政科、劳动科抽调干部七人"⑤，组成调查小组，

---

① 依据原档案，应是刘振国与王玉发分工进行了调整。
② 《开封市关于省直机关迁郑工作方案》，1954年，开封市档案馆藏，档号：23-126-14。
③ 同上书，档案号：23-126-15。
④ 《开封市欢送省直机关迁郑委员会工作总结》，1954年，开封市档案馆藏，档号：23-126-95。
⑤ 《关于省府迁郑重点调查情况及工作意见》，1954年，开封市档案馆藏，档号：23-126-115。

调查重点选择开封市三区的省府镇和北道门镇。调查内容，主要是把受影响的居民摊贩分别类型，如：1. 原有户数人数与省会迁郑可能影响户数人数的比重。2. 失业半失业及求业人数。3. 长期救济与临时救济的户数、人数。4. 有劳动能力，具有就业条件的人数。5. 群众有哪些行得通的生产门路。6. 收集群众各方面的思想反映等。在调查对象上，针对个体分散、缺乏组织、没有固定职业、平时直接或间接为省直机关服务的贫苦居民摊贩群体，把他们具体分为5种类型进行调查：第一类，拉洋车、散车、拉粪、推水、打小工等；第二类，小摊贩；第三类，洗衣服；第四类，无职业者；第五类，其他类型者。调查方法，则采用户籍警及可靠街干，按照户口清册，逐户了解情况的办法。在具体操作上，如四区的调查"以镇为主及市区工作组的密切配合而进行的。各镇采用的方法，先找典型街和典型人，并将各户的职业生活、劳动力等情况摸出后，再决定居何类型，这样明确后全镇展开，以根据户口卡片掌握的情况为主，对个别不清楚户，再深入街道进行全面了解，如对拾粪户，不知他是否在省直机关拾粪，类似此种情况就深入群众，以拉家常的方法与他本人谈，然后才确定数字统计。"① 调查组织，要求"在调查期间，各组每天开一次碰头会，各组长每天向领导汇报一次（时间临时通知），如有突出问题，随时向领导汇报，并及时争取区镇领导的协助"。②

为了使调查工作更全面详细，更好地为政府决策提供依据，开封市政府对调查工作提出了几点指导性意见：

第一，工商业受到影响后，统计出工人、店员等从业人员整个受到影响者有多少，哪些工商户可以维持，哪些工商户需组织转业，哪些可以由政府协助迁郑等具体材料，并要求工商调查组通过工商联合会行业收集材料进行调查。另外，本市民房有多少？房租情况如何？

---

① 《省直机关迁郑情况调查报告》，1954年，开封市档案馆藏，档号：23 – 126 – 154。
② 《关于省府迁郑重点调查情况及工作意见》，1954年，开封市档案馆藏，档号：23 – 126 – 117。

靠房租生活的房东影响多少？此外还要求这些材料由房产调查组负责调查研究处理。

第二，要求各区政府组织力量，配合市调查组，对本区情况认真分析研究，分门别类估计出还乡生产、生产自救、必须救济者等各有多少人，并提出具体意见，报送市府。

第三，要求在省直机关迁郑前组织足够力量，通过各种方式，向全市群众做广泛宣传，以安定群众情绪。在全市调查工作结束后，及早开始着手安置工作，诱导群众生产自救，解决生活门路，以免临时单纯依赖政府救济，加重国家负担。①

开封市政府开展省会迁郑前的调查工作主要是为了掌握省会迁郑对开封民生经济所造成的影响的真实情况，为政府下一步采取应对措施做好准备工作。

三 开封市受影响群众对省会迁移的反应

省会迁郑使省政府机关、部队以及企事业单位迁离开封，这势必会影响到直接为这些政府机关企事业单位服务的群众的生计，给他们带来较普遍的悲观情绪。

直接为省直机关服务的群众受影响最大，情绪也较为悲观。做豆芽、豆腐的小菜贩感到省府迁走后菜将会卖不出去，以后生活没有着落，如：探庙街一做豆芽的妇女说："象俺这街大部分是靠做豆芽吃饭，如果省府迁走，豆芽就少卖，那我们以后的生活就不如现在啦。"缝洗衣服的妇女部分是直接靠给省直机关洗衣服为生的，如慈酿巷一洗衣服的妇女说："省直机关搬走，俺两口都没有生活门路了，等死吧。"说着流了眼泪。摊贩（卖烟、水果、糖等）主要是以在省直机关门口营业所获的收入为生活来源，他们感到省直机关迁走后会失业，也就没有门路了。例如：刷绒镇一摆小摊、担水的市民说："我家全靠这

---

① 《关于省府迁郑重点调查情况及工作意见》，1954年，开封市档案馆藏，档号：23－126－118。

个小摊吃饭,省直机关走了,市里机关也要搬到大街。我的水也担不成了,摊也摆不成了,咋样生活呢?"拉散车的车夫则感到开封生意少没前途,维持不了生活,如北门镇一车夫说:"开封的生意做不多了,请另打盘吧,往郑州搬,到是办法。"打小工的认为开封不是建设的重点,没工做,没门路,生活因此变得困难。粪业工人,主要是给省直机关拾粪的工人,认为省直机关一走,自己没有地方拾粪,就没有办法生活,如有的拾粪工人说:"省直机关走了,就是拾粪,去哪拾呢?"①

由于省会迁走,私营工商业者的业务量减少,他们的情绪也普遍较为悲观。如中山路中段一旅店老板吃不下饭,睡不着觉,感觉很失落,他说:"一家人生活无法维持,(省府)迁移郑州后,经济又不行啦。"一缝纫工人说:"现在人口多(八口),有活就接,就这生活还顾不住,将来省府一走,才一点生意也没有呢?迁移吧,欠房户也带不走,俺的这些小孩谁给养?"②

人力车夫的反映则较为强烈,自得知省府迁郑消息后,大部分工人的情绪颇感不安,纷纷谈论关于今后生活问题,他们说:"省府迁走后,本市拉不到钱,我们为了不让老婆孩子挨饿,我们要跟到郑州去拉车。"同时各区人力车工会开会反映,要求政府予以适当照顾,将一部分人力车工人调往郑州,留本市之车也可以维持最低生活,以便稳定情绪,③由此可见问题已经相当严重。

当然也有受省会迁移影响较小的群众,他们反应较弱、有些漠不关心。如太平街有一小摊贩,卖纸烟为生,他平时主要是做省妇联生意,他虽然知道省妇联要搬走,但他认为,那么大的房子、大院和礼堂,能

---

① 《省直机关迁郑情况调查报告》,1954 年,开封市档案馆藏,档号:23 - 126 - 155 - 156。
② 《姜市长在全市干部大会上关于迁郑的动员报告》,1954 年,开封市档案馆藏,档号:23 - 126 - 6。
③ 《函请指示人力车三轮车今后生活由》,1954 年,开封市档案馆藏,档号:23 - 126 - 187。

没人住？只要有人住，就有生意。① 但这部分群众毕竟是少数。

四　省会迁移对开封民生经济的影响

（一）对开封民生的影响

根据开封市 6 月和 7 月的调查结果：可能受省直机关迁郑影响及原来生活困苦的共有 24994 人，占当时开封市区总人口 200988 人的 12.44%，需要政府解决生产、生活门路的达 16246 人，占全市居民总数的 8.08%。② 同时从开封市 5 个区③调查结果来看，它们受影响的程度是不平衡的，其中回族自治区最严重，三、四区直接受影响户较多，一、二区受影响相对较小。再根据工作性质分为五类：第一类，拉散车、推土、推水、拾粪、打小工等 11071 人，占全部受影响人数的 44.29%。第二类，流动小贩、瓜果菜挑等 10332 人，占全部受影响人数的 41.34%。这部分群众自身条件较差，据二区统计有劳动力的仅占 1/3。老弱病残者居多，少部分群众的生活可以维持，大部分群众的生活会成问题。第三类，洗衣服、卖针线等一般女工 1662 人，占全市受影响人数的 6.6%，此类年老者较多，能维持就业者少。第四类，现无职业的有 1249 人，占全市受影响人数的 5%，他们大部分是管制分子，或无劳动能力不够就业条件的。第五类，个别地区的房主及演员，占总人数的 2.71%，如开封市相国寺说大鼓书的演员因省会迁郑后流动人口减少，生活可能受到影响。④ 下面我们通过两个统计表格来看当时受影响较大的三区、四区的具体情况：

---

① 《关于救济调查小组上礼拜工作简报》，1954 年，开封市档案馆藏，档号：23-126-160。
② 《欢送省直机关迁郑委员会报告》，1954 年，开封市档案馆藏，档号：23-126-163。
③ 1952 年 11 月开封市第三届各界人民代表会议第一次会议（代行人民代表大会职权）选举产生开封市人民政府市长、副市长。结束"以警代政"，建立第一、二、三、四区人民政府，1953 年 5 月根据政务院公布的《民族区域自治实施纲要》，经开封市第三届各界人民代表会议第一次会议决议，成立了回族自治区。
④ 《开封市对省府迁郑调查工作的总结报告》，1954 年，开封市档案馆藏，档号：23-126-127-128。

表 3-3　开封市第三区省府迁郑情况调查受影响户人数统计表①

项别＼类型＼镇别	省府镇 户数	省府镇 人数	省府镇 占全镇人数(%)	北道门镇 户数	北道门镇 人数	北道门镇 占全镇人数(%)	两镇综合情况 户数	两镇综合情况 人数	两镇综合情况 占全镇人数(%)	可自行解决者 %	可自行解决者 人数	需政府协助解决者 %	需政府协助解决者 人数	需政府协助解决者 占两镇人数(%)
全镇原有户数人数	2679	9393	100	3030	3510	100	5313	13303	100					
拉车推土推水打小工等	103	392	3.80	89	353	4.31	206	325	4.19	35	253	65	472	2.32
小摊贩	106	389	3.93	102	392	5.22	208	381	4.51	50	390	50	391	2.25
洗衣保姆卖针线等	61	158	1.61	32	109	1.45	93	263	1.54	20	53	80	1.23	1.23
无职业	53	149	1.52	15	45	0.59	32	194	1.11	—	—	100	194	1.11
合计直接受影响户	331	1068	10.9	242	899	11.93	583	1963	11.4	35	696	65	1231	3.31

1. 工商户受影响者相当于当地居民人数的40%，两镇工商从业人员及居民合计受影响者1339人，占全部人口的10.27%，需政府协助解决生活及生产门路。

表 3-4　开封市第四区省府迁郑情况调查受影响户人数统计表②

类别＼项目	原有数目	第一类	第二类	第三类	第四类	第五类	小计	须救济 长期	须救济 临时	失业半失业	有劳动力	能还乡
户数	1241	924	785	170	131	82	2092	155	312			65
人数	44632	3373	2913	497	344	296	7353			1956	2528	

说明：第一类 系拉车打小工推水卖煤土、拾粪等。第二类 小贩 摆小摊 第三类 保姆 洗衣 卖针线 做簸底等 第四类鱼职斗 第五类 其他（如房子等）

通过表3-3、表3-4对开封三、四区统计的结果可以看出，受影响的群体大多集中在推车、推土、小摊贩、洗衣、保姆等这些为城市服务的小生产者中，他们当中有许多是直接为省直机关服务的，省直机关迁走后，许多人将面临失业，并且受影响面比较大，三区两镇受影响人数占当地居民人数的40%，四区也占16.5%（通过表3-4算出），由于这些小生产者自身基础比较差，这也增加了政府救助的难度，使开封

---

① 《关于省府迁郑重点调查及工作意见》附表，1954年，开封市档案馆藏，档号：23-126-126。

② 《开封市第四区省府迁郑情况调查受影响户人数统计表》，1954年，开封市档案馆藏，档号：23-126。

市面临较大的民生压力。

(二) 对开封经济的影响

省会迁移对开封市的经济也造成了较严重的影响。

在私营手工业方面,据当时调查统计:将有印刷、服装、制鞋等19个行业会受到轻重程度不同的影响。根据各行业受影响的轻重程度可分为五类,其中:第一类,印刷业的营业额将下降50%;第二类,服装业及制鞋业的营业额将下降40%;第三类,木作、家具、木器、汽车修理、棕床、自行车修理等六大行业的营业额将下降30%;第四类,弹花、皮件、竹工、豆腐、粉坊等五个行业的营业额将下降20%;第五类,制帽、笔业、制笼、轧面条等五个行业的营业额将下降10%左右。①

从以上受影响的各行业的生产经营性质看,他们绝大多数是为城市服务的小生产者,其中第一类印刷业受影响最大是由于:私营印刷业因技术含量较低,一般仅承印各种表册账簿,而表册又多是省府直接印刷;从当时开封市规模较大的亚东印刷厂的经营状况来看,其第一季度的13056万元营业额中省直机关即占60%,4月和5月的4248万元营业额中省直机关亦占30%。省直机关迁走后,业务量将大大减少,因此他们受影响最大。第二类服装、制鞋两业营业收入大幅度下降则是由于开封市人口的减少,购买力的下降。依据当时的迁出迁入人口估算,迁出人口为30000人,迁入则不足千口,加上随着省府迁郑后流动人口亦随之减少,市场购买力下降,该两业自然随之锐减;按当时的全市人口200988人的1/3强购买服装、鞋帽估计,则将会有85000人,而随省府迁郑的人数即达到30000人,因此把这两业营业收入的下降估计为30%。第三类汽车修理业等行业方面,当时的开封市虽然有53家汽车修理,但它们大多数技术水平较低,能承担汽车装修技术的仅有6家,从当时的调查统计情况来看,汽车修理业1至5月份的营业额1346万元中,承修省直机关车辆的营业额就占60%,因此汽车修理业的营业

---

① 《省直机关迁郑后本市手工行业受影响情况的调查报告》,1954年,开封市档案馆藏,档号:23-126。

额降幅也列入30%之列。自行车修理业按当时开封市公安局所开的通行证数约7000个,仅省直机关就约占2000个来看,该行业的营业额也至少下降30%。眼镜修理及木作、家具、木器业方面,则是大户或临近省直机关的商户受影响较大,中小户所受影响则较小。第四、五类受省会迁移影响较小,这主要是因为文具、肥皂、竹类工艺品、帽子向来以销往农村或外销为主;弹花、豆腐、粉坊、轧面条等行业则大多是家庭劳动,但是省府迁郑后,这些行业(四、五类)的业务量也会随之相应减少,对相关从业者的生产生活造成一定的影响。

根据对各行业影响情况的调查,开封市政府估计失业人员大概为730人,其中印刷业有100人,服装业有200人,家具木器及木作160人,制鞋50人,白铁30人,自行车修理业20人及其他行业在省府迁郑后因营业萧条而被解雇者170名。①

省会迁郑对开封市的商业服务业也造成了较严重的影响。根据受影响程度可分为三种情况:首先是面向省直机关提供服务的行业受影响最大,其中饭馆、旅店、浴池、理发、影剧、猪肉、牛羊肉、鸡鸭鱼蛋、浆果、纸烟、文具、纸张及蔬菜摊等13个行业受影响最大。其次是:百货、绸布、日用急货、五金、茶叶、各种小食馆、馍业、刻字及饭食摊等9个行业。再次,如照相、洗染、酒馆、甜食、酱油、钟表、眼镜、电料、国药、干果行、寄卖店、牛羊奶、水果摊及纸张摊等14个行业。② 以上受影响程度不同的行业已经达到36个,可见商业服务业所受的影响已经相当普遍。

省会迁郑对开封市的国营工业也造成了一定的影响,主要体现在以下三个方面:

第一,技术指导上的困难。在省会迁郑前,由于地缘关系,开封市公营工业在遇到各项技术难题时,一向是找河南省工业厅来解决

---

① 《省直机关迁郑后本市手工行业受影响情况的调查报告》,1954年,开封市档案馆藏,档号:23-126。

② 《关于省府迁郑本市私营商业可能受到经济变化影响行业初步估计》,1954年,开封市档案馆藏,档号:23-126-169。

的，比如动力检查、基建设计、品质化验等方面有了问题就找省工业厅解决，但在省会迁郑后，开封市由于缺乏工程技术人员以及必要的设备和仪器，在以后的生产中必然会遇到一定的困难，解决起来也很不方便。

第二，供销联系上的困难。在新中国建立初期由于国家物资计划受理的逐步加强，在遇到各厂供销工作的计划性跟不上原材料的供应这些问题时，开封市通常是靠省府予以解决或迅速予以补救，省府迁郑后，各省级商业公司也将随之迁往郑州，开封市再要求解决这些问题时肯定会遇到很多困难。

第三，省营各厂指导监督的困难。省府迁郑后，开封市工业局要独立承担监督指导省营工厂的任务，由于平时联系较少，业务生疏，将会面临很多困难。①

省会迁离开封使开封市的经济暂时陷入了一个较为困难的局面，私营手工业、商业服务业以及公营工业都受到了不同程度的影响。对于私营手工业以及商业服务业的影响是省直属机关及企事业单位的迁离导致服务对象的缺失，以及人口大量减少，市场购买力下降造成的。对于公营工业的影响则是平时对于省级领导机构过于依赖、缺乏独立性而造成的。总之，省会的迁离使开封市不得不采取一定的措施来应对当前的经济困局。

五 开封市政府应对民生经济困难的对策

面对省会迁郑给开封市民生经济带来的困难，开封市政府采取了一系列的解决对策，其中对于解决民生以及一些手工业行业过剩的问题，开封市采取了申请外调（指一些搬运工人及壮工外调），行业转移，动员还乡，生产自救，以工代赈以及募捐救济等措施，以解决当前面临的困难。

---

① 《省会迁郑对本市公私营的影响及解决意见》，1954年，开封市档案馆藏，档号：23-126-174-175。

申请外调：即组织一些搬运工人及壮工外调，以缓解开封市当前的就业压力。如"为了支援重点建设城市，组织与协助理发工人去洛阳①的有34人（工人理发社），迁郑州的有7人（全世界）；饭食工人赴郑州的有137人，赴洛阳的14人。据当时劳动科统计1月至7月份外调建筑工人3581人，组织引黄灌溉工程的有700多人"。②

行业转移：即把一些受影响较大的部分私营手工业行业迁往郑州市，以缓解开封面临的压力，开封市估计帮助解决需用款10亿元（为人民币旧币，以下同）。结合当时郑州市发展的需要，以及其自身条件和可能迁郑的意愿，开封市允许下列企业迁郑：服装业行业有时装国际、一秀人、永康、太康、统康、新美等户，共有90人，其他大小户60人；制鞋业行业有四合人、再恒、裕同、万顺昌等，共20人，小户20人；自行车修理业行业有60人，他们是自有利通、工昌等靠省直属机关来维持其生活者；白铁业行业有40人，为义顺长等专靠省直属机关做茶炉烟筒者；家具木器业及棕床业行业有60人；粉坊业行业有20人；皮件业行业有20人，共计迁郑390人。

对于迁郑行业的条件则规定为：首先是以中大户为主，技术较好，有一定的资金，无拖欠税款，公债较少者，且劳资和师徒关系比较正常者，它们可以根据郑州市需要情况，经双方慎重协商，密切配合，进行有计划有组织的迁郑。

迁郑的行业不仅有私营的手工业，还有合作社。当时迁郑的合作社计有新绿的第二、三被服社，有社员52人，他们迁郑后，允许合并设立新社或与郑州市服装社合并生产经营；同时还给予了他们新的任务："并需建议省社转知郑州市社，帮助和推销本市木器社及小组和竹藤社的产品问题，并将省社开封批发站在本市制鞋社做的布鞋调到郑州市一批，今后并应作为长期的调拨供应。以帮助解决开封市批发站的积压问

---

① 在第一个五年计划时期，河南洛阳和郑州被确定为重点建设城市，开封没有被确定为重点建设城市。

② 《开封市欢送省直机关迁郑工作综合报告》，1954年，开封市档案馆藏，档号：23-126-57。

题和制鞋社的生产问题"。① 这样既转移了开封市部分民生压力，又有利于解决其他社的产品销路问题，在当时是比较现实的一个办法。

对于一些没有转移的部分行业，开封市则采取了与郑州方面联系加工订货的方式。如汽车修理业的润合、工联、工艺等户今后仍靠省级机关的修理订单。又如家具木器业仍靠省级机关订货，同时开封市向郑州市工商业管理部门建议，郑州市不能满足需要时，应多向开封市建议介绍。

动员还乡：即对原籍有土地，有还乡条件者，动员其还乡生产，并在必要时发给生活及路费补助。开封市政府计划返乡2000人，安置资金预计为2亿元。如开封四区无量巷镇太平街有三户群众，平时卖猪头肉，忙时回家种地，这部分人是可以还乡生产的。但他们绝大部分都留念城市生活，开封市政府动员他们还必须做耐心细致的思想工作。

生产自救：对于一般贫苦居民群众，则发动他们自谋职业，生产自救，再加上政府有领导的组织转业，并适当给予拨款救助，救助资金预计为2亿元。如开封市第一区部分群众运碎砖渣到郑州去卖，其他搞零星买卖，卖青菜瓜果等勉强糊口者多。②

以工代赈：即结合开封市当时的市政建设，举办以工代赈（如挖湖、疏渠、养路等），并辅以必要的救济。这部分用款最多，需要20亿元，其中工程款需15.75亿元，即按每人每天7000元，可解决1500人5个月的淡季生活问题，其余急救款需4.25亿元。③

募捐救济：即在省直属机关迁郑干部中募集破旧衣物以救济开封市失业及生活困难市民。在省府迁郑前，开封市申请省直迁郑委员会办公室组织了一次募捐活动，"省直属机关迁郑在即，为使破旧衣服及鞋袜

---

① 《为报告省府迁郑后本市各手工行业受影响的情况调查》，1954年，开封市档案馆藏，档号：23-126-147。
② 《开封市对省府迁郑调查工作的总结报告》，1954年，开封市档案馆藏，档号：23-126-130。
③ 《关于省府迁郑重点调查情况及工作意见》，1954年，开封市档案馆藏，档号：23-126-117。

不致抛散浪费,以用于救济起见,希各单位接通知后进行适当布置,将破旧物品进行收集后,交与中国人民救济总会开封市分会联系处理。"① 具体收集的有棉袄、单衣、被子、鞋袜、帽、现金等,这在一定程度上帮助了开封市人民群众克服困难。

对于采取以上措施所需的经费,开封市政府向河南省政府申请34亿元作为安置经费。这笔资金分别由以下几个单位分别向省政府申请:1. 由市商业局向省商业厅申请拨款10亿元作为转迁资金。2. 由劳动科向省劳动局申请拨救济款10亿元。3. 由市民政科向省民政厅申请拨救济款12亿元。4. 由民族事务委员会向其上级领导申请拨付救济款2亿元。②

商业服务业行业方面,面对其受省府迁郑影响所带来的诸多困难,开封市主要采取了以下措施:其一,对有些可以面向农村或小城镇开展业务的行业,如文具、照相等,教育劳资双方积极开展这方面的业务。其二,经营鱼、肉、蔬菜等副食品的行业,积极在销售上帮助其解决困难。其三,有些行业(如理发业),尽量帮助其向郑州、洛阳等城市迁移。其四,对于不能迁移、不能面向农村而又过剩的行业(如浴池业),则把有就业条件的调出一部分加以安置,或暂时予以训练。③ 这些措施从总体上看,是在购买力下降的情况下,对商业服务业进行压缩,在特殊情况下采取的应急措施,其目的在于尽量减少因省会迁郑对于商业服务业经营者所造成的影响,维持最基本的民生。

在公营工业方面,为应对省会迁走所带来的一系列问题,开封市采取了以下应对措施:

其一,对市工业局提出管理上的要求。首先,要求市工业局逐步提

---

① 《河南省直机关迁郑委员会办公室通知》,1954年,开封市档案馆藏,档号:23 - 126 - 192。
② 《开封市省府迁郑工作的调查报告》,1954年,开封市档案馆藏,档号:23 - 126 - 131。
③ 《关于省府迁郑所受影响的请示报告》,1954年,开封市档案馆藏,档号:23 - 126 - 185 - 186。

高受理生产技术方面的能力,积极注意培养储备技术人才,尤以电力、机械、化工三个方面为重点,不断提高所辖各厂的技术力量。其次,要求市工业局加强对所辖各厂供销上的计划领导,加强与省工业厅以及省级单位的经常性的联系,及时掌握上级意图和市场随时变化的情况,逐步解决各厂的供销问题,克服工作中盲目的年计划现象。再次,要求经常和省营单位加强联系,熟悉业务,注意省市各厂间各方面的交流关系,以共同提高生产。

其二,对现有工厂适当调整厂址。省府迁走后,必然会腾出一部分较大的房屋,开封市利用这个机会进行适当的厂址调整,以促进生产发展。如开封烟厂迁至河南日报社,粮食厅原址作为纱厂使用等。①

其三,扩建和新建工厂以减少失业。具体为:首先扩建新布厂,开封市当时有1个布厂和2个纱厂,计划在现有基础上找到合适厂址,把布厂扩建并增加到拥有120台机器,生产次白布、冲服呢及菱条布等,可以吸收一部分失业工人。其次充实改善现有各厂,发展生产,以减少失业。如要求化工厂产量提高到三四千吨,火柴厂等企业生产在可能条件下予以适当增加,烟厂争取上7部烟机等。再次建立食品工厂,扩大就业。建立食品工厂,生产糖果、酱油、咸菜、糕点、肉类食品等,可以吸收一部分工人就业;且资金需用不大,设备亦易建立,部分产品供应郑州市,销路亦无问题。对于以上扩建和新建厂的资金问题,开封市则申请省政府予以帮助解决。②

开封市对于公营企业的这些措施,既是为了应对省会迁走后面临技术指导以及供销关系的断层问题,也是为了应对开封市在省会迁郑后所面对的民生压力。省会迁郑后,购买力下降,公营和私营工商业的营业都受到了影响,尤以私营工商业为重,失业歇业现象较严重,发展扩大销路比较好的工厂以及新建销路比较好的工厂,可以尽量保住现有工人

---

① 《省会迁郑对本市公私营的影响及解决意见》,1954年,开封市档案馆藏,档号:23-126-175-177。

② 同上。

不失业，又能吸收一部分人就业，缓解就业及民生压力。

总之，1954年河南省会由汴迁郑，使开封减少30000多人口，而同期迁入的郑州专区人口只有千余人，远远无法弥补人口损失。大量人口的迁离，造成开封市购买力下降，许多直接为省直属机关服务的小商小贩面临失业，私营工商业营业额也严重缩水，公营工业在技术指导、合作供销上面临断层，开封市面临巨大的民生经济困难。正如1954年10月19日开封市市长姜鑫在《热烈拥护省会迁郑，支援国家建设》讲话中所说："我们也应该预料到省会迁移郑州对开封发生的一定的影响和产生的某些困难。譬如城市人口的部分暂时减少、购买力有所降低，某些服务性行业营业暂时下降和某些劳动群众固定职业或临时收入受到某些影响等等"。但是他对开封市应对这些困难还是充满了信心，他认为"这些困难都是局部的和暂时的困难，其性质是我们胜利前进中的困难"。他认为开封市有着克服困难的有利条件：首先是有河南省委和省人民政府的正确领导与积极支持。其次是开封市有解放5年多来的工作基础，政权是巩固的，政府与人民群众的联系是密切的，这是战胜困难的主要保证。另外，国家正在进行大规模的经济建设，生产就业门路比过去宽广多了，而且群众劳动热忱、政治觉悟以及生产、生活的能力均有改善和提高，加之政府对特别困难的还会给予必要的救济和扶助，同时还有郑州专区领导机关和某些文化训练机构的增设，如此一来困难就可以相对减少。他认为，鉴于以上因素，开封市是可以战胜当前的困难的。①

开封市的应对措施主要着眼于解决当前的困难，需要解决的是为省直机关服务的小商小贩以及部分私营工商业者的经济民生问题，而这些问题将伴随着开封市社会主义改造的完成而得到最终解决。

开封市在社会主义改造前，由于历史的原因，商业机构旧摊子很大（大小私营商业11000多户，从业人员15000多人），加之省会迁移，市

---

① 《热烈拥护省会迁郑，支援国家建设》，《河南日报》1954年10月19日第2版。

场购买力下降,超过市场容量很多,这是由于这些私营商业的特点是户数多、规模小、人数多、资金少、浪费大、困难多,① 这也加剧了开封市社会主义改造的艰巨性和复杂性。从 1955 年 9 月份开始,开封市开始进行社会主义改造的工作,② 在改造中开封市依据本市特点,进行了符合本市实际的改造,如批准私营商业 25 个行业的家庭户、小商户分别成立合作商店(合作小组);规模较大的私营工商业 33 个行业实行公私合营等,③ 在 1956 年 1 月 23 日,开封市完成了第一个五年计划时期的社会主义改造任务,④ 从而使省会迁郑所带来的遗留问题得到了解决。

第二节　郑州市迎接河南省会迁移的筹备工作

1954 年,在河南省直属机关迁郑前,郑州市开展了全面的筹备工作。筹备工作的进展顺利,为省会顺利迁入郑州提供了保障,并进一步促进了郑州市城市的全面发展。

一　省会迁郑筹备机构的成立

在郑州市被确定为河南省省会后,河南省以及郑州市即开展了积极的筹备工作。按照河南省委的总体要求,具体工作主要分为两个方面进行:其一,河南省委、省政府成立筹建处(通常称"省府工地"),主任为巩法亭,副主任为吴克已。该处具体负责省直机关的办公用房、职工宿舍等方面的建设事宜。省直工程包括省委、省政府、省政协、省军区、黄河水利委员会及下属的各职能机构、专业公司、干部学校、招待

---

① 《在省第一届人民代表大会第三次会议上的发言　姜鑫代表的发言》,《河南日报》1955 年 9 月 9 日第 6 版。
② 赵佩等:《开封市大事记》,河南人民出版社 1990 年版,第 167—168 页。
③ 《省会资本主义工商业改造胜利完成　开封市资本主义工商业也全部实行公私合营》,《河南日报》1956 年 1 月 21 日第 1 版。
④ 《开封安阳许昌三市进入社会主义社会》,《河南日报》1956 年 1 月 25 日第 1 版。

所、门诊部或医院、部队营房等的建设。在此前后筹建的还有迁来或新建的郑州大学、河南医学院及附属医院、河南中医学院及附属医院、河南农学院、郑州工学院，以及省人民医院、妇产科医院、结核病医院等。其二，郑州市负责为省直服务的工程，如邮政、电信、银行、书店、商业、修理、理发、洗澡、照相等设施的建设和服务人员的组织、培训等。还有与各项工程相关的道路建设、绿化、上下水及电力供应等项。①

郑州市按照河南省委的总体部署，首先于1954年6月初成立了欢迎省会迁郑委员会，委员会名单如下：主任委员：王均智；副主任委员：杨宏猷、张北辰、尹若江、娄象莘、禹品三；委员：白寺康、冷新华、吴舆、耿振林、苑斌、王一涵、王微、王言、静宇、王志英、于知先、黄景义、崔克、康斌、邓金峯、程金瑞、秦九云、王云亭、段宗三、傅子诚、雷峯、萧枫等，并由萧枫同志兼办公室主任。②

在具体的组织领导方面，以郑州市委为核心，以欢迎省会迁郑委员会为基础，再吸收有关部门组织委员会，委员会下设办公室，办公室正副主任分别由延新文秘书长、张北辰副秘书长担任，办公室成立7个组，1个委员会。其主要机构有：1. 供应组。由商业局局长康斌任组长，吸收合作社、粮食局、手工业管理局、食品公司、土产公司等有关单位参加，负责主副食、百货日用品、服务性行业的供应。2. 总务组。由郑州市办公室副主任谷源清任组长，吸收房管处、交通处、交际处、搬运公司、汽车公司、铁路分局等有关单位参加，负责房屋、家具（包括炊事用具）、伙食、接送、安置等事宜。3. 保卫组。由公安局局长王微任组长，具体由公安局包干。4. 治疗组。由卫生局王正邦局长任组长，具体由卫生局包干。5. 组织组。由人事科科长张俊荣任组长，负责人员的抽调配备。6. 文化娱乐组。由成敬堂科长任组长。7. 秘书组。由萧枫任组长，负责上下左右联系。8. 省直宿舍筹建委员会，以原省

---

① 王均智、萧枫：《五十年代前期郑州市的城市规划与省会迁郑》，《协商论坛》2010年第7期。

② 《关于欢迎省会迁郑的筹备工作方案》，1954年，郑州市档案馆藏，档号：129-03。

直工地党委会为基础,吸收电厂、自来水公司,省市邮电局等有关单位参加,由王纯一同志负责。委员会下根据工作需要,再由有关单位组成工作小组。同时要求以上各组组长均须专职,机关工作应妥善安置,不得兼职,各组需要具体工作的干部由各组提名送组织部抽调,并规定了具体调齐的时间。

迁郑办公室的工作制度则规定为:1. 各组应立即建立机构自行确立办公地点,召开会议,把各组任务具体化,并做出书面计划,送市办公室。2. 组长联席办公每3天1次,必要时临时召集之。3. 各组除责成专人每晚7点向市办公室(市府内欢迎省会迁郑办公室,电话市府总机转)电话汇报1次外,并书面报告1次。4. 各组有重大问题,可随时用电话或书面请示。5. 召开组长联席会,汇报并实地检查各组工作。① 郑州市欢迎省会迁郑机构的成立,以及相关规章制度的建立,使欢迎省会迁郑筹备工作有了一个良好的开端。

二 郑州市迎接省会迁移的筹备工作

为了更好地动员郑州市人民做好河南省会由汴迁郑的筹备工作,在1954年7月份郑州市第一届人民代表大会第一次会议上,郑州市人民政府秘书长张北辰作了关于"欢迎省会迁郑工作方案"的报告,与会代表听取并经过讨论之后一致表示同意。②

这个报告的具体内容如下:

一、宣传工作。正确认识省会迁郑的重大意义,充分的做好宣传教育工作,制定关于省会迁郑的宣传计划与宣传提纲,通过第一届市人民代表大会第一次会议传达及其他各种会议,各个组织系统(工会、妇联、工商联等),广泛深入的开展宣传教育工作,使全

---

① 《关于建立省会迁郑筹委会的紧急通知》,1954年,郑州市档案馆藏,档号:02-01。
② 《关于欢迎省会迁郑的筹备工作方案报告的决议》,《郑州日报》1954年7月5日第1版。

体干部及全市人民都能充分地认识到省会迁郑是加强对全省工作的领导,和加强全省团结的重大措施。它标志着全省的领导重心将进一步由乡村转向城市,由农业转向工业。这是推进社会主义建设的重大决策,是全省人民的一件大事。我们必须进行广泛深入的宣传,使省会迁郑的重大意义达到家喻户晓,使全市人民在思想上、行动上自觉的服从国家计划,树立为省会服务的精神和从全局出发的整体观念,密切上下级以及其他兄弟地区的团结,并教育全市人民发扬与养成艰苦朴素、活泼热情、团结友爱和有礼貌的新的社会风气,以便胜利地完成欢迎省会迁郑的重大政治任务。

二、积极组织货源,保证物资供应。在主食供应上,必须切实做好粮食品种调剂工作,在副食品的供应上,食品公司和合作社应大力组织货源,密切与产地联系,建立经常供应合同,保证源源不断的取得供应,农业应号召和教育郊区农民树立为城市服务、为省会服务的精神,有计划有步骤的组织农民大力种植与增产菜蔬,提倡饲养家禽、牲畜,以保证城市供应。并应立即到外埠收买菜秧、菜种,以解决缺乏菜种的困难,保证种菜计划完成,在日用品供应上,国营及合作社贸易部门可根据实际需要,适当扩大购销计划,增设百货门市部,并由建设局负责在省直行政区之适中地方设计建立一个统一的市场区,并新建一个800公尺的菜场。以便利省直机关人员的购买方便和需要。

三、深入调查,根据供求情况,适当发展服务行业。目前本市有公私剧院8处,旅店62户,所以看戏、洗澡、理发常有排队现象,缝纫业有时也供不应求。省会迁郑,人口增加,若不及早准备,予以适当发展,将来供求矛盾一定更为突出。解决这一问题的办法是:第一,加强私营工商业的教育改造工作,说明道理指出前途,动员与指导部分工商业者转业投资建房,转营旅店贩运蔬菜等服务行业。第二,手工业管理局应适当批准一批缝纫业开业户,并着手组织理发业合作社,适当发展一些理发业(与开封联系,争取由开封迁一批),浴池在现有的基础上,加以扩建与修整,以满足省会迁郑所增长的社会需要。第三,扩大合作食堂业务,适当调整私营熟食业的供应量,以保证流动人口的供应。

四、整顿私商经营作风,加强市场管理。为了解决省会迁郑的供求矛盾,除组织物资、扩大国营业务外,还必须加强市场管理工作。首先根据总路线的精神和市场变化情况,将市场管理办法、摊贩管理办法,加以必要的修改;其次要加强对资本主义工商业者总路线和《中华人民共和国宪法草案》的宣传教育,在思想发动的基础上组织检查与修订爱国守法公约。再次,加强物价管理、度量衡与规格质量的管理,取缔冒牌假货或以次充好、以劣顶优的恶劣经营作风,贯彻明码标价,遵守国营牌价,树立(称平、斗满、尺码足)的新商业道德。第四,发动广大职工店员,积极加强对资本家的监督作用。第五,没有劳资关系的商贩应加强组织,发动互相监督、互相检举。第六,加强政府各有关部门的联系,特别是工商、税务、手工业管理等部门,应统一行动、步调一致,以便加强对私营工商业的管理。第七,要加强工商业工作,正确发挥其积极作用,确定专人专职,分段分片的进行与监督。

五、大力整顿交通秩序,加强治安保卫工作。第一,加强城市救济、遣送及收容工作,做好动员外来农民还乡生产,以减少城市失业人口及社会游民,杜绝乞丐讨饭现象的发生,维护社会秩序。第二,在省直行政区建立直辖派出所,建立户口管理工作;与此同时并做好市区户籍整顿,加强社会治安工作,进一步巩固人民民主专政。第三,在筹委会统一领导下大张旗鼓地开展一次全面的交通整顿工作,继续进行对摊贩的管理及违章建筑的取缔工作。此一工作的关键是利用各种宣传工具和各种群众组织进行交通规则的宣传教育,以提高群众的自觉性。同时对屡次违反交通规则的典型也应当适当处理,以扩大法制威力,教育广大群众(尤其是妇女、小孩)自觉的遵守交通规则,并在各区设立三到五处游戏场所,给儿童找出道路，禁止儿童在大街乱跑，避免事故的继续发生。加强对流动车辆的检查和架子车工人的管理教育，司机人员的考核工作，深入调查研究，合理的调整交通流量。此外，在市区比较繁荣的交通路口再建岗楼十个，适当的增添执勤交通警察。第四，加强消防工作，贯彻（以防为主，以消为辅）的方针，扩大宣传教育，检查省级机关消防设备，检查道路水源情况，适当增添消防队员，以保障工业区与省直行政区的安全。

六、市政建设方面，在七月份完成金水河的修建，以便利省级领导机关与工业区的联系，省直机关的排水问题，因污雨水管系统规划埋设，省会开始迁郑时不能利用，争取在十月份将土路污水管埋妥。并接出省直行政区，避免省直区积水。完成金水河的疏挖工程。以免雨季河水泛溢省直工地，于七月份完成通往省直行政区的自来水管埋设和接水点工程。关于住房问题，房管处应设法控制200至300间的房屋，以便于协助解决省府迁来后临时的突出的住房问题。其次由房管处、税务局调查研究，制定合理房租标准价格及私人房租赁管理办法，防止房主乘机抬高房租或高价抢租现象，六月底完成市区空间地皮的调查工作，以准备省直小单位建筑需用，组织力量在雨季前协助动员群众整修房屋，防止造成草房的过多倒塌。

七、增设小学，以适当解决学龄儿童的上学问题，据不完全统计，我市市区现有适龄儿童将近五千名尚未入学，今年暑假初小毕业生按照毕业一班招一班的原则，估计仍将有八百名初小毕业生升学问题难以解决。若加上省会迁郑，学龄儿童的增加，问题则更加严重，故应根据可能条件，1. 在省直行政区筹建小学一所，以解决省直机关干部子弟入学。2. 号召并组织各工厂企业单位或联合举办小学，以解决职工子弟的上学问题。3. 减少幼儿园，扩大小学招生名额。4. 扩大原有学校的班数、人数。

八、继续开展爱国卫生运动，进一步加强市内环境卫生，加强对卫生行业的管理,由卫生科认真领导和加强检查这一工作。扩大现有诊所业务,适当解决省直机关医疗问题。1. 市贸易系统的诊所再适当的增添部分房子、人员,负责省直机关1500人的医疗。2. 市门诊部负责省直1000人的医疗。3. 有重大疾病者由省二院及市立各医院负责医疗。①

这个筹备方案涉及设计宣传、物资供应、发展服务业、整顿交通、市政建设、教育卫生等各个方面,覆盖面较广,计划比较周详,为郑州市的筹备工作全面开展奠定了良好的基础,同时也说明郑州市的筹备工作任务是比较繁重的。在郑州市的筹备工作方案制定之后,郑州市各职能部门即开始开展工作。

(一)宣传工作

为了做好省会迁郑的动员工作,宣传工作是其中的一个重要环节,也是必须进行的首要环节。郑州市宣传部门依据郑州市的筹备工作方案制订了具体的宣传工作方案,宣传工作的中心思想是:省会迁郑是加强对全省工作的领导,进一步加强全省团结的重大措施,为了适应国家大规模经济建设的需要和加强全省工作的领导与团结,省会将于1954年下半年由开封迁到郑州。同时,宣传部门还要重点向市民解释为什么说省会迁到郑州是适应国家建设、加强对全省工作的领导的需要:"这是因为我们郑州已是国家建设的重点之一,是交通枢纽,四通八达,在本省位置也比较适中,也便于领导;省会迁郑后,郑州将成为省会所在地,全省的领导重心。将进一步由乡村转向城市,由农业转向工业;党和政府这一重大决策,将推进社会主义经济建设迅速的高涨,人民的物质和文化生活水平将不断的迅速提高。故省会迁郑,它是关系着我们全省人民尤其是郑州市人民的切身利益的一件大喜事。因而全市人民要从思想上、行动上自觉的服从国家计划,树立为省会服务的精神,来迎接

---

① 《关于欢迎省会迁郑的筹备工作方案》,1954年,郑州市档案馆藏,档号:02-04。

和响应党与政府的这一重大措施。"① 宣传工作具体要求为：

1. 充分认识省会迁郑后的经济变化与敌情变化，胜利完成省会迁郑的光荣任务。（1）省会迁郑后，对全省工作的领导更为方便及时，可以进一步加强全省的团结，尤其是郑州市在省委和省政府的直接的领导下，工作质量将不断地得到提高，能够更及时地得到帮助，解决困难与纠正缺点，更加信心百倍地完成上级所交给的任务，全省的团结也将更为加强。（2）省会迁郑后，郑州将成为全省的政治、军事、经济和文化中心，因而敌人在郑州市的阴谋破坏活动也必将更为加紧，他们将想方设法破坏国家经济建设，破坏我们内部的团结，对此，必须做充分的估计，提高警惕，防止敌人的任何阴谋破坏。（3）省会迁郑后，郑州市人口必将增加，衣、食、住、行、文化娱乐业和物质文化生活的供求矛盾必将更为突出。但这些矛盾，在党和人民政府的正确领导下，在全体干部和广大人民群众上下一致的支持下，一定会得到克服的。因此要求全体干部和广大人民群众，要响应市委所提出的"为生产建设服务，为劳动人民服务，为省会服务"的号召，积极地行动起来，切实做好各项准备工作，以期达到"保证安全，保证供应，增强团结"的目的。

2. 要求郑州市人民动员起来，为作好欢迎省会迁郑的各项准备工作而努力。郑州市将成为全省的政治、经济和文化中心，省市级与其他地区在工作上和生活上的联系必将更为增多，尤其是上级党政人员和国际友人的光临指导和参观亦势必增多，这说明了省会迁郑后，郑州市在各方面必须前进一步，方能适合省会的要求，为此，要求全市人民群众，要以实际行动迎接我省具有重大历史意义的措施。并做好以下各点：

第一，积极宣传省会迁郑的重大意义。要求郑州市人民不仅自己要正确认识省会迁郑的重大意义和充分了解省会迁郑后所引起的变化，并且要广为宣传，达到家喻户晓，人人皆知，从而使之自觉地树立服从国

---

① 《欢迎省会迁郑宣传提纲》，1954年，郑州市档案馆藏，档号，02-05。

家计划,为省会服务的精神。

第二,要求郑州市民共同营造谦虚有礼貌的新的社会风气。省会迁郑后,在各方面的接待势必增多,为了达到今后不论在工作方面还是在生活方面密切的团结,要求郑州市人民要从思想上认识这一问题的重要性,从实际行动上赶上去,从而养成谦虚有礼貌的社会风气。

第三,遵守并宣传交通规则,搞好清洁卫生。省会迁郑后,由于人口车辆的增多,而郑州市的街道弯曲狭小,不能得到立即改善,在此情况下,如不严格执行交通规则,势必造成人民生命财产莫大的损失和影响国家建设。如搞不好清洁卫生,传染性疾病势必流行,为此要求郑州市人民自觉地遵守交通规则,并宣传教育自己的亲友遵守交通规则,讲究清洁卫生。

第四,要求农民树立为城市服务、为省会服务的精神,大力种植与增产蔬菜,多养鸡、鸭、猪、羊,积极缴纳公粮,售给国家余粮,以保证城市供应,支援国家建设。

第五,要求资本主义工商业者要检查与修订"爱国守法公约",改善经营作风,反对冒牌假货,或以次充好、以劣顶优的恶劣经营作风。实行明码标价,遵守国营牌价,树立称平尺码足的新的商业道德。树立为省会服务的精神。

第六,提高警惕防匪防特。省会迁郑后,郑州将成为全省的政治、军事、经济和文化的中心,尤其是郑州的工业建设,正在一日千里地突飞猛进,这些都势必引起敌人的仇视,他们虽不断地给予严重的打击,但敌人决不会甘心他们自己的死亡,必然要想方设法进行阴谋活动。为此要求郑州市人民要经常地百倍地提高警惕,加强保卫工作,以保障郑州市人民生命财产的安全。①

欢迎省会迁郑的宣传工作,是通过各个方面以各种方式进行的。通过市人民代表大会党代会及决议的传达,通过工会、青年团、妇

---

① 《欢迎省会迁郑宣传提纲》,1954年,郑州市档案馆藏,档号:02-05。

联、工商联、区街政府等组织系统,通过报告员、宣传员、读报组、黑板报、电影院等形式进行了广泛深入的宣传工作,基本上达到了"家喻户晓,人人皆知"的效果,为欢迎省会迁郑工作创造了有利条件。①郑州市的宣传工作起到了良好效果,"经过广泛的宣传教育全市人民大都认识了省会迁郑是加强对全省工作的领导、更好地团结全省人民来完成国家社会主义建设的重大意义。大家都以郑州将成为省会感到光荣。因此,欢迎省会迁郑已经成为全市人民努力生产和工作的动力之一"②。

(二) 卫生准备工作

1. 医院接诊住院

为了做好迎接省会迁郑的卫生工作,郑州市卫生部门进行了认真的准备,"在省府即要迁郑的今天,卫生机关及全体工作人员必须迅速动员起来,组织力量保证上级机关干部的身体健康,是一件极为重要的政治任务,我们必须以战斗的姿态来完成,"为了保证迁郑人员的健康,郑州市卫生部门制定了以下工作计划:

(1) 接诊问题

公疗门诊部:每日负责内外科150名左右。

市一院:每日负责一般内外科100名左右。

工人医院:每日负责一般内外科50名。

市二院:每日负责小儿科共50名。

省二院:每日负责内外科及五官科100名。

公教医院:每日负责一般内外科100名。

妇产科:由妇产科医院负责。

急症:由黄河医院负责。

郑州市卫生部门对各医院做了接诊数字的大致分配,以便作准备,

---

① 《关于欢迎省会迁郑筹备工作情况及存在问题的处理意见的报告》,1954年,郑州市档案馆藏,档号:02-12。

② 《市人民政府公安局等部门积极加强交通管理迎接省会迁郑》,《郑州日报》1954年10月17日第1版。

并说明具体情况,等迁郑机关到达后,再由卫生科统一联系了解有哪些单位后,再按单位人数作具体分配。①

(2) 住院问题:郑州市卫生部门根据情况估计每月约有 100 至 150 人需住院治疗,而郑州市现有病床已经不足使用,因此,郑州市卫生部门要求必须一方面加速病床的周转和提高病床的使用率,在现有住院患者方面,能出院的尽量动员其出院,对一般市民及机关干部则严格掌握入院标准,不需住院的一定不让住院,可住可不住的则不住或缓住,如此才能保证新迁来的机关干部生病时能及时住院;另一方面积极扩充病床。市一院宿舍及增添的 80 张病床的预算已经获得批准,应争取在 9 月底前安装完成,10 月份能开始接收病人,为完成此项任务,暂调公放医院刘院长协助。

(3) 关于住院病人的分配:市一院要暂留出 15 张病床,收容一般内科,市二院留 5 张病床收治五官科,公放医院留 10 张病床收一般外科,直一院留 10 张病床收治较疑难的内外科,妇产科由妇产科医院留 10 个产床负责收诊,传染病由传染病院收治,并应准备出 7 张病床,在必要时收治重症肺结核。②

由此可见,郑州市卫生部门为了做好迎接省会迁郑的卫生工作,是做了认真准备的,为迁郑人员的身体健康提供了有力保障。

2. 街道卫生

郑州市卫生部门在街道卫生方面也做了充分的准备工作。

整顿市容,保持街道清洁卫生,迎接省会迁郑。郑州市卫生部门首先于 1954 年迎接省会迁郑期间,开展了以搞好街道卫生为主要内容的卫生运动。首先在群众中进行了较深入的卫生教育,整顿了街道卫生基层组织,统一坚持了各主要街道每日三洒两扫的卫生制度,郑州市卫生队还购置了一辆洒水汽车,每日出动于主要街道进行一次到两次的洒水作业,在 1954 年春季开展街道卫生运动中,又进一步巩固了以上这些

---

① 《迎接省府迁郑卫生工作计划》,1954 年,郑州市档案馆藏,档号:111-003。
② 同上。

卫生制度。郑州市卫生队调整了重要街道清理垃圾的工作方法，规定每日清理垃圾2次，洒水2次，以及改变了休息日（本是星期日，后改为星期三休息），整顿了肥田业合营社的组织，改善了草箱的使用方法，并加强了对街道卫生的督促检查。如此，街道上的垃圾能得到及时清除，污水脏物亦大为减少，街道卫生质量有了很大的提高，但仍低于省会城市标准。因而今后还得在此基础上继续提高。①

继续开展爱国卫生运动，消灭蚊蝇，防止夏秋传染病的发生和流行。郑州市卫生部门于1954年秋季开展了预防"流行性型脑炎"的卫生运动，在运动中发动群众填平污水坑，疏通河沟，翻缸倒罐，芟除了杂草，并重点对熊儿河、金水河及市区各污水坑蚊虫的繁殖场所进行了"六六六"药物消毒，共作业了2434289平方公尺。动员群众扑蚊灭蚊，减少了蚊虫的滋生，对预防脑炎和疟疾的发生起到了很大作用。在冬季又开展了以公共和环境为主要内容的爱国卫生运动，在运动中，结合群众的年节习惯发动群众进行了室内室外大扫除，对扑灭越冬蚊蝇起到了一定效果。继续开展的经常性与实效性的卫生运动，对减少蚊蝇、防止疾病传播收到很大效果，并改善了市容与环境卫生情况。②

加强对公共厕所及水井的卫生管理。郑州市卫生部门于1954年组织了工作组，对肥田业合营社进行了组织整顿，加强了对社员的思想和劳动教育，订立卫生公约及清粪制度，公共厕所每日至少清粪1次或2—3次；同时也进行了对公共厕所必要的"六六六"药物灭蝇、杀虫消毒，在春季卫生运动中对有影响居民卫生的公共厕所进行了必要的取缔和修整，1954年共改良厕所198个。在饮用水井的卫生方面，除对群众进行了水井的卫生条件与管理的教育外，由郑州市防站组织群众进行饮水漂白粉消毒工作，1954年共对356眼水井进行了消毒，防

---

① 《案由：整顿市容　保持街道清洁卫生，迎接省会迁郑》，1954年，郑州市档案馆藏，档号：02－16。

② 《案由：继续开展爱国卫生运动，消减蚊蝇，防止夏秋传染病的发生》，1954年，郑州市档案馆藏，档号：02－16。

止因井水不洁而传播疾病。①

加强卫生行业及食品摊贩的管理。郑州市卫生部门于1954年由防疫站会同文教局有关部门对卫生行业、影剧院进行了全面的大检查，发现通风设备不良者，提出改进意见，并要求剧院对供观众饮水用的茶碗做经常的消毒，并经常搞好场内卫生。对旅店业也要求加强管理，消灭臭虫及蚊蝇等，床铺被褥保持清洁，经过经常性的督促检查，订立卫生制度等，使旅店业卫生一般能达到客人住宿的清洁标准。此外还对饭馆及食品摊贩的管理进行了整顿，卫生组织、各卫生所组织训练了饭业人员及食品摊贩组长，并要求各种食品摊贩设防蝇设备，卖西瓜的必须设玻璃罩。由于加强了食品管理检查，出售腐烂水果、肉品的情况逐渐减少。对冷食业的冰棒、冰淇淋、汽水等也作了经常性的检查化验，牛羊乳做定期检查和化验，防止了掺水现象，同时也提高了乳品的卫生质量。②

加强疫情管理和调查，发现传染病患者及时进行隔离治疗。关于加强疫情管理和调查，郑州市主要采取了以下措施：1.因郑州市传染病院床位少，关于急性传染病"如天花、白喉、伤寒、脑炎"患者可送传染病院隔离治疗，一般的传染病如"麻疹、痢疾"可在家隔离治疗，集体发生传染病流行时，郑州市卫生防疫站可进行卫生消毒。群众及机关团体发生疫情时，应向街道卫生站或市区卫生部门报告。2.整顿了疫情组织。除市区12个卫生站外，又在郊区建立了25个卫生站，人员在市防疫站内抽调。3.专人专门作疫情管理和调查。由于郑州市卫生部门基本上掌握了疫情发展的规律，拟定了对策，采取了对各种传染病的有效措施，因而大大降低了各种传染病的发病率，1953年麻疹病率占全市总人口的62‰，1954年发病率则占全市总人口的36‰；1953年痢疾发病率占全市总人口的26‰，1954年发病率占全市总人口的17‰。

---

① 《案由：有些公共厕所及水井附近不卫生，应加强管理》，1954年，郑州市档案馆藏，档号：02-16。

② 《案由：加强卫生行业及食品摊贩的管理由》，1954年，郑州市档案馆藏，档号：02-16。

这一年的疫情调查、隔离治疗，大大降低和减少了发病率，如麻疹发病率降低了26‰，痢疾发病率降低了9‰。①

培养大夫充实诊所。由于郑州市尚不具备培养教育高级卫生人员的资格，因此，主要任务是帮助各企业单位的卫生人员提高技术水平。郑州市在1954年以带徒弟的方式为工厂、企业卫生机构培养了医师7人，医士5人，护士8人，护理员6人，化验员5人，联合诊所培养了化验员2人。与市卫协以业余集体学习的方式，以工厂、企业联合诊所医务人员为主要对象先后举办了31人、50人的俄文训练班以及44人的针灸训练班；1954年第一、二季度还先后以带徒弟的方式，在各工厂、企业卫生机构中抽出18名分别到市属各医院实习。②

为照顾下一代儿童身体健康，对儿童进行身体检查。郑州市还对儿童开展检查工作，主要是以集体儿童为对象，以防止疾病在儿童集中区传染和流行。郑州市卫生部门要求：1. 托儿所、托儿站、幼儿园，在收托儿童时，及受托后定期的身体健康情况，均由所在区人民政府卫生所负责，组织本区公私立医疗单位进行免费检查。2. 每年的国际儿童节时，全面地对各工厂、企业以及街道托儿站、托儿所、幼儿园的儿童，进行一次免费健康检查。1954年共检查儿童4900多名，其中包括市区托儿所、幼儿园、托儿站共50个单位的儿童，全郊区生产合作社的农忙托儿所的儿童，9个工厂企业单位的儿童。③

（三）交通管理整顿

为了适应省会迁郑后车马行人增多的情况，郑州市人民政府公安局等部门在郑州市欢迎省会迁郑委员会的统一领导下，从1954年6月中旬起开展了交通管理整顿工作，以保证车马行人的安全。在进行交通管理整顿工作中，首先开展了广泛的宣传。除各机关、团体、工厂、企

---

① 《案由：加强疫情管理和调查，发现传染病患者应隔离治疗》，1954年，郑州市档案馆藏，档号：02-16。
② 《案由：培养大夫充实诊所由》，1954年，郑州市档案馆藏，档号：02-16。
③ 《案由：为照顾下一代身体健康检查儿童身体由》，1954年，郑州市档案馆藏，档号：02-16。

业、学校、驻军向所属成员进行交通规则的教育外，又先后多次召开了相关人员（如司机等）和街道群众的会议。参加会议的人数有10万余人次。郑州市公安局还专门出动了2辆宣传卡车，用了5天的时间，在各主要街道上进行宣传；同时还印制了行人和车辆须知12万份。经过宣传之后，郑州市公安局、民政科、车辆管理所等又组织了95个检查组，抽查了机动车辆，考核了司机对交通规则的熟悉程度；经过调查，还动员群众拆除了严重妨碍交通的灰棚、席棚等666处。对妨碍交通的316户固定摊贩也进行了教育。为了避免儿童在街上玩耍，郑州市各区专门设立了儿童游戏场所。同时郑州市公安局交通队在整顿交通管理工作中，也组织交通警察学习北京、鞍山、汉口等地的交通管理工作经验，由此提高了交通警察的业务水平。此外还在人民路、西大街中段等处增添了5个岗位，在主要路口设立禁行、慢行等60多个标志，并规划了车辆禁行街道。

经过了一系列的工作，郑州市的交通管理工作得到极大地改进，绝大部分的车辆和行人都能遵守交通规则。郑州纺织机械厂汽车组的工人做出了遵守交通规则和保养汽车的保证；该组曾连续3个月没有发生过肇事事件。主要街道的群众也在原有居民组的基础上，成立了1800多个街道安全小组，订立了安全公约，互相监督遵守交通规则。① 经过郑州市公安局等部门的交通管理整顿，郑州市的交通工作有了很大的提高。

（四）市政工程建设

迎接省会迁郑的市政工程与建筑工程除原有市政工程继续建设外，主要还是新建工程。新建工程主要包括：省直区道路工程、上水道工程、雨水管工程、污水管工程、省直区菜场、省直区小学、消防队新址、派出所、铭功路戏院、德济路戏院、河南省人民剧院、郑州剧院，以及食堂、食品、缝纫、理发、自行车修理等门市部。随着省会迁郑日期的迫近，郑州市各项市政建设准备工作都在加速进行。新建工程从款

---

① 《市人民政府公安局等部门积极加强交通管理迎接省会迁郑》，《郑州日报》1954年10月17日第1版。

源到计划、地皮、施工力量等方面遇到较多困难,但郑州市政府组织力量积极筹划,加快工程进度。① 截至1954年10月份,自来水的干道工程已经全部完成,并进行过冲洗。下水道工程的雨水管、污水管、明沟也都即将完工。主要道路将灌柏油,一般土路正进行平整。省直区的绿化工程也正在进行,完工后将使未来的省会环境更加优美。除原有影剧院外,又新建了河南人民剧院、郑州剧院和德济路戏院,这些工程到1954年10月份即可完工。②

(五) 物资供应工作

为了迎接省会迁郑,郑州市工商行政部门和国营商业、合作社,正积极加强市场管理,有计划地组织货源,增设营业服务机构,加强物资供应工作。郑州市粮食公司在河南省直行政区设立了供应机构,按照国家计划供应的标准,开始供应细粮和粗粮。郑州市合作社联合社分别在省直行政区、商业厅工地、西工地、二里岗等地和市郊建立了菜栈、食堂、日用品百货和副食门市部20多处。河南省直区新建的餐厅,经过一个多星期的赶修布置,于1954年10月12日提前开业;这个餐厅可以同时供应200人的餐食。郑州市合作社联合社经理部与郊区青砦、前锋等9个蔬菜生产合作社先后签订了蔬菜供销结合合同;并与寿阳、定县、开封、商丘等地订了蔬菜收购合同。在岗杜新建的面积约640平方米的大菜栈,通过赶修地坪、油漆门窗,到1954年10月下旬即可开业供应。省直机关消费合作社布匹、百货、副食门市部已经于9月开始营业。市食品公司除在市区各门市部扩大了经营品种外,还在省府行政区菜栈内设立了肉类供应站,供应肉类。市煤建公司也在省直区设立了煤场,充分供应燃料,郑州市手工业管理局组织二七缝纫组、民主理发店和自行车修理组等分别在省直区设立门市部。与此同时,郑州市商业局还配合公安派出所加强了市场管理,重点整顿了菜市场,对各业零售商、小贩、摊贩进行了爱国守法和树立新的商业经营作风的教育。全市

---

① 《欢迎省会迁郑进展情况的报告》,1954年,郑州市档案馆藏,档号:02-03。
② 《郑州市人民积极准备迎接省会迁郑》,《河南日报》1954年10月14日第1版。

私营青菜水果行业已由市商业局会同市合作社联合社统一掌握建立了议价制度，取缔了蔬菜黑市场和黑户摊贩，保证了蔬菜价格的稳定。此外，还对 10 个重点行业的各种商品价格进行了审查；对纸烟零售商制定了纸烟承销手册，要求按统一零售价格出售。各有关部门积极调拨各种物资，准备冬令商品。①

三 欢迎迁郑委员会对筹备工作的检查与督促

为了及时把握筹备工作进度，督促筹备工作进行，郑州市迁郑委员会于 1954 年 6 月初抽调干部 20 人组成了办公室，并根据工作需要设立了秘书、供应、宣传、建设、交通卫生、市场管理等 6 个组。为便于与有关业务部门联系，采取统一领导、分散办公、定期汇报的办法。②

（一）早期进度检查

截至 1954 年 7 月底，郑州市欢迎省会迁郑工作已经开展了 1 个月，取得了一定成绩；为了督促筹备工作更好地进行，郑州市迁郑委员会组织了一次检查。

这次检查发现了一些工作中的问题，工作的开展是比较迟缓的，主要表现在指导私商转入服务行业上缺乏领导，抓得不紧、成效不大，比如酝酿已久的新建旅社、戏院未开工；国营贸易部门对"为省会服务"的观点不够明确重视，因而缺乏积极主动精神，比如在省直区筹建服务性质的门市部（如食堂、缝纫、理发等）直到 7 月初才着手组织和筹划修建；早经确定的派出所、消防队工程还未动工；市场管理不深入、不细致，有走过场的现象，比如菜市场的摊贩仍到处流动叫卖，街道摊贩多未做到明码交易，总之，市场上新的商业道德、新的经营作风还未明确建立起来。交通管理上虽然做了较多的工作，抓得比较紧，但因拘于开大会、发传单，没能深入系统地了解群众思想状况，发现问题，有

---

① 《郑州市加强市场管理增设营业机构　为省会迁郑后的物资供应做好准备》，《河南日报》1954 年 10 月 19 日第 1 版。

② 《欢迎省会迁郑进展情况的报告》，1954 年，郑州市档案馆藏，档号：02-03。

的放矢，并真正把群众动员起来，依靠群众管理交通秩序。所以整顿交通期间仍不断发生肇事事件，群众共同维护与遵守交通秩序的风气还未形成，各区儿童游戏场所到 7 月底为止一处还未建立起来，造成工作开展迟缓。任务完成不够好的主要原因是办公室工作不深入，抓得不紧，缺乏检查，而且本身业务较忙，因而多数小组领导陷于无人负责的自流状态；也有些单位"为省会服务"的思想还不明确，所以在配合欢迎省会迁郑的筹备工作上也不够主动积极。

根据在检查中发现的问题，郑州市迁郑委员会提出了以下工作改进意见：其一，改善领导方法，首先是加强各组工作的领导，为保证如期胜利地完成欢迎省会迁郑的筹备任务，必须进一步加强领导。特别要纠正小组工作无人负责的自流现象，具体办法是各组找出主要负责人，切实负起责任，把小组工作抓起来；虽然主要负责人不能把全部精力投入这一工作，但也须抽出一定时间听取小组汇报、研究布置工作，各组从各单位抽出的专职干部，务必集中办公（特别是市场管理与供应组），不得不经办公室批准而随便将干部调走或分配其他工作。其二，各小组的工作方法，应当全面，不得偏离，也不应互相推托，不负责任，组与组之间应密切配合，如指导私商转入服务行业时供应组应该抓起来；交通卫生组不应只抓交通秩序宣传，忽略环境卫生与非法建筑；而摊贩的取缔工作方面，市场管理组不仅抓市内摊贩坐商的整顿，而更主要的是配合交通卫生组、供应组作好省直区车站等处摊贩的动员取缔工作与指导私商转业工作；建设组除完成已定建筑任务外，还必须把新发展区的建筑严格控制起来。

同时郑州市欢迎迁郑委员会还提出了几项主要工作要求：首先市政工程与新建工程，必须按期完成和迅速筹备动工，为此责成建设组应做出统一布置，统一领导施工，督促与检查建筑单位积极筹建；要求市政工程与已开工工程，如期完工。尚未动工的消防队、派出所、理发店、缝纫店、食堂的门市部、戏院等新建工程，必须在 1954 年 8 月上旬动工，各区儿童游戏场所也应督促其在 8 月上旬建立起来。同时必须做好新发展区的建筑管理工作，对省直区的摊贩，应根据市场需要、摊贩个人情况进行分类排队，在作好思想教育工作的基础上，分别动员迁移和取缔；在此工作进行的同时，国营贸易的供应必须跟上去加以代替，整顿私商经营作风时应进行深入细致的工作，要追求实效，避免走过场现象的出现；并且要一面整顿，一面注意巩固；交通整顿要求深入一步，充分发动群众，依靠群众，造成群众性的自觉遵守与维护交通秩序的风气。供应组除应将在省直区筹建的门市部动工建立起来，还应积极组织货源，保证供应，特别是菜蔬等副食品的供应。① 欢迎迁郑委员会的检查，及时发现了工作中的缺点，并且进行了改进，这有利于筹备工作的进一步开展。

(二) 中期进度检查

到1954年9月，欢迎省会迁郑筹备工作已进行了将近4个月的工作。郑州市迁郑委员会办公室为了全面做好筹备工作，进行细致入微的深入检查和更细致入微地解决一些具体问题，更好地达到"保证安全，保证供应"的要求，又组织力量进行一次系统的检查。这次检查本着使条条块块聚集地配合起来，一边检查，一边解决问题，以便如期完成省会迁郑的各项筹备工作任务的宗旨。这次检查主要发现的问题有：

1. 市政建筑工程的主要问题出现在下水道工程，后者直接影响着土路工程的完成，同时自来水工程近半个多月来没有取得进展。由此要求建设组要组织力量，深入各个施工区进行检查，找出建筑中存在的主要问题，提出解决问题的意见和完成各个工程的时间。

2. 供应工作：主食品的供应必须做好杂粮调剂以及加工面粉的工作，做到保证按计划供应。副食品的供应方面除保证食品及消费用品的供应以外，相关部门还应大力组织蔬菜货源，以保证不同品种蔬菜的供应，如目前豆芽、豆腐的供应出现了排队现象，郑州市商业局、合作社应尽快了解生产能力，组织生产加以解决。市商业局、合作社和粮食公

---

① 《欢迎省会迁郑进展情况的报告》，1954年，郑州市档案馆藏，档号：02-03。

司具体研究组织烧饼加工，或增加熟食业户以解决熟食市场的供应紧张现象，食品公司不但应在国家统一的计划下实行猪肉的半计划供应，同时也应按计划供应鱼类及其他肉类。手工业管理局还应考虑如何再组织一些洗染业到省直区经营，以满足省直机关的需要。煤建公司应尽快同建设局联系，在省直区确定地址设一供应站。除此以外，省直机关家属住房也是问题，出现了省直机关干部来郑通过私人关系找房，各单位应一面了解通过私人关系找房子的有多少，将其报告欢迎迁郑办公室，一面由房管处控制全市的住房，以便逐步解决省直单位家属在郑州市的住房问题。

3. 市场管理工作：要抓几个主要服务性行业，进行一次系统的检查教育，细致地解决一些具体问题，针对旅店业存在的到车站叫喊接客人的现象，应通过行业内部进行整顿。还需根据合作社照相价格对私营的照相价加以审查调查，对熟食业的细食（包括炒菜、糕点等）质量要审查定价。对自行车修理、机器修配、钟表等行业进行整顿，将保证不偷工减料列入爱国公约，若发现偷工减料，则抓住典型以法律观点通过其行业进行处理，以达到教育多数的目的。从郊区到市里卖土产品的农民，不但有碍市场管理，同时也直接影响市里的交通秩序，郊区应将教育农民把土产品卖给合作社作为长期工作，若发现有个别农民出售国家统售的农产品时，应将其交给当地政府处理，以达到教育其他之目的。另外，市商业局协同郊区应尽快列出哪些农产品允许到市里卖，哪些不允许到市里卖，同时列出允许出售农产品的市场。

4. 街道工作：群众对欢迎省会迁郑虽然有了一些认识，但在实际思想上认识得还很不充分，故此要求各区（找出专人负责），分局除做好治安工作、保证安全外，还应首先进行宣传，做好群众的思想动员工作，使群众真正认识省会迁郑的重大意义。其次要做好交通秩序和卫生的宣传工作，让群众以这些实际行动迎接省会迁郑，不但自己模范遵守，还要监督检举别人，对违反交通规则的必须按《郑州市违犯交通规则暂行罚则》交公安部门处理。市公共汽车公司应尽快调整汽车流动时间,以免车辆同时到街头妨碍交通。应将街道过时的标语用石灰(费用由国庆节筹备委员会大会秘书处开支,各区最多不得超过5万元)刷洗干净,发动群众写上新的内容(内容由国庆节筹备委员会大会秘书处印发),整洁市容观瞻。针对交通卫生等工作,应按过去办公室和卫生科、公安局所发的具体办法加以研究,结合实际情况,把宣传交通秩序搞好,将卫生运动推向高潮;同时要协同交通队、市场管理组对摊贩加以管理,使其食品清洁卫生,不准售卖腐烂食品。关于铭功路北段小市场桥北、东门外、南门外、城墙下、西沙口路上、二里岗公路上等处,农民群众集有很多粪堆这一问题,市政府限18日将粪堆迁郊区,限期已逾但大部粪堆仍未迁,因此,又于9月21日通告,限9月27日前迅速迁出,若再逾期不迁,由市卫生部门统一搬运处理,郊区应协助通知各乡农民迅速搬运,对有碍交通的摊贩则动员其迁移,真正迁移有困难者,可给予适当辅助,帮助其迁移。人行道上要禁止摆摊、歇担、堆物做活、演玩艺、集会、乘凉睡觉等行为,工商户的货物不应突出门外而侵占人行道,此外,应尽快把农民盲目流入城市的数字统计上报并加以遣返,管家犬打野犬工作应尽快完成。

5. 各工厂、工地、机关虽然对欢迎省会迁郑工作进行了宣传,具体地贯彻了交通规则及搞好环境卫生,但从实际情况来看,各工厂、工地、机关的工人干部仍有不少违犯交通规则和不遵守群众卫生制度的现象,因此除交通、卫生方面应组织力量检查外,报纸上还应有一定篇幅进行宣传,或找出典型进行讨论,推动交通卫生工作的开展。

6. 为了做好省会迁郑的接待和运输工作,成立接待运输组,由交通处尚处长和交际处雷处长,搬运公司朱经理、铁路分局一人,分别担任正副组长,负责接待和组织运输,在会后由尚处长负责召开本组会议,研究今后接待运输工作。①

由于河南省直属机关即将迁郑,所以中期检查工作也更详细、更全

---

① 《欢迎省会迁郑筹备工作进展情况与今后工作的要求》,1954年,郑州市档案馆藏,档号:02-11。

面，对于工作中存在的问题及时发现，并进行督促，以期更好地完成筹备工作。

(三) 后期检查

由于一些单位已经提前迁郑，以及省委省政府主要机关即将迁郑州，后期检查除了对省会迁郑的工程进度进行检查督促外，主要的是找存在的问题并提出意见，找出解决的办法。这些问题及其解决方法主要是：

1. 供应方面：（1）副食品供应：糕点、酱菜、干菜等货物还不充足，决定由市合作社负责迅速进货保证供应，并1954年10月10日前在省直区充实市场。鸡鸭鱼肉蛋类由食品公司在省直区设门市部供应，1954年10月9日前开始营业。（2）煤的供应，决定由市煤建公司在省直区设煤厂保证在1954年10月10日前开始供煤。（3）省直机关的零星家具供应问题：如笤帚、勺子等零碎物品的供应，过去未准备，决定：市合作社急速筹备供应。合作社一时不能经营的货物由私营供应，由商业局加强管理，防止乘机抬价。请省直机关能自备一批用具，百货、文具、痰盂等由百货商店供应。各单位公用大批布匹，由花纱布公司供应，购取时须有机关介绍信说明用途。

2. 服务行业：过去虽已组织妥但尚未开业，由于省直机关即将迁郑，因此理发店、自行车、修理店、缝纫洗染店，由手工业管理局负责保证在1954年10月10日前开业。浴池迅速把一池扩建工程建完。

3. 副食品的品种价格问题：目前蔬菜数量足够供应，但品种过少，完全满足不了需要。已组织货源不日即可上市，可逐步解决。（原因是本地菜不够用，外地订立合同多因灾情不准外运），这点须请省直机关多向干部说明和解释才好。关于省直机关反映本市物价高特别是副食品贵的问题，我们正在调查了解贵的原因，弄清后研究解决，不能急于降价，这是一个较长期的问题，做不好影响很大。这点亦须请上级向省直机关解释，以免干部的不满。

4. 交通秩序公共卫生仍不够好，交通事故不断发生，自1954年9月底郑州市即进一步发动群众讨论执行交通规则，注意公共卫生，制定爱国公约（交通、卫生），互相勉励、互相监督，保证交通规则、城市卫生的贯彻执行，现正在深入开展中，初步了解较前期更有改进。

5. 省直干部来郑市赁房问题，我市过去住房问题即很紧张，当省会迁郑之际，且又当城市建设快速发展的时期，现在还不能满足干部住房要求。最近已有省直个别干部来市内赁房，房屋管理机关和各区无法掌握，因此，请与各机关分别说明解释一下，不然会引起混乱，房主趁机抬价。

6. 省直区售火车票问题：根据已来郑之机关反映"每星期六不少干部要回开封，省直区离车站太远。要求解决售票问题"。经与车站联系，提出两个处理意见：（1）在省直区设代售处（将来由河南饭店设专人代售），但事先应告诉车站大概人数。（2）流动售票直接由郑州车站于每周六下午派专人到省直区售票。也必须事先有个概数，不然会影响整个客运计划。我们和车站意见以第一个意见为好。

7. 关于用电话问题：（1）目前没号码拨打电话有困难的问题，因为市区电话号码早已编妥，专等省直迁来后编好付印，目前可以询问电话局查号台解决问题。（2）长途电话问题：凡已装电话户，可填写接通长途电话申请书，由邮电局登记以后即可使用长途电话，月底清结账目，现市邮电局已命省直区支局办理此项业务，各单位可直接与之联系。

8. 省直机关用泥水工、木工、普工问题：因各机关来郑后情况不熟悉，雇工不易，因而决定由市劳动局（调配处）负责解决，办法是：（1）用工单位持介绍信去劳动局，说明工程时间，劳动局即为及时调配。（2）用工单位必须用工之前1日上午通知劳动局，次日上午即可调去，如前1日下午通知则于通知之第3日上午调去。（3）各用工单位必须保证用工时间，用完后送回，不应乱拉乱转防止混乱，以便统一有计划地调配。

9. 为了更好地解决省直机关来郑后工作之方便，我们拟把有关情况写一"情况介绍"发往省直各单位参考。交通运输问题：（1）公共汽车：由车站到省直区仅有公共汽车，省直干部下车后即可坐，车去省直区为避免混乱起见，请省迁郑办公室每人发给车票一张，以资证明见票后准坐车。（2）搬运家具：由市搬运公司统一承运，在车站设有专门登记站办理搬运手续，为了简便起见，用车单位必须持其机关说明信以便记账，当时算清搬运数量，事后结账算运费。①

同时为了了解已经迁郑单位的意见，更好地做好筹备工作。郑州市迁郑委员会以华副主任为主以及几位负责同志于1954年9月30日上午亲赴省财委、省粮厅、省劳动局等省直单位进行联系，并征求了迁郑后对郑州市筹备工作的意见。根据迁郑单位的意见汇总，迁郑单位对主食、菜蔬以及其他副食品的供应都很满意，但也还存在一些问题，主要问题有：

（1）三轮车问题，价格过高（如从二七广场至省府工地需6000至8000元②），虽有公共汽车，但由于省直单位下班集中，尚不能解决问题，故感到交通不便。（2）电话不方便，各单位普遍感觉电话不好要，有的说，在开封一要就到，在郑州很长时间要不通，这个问题市内也有同样感觉，不知是设备问题还是邮电局话务员的工作问题。（3）洗衣服问题，因省府工地没有洗衣局，洗衣解决不了。（4）交际处房子问题，因省会迁郑后，交际处招待之房子已不敷应用，省财委主任意见，准备以交际处宿舍与百货商店调换。（5）文化娱乐与购买火车票问题，特别是近日文娱场所更感不足。火车票主要是郑州车站车票不好买，而省府工地又无售票机构。（6）百货商店文具的品种不全，不能满足需要，有的单位只得到开封去购买。③

郑州市迁郑委员会对这些意见进行详细了解，以便及时解决，改进

---

① 《关于欢迎省会迁郑筹备工作情况及存在问题的处理意见的报告》，1954年，郑州市档案馆藏，档号：02-12。
② 为人民币旧币。
③ 《为报告省直单位迁郑后对我市的意见由》，1954年，郑州市档案馆藏，档号：82-07。

工作，使迁郑单位满意。

由于河南省委省政府即将从开封迁郑州，此次检查与督促更为全面和具体，多涉及一些细节问题。对于以往工作中存在的一些问题尽量查漏补缺，尽量使工作做得更加完善，以便使河南省委省政府顺利迁郑。

四 郑州市民众对筹备工作的积极响应

郑州市的筹备工作得到了郑州市民众的积极响应。他们在各行各业努力工作，以实际行动配合迎接省会迁郑的筹备工作。

郑州市人民在省会迁郑的鼓舞下，从各方面来加强自己的工作，迎接省会迁郑。直接参加省直行政区基本建设的工人们，曾推广和创造了许多先进工具和工作方法，加速了工程进度。省建公司水电工程队王安理、傅和荣所在的两个小组提前108个工作日完成了河南饭店管子安装任务。全市工人积极展开增产节约运动，以争取完成和超额完成国家计划的实际行动迎接省会迁郑。郊区农民们积极开展以互助合作为中心的农业生产运动，并扩大蔬菜生产，欢迎省会迁郑。青砦蔬菜生产合作社1954年11月份种大白菜就比原来计划增加了20亩。张家门农民张维魁带动群众开荒地20多亩，全部种了蔬菜，支援省会迁郑。郑州车站供应社工人们不但保证做好省会迁郑家具在郑卸车的任务，还派人到开封帮助家具装车。本市搬运工人和其他服务行业都积极投入到迎接省会迁郑的工作。市公共汽车公司开辟了省府经"二七"广场至车站的专线。街道群众为迎省会迁郑，改善了公共卫生和交通秩序。①

为了迎接省会迁郑，郑州市公共汽车模范乘务员说："近几个月来，我们公司全体员工都紧张地进行工作。如在省会迁郑期间，车辆大、中修期间到了，为了满足乘客需要，不影响出车，机械师潘月华便和司机研究，用简便的办法磨凡带，暂不大修，使车辆能够再跑好几个月。为了省直机关交通的便利，9月间我们就开辟了由'二七'广场至省直区

---

① 《我省省会已迁来郑州》，《郑州日报》1954年11月1日第1版。

的线路，最近，又将这条线路向西延伸到火车站，并增加了一辆车。现在，我们公司各小组又互相挑战应战，热烈开展工作竞赛。"①

郑州市人民政府公安工作模范说："在省会迁来郑州以前，我们队里每个同志都提出了保证，表示要以自己的实际行动，做好本身工作，为了迎接省会迁郑，我们抽出专人组织检查组，整理交通秩序和清除交通障碍，增加副岗，并且取得工商联和摊贩联合会等单位的配合，对摊贩进行了整理，抽出专人深入工厂、工地，进行交通规则的宣传，这样，就使我们的交通秩序有了一些改善。"②

为了迎接省会迁郑，郑州市食品公司第二门市部全体职工经过热烈讨论，提出保证："首先，要以新的营业作风为省会服务。每个营业员同志都保证做到三快：回答客人快、货物拿得快、算账快，并做到熟悉商品牌价、规格、用途等，对商品有问必答，态度和蔼，使顾客满意。在商品陈列上，我们把同一类的商品按质量、价格依次排列，使顾客能够一目了然地选着合意的商品，并且事先做到详细检查，不把变质的商品卖给顾客。在商品保管上，决心做到卫生、安全、方便，每晚检查一次，不使国家财产遭受损失，并保证商品不脱销。同时，我们要严格遵守劳动纪律，利用空余时间及时整理商品、清结账目、打扫柜台，做到随卖随清，提高工作效率。省会迁郑给我们带来了工作上的无比的热力，我们一定要做好工作，加强团结，为省会人民服务"。③

郑州国棉二厂工人说："由于省会迁郑，全省工农业劳模在郑州聚会的机会也必然增多，这对我们吸收各地先进工作经验，也有很大的便利和好处。我们厂里的工人在省会迁郑的鼓舞下，精神百倍地投入了增产节约运动，取得了一定成绩。我在学习先进的自动接头加捻法中，基本上完成了自己的保证，第一天我一分钟接头 16 个，空头没有超过 3 个，第三天一分钟接头 20 个，空头没有超过 1 个；但是，接 22 个头

---

① 《我们要供应省会更多的蔬菜》，《郑州日报》1954 年 11 月 2 日第 3 版。
② 《维护乘车秩序，保证安全行车，做好交通管理工作》，《郑州日报》1954 年 11 月 2 日第 3 版。
③ 《以新的营业作风为省会服务》，《郑州日报》1954 年 11 月 2 日第 3 版。

中，小疙瘩不超过 3 个的保证我还没有完全做到。今后我要继续努力，争取完成各种保证。"①

郊区前锋第一蔬菜生产合作社表示："省会迁到郑州，一方面可以使我们的工作更直接地得到上级的领导，另一方面我们又担负了为省会服务的光荣责任。所以，我们社的全体社员都决心把蔬菜种好，来供应省直领导机关工作人员、工厂、工地的工人老大哥和全市人民的需要。秋季，我们社里扩大了菜田，并且把各种蔬菜轮流下种，好让鲜菜不断地上市"。②

华乐剧团演员表示："省会迁到郑州了。今后，郑州市不仅是国家建设的重点之一，而且成为全省政治、经济和文化的中心，这是全省和全市人民的一件大喜事。和全市人民热烈欢迎省会迁郑的同时，我们团根据"为生产建设服务，为劳动人民服务，为省会服务"的方针，积极制定了新的工作计划，赶排了"秦香莲"、"志愿军的未婚妻"等新的剧目，来迎接省会迁郑。为了迎接省会迁郑，我团全体同志一致提出保证，要苦学苦练，提高表演艺术，有计划地排演出更多更好的新戏，以满足省会人民日益增长的文化生活要求"。③

私营工商户认为省府迁郑后，郑州市变为河南的政治和商业中心，人口增多，市场会更趋繁荣，本身业务肯定看好，并表示出以爱国守法准备物资供应市场来迎接省府迁郑。如时货业天成号宋鸿举说："省府迁郑，郑州市便成为河南的政治中心，市面会更趋繁荣，我的业务也一定会搞好，我们应充分筹备货物明码出售来供应市场"。④

河南省会由开封迁往郑州，得到了郑州市民众的热烈拥护，他们在各行各业努力工作，以自己的实际行动来支持郑州市欢迎省会迁郑的筹

---

① 《努力学习先进经验提高生产》，《郑州日报》1954 年 11 月 2 日第 3 版。
② 《我们要供应省会更多的蔬菜》，《郑州日报》1954 年 11 月 2 日第 3 版。
③ 《排演更多的新戏，努力满足省会人民的文化生活要求》，《郑州日报》1954 年 11 月 2 日第 3 版。
④ 《了解工商户对省府迁郑的认识思想情况总结分三个类型》，1954 年，郑州市档案馆藏，档号：30 - 19。

备工作，这也是郑州市筹备工作顺利完成所必备的群众基础。

五 省会迁郑筹备工作的基本完成

随着1954年10月30日河南省直属机关由开封迁往郑州市，省会迁郑的筹备工作基本完成。郑州市于1954年6月份成立了欢迎省会迁郑委员会负责筹备工作，并设立了专门的办事机构（欢迎省会迁郑办公室及所属各组），制定了详细的《关于欢迎省会迁郑的筹备工作方案》，在郑州市第一届人民代表会议上通过了决议，根据这个筹备工作方案报告及决议，在郑州市人民中开展了广泛深入的宣传教育，为欢迎省会迁郑工作的顺利进行打下了坚实的思想基础，筹备工作取得了郑州市社会各界的大力支持，郑州市各职能部门对物资供应、文化设施、交通卫生、治安保卫、社会服务和省会新址的市政建设、搬运安置等做了一系列的工作，基本上完成了欢迎省会迁郑的任务，使河南省级领导机关在预定时间能陆续顺利地迁到郑州市，基本上达到了"保证安全，保证供应，增强团结"的预定目的和要求，顺利完成了筹备工作。

欢迎省会迁郑的各项筹备工作，是在郑州市欢迎省会迁郑委员会统一领导下，由郑州市各业务系统（包括各相关单位）分工负责着手筹备的，在省直机关迁郑后，其完成情况如下：

一、宣传工作：通过郑州市委第九次党代会关于"为生产建设服务，为劳动人民服务，为省会服务"的方针任务的传达，通过第一届市人民代表大会第一次会议的代表，向全市人民群众做了"关于欢迎省会迁郑的筹备工作方案报告及决议"的传达，同时以各种形式在群众中进行了深入宣传，结合讨论，并以"欢迎省会迁郑宣传提纲"在全市范围内进行了全面的教育，市民修订了爱国公约，并进行了欢迎省会迁郑要加强团结、讲礼貌的教育，使全市干部群众充分认识到省会迁郑是为加强全省工作的领导，特别是加强工业建设、城市建设和农村工作建设的领导，加强全省团结的重大措施，它标志着全省的领导重心将进一步由乡村转向城市，由农业转向工业，它是推进社会主义的重大决策，是全省人民的一件大事，也是郑州市人民的一件大事，同时还进行了公共卫生和交通秩序的宣传，仅郑州市公安局印的"行人须知""自行车行驶须知"等宣传品就达到了5万份，欢迎省会迁郑工作的宣传基本上达到了家喻户晓，人人皆知。

二、供应工作，是按各业务系统分工进行的。在主食品供应方面，粮食公司在省直区设了门市部，伙食单位或家属均按国家计划分配品种保证供应。合作社在省直区设立了百货、布匹、食品、副食和菜场、食堂、照相馆门市部，煤建公司在省直区设立了煤厂，保证了燃料的供应；手工业管理局亦组织了理发小组、自行车修理小组、缝纫和洗染等小组在省直区设立门市部；搬运公司设立了登记站，便利和满足省直机关的需求；自1954年9月1日在省直区开辟了公共汽车专线，经省迁郑办公室同意在河南饭店设立了火车票售票所；省直区小学建设已按照计划提前完成，但因学生少无法开学，市文教局给省银行、联合社、邮电局合办的子弟学校联系，解决了省直干部70多个学生的上学问题；为了满足省会迁郑后流动人口增多所带来的需求，增设了河南人民剧院、郑州剧院和天声剧院；合作浴池在原有的基础上扩建了将近200个座位；商业局动员转营旅社，其中尚有5户正在筹备暂未开业。合作食堂从1954年6月到11月增加7处，扩大了业务供应范围，为保证蔬菜供应，郊区在1954年组织开展了10个蔬菜生产合作社，扩大了2488亩菜田面积，每年可增加995万斤蔬菜，还准备发展60个蔬菜生产合作社，可增加3600亩菜田，生产1440万斤蔬菜。此外，在力所能及的范围内，给省直机关准备了两处共245间房子，以备干部或家属需用。

三、市场管理工作：为了加强市场管理，改造私商的经营作风，首先在私营商店行业和摊贩当中贯彻了明码标价的政策，在10个重点行业进行了整顿，对卷烟零销商贩实行了平销平价，对照相、熟食、洗澡等行业的价格进行了适当的调整，并初步整顿了钟表、自行车修理、钢笔修理等行业的经营作风，通过大会处理和自查相互检举揭发，处理了一些违法分子，修订了爱国公约。其次，取缔了西北哨口的黑市，堵塞了蔬菜市场上没牌照摊贩抢购的漏洞，对私营菜行建立了议价制度，保证了蔬菜市场正常供应。再次，在摊贩中提出实行四挂"挂爱国公约、牌照、卫生公约、明码价格"，三利"买主利、卖主利、交通利"，取缔三小"小车、小篮、小挑"，对有碍交通的摊贩进行了有效管理；经过治理，大街上的流动摊贩已大大减少，大都有了固定地址或到背街小巷，对南菜市和惠工街菜市做了迁移，车站口的摊贩向后做了移动，省直区的10多户摊贩全部进行了迁移，便利了交通，改善了省直区周围的秩序。

四、交通秩序和治安保卫工作是在"保证安全"的要求下进行的：首先在省直区建立了第一直辖派出所，对省直区周围10个自然村进行了户口管理。市内的社会治安工作也作了相应的加强。交通秩序方面，向全市群众普遍进行了宣传，召开了3次全市司机人员会议，集中学习了交通规则，还召开了全市有代表性的群众大会，对情节重大有教育意义的典型事件进行了处理。规定了超高超长物资运输时间与汽车、汽马车行驶路线，并决定二七广场中央道停止人行，还在各区设立了儿童游戏场所8处，减少了大街上儿童乱跑肇事现象，同时对交通警进行了训练，提高了指挥技术，经过这些措施，交通秩序正常有改进。另外还迁移了有碍交通的广播器，对全市有碍交通的212处建筑物进行了动员拆建。

五、卫生工作：继续开展了爱国卫生运动，迁移了部分的粪场和粪堆，街道建立健全了卫生洒扫制度，并组织了检查组修订了爱国公约，还增加了垃圾箱，实行了分片包干，一日两清扫制度，加强了环境卫生。对食品饭馆业进行了检查和管理，动员车站内外的132户摊贩增加了卫生设备，改善了食品行业的卫生环境；市内各医院在原有的基础上扩大了病床数，以满足省直单位人员迁来后的医疗需求。

六、市政建设工程：省直区的全部市政建筑在全市市政建设方面，占着重要位置。其中自来水工程和菜场工程已全部完工，1954年11月5日统计下水道工程（包括污水管）完成计划的86.7%，柏油路工程完成计划的85.6%，土路工程完成计划的31%，总计完成计划的81.75%，仍有部分尾工须抓紧完成。

最后，为了迎接省直机关迁郑，郑州市自1954年9月起成立了接待搬运组，并在二里岗和河南饭店设立了招待站，保证了接待和搬运任务的顺利完成。

郑州市的筹备工作虽然基本顺利完成，但严格检查起来，仍然存在不少缺点和问题。首先是由于预见性差，对省会迁郑及可能引起的变化认识不足，调查研究不够，所以有些问题考虑得不全面，解决得不及时，工作跟不上发展需要。如供应工作，虽全力做了筹备，但还有些品种象痰盂、笤帚等物品没有及早准备齐全；再如应该及早准备三轮车到省直区服务，但因为先前估计不足，整顿工作开展较迟。其次是宣传教育工作、交通、卫生、市场管理等工作也不够深入和巩固。鉴于仍有一些不足之处，迁郑委员会认为"任何认为省会已迁来而万事大吉的思想都是错误的，一定要使此项工作做到完美结束，并使一些工作逐步转向经常"①。为此，郑州市迁郑委员会要求一些没有收尾的工作尽快完工：

> 其一是市政建筑当中污雨水管工程有13.3%没有完成，污水处理场也没有完工，影响到抽水马桶不能使用，另外柏油路工程有1.4%，土路工程有69%还未完成，它直接影响了路坪和绿化，影响了省直区的卫生，要求建设局应抓紧完成，保证省直区的需要和美观。
>
> 其二是在供应服务工作上。其主要问题是省直区没有三轮车和搬运公司登记站的地点不集中；食品公司设的点和合作社的业务有些重叠，浪费了人力。省直区没有浴池和娱乐场所。没有三轮车和搬运公司登记站不集中的问题，要求由交通处和搬运公司加以组织和迁移，迅速予以解决；食品公司在省直区的供应业务交给合作社办理，由其包干负责保证供应，关于浴池和娱乐场所的建

---

① 《郑州市欢迎省会迁郑工作总结报告》，1954年，郑州市档案馆藏，档号：02-13。

立，由于力量所限，短时间内还不能解决，需向省直干部加以很好的解释。①

除了继续完成一些没有完成的工作外，继续提升郑州市民的精神文明程度仍然是一项艰巨的任务，郑州市是从一个小县城迅速发展起来的，市民的精神文明程度还达不到省会城市的标准。物质财富可以依靠国家的投资迅速增长，但市民精神文明程度的提高却不是一蹴而就的事情，它需要一个长期的过程，这就需要郑州市政府的持续努力与市民的积极配合；欢迎省会迁郑的整顿工作是一个良好的开端，为此欢迎迁郑委员会要求一些精神文明层面的工作应转变成经常性的工作：

第一是卫生工作，郑州市欢迎迁郑委员会认为环境卫生工作没有做好，苍蝇很多。原因是主管部门没有当作主要工作去做，没有深入发动群众，对解决具体的问题也做的不够，为此要求应继续开展群众性的爱国卫生运动，使还未养成讲卫生习惯的人切实改变或受教育，并建立与坚持分片包干、人人下手、重点检查、相互监督的制度，经常保持清洁预防疾病发展或蔓延。

第二是市场管理工作，对私营工商业者和摊贩应积极加强爱国守法教育。加强市场管理，以推动私营工商业的社会主义改造。对旅馆应进一步加以整顿，拟出等级的标准，结合劳动局等有关单位对其不合理的工资等制度给予适当调整。对熟食价格和规格质量应作一次整顿，打击违法现象。继续加强对摊贩的管理工作，继续整顿混乱现象，并应建立起市场管理的经常性的检查制度，切实执行市场管理办法和摊贩管理办法。树立为省会服务的观点，逐步纠正各种混乱现象。

第三是国营商业和合作社等经营单位工作人员的服务态度问

---

① 《郑州市欢迎省会迁郑工作总结报告》，1954年，郑州市档案馆藏，档号：02-13。

题，还有不少缺点。今后这些单位应把服务态度和工作作风作为经常生活会的检查内容之一，积极改善服务态度，继续贯彻为省会服务，为全省人民服务的方针，以实际行动开展增产节约的运动。

第四是遵守公共交通秩序及尊重社会公德，爱护公共财物等，有关群众性的社会习俗问题，还需要经过一个长期的过程才能较好的解决。从干部到群众对遵守交通规则维护交通秩序的重要性认识还不够，主管部门依靠群众思想还不牢固，发动群众不够，因此当前全市交通秩序还不能适应省会需要，必须坚持经常性教育的方针，发动群众，依靠群众，造成群众性的运动，使广大群众自觉的遵守交通规则，维护交通秩序，尊重社会公德，爱护公共财物，养成老老实实，勤勤恳恳，互勉互助，简朴整洁，团结友爱和有礼貌的社会风气。①

省会迁郑的筹备工作虽然基本完成，但这只是暂时的，要真正使郑州符合作为一个省会城市的标准，许多工作要常抓不懈，比如群众遵守交通秩序、遵守社会公德，市场管理以及城市清洁卫生等，只有符合这些精神文明的标准，才能使郑州市真正具备成为省会城市的要素。因此在1954年11月2日上午，郑州市欢迎省会迁郑委员会在郑州市政府会议室召开了第二次委员会议。会议听取了市欢迎省会迁郑委员会办公室关于欢迎省会迁郑工作的总结报告。会议认为欢迎省会迁郑工作的确取得了一定的成绩，但是，由于省会迁郑所引起的重大变化，必须继续做好这项工作，防止麻痹大意松一口气的情绪，以适应省会迁郑后的需要。因此，应该结合各种工作，对全市人民进行深入的宣传教育，以逐渐形成遵守公共秩序、注意清洁卫生、尊重社会公德和团结友爱的社会风气。② 可见，郑州市对提高市民的精神文明程度已十分重视。

郑州市经过几个月的紧张而又有条不紊的筹备工作，保证了河南省

---

① 《郑州市欢迎省会迁郑工作总结报告》，1954年，郑州市档案馆藏，档号：02-13。
② 《欢迎省会迁郑委员会举行会议》，《郑州日报》1954年11月3日第2版。

直机关顺利由开封迁郑州。这些工作的意义在于：

第一，郑州市的筹备工作基本达到了目的，保证了河南省会由开封顺利迁郑州。郑州市对筹备工作极为重视，专门成立了筹备工作的领导机构，即欢迎省会迁郑委员会。在欢迎省会迁郑委员会的领导下，郑州市做了大量的筹备工作，包括积极宣传、市政建设、整顿交通、保障物资供应以及适应省会搬迁的各种服务工作等，使河南省直机关比较顺利地由开封迁郑州，达到了筹备工作的目的。

第二，促进了郑州市市政建设的发展。为了迎接省会迁郑，郑州市进行了大量的市政建设，包括道路建设、污雨水管等的建设，大大加快了郑州市的市政建设步伐。

第三，促进了郑州市商业服务业的发展。省会迁郑，增加了大量的消费人口。郑州市增加了商品供应，增设了商业网点，又相应地发展了理发、浴池、照相等服务业。因此，省会迁郑以及筹备工作的进行促进了郑州市商业服务业的发展。

第四，促进了郑州市文化娱乐和教育事业的发展。为了满足省直单位迁郑后人们的精神生活需要，郑州市增设了河南人民剧院、郑州剧院和天声剧院以及儿童游戏场所；为了解决省直机关迁郑后的子弟入学问题，增设了小学。因此，筹备工作对郑州市的文化娱乐和教育事业的发展是有很大促进作用的。

第五，促进了郑州市城市精神文明的发展。在省会迁郑前，郑州市的城市文明程度是不符合省会城市标准的。市场管理较为混乱，服务态度较差；人们缺乏交通意识，交通秩序较乱；市民卫生意识较差，街道清洁卫生标准有待提高。经过省会迁郑的筹备工作，郑州市下大力气整顿了市场管理、交通秩序以及城市卫生环境，并进行了广泛的宣传教育。由于省会迁郑得到郑州市民的积极响应和拥护，效果也较为明显。但要使郑州市的城市文明程度完全符合省会城市的标准，还要郑州市政府与民众积极配合，继续努力。但筹备工作对郑州市城市精神文明的促进作用依然是明显的。

第三节　省会迁移中的组织工作与组织关系调整

在省会迁移中，为了确保有序迁移，河南省委做了大量组织工作。在迁移中，由于人事变动，组织关系也出现了必要的调整。

一　河南省委的动员与组织工作

为了更好地领导与组织河南省会的迁移工作，河南省在1954年5月18日首先成立了负责河南省会迁移的机构，"目前省直机关在郑市修建房屋的第一批任务即将完成，应着手筹备省直机关迁移前的筹备工作，为了加强对此项工作的领导，决定成立迁移委员会，并由郑汴两市分别成立委员会，以迎接省直机关迁移任务，并决定杨蔚屏、华占云、杨鸿猷、张伯圆、李详、王子漠、张云生、施德生、李剑波、杨旭文等同志为主任委员，并设办公室由杨鸿猷任主任。苗化铭、马先、刘华生、刘义任副主任，应即由省直机关抽调若干人员把办公室成立起来，着手筹备工作。"① 河南省迁移委员会的成立，以及开封市欢送省直机关迁郑委员会、郑州市欢迎省会迁郑委员会的先后成立，为河南省会的有序迁移提供了组织保证。

在省直机关迁郑前夕，为了给迁郑单位做好动员工作，1954年10月14日在开封市举行欢送河南省领导机关迁郑大会。到会的有河南省党、政、军负责人，以及开封市人民政府委员会委员、开封市协商委员会委员、开封市和各区人民代表及省、市机关代表等1500多人。在会上，开封市长姜鑫致欢送词。他指出：河南省领导机关迁郑是有关加强对全省工作的领导和与全省全市人民利益攸关的重大事情，是随着国家经济建设的发展，根据加强重点城市建设的方针，加速社会主义工业化的重大措施，它标志着河南建设进入了新的时期。河南省主席吴芝圃代

---

① 《通知》，1954年，河南省档案馆藏，档号：J1-234。

表省直各机关全体同志对开封市全体人民和全体工作同志的欢送致谢，并以万分留念的心情，向全市人民和各机关干部告别。河南省军区华占云副司令员则代表河南军区全体指战员对开封市人民5年多来对军区工作的援助与支持表示感谢。最后，开封市人民代表胡光弼代表全市人民表示要以深入开展增产节约运动的实际行动来拥护省会迁郑，支援国家建设。大会自始至终，充满团结、热情和留恋的气氛。晚上还举行了联欢晚会。① 这次大会是河南省会迁移的动员大会，它表达了对开封的留念以及对开封人民的感谢，也标志着省会即将迁离开封。

为了有序地搬迁，保证搬迁工作的顺利进行，1954年9月23日，河南省委下达了《中共河南省委关于省直机关迁郑工作指示》，这个指示明确了省会迁郑的时间，即"十月中旬"，这一时间对于河南省会由汴迁郑以及郑州地委和专区由荥阳迁至开封市都是适用的；该指示还明确了搬迁前的动员与组织原则。指示的内容如下：

第一，要求切实做好对干部群众的政治工作。在思想认识上要求河南省直机关全体工作人员，首先必须正确了解迁郑是为了适应国家社会主义建设需要。为了进一步提高工作效率，必须贯彻增产节约的教育，保持和发扬艰苦朴素、克服困难、服从整体利益的精神，力求提高工作效率，树立科学的工作作风，批判那种单纯为了住好房子，生活舒适、贪图享受的资产阶级个人主义思想，以及从个人主义出发的平均主义思想。河南省委于1953年10月所发的关于加强省工地建筑工程领导的指示早已明确指出："国家资金必须集中使用于工业建设，省直工地建筑工程应严格遵照中央批准的预算数，厉行节约"，"全省人民生活水平不高，广大干部生活艰苦朴素，省级领导机关修房子绝不能铺张浪费，脱离群众"。因此不顾国家积累的需要，盲目要求改善生活条件，以及不顾工作岗位的不同，平均要求生活待遇都是错误的。其次，必须贯彻爱护公共财物的教育。宪法规定："爱护和保卫公共财产是每一个公民

---

① 《开封市开大会欢送省领导机关迁郑》，《郑州日报》1954年10月17日第1版。

的义务",机关全部公共财产,一物一件均不得受到侵犯,凡是移交财产保证不受破坏,不准乱抓,对新接收的财产要建立责任制度,切实做好养护、保管;对新的水电、暖、卫生门窗等设备,要教育全体工作人员掌握使用与养护规则。机关工作人员对待公共财产的态度是否正确都是对其国家观念和社会主义思想的具体考验。再次,要求必须贯彻增强团结的教育。要严加批判和制止一切有碍团结的言语和行动。工程修建人员要保证做好第一批建筑的收尾工程,解决遗留问题,保证质量,并总结经验教训,继续做好二批工程,防止任何自满松气思想,机关工作人员要认识到新建省直工程成绩很大,感谢基建职工,防止任何埋怨。

第二,在机关迁移工作中迁移的具体组织工作上,"总的要求是做到交好、接好、搬好、管好。所谓交好、接好,一方面是省直工地承建方面必须按照合同和协议对工作负责到底,并由接收机关严格验收,另一方面是迁郑机关对汴市房产物资必须严加清点,如数移交,并由接收机关严格查收。所谓搬好,必须有充分的政治动员,严密的组织工作,有领导、有秩序、有纪律的迁移,保证不妨碍工作。不损失公共财物、不失密泄密、不铺张浪费,并对留汴家属等做好安置工作。所谓管好,就是对新接收的房产物资认真养护、合理分配,建立科学的管理制度,便利于工作需要。所有迁移的机关(包括已迁郑的部门)均必须按照'四好'要求。同时要求各系统各部门之间要服从集体利益,反对本位主义,要提倡工作人员之间的革命友爱精神,互助互让,克服困难。机关离汴前要做好借物归还、损坏赔偿,打扫清洁、访问居民征求意见等项工作,并对接收单位以尽可能地协助和照顾,到郑州后必须尊重市委、市府领导,遵守市政管理秩序,搞好群众关系"。

第三,河南省委在指示中要求"郑汴两市应向群众明白交代省会迁郑的意义,认识省会迁郑是适应国家建设的需要和符合全省人民利益的,都应为此欢欣鼓舞,并通过欢送、欢迎省会迁郑,把城市增产节约、市政建设等项工作推进一步,对城市某些群众中由于省会迁郑所引起的误会和顾虑,必须耐心予以解释,对于可能引起的市场若干变化予以关注。"

第四,对于搬迁中的安全问题,则要求"必须十分警惕敌人可能进行的各种破坏以及物资供应、文化卫生、交通治安等方面的问题,市委应继续加强准备工作,郑州市委和开封市委也应仿此精神做好郑州专区机关及其他单位迁汴对干部和群众的政治工作"①。

河南省委的指示,对搬迁的纪律进行了严格的规定,对搬迁中的一些注意事项提出了严格要求。同时为了更好地有序搬迁,河南省委对于省直机关的搬迁又提出了两项具体的要求:

其一,房屋(包括办公室、宿舍)和各种家具都应根据不同部门、不同性质、不同工作岗位的需要和必要的生活照顾,按照省直机关大体统一的标准,合理分配,确定由迁郑委员会检查和监督各机关的分配情况,并作必要的调整。由于房源紧张,为了首先建立好工作秩序,确定省直各机关工作人员家属及婢奶姆等非编制人员一律暂不迁郑,妇女工作人员、自奶小孩者允许其保姆随机关迁郑。

其二,凡在郑州新建房屋已经竣工的单位,除已经迁郑委员会批准提早迁移者外,其余均于1954年10月中旬分批迁郑。河南省委于1954年9月24日向省直机关干部作动员报告,各机关应以7天业余时间组织全体工作人员学习省委关于省直机关迁郑的工作指示和动员报告(已经迁郑的单位也必须学习),召开党、团支书联席会议,机关代表会议或其他会议,认真讨论本机关迁移工作方案,并以机关为单位从机关各部门抽调干部统一组织负责,进行检查、验收、运输、移交、安置等项具体工作,务必于迁郑前完成各项准备。②对于1954年7月以前迁往郑州的有省邮电局等35个单位,除需加强机关保卫工作外,责成郑、汴两市公安机关专门布置必要的保卫工作,在迁移中必须认真清点、包

---

① 《中共河南省委关于省直机关迁郑工作指示》,1954年,河南省档案馆藏,档号:J1 - 234。
② 《检查迁移任务,并注意总结和接受已有的经验教训》,1954年,河南省档案馆藏,档号:J1 - 234。

装、押运、保管各机关全部秘密文件,不准发生失密泄密等事件。

上述指示除省直各部委、各党组织具体讨论布置执行外,郑、汴市委,郑州地委亦要根据具体情况进行研究和贯彻。①

经过认真准备,精确部署,1954年10月30日,河南省级党、政领导机关负责同志及大部分工作人员,均由汴来郑,受到郑州市人民的热烈欢迎。中共郑州市委会、郑州市人民政府负责同志到车站迎接。②1954年11月1日下午时任河南省委副书记的赵文甫同志在召开的各部委、党组、直属党委及郑州市委负责干部会议上的讲话中指出,"省级机关迁郑总的说来是有领导、有组织、有计划的,但还不等于说是没有欠缺的,今后特别要注意的是:加强省市的团结搞好关系。只有团结,才能有战斗性、有力量。过去在建筑房屋时,郑市干部、工人、农民都作了很大的努力,今后仍有赖于郑市的继续支援,为此省市干部要加强团结,向干部进行遵守政府一切制度规则的教育,对郑州市来说,省会移来郑州,将会给予一些方便的,但是,必须加强主动性,省直机关有些干部要求带家属工作意思是好的,市里也很欢迎,但是必须有计划,有组织的进行,否则,将会因频繁迁移而影响生活的。还有的目前因为生活问题,比如男女双方一起工作,机关迁移,留汴一人,就得分屋,可能还会不断地表现出来,希望全体同志互相开导,互相帮助,克服当前不正确的思想和行动,顺利地开展工作,不让工作受到损失。"③ 可见,在河南省委的精心组织下,河南省会由开封顺利地迁到了郑州,但还会有一些后续问题,比如带家属问题、夫妻双方在一起工作等问题。这些后续问题还有待继续解决。

1954年11月3日,河南省直属机关迁郑后在郑州市举行省、市直

---

① 《关于省委、省府、军区迁郑有关组织工作几个问题的意见》,1954年,河南省档案馆藏,档号:J1-234。
② 《我省省会迁移郑州——省级领导机关均已到郑》,《河南日报》1954年11月1日第1版。
③ 《赵文甫同志在各部委、党组、直属党委及郑州市委负责干部会议上的讲话》,1954年,河南省档案馆藏,档号:J1-234。

属机关及各界人民代表联欢晚会。到会的有省、市党、政、军负责同志，河南军区及驻郑部队首长、郑州市和各区人民代表及省、市直属机关团体代表1400多人。大会在下午7时10分开始，郑州市人民政府市长宋致和首先致辞，他代表全市人民对省会迁郑表示热烈欢迎。他说：今后本市长期的工作方针，就是为生产建设服务，为劳动人民服务，为省会服务；为省会服务也就是为全省4400多万人民服务。他号召全市人民要加强工作，为支援省领导机关加强对全省工作的领导，为完成141项工程在河南的建设任务而奋斗。河南省人民政府吴芝圃主席代表省直属机关全体干部，对大力支援省直属机关迁郑的郑州市各机关、团体的干部和全市人民深致谢意。吴主席指出省会迁郑，就是为了适应国家经济建设的需要，为了加强对全省工作的领导。吴主席还号召省直属机关全体干部，要运用郑州的便利条件，努力工作，加强学习，深入工厂、工地，深入农村，密切联系群众，要遵守社会秩序和群众纪律，和郑州市的全体干部和全体人民紧密团结起来，为建设新郑州、新河南，为实现建设社会主义社会的远大目标而奋斗。接着，郑州市一等工业劳动模范盛婉、郊区金水区前锋第一蔬菜生产合作社副社长孙玉堂相继讲话，他们都以无比兴奋喜悦的心情热烈欢迎省会迁郑，表示要以搞好工业生产、蔬菜生产的实际行动来欢迎省会迁郑。① 至此，河南省直属机关的迁郑工作在河南省委的动员与组织下，胜利完成。

二 留汴与迁郑：省委及政府的人事组织调整

河南省会由汴迁郑，同样涉及组织人事关系的调整，为此河南省委组织部于1954年8月5日提出了"有关组织工作方面几个问题的意见"，在这个意见中提出了以下调整原则：

干部调整：

（1）调整原则：从工作出发，适当照顾夫妇关系，有计划、有步

---

① 《为省会迁郑省市机关及人民代表举行联欢晚会》，《郑州日报》1954年11月4日第1版。

骤地分期、分批调整（包括省直属机关之间与省市之间的调整）。

（2）方法步骤：

第一步：了解情况，征求意见。以综合干部处为主，组织财、工、农、文等干部处与人事厅、市委组织部、军区对干部分工进行了了解登记统计（由综合干部处制定登记、统计表），并征求了有关部门意见和要求。

第二步：八月底前提出调整计划。

第三步：九月份起逐步调整。①

对于河南省委组织部的这个调整意见，河南省委1954年8月8日批复："同意组织部关于机关迁郑有关组织工作方面几个问题的意见，望你们执行，惟因照顾夫妇关系调整干部问题，一般应俟迁郑后再逐步适当调整"②。省会迁郑，必然要涉及人事关系的变动，河南省委组织部的这个办法，对于为解决省直属机关迁郑的遗留问题是非常及时的、必要的。

省直迁郑中，一些单位已经迁郑或即将迁郑，还有一些单位将长期留驻开封市，这势必牵涉到党组织关系调整方面的问题，因此河南省委组织部对基层党组织（总支、支部）的领导关系做出了几项规定：

（1）八月份前迁郑者除妇幼保健院、已转移党的领导关系外，其余党委均不转。

（2）1955年上半年迁郑者，仍归省直党委领导。

（3）长期留住开封者，党的领导关系暂转交开封市委。③

在河南省直机关即将迁往郑州前夕，由于一些单位需要长期留驻开封市，它们的领导关系有待变更，因此省委组织部请示省委提出：省府直属机关党委会和省委直属机关党委会迁郑后，两个党委会和领导下的

---

① 《中共河南省委组织部有关组织工作方面几个问题的意见》，1954年，河南省档案馆藏，档号：J1-234。
② 《有关组织工作方面几个问题的意见》，1954年，河南省档案馆藏，档号：J1-234。
③ 《省直机关迁郑工作的安排　组织部》，1954年，河南省档案馆藏，档号：J1-234。

干校、训练班、党支部、长期留驻开封者,据统计有省贸易干校、粮食厅干校、妇联干校、团校、银行干校、公交干校、农林厅干校、省邮电训练班、财委统计训练班、农林厅生物药厂训练班等10个支部,以上干校如同时开学,学员可达2400多人,其中党员当在500人以上,这些支部如仍受省府、省委直属机关党委领导或交开封市委领导,困难很大,势必削弱干校中党的工作,为了加强对干校党的政治思想领导,保证训练计划的完成,省委组织部的意见是建立中共河南省直干校临时党委会,领导各个干校支部、编制专职干部6人(书记一,组、宣部长二,秘书一,干事一,团的工作一),由行政编制名额中解决。办公地址设省团校,该党委俟以上干校大部迁郑后即行撤销。并列出了省直留汴机关党总支、支部名单:省府交通总支、省府文化局总支、省贸易干校支部、省公安高校支部、省财委统计训练班支部、省百货公司支部、省府工业厅化验室支部、农林厅生物药厂支部、省府卫生厅总支、省治淮指挥部总支、省妇联干校支部、工读学校支部、省银行干校支部、省邮电训练班支部、省物资储备处支部、省银行医务所支部、省水利局支部、农林厅农业处支部、省府教育厅支部、省团校支部、省粮食厅干校支部、银行文化学校支部、省委机关留守支部、省税务局支部。河南省委很快同意建立干校临时党委,但要求他们需留在开封市工作。[①]

  为了有效协调留汴与迁郑单位的问题,做好留汴人员的思想工作,1954年10月28日,省政府副主席赵文甫专门主持召开了"留汴及迁郑单位联席会议"。他在会议上提出:"按目前情况,不能全部搬去,还有少数单位留这里,当然不太方便,但是暂时只能这样,将来当然都要搬去。今天开会就是为了了解一下留汴单位还有哪些问题,我先说一下,然后大家说一说,大家一定要向下说一些,把现存的一些思想问题加以解释教育,是可能解决的,有些领导是要照办的,但是不立即照办的,然而这也是暂时的,有些事要受些牺牲的,也是必要的,从总的方

[①]《中共河南省委组织部致河南省委函》,1954年,河南省档案馆藏,档号:J1-234。

面讲，不管走的、留的或迁来的。总是要注意一个问题，即团结问题，大家要留在这里的或迁到这里的，都要理解开封市市委、市府领导方面很可能会有意见，当然大问题是没有的，另方面市委也要注意，因为留在这里和迁到这里的，要注意解决他们的困难，包括衣食住行等方面的问题，所以大家都要注意团结问题，这是非常要注意的问题。吴（吴芝圃）主席屡次从中南来住，潘（潘复生）政委在养病中也注意这个问题。城市要支持乡村工作。乡村要支援城市，再一个是领导问题，留下单位党的领导工作，应归市委。"由于省会迁郑，一些单位暂时还不能全部迁郑。赵文甫的讲话对他们进行了安抚，同时明确了留下单位党组织的领导工作应归市委。但有一些单位为了自己的切身利益提出了不同意见。如河南省粮食干校需要留汴，因此他们负责人提出："省直单位因驻市里，应受领导，但干部提拔问题因归省领导，因此应双重领导，学习问题应归市里统一领导，医疗问题也应注意一下"。①

最后，综合留汴各单位的意见，赵文甫在会议上总结："领导关系上，长期留下的先归市，明年走的还由原单位领导……双重领导比较好些……同时留汴单位应受省和市的双重领导"。② 这就基本确定了留汴单位应受开封市委和河南省委双重领导的原则。

会议基本上解决了留汴单位组织领导关系的变更问题。因此，在河南省直机关迁郑后，省委于1954年12月20日正式下发了《中共河南省委关于建立中共河南省直留汴机关临时委员会的通知》：鉴于省会迁郑后，一部分省直机关和干部学校，现仍留驻开封市，为了加强对留汴机关、干校党的领导，省委决定建立中共河南省直留汴机关临时委员会，领导省直留汴机关、干校党的工作。该临时委员会由张伯圆、单子乔、陈辑五、陈建平、郝芳钦、张瑞德、徐子佩、王子健、苗润田、葛保真、安伯康、冯子俊、吴春雨、陈惠敏、张润经、王汉忠、沈占鼎、尹成齐等19人组成，并由张伯圆同志任书记、王云清同志任副书记。

---

① 《留汴及迁郑单位联席会议》，1954年，河南省档案馆藏，档号：J1-234。
② 同上。

该党委会除受省委领导外,还受开封市委领导。有关该党委的工作方针、计划、党内文件阅读等由省委负责,有关开封市党的统一活动等,由开封市委员会负责。关于交接事宜,由河南省委直属机关委员会、中共河南省直机关委员会、开封市委、中共河南省直属留汴机关临时委员会自行接洽办理,该党委会编制8人,由行政经费作为开支来源。① 省直留汴机关临时委员会的成立,确立了河南省委与开封市委的双重领导体制,有效地解决了河南省会迁郑后留汴单位的组织问题,体现了河南省委处理问题的灵活性。

第四节　开封由省会转变为专区

1954年10月河南省会由开封迁往郑州,之后,郑州专区由荥阳迁往开封,1955年改名为开封专区。开封从此由河南省的行政中心转变为开封地区的行政中心。

一　郑州专区由荥阳迁开封

1954年河南省会由汴迁郑给当时的开封市带来了两个较严重的现实问题,主要体现在:

其一,首先是城市地位的尴尬,省会迁走后,开封市在河南失去了政治中心的地位,城市地位随之下降,但之后开封应该如何定位其城市地位?这成为当时开封所面临的一个突出问题。

其二,省会迁郑导致大量的人口迁出,使开封市的经济民生面临严重的影响。

正是在这种背景下,河南省委为解决省会迁郑后开封市城市地位问题以及尽量减少大量人口迁走对开封经济民生的影响,决定"省级领导机关十月下旬由开封市迁至郑州市,同时决定郑州地委及专区一级机

---

① 《中共河南省委关于建立中共河南省直留汴机关临时委员会的通知》,1954年,河南省档案馆藏,档号:J1-234。

关，由荥阳迁至开封市"①。

郑州专区原驻荥阳。在接到河南省委关于郑州地委专署（以下简称郑州地专）要迁移到开封的指示后，郑州地专首先在1954年6月1日成立了"郑州区专直署机关迁汴办公室"负责具体的领导与组织工作，迁汴办公室以"地委袁守仁，军分区郭诚一，专署李国栋，公安处杨青"等4人为办公室秘书，办公的地址则设在专署秘书室，其职责是具体负责处理迁移中的一切工作。机构成立后，于当日召开了全区直属机关秘书会议，布置迁移工作，并在会议上作出决议，"由各单位秘书负责迁移工作，在专区办公室指导下进行工作"②。

地专搬迁的工作千头万绪，从1954年6月开始，郑州地专即开展了以下组织工作：

其一，传达动员与调查统计工作。郑州地专要求下属专直各单位在6月5日前由秘书负责传达动员工作，同时根据河南省颁发的调查登记表格，按政府、党群、分区3个系统进行调查登记工作，如哪些东西搬走，哪些东西留下。在房屋、家具方面也需办理移交准备工作，并要求为不使因机关迁移，而使国家财产受到损失，移交前各机关应妥善保管，各机关还应编造迁汴后所需房屋，家具的预算等。③

其二，公文档案的处理。郑专要求由"各单位秘书部门与保密小组共同负责督促进行清理，即所有收发党刊、公文经地委专属审查后，按要求分别予以存档或者销毁"④。

其三，迁汴后房屋体育场要求、家具配备及房屋分配原则。对于会议室及体育场的要求：郑州地专直迁汴后，由于扩干等会议不断召开，要求"容纳2000至2500人的大礼堂一座，需要容纳200至300人的会议室3个（地、专、分区各一，为临时小型会议使用），体育运动场5

---

① 《郑州地委关于执行省委对郑州地直迁汴工作指示的指示》，1954年，开封市档案馆藏，档号：23-105。
② 《郑州地专直机关迁汴工作方案》，1954年，开封市档案馆藏，档号：23-16。
③ 同上。
④ 同上。

个（公安大队教练场两个在内，面积各6000平方英尺）"①。对于干部房屋的配备要求及分配原则：地级干部（共有地干19人）每人房屋3间（折45平方米），房内配备：写字台1个，三斗桌2张，椅子4把，沙发1套，藤椅2个，立柜2个，棕床1个；县级干部（共有县干91人）每人房屋两间（折30平方米），室内配备：写字台1个，三斗桌1张，椅子2把，小沙发2个，躺椅1个，立柜1个，棕床1个；区级干部（共有区级干部355人），根据具体情况，如是一部门的区级干部配备房子1间（折15平方米），室内配备三斗桌1张，椅子2把，床板1套。其他非单独负责的区级干部则和一般干部相同，一般干部每两人一间房，分区营连干部有爱人者则适当给予1间房。②

其四，对于一些特殊单位的选址意见。如"专区医院住省院原址。专区托儿所住省育英托儿所，专区疗养院（干部25人，病床80张）选址则视情况而定"③。

其五，荥阳地、专、分区房屋移交工作。地专委房屋移交荥阳县府，"按照荥阳县府要求，因该县近与成皋县合并，人员增多，现有房舍不敷居住，拟将所住房屋与托儿所全部移交该县使用"；地专公安处及公安大队部的房屋移交荥阳县公安局使用，（地专公安处及公安大队）位于荥阳西街及北街，与荥阳公安局房屋紧连，又因两县公安部门合并，人员增加，房屋不够住，要求全部接收居住；专署招待所房屋移交荥阳中学使用，"紧靠荥阳中学西部，且该房屋修建系借用省中地基（内有一部分房系该中学的），该校意见，今年暑期招生增多，校舍不够住，全部接收使用"。企业部门所要求的房屋，则由其垂直上级部门研究处理。除以上处理房屋外，其余房屋则移交河南省接管。④

其六，编制迁汴人员所需要的汴市供应物资计划表。在计划经济时代，由于物资需要供给，因此编制迁汴人员需要的物资供应计划也是组

---

① 《郑州地专直机关迁汴工作方案》，1954年，开封市档案馆藏，档号：23-16。
② 同上。
③ 同上。
④ 《郑州地专直机关迁汴工作方案》，1954年，开封市档案馆藏，档号：23-16。

织搬迁工作中的重要一步。如表3-5：

表3-5　　　　　　迁汴人员需要汴市供应物资计划表①　　　　单位：市斤

人数		供应粮食				供油		供肉		供煤	
	计算标准	小计	面粉	大米	粗粮	标准	合计	标准	合计	标准	合计
总计 2295		94761	67501	14792	12468		2134		4662		244757
干部 1293	42	54304	38062	10909	5333	1.2斤	970	1.5斤	1921	120	155160
部队 731	42	30701	24561	3070	3070	1.5斤	1096	3.0斤	2741	120	87700
群众 271	36	9756	4878	813	4065	4两	68			70	1897

说明	一、干部、部队人数均系十月底、十一月初决定迁汴数，没决定或明年迁的没计算，家属不包括部队家属，家属绝大部分系明年迁汴。 二、计算标准及比例：1. 粮食：干部、部队每月每人均按42斤粮食计算，三种比例均按省粮厅（54）粮供第488号通知规定，仅家属供量标准不知市内现行多高，36斤系估计数，请市据情供应。2. 油均系按城市标准或上级规定计算。3. 肉城市标准不知多高，干部的1.5斤系估数（荥阳大灶12两，中灶1.5斤）请市酌情供应，部队可按军区掌握供应。4. 煤干部、部队均按每月每人120斤（30斤烧煤及下半月90斤烤煤）计算，家属系按每人每月70斤供应计算，妥当与否，请市根据情况供应。 三、计算中没分灶别。 四、因各机关有的特别是企业部门尚在调整，人员变化不定，因而人员不够绝实。

在做好前期的准备工作之后，按照郑州地专的安排，其具体的迁汴步骤主要分3步：

第一步：组织调查专区迁汴对于荥阳市可能造成的影响并采取相应的安抚措施。在迁汴前经过调查，郑州地专对于专直机关迁汴后，荥阳城内群众生活及可能引起的经济变化和困难已经有所认识，"荥阳城里群众为专直机关直接或间接服务的行业营业额暂时的下降，和部分小摊贩的短暂萧条现象，恐难避免（如成衣局、蔬菜贩等）"，因此"这一工作责成荥阳县府事前向群众进行动员教育，说明专区机关迁汴的重大政治意义，解除群众思想疑惑与不安，在行业、摊贩中进行周密调查，掌握材料，对确因机关迁移而生活发生困难者，有计划的帮助转业或临时救济，做到妥善安置"。②

第二步：安排迁移时间未确定前的具体工作。迁移开封办公室分别

---

① 《迁汴人员需要汴市供应物资计划表》，1954年，开封市档案馆藏，档号：23-16。
② 《郑州地专直机关迁汴工作方案》，1954年，开封市档案馆藏，档号：23-16。

留一部分人员于荥阳,准备向省府作房屋、家具移交工作,留守人员则必须在移交工作全部完成后,再行去汴。同时在未移动前,先派出一定人员去开封省迁委办理房屋、家具统一接收分配工作。①

第三步:部署迁移时间确定后的具体搬迁工作。迁汴办公室组织指挥各机关分3批迁出,迁汴办公室留荥人员即依据各单位编造之计划人员、物资数目,向车站交涉车辆;邮电部门则应视工作情况,提前去汴安装电话,不使其因迁移而阻碍通话,影响工作。同时要求专区公安处具体负责搬迁中的安全保卫工作,严防敌特破坏;对于迁移中的疾病治疗工作,则责成专区卫生科专门负责,并要求作出计划,及早安排,使行动中的疾病能得到及时治疗,保证身体健康。②

在郑州地专单位正式迁汴前,为保证迁汴工作的顺利进行,郑州地委对干部群众进行了一次思想政治动员教育,这次教育活动主要通过"向地直各机关各部做动员报告,各机关抽出一定时间组织全体工作人员学习地委迁汴指示和动员报告"③的方式来进行的,这次教育主要分为以下几个方面:

其一,郑州地专迁汴的意义与一些干部群众的思想教育问题。由于当时开封市相对于荥阳而言是大城市,省委迁走后开封又留下了一些空房子以及分配中的一些问题,个别机关干部的思想认识出现了偏差。为了解决这些问题,郑州地委要求地直机关全体干部工作人员,"首先要正确了解省委决定我们地级各领导机关迁汴是为了适应国家社会主义建设的需要,便于对工作的领导,提高工作效率,为了支援城市巩固工农联盟"的政治意义,针对个别机关干部的思想认识问题,郑州地委要求"必须批判那种单纯为了到汴住大城市好房子,为了贪图享受的资产阶级思想,以及从个人主义出发的平均主义思想",并对这种思想进行了批判:"从我区人民生活来看,人民生活水平不高,广大干部生活艰苦

---

① 《郑州地专直机关迁汴工作方案》,1954年,开封市档案馆藏,档号:23-16。
② 同上。
③ 《郑州地委关于执行省委对郑州地直迁汴工作指示的指示》,1954年,开封市档案馆藏,档号:23-105。

朴素，因而地级领导机关在迁汴工作上必须加强计划、厉行节约，必须坚决反对铺张浪费、脱离群众，我们还必须考虑国家困难，省级领导机关迁郑虽腾出一部分房子，绝不是全部都交给我们，而要照顾各方面工作及各部门工作需要，因此那种不顾国家建设需要，不顾国家积累资金需要，盲目的要求改善生活待遇的平均主义思想，不顾大局只顾自己的本位主义思想，以及不顾工作岗位的不同、平均要求生活待遇的平均主义思想都是错误的"。① 这一思想教育，解决了部分机关干部的思想认识问题，减少了搬迁中的一些矛盾。

其二，要求必须在全体干部中贯彻爱护公共财物的教育。郑州地委要求"地直机关全体干部就更应当有高度的社会主义觉悟，对机关全部公共财产一物一件均应很好爱护，绝不能受到损坏或滥加使用，凡是在荥阳移交财产，要保证不受破坏、不准乱抓。对到汴新接财产要建立责任制度，切实做好养护、保管，对水电、卫生、门窗等设备要教育全体工作人员懂得使用与养护，爱护公共财产是我们全体干部社会主义觉悟的具体考验。"通过教育，机关干部在搬迁中爱护公共财物的自觉性得到提高。

其三，要求必须贯彻增强团结的教育。要求在迁汴过程中"一切不利于党的团结的话不说，不利于党的团结的事不做，一切有损团结的言语行动都要严加批判和制止以免影响团结。同时要求各机关离荥前要做好借物归还，损失赔偿，打扫清洁，访问居民等工作"。

其四，郑州地委要求要严格按照河南省委指示，对地直机关迁汴工作要做到四好，即"交好、接好、搬好、管好"。针对"交好、接好"，郑州地委要求"一方面是地直迁汴各机关对荥阳房屋财产等必须群加清点，如数移交，手续上有移交清册，并有接收机关严格查收；另一方面对省级领导机关所交给的房屋财产，必须很好接收，并由各部门接收人员严格验收，建立责任制度和严格的验收制度"。针对"搬好"，郑州

---

① 《郑州地委关于执行省委对郑州地直迁汴工作指示的指示》，1954年，开封市档案馆藏，档号：23-105。

地委要求"即必须做充分的政治动员及严格的组织工作,有领导、有秩序、有纪律的迁移,保证不妨碍工作,不损失公共财物,不失密泄密,不铺张浪费,并对留荥阳家属做好安置工作"。针对"管好",郑州地委要求"对新接收的房屋财产要认真养护,合理分配,建立科学管理制度"①。思想教育为有序搬迁打下了良好的基础。

二 开封专区的成立以及专市关系

按照预定部署,郑州地专于1954年11月上旬由荥阳迁至开封市:"在十一月五日驻汴办公,并在当日立即开始与各县电话联系"②。郑州地专迁汴后马上进入了正常的工作中,并于1955年经河南省委与中央批准改名为开封专区。③

在郑州地专迁汴前,开封市属河南省直辖市,为省会。④ 开封市与原郑州专区之间没有直接隶属关系,因此,郑州地专迁汴后,二者能否处好关系,搞好团结,也是对这次迁移的一个重要考验。

早在郑州地专迁汴前,郑州地专即注意搞好与开封市之间的关系:"迁汴前,专市之间的团结问题,由党政负责同志向全体干部及工作人员做好思想教育,注意搞好团结。移汴后,凡属市区以内范围的工作等情况,在开封市的统一领导下进行"。⑤ "凡各单位需要与开封市接洽迁汴工作之一切问题,均应经过迁汴委员会办公室批准或开出介绍信,再去进行工作",从而为接洽工作节约了时间、省去大量麻烦。⑥ 由于郑州地专在工作中处处体现对开封市政府的尊重,从而为二者在迁汴后处

---

① 《郑州地委关于执行省委对郑州地直迁汴工作指示的指示》,1954年,开封市档案馆藏,档号:23-105。
② 《中共郑州地委关于由荥阳迁汴的通知》,1954年,开封市档案馆藏,档号:23-105。
③ 《国务院关于同意将郑州专员公署改为开封专员公署给河南人民政府的批复》,《中华人民共和国国务院报》1955年总第13期。
④ 开封市地方史志编委会:《开封历史沿革》,中牟印刷厂1986年版,第28页。
⑤ 《郑州地专直机关迁汴工作方案》,1954年,开封市档案馆藏,档号:23-16。
⑥ 《郑州地委关于执行省委对郑州地直迁汴工作指示的指示》,1954年,开封市档案馆藏,档号:23-105。

好关系打好了基础。

开封市也注意与郑州地专搞好团结，加强了对机关工作人员的教育："随着河南省领导中心的转移，在省直机关迁移郑州以后，郑州专区领导机关于十月底和十一月初先后迁来开封，这对我们加强与郑州专区各机关的联系，巩固工农联盟是有很大意义的，因此我们必须热烈欢迎。"为与郑州专区各机关配合工作、搞好团结，开封市政府要求本市各机关做到：一、郑州各专区迁来开封市以后，开封市各机关负责同志必须主动到郑州专区所属相同性质的部门进行访问，以建立工作中的密切联系，加强开封市与郑州专区各单位之间的团结，如没有相同部门的访问，也必须在机关人员中进行团结教育。二、各单位访问，在接通知后各自主动进行，如有的单位已迁来者，即可与其联系，前往访问；未迁来者，要做好准备，待迁来后及时联系，在访问时，除建立联系外，各单位还应向其介绍本单位情况并亲切了解和帮助解决迁来开封后的困难。三、开封市各级党的组织必须切实保证与郑州专区各机关在工作中的密切联系，主动配合协商，贯彻团结友爱的精神，严格防止本位主义，只管自己不管人家和计较细节，意气用事，缺乏整体观念，影响团结的不良现象。① 通过开封市的主动访问，相互之间建立了尊重与信任，确立了比较融洽的关系。

郑州专区迁汴工作的顺利完成，也标志着开封市欢送省直机关迁郑委员会工作的胜利结束，"河南省领导机关第一批单位全部迁郑，郑州专区领导机关也全部迁来，本市欢送省直机关迁郑和欢迎郑专迁汴工作已胜利完成了任务，除对以上工作进行总结外，自即日起，本市欢送省直机关迁郑委员会及所属办公室及各区欢送小组正式结束"。② 至此，整个搬迁工作胜利结束。

---

① 《市委关于欢迎郑州专区领导机关迁来开封市和加强联系的通知》，1954 年，开封市档案馆藏，档号：23-126。

② 《欢送省直机关迁汴委员会通知》，1954 年，开封市档案馆藏，档号：23-126。

三 开封由省会转变为专区的影响

中华人民共和国建立初期,省会迁移对迁离城市造成的影响问题是多方面的,即:其一是省会迁走后城市地位如何定位?其二是大批的人口迁出给迁离城市带来的巨大经济民生压力。政府必须寻找措施解决这些问题。河南省区域政治中心的迁移及其采取的措施只是新中国建立初期8省省会迁移的一个典型代表,区域政治中心的迁离,带给迁离城市的影响并不是短期的,而是长期的、深远的。郑州专区的迁入给开封市带来了深远的影响,主要表现为:

(一) 郑州专区的迁入,只是缓解了省会迁离给开封带来的困难

由于郑专迁入开封市只有2000多人,远远小于省会迁郑迁走的3万多人,因此省会迁郑还是对开封市的经济民生造成了一定的影响。对此,开封市采取了申请外调、行业转移、动员还乡、生产自救、以工代赈以及募捐救济等一系列措施,① 才暂时缓解了困难。

(二) 它标志着开封市城市地位的下降

省会迁出开封市,意味着开封市失去了河南省政治中心的地位。郑州专区的迁入,标志着开封市由河南省的政治中心转变为开封地区的政治中心。这种政区层次的降低,总体上还是给开封市城市发展带来了不利影响,尤其在当时的计划经济体制下,这种影响尤重,"一五"计划期间,开封市没有被确定为国家重点建设城市,这也意味着开封市失去了获得中央和河南地方政府大规模投资建设的机会。同时由于城市地位降低,在吸引人才上乏力,开封市的经济、教育、文化等方面发展都受到了影响,发展缓慢。

总之,郑州专区的迁入是在河南省会迁离开封后的一种补偿,虽然在一定程度上解决了省会迁走后所带来的问题,但也使开封这座在历史上曾是七朝古都,且自元、明、清、民国以来一直都是河南政治中心的

---

① 《关于省府迁郑重点调查情况及工作意见》,1954年,开封市档案馆藏,档号:23 - 126 - 117。

历史文化名城在现代发展中一度衰落。这种现象在其他省会迁移中也同样存在。

第五节 开封市政府接收迁郑单位移交房产场地及其处置

省直属机关迁郑后，其房产和场地移交开封市接收，并进行了分配。但在移交中也出现了一些损害开封市利益的事情，开封市为维护自身利益，积极向河南省委进行争取。

一 开封市政府对迁郑单位房产的接收

自1954年起，随着省直属单位的陆续迁郑，省直属单位所留房产和场地陆续移交给开封市政府，开封市政府对迁郑单位移交房产也极为重视，为此专门下达了通知："据了解省委、省府、军区直属单位将在1954年陆续迁往郑州市新址，关于在汴市几年来所购买典当及本市房产将移交给开封市使用，房地产处应依据中南军政委员会关于中南区城市房产的几项原则决定第二条等规定与河南省城市公用房地产管理试行办法第十条等规定，本着统一管理合理使用及厉行节约的原则，务必在迁移之前，将所有房产座落、间数、室内外之各种设备，派专人向本市房地产管理处办理移交手续。"① 依据这个通知精神，开封市房地产处接收了以下房产：

表3-6　　　　　1954年省属单位迁郑交回房产统计表②

街道	门牌	房产情况				接收日期	卷号	备考
		市房	住房	付房	合计			
旗麓街	36		23.5	3	26.5	1955.10	268	房契号5285 省行政处买
旗麓街	43		10		10	1955.10	268	房契号5413 省行政处买

---

① 《开封市人民政府函》，1954年，开封市档案馆藏，档号：52-17。
② 开封市房地产管理局《房产志》编纂办公室编印：《开封市房产志资料汇编》第2集，1986年，第178—188页。

续表

街道	门牌	房产情况				接收日期	卷号	备考
		市房	住房	付房	合计			
大厅门	3		17		17	1954.10	270	典契号13748 省民政厅荣军优抚处典
南土街	66		32	5	37	1956.2.12	236	5914 省卫生厅买
南土街	78	14	38	1	53	1958.2.7	473	买契0063 省水利厅买（治淮）
刘家胡同	11		26	2	28	1955.3	347	买契5135 省工业厅买
闲人巷	7		22	2	24	1958.3.1	490	买契0069 省水利厅
理事厅	50		10		10	1955		买契5419 省育英学校买
大黄胡同	3		19	3	22	1955		买契2794 省育英学校买
前炒末胡同	3		28		28	1954.10	268	买契2448 省公安厅买
前炒末胡同	35		37	5	42	1954.10		买契2256 省公安厅买
前炒末胡同	1		107.5	5	112.5	1959.3.1	548	买契5369 省水利厅干校 买典字6964、13443
前炒末胡同	4		88.5	2	90.5	1959.3.10	548	买契5425、0064、0331、0065 省水利厅干校买
前炒末胡同	22-23		42.5	5	47.5	1959.3.1	548	房契5424号省水利厅干校
徐府街	108		80.5	2	82.5	1954.10	244	房契2856 省工会买
南羊市	10		44.5	2	46.5	1959.3.1	548	房契0066，典契13959 省水利干校买
南羊市	63		10	1	11	1959.3.1	548	房契号13492 省水利干校买
西大街	101	3	39					
西大街	128	8	55					
西大街								
西大街	136		37	1	38	1956.6		省农业厅兽医处买
东大街	37	3	12	1	16	1954.10	372	省卫生厅典典字2081
东大街	41	4	26		30	1957.10.31	456	省卫生厅典 典字13123
东大街	46	9	63	1	73	1957.10.31	456	省卫生厅典 典字 13123、13124、13125
慈酿巷	20		21	2	23	1954.10	273	典字13408 省工会典
省府南街	31		24	5	29	1954.10	27	典字号13730 省工会

续表

街道	门牌	房产情况				接收日期	卷号	备考
		市房	住房	付房	合计			
	12		10	1	11	1954.10	273	典字 2242 省工会妇联
	14		6	自建6	12	1954.10	244	典字 1011 省工会妇联
三里庙前街	44		28		28	1954.10		房契字 2755 省工会妇联
三里庙前街	44		13		13	1954.10	244	房契字 2756 省工会买
中山路北段	45		6	1	7	1954.10		房契字 5286 省直合作社买
中山路北段	398-399	14	28		42	1954.10	268	房契字 2123 省府行政处买
省府前街	53		21	2	23	1954.10	268	房契字 2659 省行政处买
省府前街	22		23	2	25	1954.10	277	房契字 0266 省商业厅买省一部交
大坑沿	2		28	1	29	1954.10	268	房契字 5313 省府行政处买
大坑沿	4		27	3	30	1954.10		房契字 2450 省府行政处买
大坑沿	58		17	1	18	1954.10	268	房契字 2660 省府行政处买
前保定巷	4		14.5	2	16.5	1955.10	268	房契字 5314 省府行政处买
前保定巷	9		11	2	13	1954.10	270	典字 14132 省财委会典
后保定巷	8		26.5	3	29.5	1954.10	275	房契字 5288 省工业厅买
后保定巷	9		19	4	23	1954.10	268	房契字 2122 省府行政处
后保定巷	14		13	1.5	14.5	1954.10	268	房契字 2451 省府行政处
后保定巷	23		14	1	15	1955.4.24	347	房契字 0192 省税局买
后保定巷	82		33	3	36	1954.10	277	房契字 0320 省商业厅买
城隍庙	4		13		13	1955.4.25	270	典字第 13879 号省法院典
城隍庙	8		30	3	33	1954.10	275	房契字 1650 号省财政厅买
城隍庙	41		15	3.5	18.5	1954.10	275	房契字 8208 号省人事厅换开封烟厂的
省府西街	61		48	2	50	1954.10	270	典字第 013697 省工业厅典
省府西街	67		23	2	25	1955.4.24	347	房契字 5670 省教育厅买
西司门	3		21	4	25	1955.4.24	347	房契字 1688 省税局买
西司门	29		13	2	15	1955.5.1	347	房契字 6131 省法院买
西半截街	1		14		14	1954.10	278	房契字 5343 河南日报社买
西半截街	付1		14		14	1954.10	278	房契字 5344 河南日报社买
新村城	21		6.5		6.5	1954.10	278	房契字 1622 及 2753 两张河南日报社买

续表

街道	门牌	房产情况				接收日期	卷号	备考
		市房	住房	付房	合计			
新村城			34		34	1954.10	278	房契字659号 河南日报社买
新村城	55		1	1	2	1955.4	270	典字14120号 河南日报社典
大坑沿	25		24		24	1955.5.1	24	房契字0244号省卫生厅买
裹饬公胡同	2		25	4	29	1959.3.1	548	房契字5322 省水利厅干校交（此房是与省粮行干校换用山货店44号是治淮买—买契5322号）
裹饬公胡同	29		18	2	20	1954.10	280	省公安厅买房契字5991号
油坊胡同	29		19	2	21	1954.10	271	省公安厅典字6625号
自由路东段	43	6	27	2	35	1954.10	271	省公安厅典字1799号
卧龙街	175		77.5	5	82.5	1958.2.10	473	省水利厅（治淮指挥部）买字0072号
中山中四维里	311		25	6	31	1955.11.30	278	省河南日报社买买字394
中山中段	346	10	15	1	26	1955.11.30	278	河南日报社典字14612
中山北段	389–390	7	2		9	1954.10	27	省府行政处典典字13443
馆驿街	付40		23	2	25	1954.10		省商业厅买 房契该厅遗失
馆驿街	44		38	7	45	1956.10.25		河南日报社买
馆驿街一号胡同	4		14		14	1954.10		河南日报社买买字5371
大纸坊街	14		40	2	42	1955.11.30	278	河南日报社买买字158
小纸坊街	30		13		13	1954.10	81	省粮食厅买省参事室交买契字5733
小纸坊街	40		10	3	13	1954.10		房契字6133号省劳动局买
小纸坊街	41		22	4.5	26.5	1954.10		房契字5733号省参事室交
小纸坊街	49		27	3	31	1954.10	268	房契字919号省政府买参事室交
小纸坊街	81		24	4	28	1954.10	275	房契字5973号省劳动局买
生产后	19–20		35		35	1957.9.2	453	房契字946号省粮食厅买
生产街	14		13	1.5	14.5	1954.10	269	房契字6089号省民族事务委员会买
生产前街	20		24	2.5	26.5	1954.10	270	房典东14258号省政协买

续表

街道	门牌	市房	住房	付房	合计	接收日期	卷号	备考
复兴南	58		22	2	24	1954.10		自修缮费回房时要抽回
商场后	49		22.5	2	24.5	1955.4.24	347	房契字 0022 号省水利厅买
铁佛市	8		22	2	24			省电影放映室交
市后街	59		17	2	19	1954.10	281	房契字 5801 号省粮食厅买
三民胡同	9		19	2	21	1957.7.29	447	典字 13231 开封护校迁新乡后交
山货店	13		32		32	1954.10	130	典字 12608 省救分会 典省劳动局交，53 年 5 月 经民权县法院判决没收其财产。
山货店	20		33	3	36	1955.4.24		该房归教育厅教育 用品供应站于 51 年购买， 房契遗失，省文委移交。
山货店街	29		14	5	19	1954.10	244	房契字 2826 号省工会买
山货店街	30		33	7	40	1954.10	244	房契字 2593 号省工会买
山货店街	37		30	3	33	1955.4.24	272	房典字 13519 号省文联典
南书店街	84		46	4	50	1954.10	268	房契字 2449 省行政处买
南书店街	34		50	2	52	1955.12.27	350	房典字 12696 省物资受理处典
南书店街	53	5	75.5	5	85.5	1955.5	347	房契字 865 号省农业厅买
南书店街	93	10	17	3	30	1955.9.14	356	房典东 6771 省工业厅产品 推销处典后经厅转给 省第一印刷厂迁洛阳后交
南书店街	102		26	2	28	1958.3.1	530	省水利厅迁郑后移交
焦家胡同	19		33	4	37	1958.2.1	470	典字第 13432 号 省妇联会计学校交
财政厅东	8		103	2	105	1957.9.2	453	房契字 1423.0308 省粮食厅干校
卧龙巷	100		50	4	54	1955.11.30	511	大众报社交
卧龙巷	27		17	5.5	22.5	1955.12		省制药厂迁移后交
惠河南街			9	6	15	1955.12		省制药厂迁移后交
十二祖庙	29		20	2	22	1954.10	270	典字第 13961 省文史馆 典民权县 56 年 将产权没收房产处
十二祖庙	42		5		5			黄委会交
东二道街	32		34	1	35	1955.12.10	500	房契字 5196.5195 治淮交

续表

街道	门牌	房产情况				接收日期	卷号	备考
		市房	住房	付房	合计			
唐门大街	31		42	3	45	1957.9.2	453	典字12920，12910省粮食厅干校交
唐门大街	92		30	1	31	1958.3.1	490	房契字0068省水利厅买
宋观街	37		34	2	36	1955	276	房契字5774省育英学校买
草市街	10		3		3	1955	270	典字13938省育英学校典现打入理事厅1号院内
家庙前	74		6		6	1954.10		房契字0294省税局干校买
家庙前	82		36.5	7	43.5	1958.7.24		房契字5659省教育用品社买
刷绒街	53		22	2	24	1958.9.15	518	房契字2197省教育用品社买
刷绒街	47		23	3	26	1958.10.31	546	省教育用品社买
西小阁	1		14	1	15	1957.12.28	463	省针棉织公司交
省府老街	4		38	2	40	1954.10	275	房契字5576省财委买
新街口	50		58.5	6	64.5	1954.10	281	房契字2845省粮食厅买
新街口	56		33.5	2	35.5	1954.10	268	房契字918省行政处买
北道门后街	27-28		44.5	4	48.5	1954.10	279	房契字5723省委买，现改门北门大街
北道门后街	27		23.5	3	26.5	1954.10		房契字省委遗失，有证明，中共河南省委买
北太平街	13		17	1	18	1954.10	270	房典字14124省团委买
南陶胡同	13		6		6	1954.10	244	房契字1012省工会买
三元街	14		17	2	19	1954.9.17	305	房契字4125省财政厅
北道门	12-13	5	35	2	42	1954.10	279	房契字2615中共河南省委买
旧场街	12		31.5		31.5	1954.10	273	典契字1327省工会买
旧场街	13		58	2	60	1957.12.27	462	典契字14239、14963、14511省公安局典
运来街	付40		18		18	1954.10	279	房契字5067号中共河南省委买
运来街	付41		21	2	23	1954.10	279	房契字2614号中共河南省委买
自由路中段	15	10	15		25	1959.3.1	518	房契字5193号水利干校买
自由路中段	23		24.5	2	26.5	1959.3.1	548	房契字5194号省水利干校交

续表

街道	门牌	房产情况				接收日期	卷号	备考
		市房	住房	付房	合计			
自由路中段	17－18	10	21	9	40	1959.3.1	548	房契字0070号省水利干校交
外马号街	29		20	5	25	1955.10	270	典契字15454 省公路局典 57.2.14 财政局转来
外马号街	30		24	2	26	1954.10	280	房契字6088号省公安厅买
外马号街	40		23.5		23.5	1954.10	270	典契字12673号省公安厅买
外马号街	82		25	1	26	1958.2.1	490	省水利厅买
后新华街	2		27	2	29	1955.6		买契遗失省公安厅买
前新华街	78		16	2	18	1954.10	269	房契字12174号省民委买
布厂街	5		38	5	43	1954.10	270	典契字13543号省卫生厅买
布厂街	29		26	2	28	1954.10	270	典契字14040号省府行政处典
布厂街	39		107	2	109	1954.10	268	房契字5326号省府行政处买
段毛街	2		20.5	2	22.5	1954.10	275	房契字5233号省贸易公司买
自由路西段	28		86	10	96	1954.10	268	房契字5284号省府行政处买
惠济桥	45		15		15	1957.30	451	省农学院迁郑移交
花园街	47		3		3	1957.30		省农学院迁郑移交
原省农场及禹三台农业院房			640	36	676	1957.30	451	省农学院迁郑移交
铁路北沿	41		4		4	1954.12.7	244	省农学院迁郑移交
金梁里	27		49	4	53	1954.12.7		省农业厅迁郑后移交房契字347号

省会迁郑后，开封市政府总计接收共140处，其中市房[①]118间，住房4525.5间，付（副）[②]房349间，共计为4887.5间。

二 开封市对房产的处置与分配

对于所接收房产和迁郑单位所遗办公场地，开封市政府做了如下

---

① 应为能用于商业经营活动的房屋。
② 付房应为副房，指不与居住房屋连在一起的、起辅助作用的房子，如厨房、柴房等。

处理：

（一）分配或借给急需的单位使用

对于一些急需房子的单位，开封市政府采取了一些较灵活的处理方式，同意暂时借用。如对于学校："你厅谈称所属单位中学校将于9月中旬招生，开学在即，急需解决住房，现实前省贸易公司务农工街43号房69间楼交你厅暂时借用"①，"省直迁郑委员会办公室将省广播电台拨交本厅。经研究，此房交由你校（开封艺术师范学校）使用"②。对于一些急需住房的企业也参照此办法，"查保险公司迁郑腾出南书店街三十一处租房计40间拟拨给你处解决市食品公司急需住房问题"③。

（二）制订分配方案并由开封市政府统一分配房产

在房屋调整中，开封市要求"必须首先照顾军队及郑州专区领导机关和省级领导机关用房，任何机关与个人都必须服从统一分配和遵守纪律，反对和防止本位主义与贪图享受的个人主义或铺张浪费行为"④；并根据河南省委决定处理房产的精神制定了具体的分配方案，以保证房屋分配的规范有序进行。据统计，党群及行政部门共腾出房产5848间，⑤ 其分配原则是：（1）安置郑专地委；（2）学校（根据省借用的50亿款和需要分配）；（3）开封市原址不动，个别调整；（4）解决其他要房单位（学校、轮训班）；（5）留汴家属。⑥

开封市为了照顾各方面的团结和防止本位主义，根据省府新址住房标准和各单位的现有人数与工作需要，作出了如下分配：

一、郑地专

（一）迁汴党政群事业单位共22个（包括地委、专署、检察署、

---

① 《河南省直机关迁郑委员会办公室通知》，1954年，开封市档案馆藏，档号：52-17。
② 《省广播电台房屋拨交你校使用由》，1954年，开封市档案馆藏，档号：52-17。
③ 《河南省直机关迁郑委员会办公室通知》，1954年，开封市档案馆藏，档号：52-17。
④ 姜鑫：《热烈拥护省会迁郑，支援国家重点建设》，《河南日报》1954年10月19日第2版。
⑤ 因其中含有租房，故超出《一九五四年省属单位迁郑交回房产统计表》数据。
⑥ 《河南省直属机关迁郑后腾出房屋分配方案》，1954年，开封市档案馆藏，档号：52-17。

法院、粮食局、公路段、门诊部、业余学校、招待所、党干校、税局、农技站、治淮、工会、妇联、团委、交通局、托儿所、休养所、专社、公安处、师训班），根据省直标准及参考郑地专具体需要拨给房 29080 平方米。

（二）军分区：（包括公安大队）拨房 3732 平方米。

（三）郑专企业：除食品、油脂、合作、邮电、保险、银行由本系统腾出房产解决外，其余花纱布公司、酒专、百货、贸易诊所 4 个单位拨房 1800 平方米。

二、学校：共拨房 16032 平方米。

三、开封市：除原址不动可作个别调整拨房 5075 平方米。

四、其他房产：除原址不动可作个别调整拨房 5075 平方米。

五、留汴家属占用房 1639 间计 16369 平方米。

汴市腾出房产具体分配情况：

（一）郑专、地委

1. 党群行政

（1）省府大院　　　　　　　　　　969 间　13545 平方米（教育厅二批搬）

（2）原省直社　中山路北段 34 号　38 间　580 平方米

（3）河南报社　中山路中段　　　169 间　2850 平方米

（4）河南报社　包府坑 21 号　　146 间　3418 平方米

（5）人事、粮食厅　徐府街八府仓　253 间　3652 平方米

（6）省财委　省府前街 32 号　　　23 间　200 平方米

（7）工业厅　万寿街 16 号　　　　82 间　956 平方米

（8）省府招待所　木厂街 39 号　　108 间　1319 平方米

（9）劳动局　　木厂街 29 号　　　26 间

（10）民政厅　后保定街 55 号　　18 间　185 平方米

（11）工业厅　中山路北 380 号　　30 间　337 平方米

（12）日报社　馆驿街一道胡同 15 号　13 间　130 平方米

（13）公安厅　　城隍庙街31号　　　　　15间　　105平方米

（14）民政厅　　后保定巷7374号　　　　18间　　185平方米

（15）民政厅　　后保定巷78号　　　　　21间　　235平方米

（16）财政厅　　西大街13号　　　　　　74间　　865平方米

（17）新华分社　中山路中段306号　　　 26间　　282平方米

（18）参事室　　小纸坊街47号　　　　　27间　　236平方米

计2056间　29080平方米

2. 军队

（1）原工会　　三圣朝前街22号　　　　129间　　1520平方米

（2）原妇联　　三圣朝前街10号　　　　100间　　1059平方米

（3）原青委　　东华门8号　　　　　　　93间　　1153平方米

3. 企业

除食品、油脂、邮电、保险、银行由本系统腾出房产解决外，其余统一解决如下：

（1）花纱布公司　　拨（工业厅）省府西街12、14号　　79间

（2）酒专公司　　　拨（人出社）中山路北段　　51间

（3）百货办事处　　拨（工业厅）中山路中段322号　　48间

（4）贸易诊所　　　拨（粮厅）寺后街79号　　18间

计196间　1800平方米

（二）开封市

市府不动，作适当调整拨房如下：（共5075平方米）

（1）原政法　　寺后街　　　　　46间　　486平方米

（2）民革　　　山货店12号　　　36间　　503平方米

（3）交际处　　袁宅街　　　　　92间　　888平方米

（4）统战部　　自由路中段　　　72间　　1196平方米

（5）协商会　　复兴南街　　　　27间　　387平方米

（6）军管　　　勤农街35号　　　59间　　900平方米

（7）民盟　　　东棚板街50号　　28间　　226平方米

（8）统战部　新一胡同2号　　　　　13间　　91平方米

（9）军管　变龙巷　　　　　　　　　6间　　156平方米

（10）军管　木料厂街　　　　　　　5间　　148平方米

（11）军管　四通巷　　　　　　　　3间　　94平方米

（三）教育

（1）省委　游梁祠6、8、15号　北道门1-6号　509间　9574平方米

（2）公安厅　自由路120号　　　　　　　225间　2904平方米

　　　　　　油房胡同29号　　　　　　　20间　　182平方米

　　　　　　照明胡同16、12、10号　　　36间　　226平方米

（3）电台　新街口付113号　　　　　　　61间　　3416平方米

（四）其他房产28处，可解决要房单位22个，拨房如下

（1）妇联干校　西棚板街38号　　64间　　715平方米（原交通局）

　　　　　　　三圣朝后10号　　　28间　　610平方米（原省委）

（2）交房管处　北门大街87号　　39间　　406平方米（原气象局）

　　　　　　　北门大街262号　　 41间　　487平方米（原工会）

（3）拖拉机干校襄饬公胡同14号　　46间　　486平方米（原检察署）

（4）粮食干校　解放胡同40号　　　16间　　222平方米（原粮食厅）

　　　　　　　新街口56号　　　　46间　　636平方米（原粮食厅）

（5）文艺训练班　油坊胡同8号　　57间　　584平方米（原公安局）

（6）中医院　务农工街43号　　　　69间　　760平方米（原贸易公司）

　　　　　　袁宅街4号　　　　　26间　　388平方米（原贸易公司）

（7）外贸局　外马号街49号　　　　25间　　282平方米（原公安厅）

（8）省法院　城隍朝街9、10号　　 33间　　318平方米（原人事厅招待所）

　　　　　　城隍朝街43号　　　　31间　　316平方米（原人事厅招待所）

（9）体委及夜校　山货店街20号　　59间　　687平方米（原监委）

（10）省交通厅搬运司　后新华街19号　32间　　522平方米（原公安厅）

（11）红十字会河南办事处　西蔡河湾25号　21间　　209平方米

（原公安厅）

　　（12）护士学校　徐府街22、160号　62间　623平方米（原交通银行）

　　（13）卫生厅　自由路东段43号　34间　352平方米（原公安厅）

　　（14）卫生人员训练班　生产后街43号　28间（原工业厅）

　　　　　东大街14号　12间　（原工业厅）共212平方米

　　（15）工业卫生训练班　北兴街49号　文圣朝街4号　41间　409平方米（二门诊部）

　　（16）治淮　后新华街　17间　180平方米（军管）

　　（17）林业局　后河街4、7号　17、21间　400平方米（原日报社）

　　（18）郑专法专　北道门西街32—34号　52间　525平方米（原省委）（未分）

　　　　　书坊街32号　32间　708平方米（原工会）（未分）

　　　　　治淮　西大街　44间（原县银行）（未分）

　　（19）财政干校　政法训练班　省委组织部　文朝街8、5号　255间　6290平方米

　　（20）郑专诊所及原诊所　旗纛街27间　280平方米（原1门诊部）

　　总计：1275间 17601平方米[①]

　　开封市在房屋分配过程中，由于有严格的分配原则和详细的分房方案，有效地防止了本市的本位主义思想，防止了多分、多占等无序现象，维护了方方面面的团结，在分配过程中没有出现较大的矛盾；同时在房屋分配中充分体现了对迁来的郑州地委专署的尊重，为以后二者共同开展工作、处好关系打好了良好的基础。

三　房产及场地移交中的问题及其解决

　　在房产移交中也出现了一些问题，如1956年7月河南省粮食厅、农业厅等迁郑后在汴房产的移交问题："省粮食厅在汴生产后街47号房

[①]《河南省直属机关迁郑后腾出房屋分配方案》，1954年，开封市档案馆藏，档号：52-17。

31间（粮食厅迁郑后住的家属），根据工作需要，在1955年4月间经我市房产处与粮食厅协商，将房产处管理之生产中街35号房23间和复兴南街64号房12间调换给中共开封市委会使用（但该厅在迁郑时未将生产后街47号房报迁郑委员会作统一分配），而在1955年内粮食厅家属在汴生产中街35号与复兴南街64号房内人员陆续迁郑，但该两处房内只住两户，住房6间，其余空闲，该厅不按省迁郑委员会迁房字1064号通知，二批迁郑单位及家属住房迁郑后腾出房产统交你市统一调整分配精神办理，省粮食厅既没通过省，也没通过我市即将上项两处房屋以（55）粮财字第552号函自行拨给其所属粮食厅干校，而设校并段使用（据我们了解干校也不需用），这样对我市在房产管理上不能统一，也不能更科学合理的使用房屋，发挥房屋的潜力，因而形成了浪费。另外，还有农业厅调查队与林业处现已迁郑，所住本市新街口56号公寓1处35间（空闲）及南关金梁里27号房屋1处62间（住有该厅家属9户大部空房），我们意见亦应把迁郑后空房交给我市。特报请（河南省人民）委员会予以解决"。① 在河南省粮食厅、农业厅迁郑后，其所留部分房屋没有交给开封市接收，而是出现了私自转让或占空房不交的现象。

又如1956年8月河南省农学院迁郑后所留房屋、土地等处理问题："河南农学院迁郑在即，关于该院迁走后所留房屋、土地等处理问题，根据省农场迁郑时省人委（55）会农（农）许字第号指示：凡在原省农场北门以至禹王台围墙以南、东围墙以西至群众住居之街道以东的范围内，所有一切房屋、土地等一律归开封市所有，作为人民公园；其中农学院自盖房屋，为职员家属宿舍、浴池、温室等暂由农学院使用，在该范围以南的课堂归农学院所有。我市当即与农学院按照指示分别接管与使用。近闻农学院拟将该范围以内自盖房屋中的教职员及家属宿舍连同该范围以南的课堂一并卖给省教育厅，我们认为农学院将房屋出卖给

---

① 《为省粮食厅、农业厅等迁郑后在汴房屋移交问题》，1956年，开封市档案馆藏，档号：23-273。

省教育厅是不符合去年省人委指示精神的,我们意见应按省人委原指示办理,拟请研究并通知农学院停止出售,该院迁郑后交我市接管。另外关于省农场北门以南至南围墙以北,东围墙以西至农业实验地西边边沿以东的范围内(即原省农场整个部分)所有房屋、土地等如办公室、乳牛、治蝗站等房屋以及农业实验地近三百亩,原系开封市财产,省农场迁郑时暂且交给农学院使用。农学院迁郑时亦应全部归还我市接管使用,该地区已规划为我市禹王台公园范围,以上意见报请(河南省人民委员会)研究批示。"[1] 可见,河南省农学院是要把迁郑后所留下的一部分房屋、设施及场地卖给省教育厅,而开封市则要求全部接收,并要求接收河南省农场的场地、设施,从而二者产生了矛盾。

在接收过程中,出现了一些单位占空房不交、私自转让、转卖等的现象,这损害了开封市的利益,而开封市为了维护本市的利益,也在努力争取。

综上所述,河南省直属机关、文化教育单位陆续从开封市迁离,开封市接收了房产,并顺利实现了分配,其经验在于:

其一,规范了移交中的环节。如"查原贸易公司租用市房管处代管和拨用袁宅街4号及新址务农工街43号,该两处房屋经我处决定分配给省中医院住用,除已通知移交及接收单位向市房产管理处办理交接手续外,其房租问题9月份仍由贸易公司向房屋管理机关缴纳,但10月份由教育厅负担,11月份由政府拟交省中医院出。"[2] 由于对移交中的细节做了详细的规定,因而避免了移交中的矛盾。

其二,由于房屋分配中有明确的方案,在具体分配中郑州地委行署与开封市积极动员、进行思想教育,密切配合,避免了分配中的矛盾。在房屋分配上,由于担心开封市会与迁来的郑州市地委行署产生矛盾,时任河南省政府副主席的赵文甫在迁郑留汴联席会议上讲到:"地委也

---

[1] 《河南省开封市人民委员会关于河南农学院迁郑后所留房屋、土地等处理问题的请示》,1956年,开封市档案馆藏,档号:23-273。

[2] 《省直机关迁郑委员会办公室通知》,1954年,开封市档案馆藏,档号:52-17。

要注意，因为从小的荥阳城搬到开封，很可能会争房子，因而闹出不团结。"① 因此，郑州市地委专署在迁汴前就对干部们做了思想教育："省级领导机关迁郑虽腾出一部分房子，绝不是全部都交给我们，而要照顾各方面工作及各部门工作需要，因此那种不顾国家建设需要，不顾国家积累资金需要，盲目的要求改善生活待遇的平均主义思想，不顾大局只顾自己的本位主义思想，以及不顾工作岗位的不同、平均要求生活待遇的平均主义思想都是错误的"。② 开封市也对本市干部进行了思想教育，开封市长姜鑫在全市干部大会上作《关于省直机关迁郑和郑专迁汴的动员报告》时讲到："对省级各系统所占用之房地户和留存家具应与省联系接收，并定出纪律，做到交好、接好、管理好，不能使国家财产遭受损失。对省迁后的住房分配，根据省委先党政、次军队、再学校的原则和专市各级干部的住房标准，由市欢送省迁郑委员会统一分配，任何机关和个人都必须服从，严格遵守纪律，防止和批判某些单位或个人的本位主义、个人主义思想，不从做好工作、加强团结、照顾全局出发，而不适当的要求多住房、盲目铺张浪费的错误。显然，本市房租一般过低，省迁后可能就会房破不修，甚至好房折卖的现象，本市房产科结合各部门防止。"③ 由于事先经过思想教育，在具体分配中开封市又优先照顾郑州地委行署，因而避免了分配中的矛盾。

其三，对于后期移交中的不规范现象，开封市能够据理力争，维护了本市的利益。

小　结

随着新省府一期工程的基本完工和部分机关建筑的完成，省直属机

---

① 《留汴及迁郑单位联席会议》，1954年，河南省档案馆藏，档号：J01-234。
② 《郑州地委关于执行省委对郑州地直迁汴工作指示的指示》，1954年，开封市档案馆藏，档号：23-105。
③ 《姜市长在全市干部大会上关于省直机关迁郑和郑专迁汴的动员报告》，1954年，开封市档案馆藏，档号：23-126。

关、企事业单位即将由开封迁往郑州。在省会迁离前,开封市在欢送省直机关迁郑委员会的领导下对省会迁离所造成的影响进行了调查:省会迁离对开封市的经济产生了较大负面影响,并对部分以为省直机关服务谋生的群众的生活造成了较大困难。开封市针对这些情况,采取了一系列措施暂时克服了困难。郑州市对于省会的迁入进行了认真的准备,成立了欢迎迁郑委员会,制定了筹备工作方案;并依据方案进行了宣传、保证物资供应、整顿经营作风、整顿交通秩序等一系列的筹备工作;欢迎迁郑委员会对筹备工作进行了有效的检查和督促;郑州市的筹备工作还得到了郑州市市民的积极响应。卓有成效的筹备工作保证了省会顺利迁入郑州市,也进一步有力推动了郑州市的精神文明建设。在省会迁移中,河南省委做了大量组织与动员工作,并对迁移中出现的人事组织关系变动做了相应的调整。省会迁移后,为了解决开封的城市定位问题以及尽量减少省会迁离对开封造成的经济民生困难,省委决定郑州专区在省会迁出后迁入开封;郑州地委专署经过精心组织,在开封市的协助下顺利完成这一工作,并经中央与省委批准改名为开封专区。开封市政府对于省会迁离后移交的房产场地进行了接收,并进行了妥善的分配,对于移交中出现的一些损害开封市利益的行为,积极进行了抗争。

第四章　新省会郑州市的崛起

学者何一民指出:"中国城市的发展都遵循着政治中心城市优先发展的规律,凡是成为全国或区域政治中心的城市都将获得优先发展。"①这条规律在中华人民共和国建立初期的计划经济体制时期表现得尤为明显。自1952年9月郑州市被确定为河南省会后,1953年国家开始实施第一个五年计划,中央以及河南地方政府对郑州市进行了大规模的投资建设,郑州市也由此开始了经济、文化、卫生、教育等方面的全面建设。1954年开始,河南省直属机关、企事业单位、一些学校以及高校也陆续由开封迁到郑州,郑州市的经济、文化、教育实力迅速增强,成长为河南的政治经济文化中心城市。

第一节　蒸蒸日上的经济与成长中的技术工人

解放前,郑州市的经济较为落后。新中国建立初期,在被确定为省会后,郑州获得了中央以及河南地方政府的大力投资,"一五"期间,建立了一套完整的棉纺织业体系,成为河南的棉纺织业基地,同时还是全国重要的棉纺织业基地之一。由于省会迁郑以及大量工业人口的增加,郑州市的商业、服务业也发展迅速。在郑州市大规模建设的过程

---

① 何一民:《近代中国衰落城市研究》,四川出版集团巴蜀书社2007年版,第6页。

中，一批熟练的技术工人迅速成长，他们成为郑州市得以可持续发展的宝贵财富。

一 快速发展的工业经济

（一）郑州市工业发展概况

郑州解放前工业极为落后，没有现代化的工业，虽有一些手工业、半机器工业与轻工业，但它们也经常地处于半开工或停工的状态。1948年郑州解放后，郑州市人民政府所接收或代管的工厂仅有规模较小、设备破烂不堪的利民烟厂、久丰面粉厂等6个单位。当时全市接收的工厂共有职工458人，全年总产值仅为57.6万元。

1948年10月郑州解放后，人民政府即采取措施，大力恢复经济，发展生产，不仅迅速地全部恢复和扩大了接管过来的6个工厂，并且还新建了兴华窑厂、郑州植物油厂、南阳粉厂、郑州酒厂、郑铁印刷厂、郑铁机务段、豫安面粉厂等7个单位。郑州市工厂总数达到13个，职工总数由接管时的458人增至1740人，全年总产值达到279.4万元。同时有利于国计民生的私营工业，在郑州市人民政府的扶助之下也开始得到了发展，1949年机器工业的户数由1948年的100户增至119户，全部私营工业的实际总产值达到113.4万元。经过3年的经济恢复期，到1952年恢复时期结束时，郑州全市有国营、地方国营、公私合营及合作社营工厂35个，其中国营12个，即郑州电厂、纺织机械厂、黄委会修配厂等；地方国营18个，即汽车修配厂、农业药械厂、郑州烟厂、农药厂、中原窑厂、郑州酒厂等。另外，公私合营的南阳面粉厂及合作社营的合作油厂、合作粉厂、轧花厂、食品厂等5个单位，这时工厂的数量已经比1948年增加了4倍以上。职工总数已经达到8656人，比1948年的458人增加了17倍多，全年工业总产值达到4747万元。①

1953—1957年间国家实施第一个五年计划时，郑州市被列为全国

---

① 《郑州市工业发展情况的简单介绍》，1956年，郑州市档案馆藏，档号：39-02。

重点建设城市，开展了大规模的经济建设。"一五"期间，郑州全市工业投资达3.22亿元，占全市总投资的57.5%，新建和扩建了郑州市第一、三、四、五、六棉纺厂以及郑州纺织机械厂、郑州油脂化学厂、郑州面粉厂、郑州肉类加工厂、郑州火电厂、郑州卷烟厂等65个大中型骨干企业。到1957年年底，全市有工业企业345个，工业总产值达到3.961亿元，比1952年增长7.34倍，"一五"期间平均每年递增33.7%，轻重工业之比为78.7∶21.3，轻工业增长明显快于重工业。①

表4-1　郑州市工业企业数、工业总产值一览表（1952—1957年）②

年份	企业个数	工业总产值（万元）
1952	35	4747
1953	118	13459
1954	226	18829
1955	449	23507
1956	312	36698
1957	345	39610

从表4-1中郑州市企业个数以及工业总产值两项指标来看，1953年企业个数为1952年的3.37倍，工业总产值为2.84倍，这是郑州市经济增长最快的一年。这也说明了自1952年后，中央以及河南地方政府加大了对郑州市的经济建设投入。1955年也是郑州市经济发展较快的一个时期，1955年企业个数是1954年的近2倍，工业总产值为1.25倍，这说明1954年河南省会由汴迁郑对郑州市的经济发展产生了较大的影响。1956年相比1955年企业个数有所减少，这显然是由于公私合营而使私营企业减少的结果；但1956年的工业总产值为1955年的1.56倍，这说明对郑州市的经济建设投入并没有减少，反而有很大的增加；郑州市1957年工业总产值为1952年的8.34倍，这说明郑州市在"一五"期间的经济发展速度是相当惊人的，省会迁郑对郑州市的经济发展

---

① 郑州市地方史志编纂委员会：《郑州市志》第4分册，中州古籍出版社1999年版，第7页。

② 同上书，第11页。

影响是巨大的。

(二) 郑州市成为国家棉纺织业基地之一

新中国成立后，郑州市逐步对原有的纺织企业采取"代纺代织""加工订货""统购包销"等方式，给予大力扶持，使其生产得到迅速恢复和发展。同时，组织沿海民族资本企业内迁，无锡新毅纱厂和上海利民、信和纱厂内迁郑州。1950年9月，在郑州组建河南省机械厂（后改名为郑州纺织机械厂）。同年在郑州原豫丰纱厂旧址新建郑州棉纺织厂（后更名为郑州第二棉纺织厂）。至1952年，河南已投产棉纺纱锭8.15万枚，棉布织机645台，年生产棉纱101万吨，棉布1924万米。从1953年第一个五年计划开始至1958年，国家在郑州大规模兴建新的纺织企业，先后扩建或建成一、二、三、四、五、六共6个大中型棉纺织厂，建设总规模为40万纱锭，总投资为1.76亿元。① 国家在这个河南省的中心城市建设新的纺织工业区，是完全合适的。首先，河南省有1000多万亩的广大棉产区，而且棉花质量很好，特别是豫北的棉花不论在棉绒长度方面，还是在耐拉力和色泽方面都是全国最好的。郑州正处在河南省产棉区的中心，又是京汉、陇海两条铁路干线的交叉点，交通方便，因此从原料的供应到产品的输出都是很便利的。其次，河南省的气候匀和，没有南方那样多雨的黄梅季节，夏季时也不过分炎热，这天然地满足了纺织工业生产所需要的适当的暖湿度。② 鉴于郑州市发展纺织工业的这些有利条件，国家和河南地方政府先后在郑州市投资兴建了一系列工厂，建立了一套完整的纺织工业体系，从而使郑州市成为新兴的棉纺织业中心城市之一。这些工厂主要有：

国营郑州纺织机械制造厂　1951年1月，正在兴建的河南省农业机械厂改为河南省机械厂，到1951年5月4日建成开工，当年接受纺织工业部下达的生产32台粗纱机的任务。1952年该厂有职工173人，

---

① 郑州市地方史志编纂委员会：《郑州市志》第4分册，中州古籍出版社2009年版，第226页。

② 《我省中心城市郑州市　将建设成新的纺织工业区》，《河南日报》1953年12月24日第1版。

设备 475 台，形成了年产棉纺织设备 2000 吨的生产能力，当年生产梳棉机 150 台、粗纱机 88 台、打包机 30 台，后又试制成功开棉机、筒子机、摇纱机等棉纺织设备。1953—1957 年第一个五年计划时期，为适应纺织工业发展的要求，纺织工业部决定：河南省机械厂自 1953 年 1 月 1 日起划归中纺部领导，并更名为国营郑州纺织机械厂，正式承担国家纺织机械制造任务，并进一步扩建厂房，添置设备，增加人员，扩大生产规模。1957 年，该厂职工发展到 3556 人，固定资产达 1844 万元；主要产品有棉纺开清棉成套设备和由 27 种单元机组成的棉印全程设备，以及浆纱、络纱、整理等棉纺织准备设备；工业总产值达 785 万元，产量 3449 吨，该厂因而成为全省第一家纺织机械制造企业和全国纺织机械行业的骨干企业。[①] 郑州市新兴的纺织工业，是建立在纺织机械制造工业发展的基础上的。国家在经济恢复时期就在郑州市建设起一座纺织机械制造厂——国营郑州纺织机械制造厂，因此，建棉纺厂所需要的许多纺织机械设备，都可以通过这个厂直接得到供应。[②]

郑州市第一棉纺厂　该厂位于郑州市建设路北侧，系于第一个五年计划的第一年在全国同时兴建的四个现代化中型棉纺织厂之一。设计规模为纱锭 5.056 万枚，布机 1584 台，年产棉纱 6942.94 吨、棉布 366.67 万米，基建投资额为 3169 万元。郑棉一厂在 20 世纪 50 年代生产中支纯棉售纱和本厂织布自用的经纬纱，布为平纹坯布。[③]

郑州第二棉纺织厂（简称郑棉二厂）　该厂是在原郑州豫丰纱厂的旧址上建设起来的，位于郑州市管城回族区西南隅。1951 年开始筹建，1953 年 9 月全部设备开齐。该厂原名国营郑州棉纺织厂，1953 年改为郑州第二棉纺织厂，设计规模 3 万锭，产品为售纱。后陆续新增捻

[①] 郑州市地方史志编纂委员会：《郑州市志》第 4 分册，中州古籍出版社 2009 年版，第 161 页。

[②] 《我省中心城市郑州市　将建设成新的纺织工业区》，《河南日报》1953 年 12 月 24 日第 1 版。

[③] 河南省地方史志编纂委员会：《河南省志·纺织工业志》，河南人民出版社 1993 年版，第 55 页。

线 1.6 万锭、纱锭 5000 枚,新建针织和经编两车间,由单纺厂变为一座综合性纺织企业。1956 年曾获河南省先进厂和全国先进厂的光荣称号。1957 年被评为全国 34 个先进厂之一。①

郑州第三棉纺织厂(简称郑棉三厂)　该厂位于郑州市建设路北侧。1953 年 12 月开始筹建,1955 年 8 月 1 日正式投产。设计规模为棉纱锭 9.5 万枚,线锭 3.42 万枚,44 英寸织布机 2436 台。国家总投资达 5265 万元。②

郑州第四棉纺织厂(简称郑棉四厂)　该厂位于郑州市建设路北侧,北靠陇海铁路。1954 年 8 月筹建,1957 年 5 月正式投产。国家投资总额为 3628 万元,设计规模为细纱锭 8.55 万枚,44 英寸布机 3696 台。年产纱 1.31 万吨,布 1.04 亿米。③

郑州第五棉纺织厂(简称郑棉五厂)　该厂位于郑州市建设路北侧。1956 年开始筹建,1957 年 11 月 1 日正式投产。国家投资达 3042 万元。设计规模为纱锭 8.34 万枚,布机 3696 台。④

郑州第六棉纺织厂(简称郑棉六厂)　该厂位于郑州市建设路北侧,北靠陇海铁路。1956 年 4 月开始筹建,1958 年 10 月 1 日正式投产,投资总额为 2531 万元。设计规模为纱锭 8.55 万枚,布机 3696 台,年产棉纱 1.50 万吨,棉布 1.02 亿米。⑤

郑州印染厂　是一座每天可以印染 8200 匹布的公私合营郑州印染厂,1956 年 10 月 8 日在郑州市棉纺织工业集中的建设区动工兴建,1957 年 5 月份开工生产。郑州市已经建成或投入生产和正在建设的大型棉纺织厂共有 6 个,但是由于过去没有印染厂,生产的白布除供应本省一部分外,都要运到沿海各城市加工印染,然后再把色布、花布运进

---

① 河南省地方史志编纂委员会:《河南省志·纺织工业志》,河南人民出版社 1993 年版,第 56 页。
② 同上。
③ 同上书,第 57 页。
④ 同上书,第 58 页。
⑤ 同上书,第 59 页。

来。据统计，一匹标准白布从郑州运到上海，往返运输费就得 6 角多。这个印染厂建成后，就可以开始解决在郑州市纺、织、染不平衡的问题。这座印染厂，是由上海的两家公私合营印染厂合并而成的；迁来郑州后，只需增添部分设备，日产量就将比原来提高 65%。①

郑州油脂化学厂　1954 年国家投资兴建了郑州油脂化学厂（原苏联援建 156 项重点工程之一），该厂主要是为解决棉籽问题，以榨棉籽油为主，日榨油能力在 100 多吨。②

为了解决纺织工业的动力问题，国家还先后在郑州建设了 2 座发电厂。它们是：

郑州火电厂（即南阳寨电厂或 363 电厂）　自 1950 年开始选址筹建，该厂从选址、勘探到设计均在苏联专家帮助下进行，其设备全部由苏联提供，是苏方援助中国的 141 项重点工程之一。1953 年 12 月 29 日，郑州火电厂建成并举行发电典礼。郑州火电厂装机总容量为 1.8 万千瓦，是当时河南省最大的中温中压电厂。③ 电力工业的发展，对郑州市的纺织工业建设提供了动力条件。郑州市原有发电能力过于不足，1953 年第四季度部分工厂扩建投入生产后，工业用电已经超过原有发电能力最高负荷的 10% 以上。但由于新建郑州电厂的竣工，郑州市的纺织工业建设就有了保证。④

郑州热电厂　该厂于 1956 年 6 月动工兴建，是第一个五年计划期间苏联援建的 156 项重点建设项目之一，1957 年 10 月 13 日建成，总装机容量为 25.6 万千瓦。⑤ 这个电厂的热力和电力联合生产，不仅可以保

---

①　《郑州印染厂动工兴建》，《河南日报》1956 年 10 月 10 日第 1 版。
②　郑州市地方史志编纂委员会：《郑州市志》第 4 分册，中州古籍出版社 2009 年版，第 384 页。
③　郑州市地方史志编纂委员会：《郑州市志》第 1 分册，中州古籍出版社 2009 年版，第 101 页。
④　《国家重工业的迅速发展　保证了本市的纺织工业建设》，《郑州日报》1954 年 2 月 26 日第 1 版。
⑤　河南省地方史志编纂委员会：《河南省大事记（1949.3—2009.9）》，文心出版社 2009 年版，第 81 页。

证工厂得到足够的电力供应,还可以集中地供应各工厂和附近居民所需要的大量蒸汽和热水,国家在郑州新建的工厂,从这里也可以得到充分的热力,供给生产和市民取暖需用。①

综上所述,在国家的投资建设下,郑州市形成了一套完整的棉纺织业工业体系,成为新中国重要的棉纺织业基地之一,该工业体系的形成为郑州市的经济腾飞奠定了坚实的基础。

二 商业服务业的发展

随着省会由开封迁郑州,大批人口迁入郑州市。"一五"期间,郑州市新建了大批工厂、学校、医院等单位,消费人口大大增加,为之服务的商业和服务业也迅速地发展起来。

(一) 商业的发展

1952年,郑州市区共设置国营和合作社营日用工业品网点55个,其中批发网点10个,配备各类人员1310人(批发613人)。在经营比重方面,国营和合作社营占60.37%,私营占39.63%。

第一个五年计划期间,郑州市日用工业品商业为了适应省会迁郑以及有计划、大规模经济建设的需要,通过贯彻中央《关于加强市场管理和改造私营工商业的指示》,完成了对私营工商业的改造,实现了全行业的公私合营,在经营上对私营批发商采取一系列排挤代替政策,对私营零售商业网点有计划地进行了调整,先后在花园路、碧沙岗、新市场等处建设了一批零售商业网点。

1956年初,郑州市百货大楼建成开业。同期建成的还有北二七路纺织品商店、纬五路、南阳路、农业路、建设路、翠花路和郑大市场百货商店等。1956年第四季度,郑州市新建、扩建7个商业市场,这些市场都分布在工厂、学校、机关较多的地区。附近的工人、学生和市民,将可以从这里买到所需要的百货和食品,并且可以照相和洗染衣

---

① 《国家将在郑州建设现代化的热电厂》,《郑州日报》1955年11月14日第1版。

服。在国棉一、三厂附近的商业市场,还建设一座浴池,供职工及其家属洗澡。① 同时,1956年还对私营日用工业品商业的111个门店、1128名从业人员,归口实行了公私合营(含自负盈亏37户、64人),对17户规模较小的个体商店,组建成7个合作商店,将344户小商小贩组成了39个合作小组。1957年年底,全市日用工业品网点达638个,从业人员有4449人,其中:国营商业网点发展到118个,比1952年增加1.14倍,职工2765人,比1952年增1.1倍;公私合营企业75个门市部,1107人;代销店37个门市部,66人;合作商店22个门市部,68人;合作小组39户,352个门市部,364人;个体79户,79人。②

(二)服务业的发展

郑州解放后,先后有5家浴池开业。自1952年后,郑州市的浴池业发展迅速。1953—1956年,在原新华池地址上开设了解放路浴池,另建有河南浴池、红旗人民公社服务站浴池、郑州市直浴池及碧沙岗友爱浴池。其中河南浴池条件最好,1954年一开业就有锅炉、暖气、吊扇。在布局上改变了以前都集中在老市区和火车站附近的情况,1956年后西郊工业区、花园路行政区、东大街居民区都有了浴池。全市共有男大池4处,女大池2处,男女盆塘2处。随着大规模经济建设的开展,以及省会迁郑、工资调整和人口迅速增加,人民生活水平得到改善和提高。自1953年起二七、德化街、河南和友爱浴池都先后恢复和设立了雅座,服务态度和服务质量都有了大幅度的改善和提高,经济效益较好。

1955年全行业营业收入为22.7万元,是1953年的1.2倍。1953年建社时资金为1.82万元,1955年11月达到11.51万元,3年间扩大了5.33倍。1954年积累的资金扩大床位200个,1956年新建二七路盆塘部,浴巾和床单经常保持2套,还在德化街、二七路两个池的南大池

---

① 《本市将新建、扩建7个商业市场》,《郑州日报》1956年10月4日第2版。
② 郑州市地方史志编纂委员会:《郑州市志》第5分册,中州古籍出版社1998年版,第41页。

中安装了淋浴，店堂备有剪刀、梳子、镜子，主要服务项目有搓背、修脚、洗头、送毛巾、送拖鞋、沏茶送水等。① 由于服务条件有了很大的改善，服务态度和服务质量都有了很大程度的改进和提高，其经济效益非常好。

  1949 年郑州解放时照相业有网点 70 个，从业人员有 208 人，资金达 224640 元，但由于市民生活较贫困，照相业被视为"奢侈性行业"，生意惨淡。到 1950 年照相馆减少到 29 个，从业人员缩减至 114 人，资金减少到 44133 元。1950 年后，照相座机的万能后背问世并得到广泛应用，全市各照相馆在座机的基础上都配备了 8 寸、12 寸外拍机和 120 型、135 型相机。1953 年对有铺面的 19 个照相馆调查发现：10 人以上的有 3 户，6—8 人的有 2 户，其余为 2—3 人的小店。这些店多为夫妻小店，或是店主单干，或是雇佣 1—2 名学徒；由于资金缺少，各店铺都无力增添设备、扩大经营，有的甚至连购买原材料都比较困难，有的店主买相纸一般只买一盒半盒，小店只买三张五张，为了生计大多数店还都兼营一些小商品。1954 年河南省会迁郑以后，城市人口逐年增加，流动人口日益增多，照相业也逐渐好起来。为了服务西郊工业区和花园行政区的建设，"大众摄影社"（原国际照相馆）于 1954 年和 1955 年分别在花园路和二七路设立 2 个门市部。1955 年大众、二七和花园路 3 个摄影社归口市福利公司管理，是全市第一批国营性质的照相馆。1955 年全市工商业出现合作化高潮，由"中原""皇后""福星""艺园"等几家照相馆店主发起，于 1955 年 12 月 26 日经郑州市手工业联社批准，成立了"新联"照相合作社，到 1956 年 2 月共有 17 户申请加入合作社。合作社成立以后，原来各商号的字号被取消，按地点设立了 8 个门市部，统一核算，共负盈亏。

  为了满足郑州市进一步发展服务业的需求，1956 年广州支援郑州照相业技术人员 70 多名，第一批 13 人在二七摄影社处开设艳芳照相馆

---

① 郑州市地方史志编纂委员会：《郑州市志》第 5 分册，中州古籍出版社 1998 年版，第 138 页。

（原在广州的店名），原二七摄影社在北二七路重新设点，更名为北二七照相馆（现彩色扩印中心处）。第二批60多人到郑后设立4个照相馆，即花园路的"华星"、二七路的"美星"、西大街的"京士"、棉纺路的"棉京士"（国棉三厂）。这些新开设的照相馆，不仅缓和了郑州市照相业点少的状况，而且扩大了服务范围。同时，照相合作社也积极扩展新网点。1957年在五里堡开设门市部（现中州照相馆），在碧沙岗市场开设了"光明"照相馆。①

三 工人技术力量的成长

（一）在施工建设中培养的技术工人

郑州市在大规模经济建设的同时，也培养了大量的技术工人。如在新建郑州电厂的建设过程中，工人们在技术上的成长是很快的。据统计：在全体技术工人中，一年来有670人的技术等级上升了一级或两级，有75个学工已经成了三级或四级技工，很多一级学徒升到了三级学徒，青年技术人员大都能够担任比较复杂的技术工作。其中锅炉工地一号炉、二号炉到三号炉的安装，则更说明了工人们技术力量成长的迅速。和一号炉相比，二号炉省去了5626个工作日，三号炉比二号炉则又省去了2158个工作日。② 新建成的工厂，培养锻炼了大量的技术工人，这些技术工人将是郑州市以后发展的宝贵财富，为郑州市的发展做出进一步的贡献。下面我们从郑州市建设国棉一厂和国棉三厂的对比来看工人技术力量的成长过程：

> 去年这时，我来到当时动工不久、而现在即将完工的国棉一厂工地。那时，建筑队伍才刚刚组成，从来没有作过像这样大而技术又如此复杂的工程；工程中很多项目要进行预制安装，要完全用砖

---

① 郑州市地方史志编纂委员会：《郑州市志》第5分册，中州古籍出版社1998年版，第130—131页。

② 刘重动：《新的技术力量的成长》，《郑州日报》1954年1月9日第2版。

来建筑宽大坚固的拱顶仓库。那时候工地上来自农村的干部占90%，用他们自己的话来说，是"新兵、新将打正规化的仗！"但是经过去年一年的锻炼，现在，当国棉三厂开始动工时，从各方面都可以看出，这支建设队伍已经通过了实际工作的考验，飞快地成长了起来。①

建设国棉一厂与国棉三厂的对比，可以说明这支建筑队伍一年来的变化。从设计图纸上来看：国棉三厂的厂房变得更为宽敞，因为一厂的厂房中每隔7.6米就要有一根钢筋混凝土柱子，而三厂厂房中的柱子将是每隔12米一根。柱子间距的加宽就意味着柱子支撑力的增大和屋顶压力的相对减少，而这是和工程质量（特别是钢筋混凝土工程）的提高分不开的，也是和建筑企业管理水平和技术水平的提高分不开的。工人们在寒冷的冬天就已经按照设计，开始在地面上预制高空用的大量的钢筋混凝土工程，他们借鉴了苏联的先进经验——蒸汽养护法，8小时钢混工程就可以达到40%以上的强度。这样不但可以不受自然条件的限制，极大地加快工程进度，节省大批的木材支柱，而且也保证成品可以达到更好质量。再如混凝土工陈时柱小组，刚参加国棉一厂修建工作时，组内有7个学工只能替技工做杂活，但是经过一厂建厂工程的锻炼后，这7个学工已经全部升为技术工人。所有这些，就使得柱子间距加宽的设想在新的设计中能够提出，并能确定下来。按照这个设计建成的厂房，不但因为柱子的减少而将节省大约价值90亿元的钢筋混凝土，而且在同样面积上还能多安装机器，也便于将来工厂的生产。②

建筑力量的成长还表现在施工方法上的巨大进步，1954年国棉三厂采用了更大程度上的机械化施工。1953年国棉一厂工地上，

---

① 《从国棉一厂到国棉三厂》，《河南日报》1954年4月23日第1版。
② 同上。

工人们挖高处的土填洼处的坑，从挖、运到夯实，全靠人力。10来个搬运工人拉起一个又笨又重的木夯。"嗨呀"一天，一个人平均不过夯实10数个平方米的地面。1954年在国棉三厂工地上截然不同了，推土机的钢牙象饿虎似的削平着小丘，轧路机开进来，一天轧平3000多平方米，比人力的效率提高120多倍。机械化给建筑工人们带来了幸福；他们热爱着每一种施工机械，其中有不少人也就从此丢下笨重落后的工具，变成机器的指挥者。张恭鑫原来是个只会用体力拌混凝土和捣固混凝土的工人，后来当他了解到使用拌合机能进一步提高效率和质量时，下决心要学会这种新的技术。炎热的夏天，别人下班休息了，他却拿着拌合机说明书仔细地看，跑到拌合机旁边对照机器的零件，艰苦的学习钻研，使他终于成了拌合机的司机，后来又担任拌合机组长。现在，张恭鑫在国棉工地又带领着10来个新手，安装好了8部拌合机，新手们也将和他一起成为机器的操作者。①

据统计：1953年一年中，工地有46.2%的技术工人升了级，有71%的学工成了技术工人。1953年他们在开始建设国棉一厂时还是生手，但到1954年，仅仅1年他们已经掌握到更多的技术，能够用更短的时间、更少的材料和工人，来建设更好的工厂了。②

（二）在工业生产中培养的技术工人

第一个五年计划期间，由于郑州工业迅速发展，技术工人十分缺乏，经郑州市与技术力量雄厚的沿海城市协商，支援郑州市一批技术工人。1954年油脂化学厂从天津、上海和河南省内调入工人345人；郑州国棉一厂投产前，上海支援技术工人386人；1955年郑州国棉三厂建成投产时，上海又支援技术工人356人，湘潭支援61人。以后苏州、常州、江阴、常熟、丹阳、南通、海门等地又支援技术工人1320人。

---

① 《从国棉一厂到国棉三厂》，《河南日报》1954年4月23日第1版。
② 同上。

1956年，湖南支援国棉四厂技工188人，济南支援国棉五厂技术工人497人。这批技术工人向新工人传播了技术，为郑州纺织工业的振兴做出了贡献。1956年郑州市饮食、服务公司与广东省协商，后者支援理发、照相、餐饮、洗染等技术工人327人。郑州还从山西招聘厨师、技工30人。① 这些从外地支援的熟练技术工人，不仅壮大了郑州市的技术工人力量，而且也能够把自己的先进技术传授给郑州市本地的技术工人，从而带动郑州市本地技术工人的成长与发展。

随着郑州纺织工业的发展，新的技术力量也迅速地成长起来了。郑州第一棉纺织厂细纱车间和织布车间，80%以上的工人是新工人。他们在1954年初还没见过现代化的纺织工厂，但经过4个月的学习都成了技术工人。细纱车间所有的新工人，每人都能看到400枚纱锭，有的能看到600枚纱锭。织布车间所有的新工人，每人都能看24台织布机。过去一个新工人要达到这样高的技术水平，至少要工作好几年。19岁的井留妞在1954年初刚进厂时还是一个农村姑娘。她第一次看见呼呼转动的细纱机，简直不敢去摸动纱管，生怕纱管碰断她的手，曾经在一天之内，没有能接上一根断头，她偷偷地躲在被窝里流泪，经过认真反思之后，她下定决心，更加努力地学习，4个月就掌握了细纱工的技术。之后，她一个人站在细纱机前面看管着400枚纱锭，显出很有把握的样子。织布工刘秀云初次走进织布厂，听到流水般的哗啦哗啦的织布声，感到头昏眼花，不敢走近织布机，她的老师——上海女织布工范桃妹便亲切地抓住她的手，安慰她说："小妹妹，不要怕，跟我来，我是个先进生产者，我一定也把你教成一个先进生产者。"刘秀云听了老师的话，很感动。她说："老师早到迟退，牺牲休息时间，全心全意教我，我不赶快学会，也对不起老师呀！"她学习开车，睡在床上也用帚子比划着开车的姿态。有时候，她梦见自己的手很灵活，像老师一样熟练地穿扣、接头。这样经过3个多月时间，她就能看32台织布机了。学习

---

① 郑州市劳动人事志编纂委员会：《郑州市劳动志》，中州古籍出版社1990年版，第102页。

考试，她得了个特等奖。现在她已经是郑州第一棉纺织厂的优秀的挡车工，织出的布很少有废品。她很感激地告诉我："我今天能织出好布，要感谢上海老师。"来自国营上海第二、第五棉纺织厂的工人，为了教好她们，放弃自己的假日，用最快的方法把最新的技术传授给她们。有些上海女工在教会了她们以后，又自动地要求到郑州来，跟她们一道建设郑州的纺织工业。①

因此，郑州市大规模的经济建设，不仅使经济得到发展，更为郑州市培养了一批懂技术的熟练技术工人，这些同样是郑州市发展的一个重要成果，经济的发展不仅要靠良好的物质基础，更要靠人，大批懂技术的熟练工人在郑州市以后的发展过程中将会起到越来越重要的作用。

第二节 突飞猛进的城市建设

解放前，郑州市的城市建设较为落后。在郑州被确定为河南新省会后，"一五"计划期间，国家对郑州市的城市建设进行了巨额投资，郑州市的城市建设发展迅速。

一 郑州市城市建设概况

20世纪初，随着汴洛、芦汉铁路相继通车，郑州工商业开始兴隆，城市建设有所发展。1915年，郑州城市街道由乾隆十一年（1746）的29条，增至92条；1927年，冯玉祥任河南政府主席期间，在郑州兴建道路、桥梁和排水工程。1948年郑州有街道253条，其中，除大同路、光碾地两条水泥砼路面外，余为土路，凹凸不平。原有的6.04公里砖砌下水暗渠失去排水功能，城市靠地面排污泄洪。几座小桥，如长春桥、铭功桥、德济桥、南关石桥，年久失修。城市采用电光源照明，

---

① 《新的纺织工业基地——郑州》，《人民日报》1954年10月29日第2版。

但仅有路灯34盏。其时,城市排水不畅,交通不便,生活及卫生条件很差。① 群众回忆当时的情况说:"马路不平,电灯不明,黑暗统治,灾难重重"②。

1948年11月,郑州市政局成立,下设建设科。1949年11月,聘请有关专家组成郑州市政建设计划委员会,开始城市规划工作。1950年初,市政局分为建设局、民政局、人事局。1951年,市建设局招聘人员成立公营郑州市建筑公司。该公司第一工程队负责郑州城市道路、桥梁、下水道施工。同年3月1日,成立郑州市建设局岁修工程队(现郑州市政管理处前身),这是郑州市最早的市政设施维护管理机构。1953年5月19日,成立第一支市政施工专业队伍——郑州市建设市政工程队。1957年2月7日,市建设局决定将郑州市自来水公司管道队并入郑州市建设局市政工程队,强化市政工程的施工力量。③

1948年10月后,郑州市人民政府开始了城市建设。到1951—1952年,郑州市城市建设投资累加额412.68万元,其中排水71.62万元,路灯94.8万元,桥梁16.5万元,道路185.5万元,分别占投资额的17%、23%、4%、45%。1952年年底,全市累计建成排水管道20.44公里,为解放前6.04公里的3倍,管网密度为0.123米/人;架设路灯800盏,线路32公里,分别为解放前的18倍和1.6倍;修建大小桥梁32座,其中大桥梁5座,为解放前的3倍;铺装道路19.42公里,为解放前的26倍;治理河道15.3公里,挖掘明沟27.5公里,开凿甜水井27眼;修筑了支援工业建设的主干道和桥梁工程,郑州市有了第一条柏油面路面——福寿街、第一条钢结构桥梁——铭功路金水河桥。④

1953—1957年的5年中,郑州市城市建设投资额为1878.49万元,

---

① 郑州市地方史志编纂委员会:《郑州市志》第3分册,中州古籍出版社1997年版,第58页。

② 《为工业服务为劳动人民服务本市市政建设有显著成绩》,《郑州日报》1954年10月1日第3版。

③ 郑州市地方史志编纂委员会:《郑州市志》第3分册,中州古籍出版社1997年版,第113—114页。

④ 同上书,第58页。

其中排水439.57万元，路灯105.2万元，桥梁8.17万元，道路455.1万元，占全部投资额的53.7%。此间，贯彻执行"为工业生产服务，为劳动人民服务，为省会服务"的方针，本着以工业区、省行政区、文化区为重点，适当照顾旧市区的精神，修建主要干道12条，排水干管8条，桥梁7座。另外，郑州市第一条污水干管——北干管污水工程，郑州市第一座水泵站——蜜蜂张污水泵站也同期建成。至1957年，累计建设完成排水管道110.18公里，其中污水管47.4公里，雨水管20.54公里，合流管32.72公里，排水明沟9.52公里，铺装道路91.98公里，桥梁23座，装设路灯2322盏，线路92.9公里。该时期，市政设施有较大幅度增长，管网密度达到0.221米/人、2492.20米/平方公里；道路密度为0.202米/人、2277.30米/平方公里，该时期也成为郑州市政建设发展较快的一个时期。①

二　郑州市快速发展的市政建设

（一）城市道路建设

郑州市解放后，从1949年起，郑州市人民政府在经济极端困难、百废待兴的情况下，首先修复郑花、郑漯、郑黄3条主要南北干道，架修桥梁2座，接着又修建东西太康路、天成路、慕霖路、顺河街、东大街、西大街、南大街等土路。1950年，除整修市区旧有道路外，还修铺解放路、南北二马路、二七路、德化街、西大街等首批水泥砼路面。其中解放路由慕霖路、顺河街、迎河街合并建成，路宽23米，修有2.84米街心花坛，路旁植树，甚为壮观。1951—1952年，又先后修建陇海马路、二马路、正兴街、福寿街等道路，完成铭功路通工业区大道、兴隆铺电厂专用线、东大街、天成路、东西太康路等道路工程，截至1952年，共铺道路19.02公里，其中高级路面5.68公里。

---

① 郑州市地方史志编纂委员会：《郑州市志》第5分册，中州古籍出版社1998年版，第58—59页。

1953—1957年，首先修建通往西部工业区的建设路，1955年该路又向西延伸至秦岭路，成为老城区通往西部工业区的第一条干道。在市区南部另辟为由陇海马路、南关街、南顺街等组成的环形线路，使郑州铁路局二里岗货站的货物得以顺利进入市内。此外还修建陇海马路中段和东段，东起二里岗大道西至大学路，东西市区因之贯通；配合363电厂建厂，修建南阳路、兴隆铺路等道路；配合文化区建设修通文化路、大学路。还兴修了黄河路西段、桐柏路、伏牛路等一大批主次干道，建成行政区内长14公里的17条道路，圆满地完成迎接省会迁郑工作。截至1957年年底，全市新铺装道路91.96公里，为1952年底累计道路长度的4.8倍，平均年递增12.17公里，其中高级和次高级路面长达16.19公里。[①]

（二）城市排水

1949年，郑州市人民政府采用以工代赈方式，疏通淤积多年的市区下水道8509米，并新开河道330米。1950年至1952年，埋设下水管道1.9公里，解决南一马路、南二马路、解放路、二七广场、敦睦路、正兴街、东大街以及青云里、东西太康路、铭功路、南菜市、南城马路等低洼易涝地区的排水问题。

1954年，完成行政区污、雨水分流制管网系统的建设，建有35条砼管道，管道总长27942米，还开挖扩建了纱厂明沟。1956年，污水北干管中（系统）金水河截流管、小金水河流管相继竣工；郑州市第一座污水泵站——蜜蜂张泵站也建成投产。1957年，建成郑州市第一座简易污水处理厂——行政区污水处理厂（包括污水泵站一座），当年有7500亩农田污灌受益。截至1957年底，累计建成排水管道100.86公里，其中污水管道47.4公里，雨水管道20.54公里，合流管道32.92公里。[②]

[①] 郑州市地方史志编纂委员会：《郑州市志》第3分册，中州古籍出版社1997年版，第61页。

[②] 同上书，第89—90页。

（三）城市照明

1914年前，郑州市城市照明一直沿袭传统的燃油形式。次年，"明远电灯股份有限公司"在郑州发电售灯。1916年，郑州老城西关、火车站一带商业性街道上装有少量路灯。1941年10月4日，日本侵略军占领郑州前，国民党第3集团军孙桐萱派部队炸毁明远电厂，郑州变为无电城市。1944年3月23日，日军再次侵入郑州后，装设135千瓦蒸汽发电机一台，除供日伪军用电外，兼供大同路、德化街一带少数街道照明。1945年日军投降，国民党第七粮秣厂接管全套发电设备，供国民党行署公馆兵营用电，大同路、德化街一带设有少数路灯。1945年9月26日，原明远电灯公司筹备复业，租用黄河水利委员会机械工程总队柴油发电机80千瓦及75千瓦各1部，于1947年12月1日营业发电。1948年6月21日，明远厂并入水利工程总队，定名为郑州电力厂；该期间，装设路灯34盏，其中西二街1盏、西三马路5盏、顺河街4盏、兴隆街1盏、西大街1盏、西关大街1盏、三兴里1盏、长春路1盏，每盏仅装15瓦白炽灯泡，灯光暗淡。

1949年3月，郑州电力厂为郑州市人民政府正式接管，并组成郑州电力公司。至1949年年底，路灯装设扩展到31条街道，路灯数量发展到231盏。1951年，郑州市实行通宵供电，城市主要街道的路灯更换成防风雨灯具。当时最宽的解放西路短臂灯改为简易长臂灯，创郑州市长臂灯的开端。布厂街、惠工街、操场街、青云里等工人经常来往的街道，益民市场、保寿街、和平街、法院街等市民居住较密集的地区，优先架设了路灯。1952年，全市已经有73条街道安装了路灯，共装灯892盏，为解放前的26倍；架设线路32公里，为解放前的1.35倍。

1953年，旧市区路灯照明范围继续扩大，营门街、汉川街、金声街等35条背街小巷装路灯183盏，并将解放初期的25支灯泡改换为40支灯泡。1954年又为76条街道架设电力线路24110米，装设灯头538盏，其中，行政区的13条街共架设电力线路11460米，安装灯头248盏，占全年盏数的46.1%，这重点解决了行政区路灯照明问题。在此期间，由于金水路、建设路、砂轮厂东西街等主次干道，陇海西路、蜜蜂张大道、二里岗通农药厂大道等3条主要货运干道，有待解决道路照明问题，另外，10余万职工群众强烈要求在工业区、文化区和生活区道路安装路灯，为此，市政管理部门本着重点解决工业区、适当照顾文化区、旧市区的原则，于1955年至1956年架设高低压线路14公里，首先完成金水路、建设路等7条工业主干道的道路照明工程；又投资22.64万元，在31条新建的生活区街坊道路上架设路灯，线路总长33.3公里。至1957年年底，全市拥有路灯2322盏，为1952年路灯盏数2.6倍；线路长92.9公里，为1952年线路长的2.9倍；路灯密度57.5盏/平方公里。①

（四）城市供水

解放前，郑州除豫丰纱厂、铁路和外国教会一度拥有简陋的给水设施自用外，没有供水事业。城市居民终日以井绳、勾担、铁桶、木桶等工具自行取饮，取用水源为分布在旧市区的40多眼浅层苦水井。

1948年10月22日郑州市解放后，人民政府拨出200万斤小米（1000吨）作为资金，在市区开凿40多眼浅层大口甜水井，组织原有的70多名卖水工成立郑州市推水业工会，为城市居民生活用水提供服务。其后数年，新老水井一一被填平。1953年11月28日郑州市自来水公司成立，供水事业得到较快发展。1954年1月1日，解放路（原惠芳里）水厂投产，有深井2眼、清水池3个、水塔1座，铺设输水管道12.48公里，日供水能力为0.3万立方米。1954年9月动工兴建以贾鲁河为水源的第一座自来水厂——柿园水厂，1955年5月1日开始临时送水。1956年初，所有主体工程土建部分相继竣工，3月1日部分投产，1957年机械设备全部安装完成，日供水量达到8.5万立方米，铺设以水厂为起点的枝状供水管道87.05公里。②

---

① 郑州市地方史志编纂委员会：《郑州市志》第3分册，中州古籍出版社1997年版，第107—108页。

② 同上书，第117页。

（五）城市绿化

解放前，郑州园林绿化基础十分薄弱。市区内仅有由陇海路苗圃改建的面积窄小的"陇海花园"和几家私人花园，沿街的行道树和庭园绿化树木寥寥无几。由于历史上黄河改道和决口等原因，城区边缘的东北部至东南部遗留了5000多公顷沙荒、400多个流动沙丘，旱风时节风起沙扬，黄土漫天，笼罩全城，因而郑州历史上曾以"风沙城"著称。

1948年10月郑州解放，1951年春，郑州市政府作出《关于开展治沙造林的决议》，号召全市人民固沙造林，绿化市区。1951年3月、11月分别在东北部黄河故道和东南部沙区植树造林，针对平沙地和流动沙丘的不同情况，密植旱柳、刺槐、沙枣、柠条等树，先后营造固沙防护林网、林带、片林3000多公顷，植树近800万株，起到防风固沙作用，减轻了风沙对市区的威胁。与此同时，沿市区内的金水河两岸，营造了30米宽的河岸林带；在太康路、天成路、市府前街于寨辟建苗圃地40公顷；在西太康路以北、铭功路以东包括胡公祠、彭公祠的区域筹建人民公园，到1952年8月建成开放。

1954年10月，省会由开封迁至郑州后，郑州园林绿化的重点及时转入市区。1955年春，新区道路绿化自行政区开始，新建工厂绿化自国棉一厂开始，全面展开市区绿化工作。1956年后，在进行街道绿化及庭院绿化的基础上，在市区内较空旷的地域和成片空隙地又栽种林带与片林，其中较大的林带有贯穿市区的金水河、熊耳河、东风渠林带和桃园明沟、东关明沟沿岸不规则林带，棉纺路卫生隔离林带、京广铁路北站林带、沿商城遗址的北城墙、东城墙、南城墙林带等。1956年2月，在"碧沙岗烈士祠"开始筹建碧沙岗公园，1957年5月1日建成开放。此时的苗圃建设认真贯彻"自采、自育、自造"和"两条腿走路"的方针，国营、集体、个人共同发展，其中国营苗圃面积扩大到65.7公顷。①

郑州市的街道绿化发展也很快。解放前，郑州市街道狭窄，路面质

---

① 郑州市地方史志编纂委员会：《郑州市志》第3分册，中州古籍出版社1997年版，第218页。

量极差,市区内只有少数街道两旁有些散树木,且生长不良。解放初期,对原有的行道树进行整治。1950—1951年,市政府以粮代款,绿化旧有道路,天成路、太康路、市府前街、南大街、南关大街、西大街、西关大街、二七等街道,栽种的绿化树种为刺槐。1952—1953年,先后绿化解放路、一马路、正兴街、货站街、东大街、福寿街、德化街以及行政区的主要干道。其中解放路是由慕霖路、顺河街、迎河街合并成的第一条二块板道路,街宽23米,分车花带宽2.84米,花带内有各种花木520株、绿篱164米,路旁植行道悬铃木,该路是郑州市的第一条林荫路。第一个五年计划期间,河南省省会由开封迁至郑州,许多现代化大型工矿企业相继破土动工,大规模城市建设兴起,市政府要求道路修到哪里,树种植到哪里,"实行地段责任制",沿街各单位负责各自范围内的行道树栽植,由园林部门规划设计,提供苗木,短短几年内,绿化道路有:建设路、陇海路、南大街、南顺城街、金水路、花园路、民航路、文化路、黄河路、南阳路、大学路、嵩山路、桐柏路、伏牛路等。行道树所选树种大多为悬铃木、刺槐、加杨、柳树、青桐等速生树种和乡土树种。其中占较大比例的悬铃木,生长较快,树大荫浓,树姿雄伟,绿化效果极佳。此时期在进行街道绿化的同时,还在金水河、熊耳河两岸,紫荆山、人民广场、南北工人新村、旧城墙基、电校等处栽植河岸林、隙地片林,共计植树50余万株。[1]

(六)河道治理

金水河、熊耳河、贾鲁河、东风渠、七里河等为郑州市主要排洪河道,其中金水河、熊耳河横贯市区,常常洪水泛滥,成为城市河道防治的重心。

经过解放后的治理,城市排水状况虽然有了较大改善,但1953—1957年间,随着郑州建设的发展,市区不断扩大,以河道治理为主的排水工程不适应城市发展的需要。1953年时连降大雨,6月20日,降雨达到102毫米,洪水达76立方米/秒,商业厅附近金水河决口,飞机

---

[1] 郑州市地方史志编纂委员会:《郑州市志》第3分册,中州古籍出版社1997年版,第220—221页。

场被淹。7月11日，市郊大雨，索须河决口13处，金水河下游漫堤，大小决口14处，淹地22936亩，倒塌房屋200多间，冲毁桥梁13座，市区不少地方积水达0.3—0.6米深。市郊人民政府采取紧急措施组织救灾，同时疏挖王监生庄及其他排水明沟2300米，排除积水。1954年，动员金水、祭城两区农民整修金水、熊耳两河3100米，还开挖京广铁路至飞机场一段金水河道8916米。因河道排洪能力偏差，当年雨后洪水仍漫堤，市区领导冒雨组织群众昼夜抢险堵口，二次培固金水、熊耳河堤1.5万米，挖排水沟2590米，埋设排水管286米。1955年，郑州市委决定成立义务劳动委员会，疏浚金水河和熊耳河。当年8月又连降大雨，贾鲁河水位上涨2米，索须河上涨4米，洪水流量达200立方米/秒，两河先后决口。市及区乡领导巡视河堤，带领群众堵住决口。年底，金水、熊耳两河疏浚复堤改道治理完工。1956年7—9月迭次暴雨，贾鲁、索须、金水、熊耳各河连续出现洪峰，并都发生决口，86个村庄被洪水包围，22个乡不同程度受灾。郑州市委、市人委动员郑州36个省市机关团体共1.75万名职工整修市区土路，挖掘人民公园人工湖，扩宽金水河，完成土方2万立方米，动员郊区12个乡农民修整金水河、熊耳河、七里河、潮河。

  1957年7月暴雨大作，郊区大郭庄、圃田乡灾情严重，塌房4000多间，死亡13人。7月10日，降雨84.2毫米，燕庄桥上下游河堤决溃，飞机场被淹，水深0.5米，郑州市内人民公园、杜岭街洪水倒灌，二七广场、大学路、建设路积水达0.5米。郑州市防汛指挥部发动4.5万余人参加义务劳动，对金水、熊耳河疏滩培堤，完成土方4.4万立方米；郑州市政部门埋设低洼地区排水管道784米，砌河道片石护堤2049立方米。同年，中央拨1万元治理索须、贾鲁两河。该期间，共治理河道19651米，开挖排水明沟8390米，建成雨水管道20.54公里，合流管道12.28公里，城市抗洪能力有了极大提高。①

---

① 郑州市地方史志编纂委员会：《郑州市志》第3分册，中州古籍出版社1997年版，第101—102页。

三 郑州市政建设快速发展原因分析

郑州市城市建设的快速发展是与郑州市成为河南省省会城市，以及政府的巨大投入分不开的，如表4－2：

表4－2 郑州市城市建设局1953—1957年基本建设投资计划①

单位：百万元

名称	1952年实际	一五期间五年合计	1953年投资额	1954年投资额	1955年投资额	1956年投资额	1957年投资额	1957为1952年的%
勘察设计		4937	597	1340	1000	1000	1000	
小菜坊	324	2800			1400	700	700	216.05
公共厕所	123	1250	250	250	250	250	250	203.25
疏挖河道		3000			1000	1000	1000	
路灯安装		5650		650	1300	1700	2000	
园林绿化	1194	9850	1250	1700	2700	2100	2100	175.88
维护修理		10050	1700	1150	1600	2400	3200	
自来水	1750	139628	4752	27534	65860	20840	20642	1179.54
下水道	2713	94881	6426	14746	22113	22113	29483	1086.73
道路	5187	89722	7800	14033	22461	22461	22967	442.78
公共汽车		22485	2395	2090	6000	6000	6000	
桥梁	70	10252	105	397	5750	2250	1750	2500
总计	11361	394505	25275	63890	131434	82814	91092	

表4－2为郑州市城市建设局1954年制定的市政建设计划，从上表可以看出：郑州市市政建设发展最快的阶段在1953—1955年，这一阶段即省会迁郑前后，其中基础设施建设如自来水、下水道、桥梁等城市基础设施建设增长迅速，1955年分别比1952年增长36.6倍、7.2倍、81.1倍。1955年的市政建设计划总投入为1952年的11.6倍。这说明省会迁郑对郑州市城市市政建设的促进作用是巨大的。1956—1957年总体增速有所放缓，但投资额依然保持较高的水平。"一五"期间5年合计投资额达3945.05亿元（人民币旧币），显然郑州市市政建设的发

---

① 《1953—1957年基本建设投资计划》，1954年，郑州市档案馆藏，档号：65－41。

展主要得益于国家的巨大投资。

第三节　与日俱进的教育事业

在郑州被确定为河南新省会后，国家加大了对郑州市的教育投入，中等职业学校如雨后春笋般纷纷建立，发展极为迅速。随着郑州大学的成立，以及河南医学院、河南农学院等高校从开封迁郑州，郑州市的高等教育从无到有，快速发展起来，基础教育也稳中有进。

一　中等职业教育与技工教育的快速发展

（一）中等职业教育

在计划经济时期，省会往往是一个省的教育文化中心。国家对郑州市进行经济建设投资的同时，也开始注重对郑州市的教育事业进行投资建设。由于中等职业教育相比较于高等教育来说，所需投入较小，师资较易配备，培养急需的人才周期较短，能较快地满足郑州市经济、文化、教育等各项事业发展的需要，因此郑州市的中等教育事业发展极为迅速。新建的中等职业教育学校以工业学校为主，农业、交通、文化、教育等方面的职业学校也有适当的发展。

1947年4月，郑州有中级师范学校4所，共有教学班28个，其中郑县简易乡村师范共有5班，学生197名，教职员11人。郑州解放后，第一行政区联立师范、省立中正中学师范部、省立汲县师范3校合并成立郑州临时师范学校。1949年春郑州临时师范学校与郑州市立初级师范合并，定名为郑州师范学校，校址位于菜市街。1953年3月，在河南省郑州高级工业职业学校的基础上，合并中南5省6所高级工业学校的电机部，成立了燃料工业部中南电气工业学校（后改名为郑州电力学校），当时有学生1338名，教职工168人。从此，郑州的中等专业学校，除了师范专业外，增加了理科专业。是年夏，原设在开封的郑州铁路局中级技术学校迁入郑州幸福路，定名为郑州铁路学校（后易名为郑州铁路运输机械学校），设有铁路运输、蒸汽机车、铁道线路专业，有学生 1250 名。1954 年，合并郑州、洛阳、南阳、信阳 4 个中等师范学校的幼师班，成立了郑州幼儿师范学校，校址位于文化区农业路，学制 3 年，有学生 12 班 185 名，教职工 52 人；9 月，创建郑州纺织工业学校（后易名为河南省纺织工业学校），校址位于建设路，有 21 个教学班，学生 985 名，教职员 231 人；12 月，成立河南省工业技术师范学校。时郑州共有中等师范专业学校 5 所。①

自 1956 年起，国家在郑州市文教卫生建设方面的投资，比 1955 年增加 1.5 倍，② 因此 1956 年郑州市普通中等专业教育发展迅速。"中央在郑州新建的中等专业学校有地质部郑州地质学校，食品工业部郑州电器学校，第一机械工业部郑州机器制造学校，城市建设部投资兴建的郑州城市建设工程学校，建筑工业部新建的郑州建筑工程学校，煤炭工业部新建的郑州煤田地质学校，河南省卫生厅在郑州新建的一所郑州助产学校，河南省农业厅在郑州新建的郑州农业财会学校。"③ 此外还有河南省创办的河南戏曲学校，校址位于工人第一新村。原在开封的河南省邮电管理局邮电训练班迁入郑州经八路（后定名为河南省邮电学校）；原在焦作的河南焦作医士学校迁入郑州南菜市街，定名为郑州第二卫生学校。1957 年新建了河南省水利学校、郑州市戏曲学校、郑州机械化学校；是年夏，在农业路创建了郑州畜牧兽医学校，在建设路西段成立了郑州机器制造学校。原设在开封的河南省工业厅技术干部学校迁入郑州互助路（1958 年定名为河南省冶金工业学校）。④ 至 1957 年底郑州市已经建成或在建的中等专业学校已经超过 22 所。下面我们将对郑州市"一五"期间新建立的部分中等职业学校进行简单介绍：

---

① 郑州市地方史志编纂委员会：《郑州市志》第 6 分册，中州古籍出版社 1998 年版，第 53—54 页。

② 《今年国家在本市将有许多文教卫生事业新建筑》，《郑州日报》1956 年 3 月 6 日第 2 版。

③ 《我省新建 12 所中等专业学校》，《河南日报》1956 年 7 月 14 日第 1 版。

④ 郑州市地方史志编纂委员会：《郑州市志》第 6 分册，中州古籍出版社 1998 年版，第 53—54 页。

中南电器工业学校　该校是根据中南区整顿调整发展中等工业技术学校方案，由原来的河南省郑州工业学校、湖北省武昌工业学校、湖南省长沙工业学校、广东省广东工业学校、广西柳州工业学校和广西第七工业学校等6个学校的电机科合并组成的。这个学校的校址就在原来的郑州工业学校。初有学生1200多人，发展目标是经常保持1500到2000名学生的规模，以便大量培养中级技术人员。这个学校教学分3个科：锅炉科、汽轮机科、发电站、电网及其系统科。学生学制是3年。这个学校在教学上采用苏联先进的教学方法，而且设有实习工厂。另外，郑州的新电厂建设成以后，该校的学生也可以到那里实习，以便他们把学到的科学理论与生产技术结合起来。①

郑州电力工业学校　是由原来的武昌、长沙、广州、柳州和八步等地中等工业学校的电气科合并而成的，"为了给国家培养大量中等专门电气技术干部，学校集中了中南区中等工业学校的电气方面的人才来当教员。在这里学习的学生，来自中南区的各个省市。学校在1953年下半年，将有10000平方米面积的工程开工。到年底，教室、办公室、医疗室、浴室、试验工厂等就可以完工。教室建筑是一座雄伟而壮观的大楼，里面包括32间教室。这座大楼是用钢筋混凝土建筑的，在钢筋混凝土里面，还夹杂着空心砖，以隔绝外边温度和声音的影响。大楼位置是南北向偏西一、二度，夏季阳光不能射入；而在冬季，从日出到日落，都可以射入阳光。该校还扩建了容纳2000人的礼堂，以及电工实验厂、图书馆、学生宿舍、和一个20000平方米的体育场"。②

郑州铁路学校　位于郑州铁路以西的马砦，它是当时全国14所中等技术学校之一。郑州铁路学校是为国家专业培养机车技术员、司机人才的一所学校。其学员来自全国各铁路部门的优秀工人，也有来自考来的青年学生，这个学校的教师是来自全国各铁路系统的数十位有名的机

---

①　《为了大量培养中级电业技术人员　中南电器工业学校在本市开学》，《郑州日报》1953年4月2日第1版。

②　黄岗：《一所新型的中等技术学校——郑州电力工业学校》，《郑州日报》1953年7月15日第3版。

车专家、工程师和有经验的老工人。①

  郑州农业技术学校 于 1953 年 9 月 25 日开工，1953 年年底竣工，全部建筑面积共 1836 平方米。其新校舍于 1954 年 1 月开始使用，学校共有教室 16 间，可容纳学生 800 人。学校为三年制，主要课程是气象学、土壤学、农业经济、农田水利、病虫害等。该校办学宗旨为适应国家农业建设的需要，为国家培养初级农业技术人才。②

  郑州幼儿师范学校 为了适应人民生活的需要，搞好学前教育，"河南省人民政府教育厅决定成立河南省郑州幼儿师范学校。校址设在郑州市文化区。学校负责筹备的干部已经于 1954 年 7 月上旬先后到校，负责有计划地购置校具、教具等，1954 年 9 月份即可开始上课；第一学期将开班 12 个班"。③

  郑州纺织工业学校 是一所新型的中等技术学校，由原在武汉、开封、新乡的 3 所纺织工业学校，合并而成，并在郑州市建立新校舍。新校舍由河南省第一建筑工程公司第三施工所承建，工程于 1954 年 3 月开始动工，④ 1954 年 8 月基本完成建校工程。这所学校共占地 10 万平方米，学校教学楼为多栋青灰色的高大楼房。在这些建筑物上，正面砌有宽敞的拱门，壁上镶嵌着富有民族色彩的图案，在已建成和正在兴建的建筑物中，包括 2 栋教室楼、1 栋办公楼、4 栋学生宿舍、9 栋教员和家属宿舍。此外，还有实习工房、饭厅和医务室等。学校在基本建设设计上，充分体现了贯彻理论联系实际的教学方法的特点，2 栋教室楼除具有 25 个普通教室、2 个联合教室外，还有 2 个实验室和绘图室，可供教学上的各种需要。该校所设实习工厂，拥有 2000 枚纱锭、近 20 台织布机和印染工厂的全部机械设备。而且这所学校在国棉一厂和国棉三厂的南面，与两厂紧相毗邻，因此，该校学生到两厂参观、实习，或邀请厂内工程师等到学校讲授生产知识，都极为方便。该校共可容纳 24

---

① 《访郑州铁路学校》，《郑州日报》1953 年 12 月 26 日第 2 版。
② 《郑州农业技术学校校舍落成》，《郑州日报》1953 年 12 月 26 日第 2 版。
③ 《本市将开办幼儿师范》，《郑州日报》1954 年 7 月 27 日第 3 版。
④ 《郑州纺织工业学校开始建校》，《郑州日报》1953 年 9 月 25 日第 2 版。

班，包括 1000 名左右的学员；按照教学计划，每年可向国家输送 300 名左右的技术员。①

郑州机电附属设备技术学校 随着郑州市纺织工业的蓬勃发展，国家决定在郑州市棉纺织区再建立一所中等技术学校——纺织机电附属设备技术学校，从而为各棉纺织厂、纺织工业基建单位培养电器附属设备的中级技术干部。"这所学校预定在 1956 年 5 月份动工，到 1956 年年底建成，1957 年招生"。②

郑州地质学校 地质部新建郑州地质学校工程，决定于 1956 年 4 月中旬动工兴建。"这所学校容纳规模为 2400 名学生，每年为国家培养出 800 名水文勘测和矿山、地质普查的中等技术人才。"③

"一五"期间在郑州市新建的中等专业学校专业包括工业、农业、交通、教育等各个方面，其中以工业学校居多，这与郑州市大规模的工业建设是息息相关的，工业学校的学员能够得到在新建工厂实习的机会，同时也能为新建工厂培养大批人才，更好地为经济建设服务。

（二）技工教育

由于郑州市经济的蓬勃发展，工人大量增加；为了培养大量熟练的技术工人，郑州市的技工教育也发展较快。1952 年郑州市办起了失业工人短期训练班，对其进行政治、文化和技术教育训练，开创了郑州技工教育。1954 年为了给郑、洛国家建设重点工程培养、输送新型技术工人，河南省劳动厅是年秋在郑州新通桥北筹建河南省机器制造技术工人学校；年底配备教职工 55 名，次年春招生开课，开始了郑州的中等技工教育。河南省新建的工人技术学校有郑州铁路管理局郑州工人技术学校、郑州铁路第二工人技术学校、郑州纺织工人技术学校等。这些工人技术学校都有完善的教学设备，并附有规模很大的实习工厂。④ 随着国家加大了对郑州市教育事业的资金投入，技工教育发展的步伐更快。

---

① 《郑州纺织工业学校基本建成》，《郑州日报》1954 年 8 月 7 日第 1 版。
② 《一所纺织机电学校将在本市兴建》，《郑州日报》1956 年 3 月 23 日第 2 版。
③ 《郑州地质学校将动工兴建》，《郑州日报》1956 年 3 月 28 日第 2 版。
④ 《我省今年新建 12 所工人技术学校》，《河南日报》1956 年 7 月 28 日第 1 版。

化工部在郑州文化路新建了郑州油脂技工学校，煤炭部在郑州五里堡新建了郑州煤矿技工学校，河南省电力局在郑州南阳寨办起了郑州电力技工学校，河南省纺织局在郑州西郊兴建了河南纺织技工学校，[1] 技工教育形成初步规模。下面我们将对部分技工学校进行简单介绍：

河南省机器制造技术工人学校 1954年开始在郑州市工业区大道旁破土兴建。这次兴建的有混凝土结构教室大楼一座，砖木结构的厂房、锻工间、铸工间、食堂各一所，这5项工程的建筑面积有5646平方米。该校将培养出具有机械制造的基本理论知识，并有四级以上技术操作水平的技术工人。建筑物全部落成后，可容800余人在这里学习。[2] 学校内设有车、钳、铣、刨、锻、模型等6个专业组，教学以实际操作为主。[3]

河南省煤矿局郑州干部学校 煤矿局郑州干部学校及汉口煤矿基本建设局两个工程，合并在市西郊金水河西岸，于1955年5月15日开工。这项工程的主要部分有教室大楼、学生宿舍、办公大楼等10000多平方米的建筑面积。这个学校主要培养来自各地煤矿工业中的优秀技术工人及技术干部，他们在学习后，再分别到各地为开发煤炭贡献力量。[4]

郑州市技工教育的发展，有利于培养大批熟练的技术工人，将有力地支援郑州以及河南省工业建设的发展。

二 从无到有的高等教育

1956年之前，郑州市没有一所高等教育学校。1956年9月，郑州大学创立，校址在大学路西侧，当时设数学、物理、化学3系，学制4

---

[1] 郑州市地方史志编纂委员会：《郑州市志》第6分册，中州古籍出版社1998年版，第61页。

[2] 《河南省机器制造技术工人学校第二批工程将动工兴建》，《郑州日报》1954年10月6日第2版。

[3] 《省机器制造技工学校开学》，《郑州日报》1955年3月2日第1版。

[4] 《省煤矿局郑州干部学校动工兴建》，《郑州日报》1955年5月25日第2版。

年。这是郑州教育史上的第一所综合性大学。同年秋，河南师范专科学校的文科迁入郑州，成立郑州师范专科学校，校址位于文化路。以上两校在校学生为1346人，当年毕业61人。1957年2月，河南农学院由汴迁郑，院址在文化路北段，设有农学、林学两系，学生352名。1958年春，郑州师范专科学校的体育、艺术专业，分别独立建校，成立郑州体育专科学校、郑州艺术专科学校。郑州师范专科学校也同时升格为郑州艺术学院，设有音乐、美术、戏剧3个专业。1958年7月，河南省医学院由汴迁郑，院址位于大学路北段，设医学、儿科、卫生3个系。9月河南中医进修学校也由汴迁郑，改建为河南中医学院，院址位于人民路中段，设中医、中药两个专业。同期，在郑的一部分中等专业学校即郑州电力学校、郑州煤田地质学校、郑州水利学校、郑州畜牧兽医学校、郑州机器制造学校、郑州建筑工程学校、郑州铁路运输学校等7所学校，升格为大专。河南省有关厅局及郑州铁路分局分别在郑州新建立了郑州农业机械化专科学校、郑州医学专科学校、郑州铁道学院、郑州铁路医学专科学校。至1959年秋，郑州高等院校达17所。[①] 下面我们将对郑州市的部分高校进行简单介绍：

郑州大学　1955年9月20日在郑州市西郊动工兴建的郑州大学，是国家在郑州市兴建的第一所综合大学。在建校过程中，郑州大学得到各方面的热情关怀和支援。这个学校的筹备委员会，是在1956年4月成立的。在短短5个月的时间内，一所新建大学能够做好开学前的各项准备工作，是和各方面的重视和支持分不开的。该校在筹备期间，山东大学、东北财经学院、东北人民大学等10多个大学和专科学校，为这个学校输送了教师和职员。如山东大学不仅给该校调来了22名教员，还抽调了中文系教授殷孟伦，到全国各大城市为该校购买图书。东北人民大学除为郑州大学抽调教授外，还派技师阎国泰为学校设计了暖气和煤气的安装工程。另外，在郑州市劳动力和技术工人缺乏的情况下，郑

---

① 郑州市地方史志编纂委员会：《郑州市志》第6分册，中州古籍出版社1998年版，第69页。

州市劳动局也尽量给该校调配汽车司机、电话员、铁工、木工等103名技术熟练的工人。该校在施工中，由于建筑材料的缺乏，中途遇到不少困难，但在郑州市各单位的支援下，困难都顺利得到了解决；如在1956年5月份，教学区的几栋大楼都已砌好墙，但因缺乏8米长的木料不能结项，电力工业部北京基建局郑州修配厂及时借给了该校110多方木料，因而没有造成停工待料现象。中纺部第三建筑安装工程公司、省手工业管理局、黄委会施工管理所等单位，也都及时借给和调运了数十吨各种不同型号的钢筋和100多吨混凝土。在市内运输力量不足的情况下，市搬运公司也及时给该校调配了200多辆架子车，使场地的平整夯实工程得以顺利进行。①

郑州师范专科学校　新建的郑州师范专科学校于"1956年9月15日开学。这个学校有115名教师，以及供师生们阅读的14万多册图书。该校是为培养中等学校的师资而建立的，共设立语文、历史、体育、音乐、美术5个专业。按计划从1957年到1960年，该校每年将要为国家输送1600名中等学校教师，到1960年改为郑州师范学院。那时，在校生将达到5000名。目前，这个学校是利用原来郑州师范学校的校址。为适应当前的需要，国家曾用数十万元的资金，为学生和教师建筑了教室、图书室、练琴室、浴室、宿舍。这些工程都已经基本竣工。纵横在校园内的道路，都重新平整"。②

河南农学院　由开封市迁到郑州市的河南农学院，"于1956年4月份动工兴建。这所学校是直接为农业培养技术人才的。从1960年开始，这个学校每年为国家培养的农业技术人才，将相当于1956年的5倍，在建设这所学校的同时，还要兴建一座规模很大的农场，对指导河南省的农业生产，将起到很大作用。"③

---

① 《郑州大学在建校过程中得到各方面的支援和关怀》，《郑州日报》1956年9月5日第1版。
② 《本市新建一所师范专科学校》，《郑州日报》1956年8月30日第1版。
③ 《今年国家在本市将有许多文教卫生事业新建筑》，《郑州日报》1956年3月6日第2版。

河南医学院　该校起源于河南大学医学院。1952年7月，河南大学委员会下达关于各院独立的几个问题决议；中南教育部指示河大医学院独立改为河南医学院。8月14日，河南省委组织部批示河南医学院成立党分组，芦长山任书记。10月，河南医学院独立建院，归中央卫生部及中南卫生部领导，芦长山任院长。12月21日，河南医学院起草拟迁郑州基本建设轮廓计划草案。1953年1月6日，上报申请拨款购置迁郑州地皮。4月30日，中南军政委员会文化教育委员会批复河医基建任务为1820平方米，预算为2184万元。1956年1月，河南医学院奉河南省政府令，在郑州筹建新校舍。5月，购得金水河两岸土地750亩。在郑州市康复二路设立建校办事处。1958年6月，郑州建成附院门诊楼、病房大楼以及面积达12208平方米的实验楼。8月河南医学院基础部部分迁郑，为工作方便，分为第一医教办公室（开封）和第二医教办公室（郑州）。10月，临床部、附院人员及设备、高年级学生迁至郑州新校舍。11月，5000平方米的南学生宿舍楼建成。1959年7月，留汴教研组及师生全部迁郑。①

河南中医学院　该校的前身为河南省中医进修学校，1955年创建于开封，1958年迁郑州。1958年9月12日改建为河南中医学院。设中医（6年制）、中药（4年制）2个专业，在校学生共134人。②

自郑州市成为河南省会后，郑州市的高等教育从无到有、发展迅速。其高等教育发展主要是依靠新建或从外地（主要是从开封市）迁入，没有国家以及河南地方政府行政力量的干预，显然是无法实现的。

三　职工业余文化教育及体育事业的发展

（一）职工业余文化教育

郑州市从1949年就开展了业余文化教育工作。1951年郑州市职工

---

① 河南医科大学校史编写组：《河南医科大学校史（1928—1998）》，河南医科大学出版社1998年版，第333—337页。

② 尚志：《中国高等学校简介》，人民教育出版社1982年版，第428页。

业余中学创办,刚创办时,全校有一年级 3 个班,学员 127 人。那时教学及其他设备仍很不完善。1955 年时已经有 10 个教学班,学员 505 人,并有了千余册供教学参考的图书和课外读物,还有了一套较完备的理化实验仪器。① 同时,一般较大的工厂单位都建立了厂校,较小的工厂、行业也按区域建立了联校,不容易集中的基建、公路运输等单位也以生产组织为单位组织职工进行学习,市各行政街都建立了民校,② 这就使广大职工、机关干部及劳动人民,有机会普遍地参加文化学习。

由于省会迁郑以及郑州市经济的发展,工人的队伍迅速壮大。参加业余文化学习的人数不断增加,1950 年时,职工和干部参加学习的有 3164 人,1955 年已经发展到 13944 人,比 1950 年增加了 4.5 倍。几年来,业余文化学校已经逐步走向正规,学制和课程也日渐完善,教学研究工作也日益提高。据统计,从 1951 年到 1955 年,扫除了职工和干部中的文盲 2823 人,已经有 256 名干部高小班毕业;从 1953 年到 1955 年已经有 200 多名职工高小班毕业,初中毕业 36 人,升入初中学习的职工 600 多人,1955 年上初中的职工有 1183 名③。

由于他们的文化知识得到提高,业务能力也迅速提高了,从而减少了工作中的困难。如"职工业余中学的学员中,有 30 人在入学时是学工,经过一段时间的学习已经提升为技工了。很多学员不但能看复杂的图,而且还能制图。利用学得的知识改良工具的也很多。如该校学员、纺织机械厂工人荆国根,利用几何定理,改进了工具,代替了过去手工操作,提高生产效率 4 倍,同时提高了产品质量。职工业余学校也给国家培养企业管理干部创造了有利条件。在学员中,有 19 人原是普通工人,经过学习培训已经被提升为副厂长、工段长和技术员了,1950—1955 年该校学生(行业的)先后考入鞍钢、铁路等国有企业及合作企业的有 60 多人,还有 20 多学员(行业的)考上了中等专业学校及工农

---

① 《本市职工业余中学几年来获得很大发展》,《郑州日报》1955 年 10 月 11 日第 3 版。
② 《迅速发展中的本市工农业余文化教育》,《郑州日报》1955 年 10 月 11 日第 3 版。
③ 同上。

中学、普通高中。① 随着生产的发展和生活的提高，劳动市民参加业余文化教育也有了很大发展，到 1955 年上半年，劳动市民参加学习的有 8849 人，比 1950 年增加 11.6 倍多"。②

（二）体育

1950 年 9 月，郑州市成立市体育分会筹备委员会。1953 年 10 月，成立市体育运动委员会办公室，1954 年 5 月正式成立郑州市体委。1954 年 10 月，河南省省会从开封迁到郑州市，这为郑州市的体育事业发展带来前所未有的有利条件。20 世纪 50 年代中后期，郑州市各级体育协会纷纷成立，群众体育活动蓬勃发展。在机关、团体、企事业单位中成立了一大批体育协会，组织发动职工开展球类、广播操、田径、游泳等各种各样的体育活动。此外还在学校普遍开设体育课，并组织师生广泛开展以课间操、"劳卫制"为主要内容的课外体育活动。除了田径、球类、体操、自行车和民族体育外，射击、航空模型、无线电收发报、伞塔跳伞、摩托车等军事体育项目也在青少年中开展起来。为适应发展体育活动的需要，郑州市风雨球场、郑州市跳伞塔、郑州市射击场、河南省体育场、河南省射击场及河南省工人文化宫、铁路工人文化宫、建筑工人文化宫的灯光球场和河南省工人文化宫游泳池、火车头游泳池等一批体育场地陆续建成。③

四 稳中有进的基础教育

（一）幼儿教育

郑州解放后，1949 年 8 月，郑州市人民政府委托郑州市民政局创办"郑州市立托儿所"，有教职员工 8 名，收市属机关在职干部子女 41 名。1950 年 3 月，基督教会在郑州西太康路创办私立"立享托儿所"，教职员共 5 名，收商人、工人的子女 40 名。同年，市立第一完全小学

---

① 《本市职工业余中学几年来获得很大发展》，《郑州日报》1955 年 10 月 11 日第 3 版。
② 《迅速发展中的本市工农业余文化教育》，《郑州日报》1955 年 10 月 11 日第 3 版。
③ 郑州市地方史志编纂委员会：《郑州市志》第 6 分册，中州古籍出版社 1998 年版，第 521 页。

附设两班幼儿园,是年,全市共有 4 个幼儿班、186 名幼儿在读。随着郑州市国民经济的恢复,幼教事业发展很快,到 1952 年全市幼儿园增加到 20 所、29 班,有入园幼儿 1054 名,教养员 49 名。① 随着郑州市被确定为河南省省会以及 "一五" 计划的实施,一些大型厂矿在郑州兴建,众多妇女参加工作,女职工人数因而不断增加,加之河南省会迁至郑州,促使郑州的幼教事业持续发展。1954 年在郑州幼儿师范班的基础上成立了幼儿师范学校,以解决幼儿教育师资不足的问题。1955 年 11 月,国务院发出《关于工矿企业自办中小学和幼儿园的规定》后,郑州市区许多工矿、企事业单位先后自办幼儿园,街道民办幼儿园也迅速增加。至 1957 年年底,郑州市共有幼儿园 90 所 229 班,入园幼儿达 6893 名,约为 1952 年入园幼儿的 6.5 倍,其中机关办的幼儿园由 12 所增加至 39 所,民办幼儿园由 3 所增至 39 所。②

(二) 小学教育

随着经济建设事业的发展,郑州市的教育事业也在蒸蒸日上。在郑州市的小学教育方面,在解放前,失学儿童约占学龄儿童的 70%,全市仅有小学 36 处,学生 10195 人,而且设备很简陋,学生甚至没有桌凳。③ 郑州解放后,人民政府接管了城区的 35 所小学、7172 名学生、287 名教职员,至 1948 年年底,郑州市共有小学 38 所,在校学生 179 班 10243 名,教职员 319 名。1949 年下半年郑州市政府接管了美浸礼会开办的培灵小学,将其改名为菜市街小学,停办了私立河北小学、振兴小学、明伦小学及立民中学附属小学。1949 年 12 月,郑州市政府又接管了从郑县划入市郊区的 27 所小学(其中完全小学 2 所、初级小学 25 所)。为了解决适龄儿童的入学问题,除利用原有学校条件扩大班次外,先后在解放西路、汉川街、青云里、砖碑坊街、营门街、郊区后河芦、

---

① 《1955 年本市各方面工作取得很大成绩》,《郑州日报》1956 年 1 月 1 日第 2 版。

② 郑州市地方史志编纂委员会:《郑州市志》第 6 分册,中州古籍出版社 1998 年版,第 23—24 页。

③ 《随着经济建设的发展 本市教育事业在迅速前进》,《郑州日报》1953 年 9 月 29 日第 2 版。

五里堡新建小学各 1 所,并将西陈庄、邱寨、三官庙 3 所初级小学扩大为完全小学,南学街完全小学改扩为高级小学。至 1950 年年底,郑州市小学已发展到 63 所(其中私立 7 所),有在校学生 16879 名,教职员 649 名,入学儿童的数量已发展到占学龄儿童的 56.8%。1952 年 11 月,政府接办了私立圣达、六一(原履光小学)、四育(原正光小学)、中和等 4 所小学,将其改为公立学校并分别更名为回民小学、二七路小学、福寿街小学和杏花里小学。此时,郑州市全市的小学已发展为 71 校,655 班,学生 26355 人。① 1953 年 3 月,郑县大部和荥阳县、成皋县一部分地区划归郑州市管辖,是年郑州市有小学 334 所,其中城区 40 所(教育部门办 35 所,机关工矿办 5 所),郊区 294 所,在校学生 57484 名,教职工 2204 名(其中城区 959 名,郊区 1245 名)。1954 年河南省会迁郑,为适应城市发展需要,郑州市先后完成了 13 所小学的新建和扩建任务,并分批整顿了小学教育,适当调整了初级小学,扩大了完全小学和高级小学。1955 年,郑州市有小学 336 所,其中城区 58 所(含机关矿工办的 13 所),郊区 278 所,在校学生 1558 班 63727 名,入学儿童的人数占学龄儿童的 76.2%。②

(三) 中学教育

郑州解放后,维持现状、恢复上课的中学有 9 所(其中私立中学 4 所),在校学生 167 班 2622 名(其中初中学生 48 班 2074 名,高中学生 119 班 548 名),教职员工 219 名(其中公立 155 名,私立 64 名)。1949 年 3 月私立明新中学和立民中学停办,郑州市立一、二、三中学的高中部和私立明新中学的 3 个高中班合并成立"郑州市高级中学",地址位于书院街,该校是郑州市最早设立的高级中学,学制 3 年。1952 年,郑州市政府先后创办了郑州日籍中学、省立郑州第四中学、郑州铁路中学、郑州发电厂子弟中学,同时接办了私立解放中学和圣达中学,

---

① 《随着经济建设的发展 本市教育事业在迅速前进》,《郑州日报》1953 年 9 月 29 日第 2 版。

② 郑州市地方史志编纂委员会:《郑州市志》第 6 分册,中州古籍出版社 1998 年版,第 30—31 页。

将其分别更名为"河南省立郑州第五初级中学"和"河南省立郑州回民初级中学",是年郑州市共有普通中学 10 所,其中公立 7 所,企事业办 2 所,私立 1 所。1953 年 5 月郑县划归郑州市管,原"河南省郑县初级中学"改为郑州市第六初级中学;到下半年,郑州市政府在文化区农业路设立郑州第二高级中学。郑州第一高级中学迁至文化区新校址,于其原址(书院街)设立郑州第八初级中学(女中),市工商界人士于正兴街创办了"私立新建初级中学",同时将郑州回民中学改为完全中学,郑州铁路中学增设了高中部。1954 年,随着省会的迁郑和第一个五年计划的实施,郑州的普通中学教育快速发展,新增设初中 3 所(即郑州第七初级中学,地址位于郊区佛岗;郑州第九中学,地址位于岗杜;郑州第十初级中学,地址位于东三马路)、高中 1 所(即郑州第三高级中学,地址位于人民路)。是年,全市有普通中学 16 所(其中高中 3 所,完全中学 2 所,初中 11 所),有在校学生 13548 人,教职工 949 名。1955 年郑州市政府又于友爱街、郊区祭城分别设立郑州第十一初级中学和郑州第十二初级中学。郑州工农速成中学改为普通中学(完全中学)。1956 年 3 月,私立建新中学被改为公立郑州第十三初级中学,8 月,郑州第二、第八初级中学改办为完全中学,其校名分别改为"郑州第二中学"和"郑州第三中学"。此外,郑州市政府还新开设了郑州第一中学(地址位于林寨)、郑州第二初级中学(地址位于古荥)、郑州第八初级中学(地址位于须水)、郑州第十初级中学(地址位于关帝庙)、郑州第十五初级中学(地址位于柳林),同时在南流、大庙、苏屯、八卦庙、三李、十八里河、惠济桥、大谢等 8 所小学增设了初中班。1956 年,郑州市区有普通中学 24 所,其中高中 3 所、完全中学 6 所、初中 15 所。1957 年,郑州市全市共有普通中学 56 所,其中公立 24 所、厂办 1 所、民办 31 所,同 1948 年相比,学校的数量增长了 7 倍,在校学生增长近 10 倍,教职工增长 7.3 倍。[①]

[①] 郑州市地方史志编纂委员会:《郑州市志》第 6 分册,中州古籍出版社 1998 年版,第 40—41 页。

五　郑州市教育事业快速发展原因分析

自 1952 年 9 月郑州市被确定为河南省会后，郑州市的教育事业高速发展。中等职业教育与技工教育突飞猛进，高等教育从无到有、发展迅速，职工业余文化教育和体育事业也快速发展，基础教育稳中有进。郑州市由此迅速成长为河南省的教育中心城市。总结其原因，主要有：

第一，郑州市教育高速发展的主要推力来自于国家以及河南地方政府的资金投入。"一五"期间，郑州市大批中等专业学校的兴建，以及郑州大学、郑州师范专科学校等高校的新建，都是在政府的投资下完成的。国家以及河南地方政府对郑州市基础教育的投资力度也较大，但是其部分成果由于郑州市大量的新增人口而抵消了。

第二，郑州市教育的高速发展得益于外来学校的迁入。如河南医学院、河南中医进修学校等学校的迁入，极大地增强了郑州市的教育实力。

第三，郑州市成为省会后，其对外来教育资源有了更强的吸引力。

总之，新中国建立初期郑州市教育事业的高速发展是在国家以及河南地方政府经费的投入与行政力量的干预下完成的，它有力地说明了在计划经济体制下政治中心集聚资源的巨大力量。

第四节　日趋繁荣的文化事业

随着省会迁郑，河南省所属的省级文化科研机构也随之迁郑州，众多优秀文化艺术科研人才流向郑州，大大增强了郑州市发展文化事业的力量。同时国家加强了对郑州市文化娱乐事业基础设施的建设。在这些力量的推动下，郑州市的文化事业日趋繁荣，郑州成长为河南省的文化中心城市。

一　省级文化科研机构迁郑促进了郑州文化事业的繁荣

自郑州市被确定为省会后，一些省属的科研或文化机构先后迁郑或在郑州建立，这些因素极大地促进了郑州市文化事业的繁荣发展，使郑州市的文化事业出现了欣欣向荣的局面。

科研机构从无到有。直到解放前夕,郑州市没有一所科研机构。1951年,黄河水利委员会泥沙研究所在郑州筹建新所,1953年该所由开封迁到郑州,是驻郑州的最早的中央部属科研单位,也是新中国成立后郑州最早的科研机构。此后,一批省属科研机构陆续迁郑或在郑州建立。1955年9月,河南农业实验场由开封迁注郑州。1957年河南省水利科学研究所在郑州建立。①

新闻报业的快速发展。1948年10月24日,《郑州新闻》创刊,这是郑州解放后中国共产党在郑州出版的第一份党报,1948年年底该报纸停刊。1949年1月1日,由中共中央中原局主办的《中原日报》在郑州编辑出版,同年夏《中原日报》南迁武汉。1949年7月1日,中共郑州市委机关报《郑州日报》创刊,新华社郑州支社同时建立;1950年,毛泽东同志为《郑州日报》题写了报头。20世纪50年代初期,郑州的报纸有《郑州新闻》《中原日报》《郑州日报》《人民铁路报》(郑州铁路局主办)等4家,刊物有《郑州文艺》(市文联主办)、《郑州通讯》(市委主办)2家。1954年10月,河南省直机关由开封迁郑州,省委机关报《河南日报》同时迁往郑州,接着省办的一些报刊也先后在郑州编辑出版,如《河南科技报》《河南广播节目报》《河南邮电报》《群众文艺》《河南文艺》等。刊物如《支部生活》《河南青年》《工人月刊》等也先后在郑州出版。②1956年8月,中共郑州市委创办《支部生活》。到1958年,在郑州编辑出版的各种报刊已经发展到12家。③

广播事业出现了有线广播和无线广播并举的新局面。郑州广播事业始于1949年。当年4月,市人民教育馆建立起"郑州大众广播室",在群众较为集中的敦睦路、二七广场、火车站等3个街口的路灯上安装3只低音喇叭,用一部25瓦扩音机开始播音,从而结束了郑州无广播的

---

① 郑州市地方史志编纂委员会:《郑州市志》第6分册,中州古籍出版社1998年版,第137页。

② 同上书,第236页。

③ 同上书,第219—220页。

历史。同年冬天，大众广播室增添人员，更新设备，在大同路、火车站、二七广场、南乔家门、陇海马路、二马路、东大街、南关大街、市府前街和太康市场等地安装10只25瓦高音喇叭，用两部250瓦扩大机传送讯号，初步形成小型有线广播网。1954年10月省会迁郑，河南省人民广播电台从开封迁至郑州，从此，郑州的广播事业实现了有线广播和无线广播并举的局面。①

成为全省出版发行业的中心。1948年10月郑州解放，郑州市成立文教局，负责出版发行及广播管理工作。1954年，河南人民出版社随省会由开封迁郑州，为新中国成立后郑州第一家出版社。此后，古代雕印业被淘汰，石印逐渐被铅印、胶印新技术所取代，出版向印刷专业化、机械化等现代化迈进，郑州成为全省出版业、印刷业和发行业的中心。② 1948年10月22日郑州解放后，中原新华书店总店于当年12月由河南省宝丰县大韩庄迁至郑州，店址设于大同路117号；下设郑州、洛阳、开封三个分店。1949年7月，中原新华书店总店随军南下武汉，被改名为新华书店华中区管理处；1950年1月，随中南区的定名改称中南区总分店。1949年3月，新华书店河南分店在开封筹备，并于1949年4月1日正式成立。1949年12月5日新华书店郑州支店正式建立。随着郑州的解放和新华书店的建立，原来郑州的一些私营图书行业在解放前后相继停业，所余部分在1956年公私合营中并入百货文具业，新华书店成了经营图书的唯一渠道。1953年，郑州市筹建郑州市解放路图书发行大楼，于1954年5月竣工，该大楼当时被郑州市人民称为"解放路二大建筑"之一。同年，新华书店郑州支店迁入新建大楼，大楼底层为解放路综合门市部，该门市部是20世纪50年代河南省新华书店中最大的一家综合门市部。1954年，郑州市新华书店建立建设区门市部（今中原区建设市场），1956年又增建花园路门市部、少年儿童读物门市部、

---

① 郑州市地方史志编纂委员会：《郑州市志》第6分册，中州古籍出版社1998年版，第257页。

② 同上书，第270—271页。

古旧书门市部和外文门市部，1957年建立农业门市部和上街区门市部。20世纪50年代，是郑州市新华书店发展最快的时期。①

文艺创作的繁荣。1954年河南省会由开封迁到郑州，省文联所属的一批作家在郑州进行创作，著名作家黑丁、苏金伞、李準、龚依群、青勃、南丁、吉学沛、张有德、段荃法、郑克西等，在郑州创作了大量优秀作品。如李準的《李双双小传》改编成电影《李双双》后轰动全国；南丁的《检验工叶英》以敏锐的现实感悟塑造了先进女工的动人形象，是河南省工业题材小说的重要代表作。其他如郑克西的《杏林春晚》、段荃法的《状元搬妻》、张有德的《玉厚说媒》等，都在全国文坛产生了一定的影响。②

二 文化娱乐基础设施的兴建促进了郑州文化事业的发展

自1952年9月后，郑州市政府在发展经济的同时，也加大了对郑州市文化娱乐业的投资，以促进郑州市人民群众身心健康的全面发展，提高人民群众生活的幸福水准。我们首先通过表4-3来看郑州市电影娱乐业的发展情况。

表4-3　　　　郑州市电影院解放后发展情况表③

年度	影院名称	座位	座位总计
1948—1950年	郑州影院	600	1400个
	大光明影院	800	
1951年	工人影院	800	3100个
	郑州影院	600	
	中原影院	1700	
1952年	二七纪念堂	1250	4400个
	郑州影院	950	
	郑州分院	500	
	中原影院	1700	

---

① 郑州市地方史志编纂委员会：《郑州市志》第6分册，中州古籍出版社1998年版，第275—278页。
② 同上书，第289页。
③ 《郑州市电影院解放后发展情况表》，1956年，郑州市档案馆藏，档号：01-214。

续表

年度	影院名称	座位	座位总计
1953—1954 年	二七纪念堂	1250	5150 个
	郑州影院	950	
	人民影院	1700	
	铁路文化宫	1250	
1955 年	二七纪念堂	1250	6690 个
	郑州影院	950	
	人民影院	1700	
	铁路文化宫	1250	
	河南影院	840	
	铁路俱乐部	700	

从表4-3可以看出郑州市电影业的发展情况，1948—1950年郑州市只有电影院2个，1951年则发展到3个，1952年为4个，到1955年则发展到6个，座位数也从1948—1950年的1400个发展到1955年的6690个。这说明在郑州成为省会后，郑州市政府兴建了一些新的文化娱乐设施。

自郑州被确定为省会后，一些省属的文化机构相继迁郑，同时郑州市又新建了许多文化娱乐设施，大大促进了郑州市文化娱乐事业的发展，其中随省会迁郑的文化机构主要有：

河南省图书馆　它的前身是创建于清光绪三十四年（1908）的河南图书馆，宣统元年（1909）二月正式对外开放，是我国建馆较早的省级公共图书馆之一，当时的馆址设在开封城内刷绒街二曾祠之侧许公祠内。1953年4月，改名为河南省图书馆。1954年，河南省省会迁郑州后，河南省图书馆亦搬迁至郑州。①

河南省人民广播电台　1954年2月28日河南省人民广播电台新址开始在郑州市建设，整个工程包括播音室办公大楼、食堂及宿舍大楼

---

① 郑州市地方史志编纂委员会：《郑州市志》第6分册，中州古籍出版社1998年版，第411页。

等，建筑面积共 2000 余平方米。①

郑州市新建的文化娱乐设施主要有：

二七纪念堂　位于钱塘路 82 号，建成于 1953 年 2 月 7 日，其前身为早年京汉铁路总工会成立大会旧址——普乐园，是郑州市第一个市级工人俱乐部。②

郑州市图书馆　始建于 1953 年 6 月，位于郑州市大同路，其前身是郑州市人民文化馆的图书组。当时藏书 3 万余册，馆舍面积 200 平方米，工作人员 6 人。③

新华书店大楼　位于郑州市解放路，这个工程是在 1953 年 10 月正式动工的，于 1954 年"五一"国际劳动节前夕竣工。"由于郑州市经济建设的迅速发展，劳动人民的文化生活水平逐步提高，原来的新华书店已经不能满足全市人民的需要。尤其是每到假日，这一点就更加显著。假日从早到晚门市部里都挤满了读者，来得稍晚的读者甚至无法进去，在书籍的数量和种类方面，也远远不能满足读者的需要。新华书店 1954 年 5 月份前的书籍种类和 1953 年同时期相比较，增加了 1.5 倍，数量也增加了 3/4 还多。新建成的新华书店营业大楼，是占地面积 600 平方米的 3 层建筑，门市部可容纳读者 800 多人，并和大同路门市部分工，这里专售政治经济、时事、文艺小说、通俗读物等书籍，能够减少读者的拥挤，并进一步满足读者的需要"。④

河南人民剧院　始建于 1953 年，到 1954 年 9 月基本建成。这座剧院坐落在郑州市太康路中段，有 6 丈多高，仅低于郑州市的自来水塔。内有 3 层看台，可容观众 2000 人。郑州市建筑工程公司承建这项工程，将其确定为重点工地。在剧院舞台两侧，有演员化妆室 4 个，导演台 2 个，灯光台 2 个，淋浴间 2 个，供应演员使用。楼上楼下有公用电话室

---

① 《省广播电台新址工程在本市动工》，《郑州日报》1954 年 2 月 27 日第 2 版。

② 郑州市地方史志编纂委员会：《郑州市志》第 6 分册，中州古籍出版社 1998 年版，第 423 页。

③ 同上书，第 412 页。

④ 《新建新华书店大楼竣工并开始营业》，《郑州日报》1954 年 5 月 1 日第 3 版。

4间,并且特设有休息室和吸烟室。该剧院允许在室内购票。天热时有乘凉平台,有凉风扇设备抽出室内污浊空气,输入新鲜空气,天冷时有暖气。舞台周围有白色石膏浮雕和平鸽及牡丹花。两侧的灯光台绣着8个朱红色大字"百花齐放,推陈出新"。内部平顶是波浪形天花板,楼扶梯是民族木雕刻栏杆。①

河南电影院 位于金水路中段,始建于1954年12月19日,由河南省文化局电影处组织工作人员对外放映。②

河南省工人文化宫 位于郑州市国棉三厂对面,于1955年10月7日正式动工兴建,1955年年底竣工。这所工人文化宫,有11个项目。属于室内活动的有文化厅和游艺厅。职工们在闲暇时间,便可到文化厅阅览室内挑选自己爱看的各种图书杂志,还可以在游艺厅内进行各种游艺活动。室外有可容纳观众2000多人的夜光球场,还有秋千、天桥等器械运动场。当需要休息的时候,职工们不但可以利用休息室,还可坐在林荫道的路椅上或茶社内休息。所有这些,便构成一个优良的文化娱乐场所。据初步计算,开业后,在同一时期可供3000多人从事各种各样的娱乐活动。③

这些文化机构的迁入以及文化娱乐设施的兴建,为促进郑州市文化娱乐事业的发展,提高郑州市民的文化生活水平,奠定了良好的物质基础。

总之,河南省会迁郑后,郑州市不仅是河南省的政治中心,而且迅速成长为河南的文化中心,这主要源于以下因素:

其一,省属文化机关的迁郑。河南省会迁郑后,大批的省属文化机关以及科研院所随之迁郑,带来相关的设备以及大量优秀的人才,极大地增强了郑州市发展文化事业的力量。

其二,大量文化设施的兴建。由于郑州市的省会城市地位,河南省

---

① 《河南人民剧院建造成功》,《郑州日报》1954年9月18日第2版。
② 郑州市地方史志编纂委员会:《郑州市志》第6分册,中州古籍出版社1998年版,第426页。
③ 《省工人文化宫动工兴建》,《郑州日报》1955年10月10日第2版。

在争取中央资金以及河南省地方财政投资发展文化事业时，会优先考虑郑州市的文化设施建设。同时，随着郑州市大规模经济建设的开始，郑州的财政收入增加，也有更多的力量投入到文化娱乐事业的建设中。

其三，省会城市具有吸引人才的天然优势。在中国人的传统文化以及传统观念中，政治中心城市对于人才的吸引具有天然的优势，一般政治中心城市具备较好的经济、教育条件，同时在政治中心城市工作与生活还是一种地位与身份的象征。因此，大量优秀的人才必然会向政治中心城市集中。

第五节　日益改善的医疗卫生事业

郑州市被确定为河南省会后，中央以及河南地方政府加大了对郑州市医疗卫生事业的资金投入，郑州市医疗卫生事业基础设施建设的步伐大大加快，医疗人员也逐步得到培训，水平有所提高。省会迁郑后，一些省属医疗卫生机构随省会迁郑，加强了郑州市发展医疗卫生事业的力量。随着郑州市医疗卫生事业的发展，郑州市人民群众所享受的医疗水平有显著提高。

一　郑州市医疗卫生事业的基本概况

解放前，郑州市只有郑州卫生院和河南省立医院各1所，只有病床50张。当时城市环境卫生情况极为恶劣，街道高低不平，每逢下雨，满街污流，到处都是粪便和垃圾，因此，各种传染病如痢疾、伤寒、霍乱、天花、麻疹不断流行，严重地威胁着人民群众的生命健康。

解放后，郑州市卫生医疗事业发展较快，除建立了健全的卫生行政领导机制外，还设置了防疫站、妇幼保健所、妇幼保健站；为了加强市环境卫生工作，还设置了清洁卫生队。其中，在医疗预防方面，截至1953年，郑州市全市已经有普通医院1所，传染病院1所，共有病床848张，各种医疗设备都有所增加。由于公费医疗制度的实施，郑州市有 10513 人享受了公费医疗。在医务人员中，还举办了各种培训活动。同时，由于学习推广了苏联的先进经验，医疗技术也有了大幅度的提高。伴随着郑州市工业建设的发展和不断扩大，卫生工作受到了党和人民政府的高度关注。郑州市有 23 个国营、地方国营、合作社营和较大私营工厂建立了卫生医疗机构，不少工厂设立了车间托儿站、保健站、营养食堂，实行了车间巡回医疗制度和车间医士制度。各工地普遍配齐了卫生员、保健员、急救员、安全员。同时，注意了工厂、工地的安全卫生设施，改善了劳动操作条件，各工厂、工地必要的机器防护设备和各工人的防护用品都基本配备齐全，绝大部分机器马达都增加了防护席、防护栏杆和危险标志，工人根据工种的需要配备了安全帽、安全服、眼镜、口罩、胶鞋、手套等，各工厂工地还普遍增设了防冻暖袋和防风设备，1953 年仅纺织机械厂就增设了各种防护设备 756 件，中纺工程公司仅增设防护设备一项即开支达 4 亿元（旧币）。工厂工地安全卫生设施和劳动条件的改善，不但保证了工人的安全，而且保证了生产任务的完成。①

随着省会迁郑，郑州市政府对卫生工作也更加重视，广大人民群众所享有的卫生医疗服务改善很快："几年来，不断开展了爱国卫生运动，根据急性传染病发生的情况，加强了各种疫病的预防防治工作，几年来，由于普遍开展了接种牛痘，天花在郑州市已经绝迹，没有一个病例发生。其他如白喉、麻疹、百日咳也都由于大力进行防治，发病率都有明显减少。几年来不断地进行和加强对妇女的保健教育工作，推广了新法接生，推行了新育儿法，开展了工厂女工的保健工作，建立了托儿站、农妇托所、互助护娃工组，保证了妇女儿童的健康，发挥了妇女在生产建设中的积极作用"。② 可见，由于政府的重视，郑州市人民群众享受的医疗卫生服务确实得到极大改善；但医疗卫生水平的提高也是与郑州市医疗卫生事业的快速发展分不开的。1951—1957 年，郑州市创

---

① 《郑州市解放以来的文教卫生工作》，1955 年，郑州市档案馆藏，档号：01－214。
② 同上。

办医士学校、护士学校，开办护理员训练班、药剂人员训练班、中医学徒班、中医进修班；制定各种医疗卫生法规和制度，建立新的医疗秩序，将郑州市人民医院一、二分院改为郑州市第一、二人民医院，接收教会的华美医院（改为河南省第二人民医院）、公教医院（改为郑州市公教医院），成立郑州市卫生防疫站、郑州市妇幼保健所、郑州市结核病防治所、郑州市干部疗养所等市立医疗机构，其他医疗机构有纺织医院、铁路中心医院、人民解放军153医院、空军郑州医院、省立人民医院、省卫生防疫站等。至1957年，郑州市的卫生医疗机构已发展到606个，病床增至3694张，卫生技术人员达5810人。① 由此可见，郑州市医疗卫生事业发展迅速。如表4-4：

表4-4　　　　　　　　郑州市卫生事业基本情况②

	1949年	三年恢复时期			五年建设时期					倍数
		50年	51年	52年	53年	54年	55年	56年	57年	57年为52年%
医疗机构数（个）	8	10	18	66	84	118	157	268	317	4.80
其中：医院数（个）	5	5	5	6	7	9	13	15	19	3.17
病床位数（个）	230	272	327	580	885	1343	2834	2992	3204	5.52
职工总人数（人）	295	348	524	1177	1788	2412	3801	5270	5852	4.97
其中：卫生技术人员人数（人）	205	242	267	868	1320	1746	2768	3798	4093	4.72
其中：西医师（人）	29	30	71	131	174	248	417	557	580	4.43
中医师（人）	1	1	1	60	56	94	90	408	434	7.23

由表4-4可以看出郑州市卫生事业发展的最快时期是从1952年开始的，自1952年起郑州市在医疗机构数、医院数、病床位数、卫生技术人员数、西医师人数、中医师人数等指标方面的增加都远远多于1949—1951的增长数。而其中1954年之后所有上述指标增长得更快，这说明了郑州被确定为省会以及省会迁郑对郑州市医疗卫生事业发展的

---

① 郑州市地方史志编纂委员会：《郑州市志》第6分册，中州古籍出版社1998年版，第457页。

② 《郑州市卫生事业基本情况》，1956年，郑州市档案馆藏，档号：111-01。

影响是巨大的。由于医疗卫生事业的迅速发展，郑州市人民所享受的医疗卫生服务也有明显的改善。如表4-5：

表4-5　　郑州市每千人中占有床位及医师情况①

	三年恢复时期			五年建设时期					57年为
	50年	51年	52年	53年	54年	55年	56年	57年	52年%
每千人占有床位数（张）	1.52	1.59	2.85	2.44	3.51	4.84	4.53	4.48	157.19
其中：医院床位	1.1	1.49	2.26	1.95	1.80	8.67	2.94	3.12	138.05
每千人占有医师数（人）	0.12	0.35	0.92	0.64	0.64	0.87	1.46	1.32	143.48
其中：中医师			0.29	0.15	0.17	0.15	0.52	0.59	203.45

由表4-5可以看出，在三年恢复时期，1952年郑州被确定为省会前后，每千人占有床位数、医院床位数，每千人占有医师数、中医师数等指标明显高于1950年、1951年，1953年、1954年相比于1952年，除每千人占有床位数略有上升外，其他各项指标略有降低，这可能是随着郑州市大规模经济建设以及省会迁郑，所带来的大量人口增加造成的。1955—1957年各项指标都有所增长，虽然个别数据不是很稳定，但总体是在增长的，这说明了河南省以及郑州市在逐年加大对省会郑州市医疗卫生事业的投入。虽然人口增长抵消了一部分，但从1957年和1952年的比较数据看，郑州市人民的医疗卫生水平提高仍很大。

二　郑州市医疗卫生机构的发展

郑州市人民群众所享有的医疗卫生服务水平的提高，是与郑州市医疗机构的增加分不开的。1952—1957年，郑州市除了对原有的许多医院进行扩建以及省属医院迁郑外，河南省以及郑州市政府还在郑州市新建了一些医院，新建的或迁郑的医院主要有：河南工人疗养院、河南省卫生厅综合医院、妇产科医院、河南省人民医院、传染病医院等。下面我们将对其中的部分医院进行简单介绍：

---

① 《郑州市卫生事业基本情况》，1956年，郑州市档案馆藏，档号：111-01。

河南工人疗养院 这座新型的工人疗养院，全部面积达 6600 多平方米。该院于 1953 年 11 月 11 日正式开工，到 1954 年 4 月间，完成了该院的行政办公大楼、浴池、食堂等 1500 平方米以上的建筑面积。这座疗养院的医疗设备有 X 光机、太阳灯、电疗器以及化验用的各种设备，医疗上用的各种药品大都齐备。医务人员是从各地抽调的，为了提高这些医务人员的医疗水平，该院组织了部分医务人员到北京、天津及青岛等地疗养院进行参观学习。①

河南省卫生厅综合医院 于 1954 年 5 月 10 日动工兴建，建筑面积达 8300 平方米。综合医院的外观设计，采取了民族形式；内部结构与布置，是根据"苏联红十字医院"和天津纺织医院设计的。这个医院的设备比较完善，有内科、外科、神经、妇产等 7 个科，并采用泥疗、电疗、骨育、睡眠等苏联先进治疗方法。每层楼上都有日光室、食堂、配膳、污洗和淋浴室，病人吃饭和洗澡都不用下楼。为了避免病人上下楼疲劳，楼内设有电梯。病人需用的药品，都是根据医生的处方，从药房里通过电动传送带送到护士站，再分送给每个病员。在每个病房的门口、每个床位上，都有信号灯，病员找护士时，一按电钮，护士就可根据信号灯走到病员那里，不会影响其他病员安静休息。由于全院大部病床位置向阳，病员可以得到充足的阳光。这个医院能容纳近 300 张病床，仅内科就有 66 张病床。每个病房里，一般只放 2 张床，最多的放 6 张。除全院设有较大的 X 光室以外，内科设有专用的日光、隔离、化验和电疗等 7 个室。②

河南省妇产科医院 于 1954 年 7 月 15 日起正式开诊。河南省妇产科医院在郑州市菜市街与河南省立第二人民医院相邻。它是以原妇幼保健院作为基础成立起来的。该院分妇科和产科，设置有 50 张产床和病床，并有 3 张万能产床、万能手术台和其他各种设置。③

---

① 《河南工人疗养院基本竣工》，《郑州日报》1954 年 7 月 24 日第 2 版。
② 《省卫生厅综合医院动工兴建》，《郑州日报》1954 年 5 月 15 日第 1 版。
③ 《省妇产科医院举行开诊典礼》，《郑州日报》1954 年 7 月 16 日第 1 版。

河南省人民医院　1955年河南省人民医院由汴迁郑，院址在纬五路东头。①

郑州市传染病院　1953年8月成立"郑州市隔离病院"，院址设在市东郊祭城，1954年元月隔离病院改名为"郑州市传染病院"②。

"一五"期间，郑州市新建了许多卫生医疗机构，这些医疗机构规模较大、设备比较先进、医疗卫生人员的医疗水平总体较高。又由于一些省属医院如河南省人民医院随省会迁郑，郑州市卫生医疗机构的实力得到极大增强，这些成为郑州市卫生事业快速发展的基础。同时郑州市的公立医院自1953年以后也发展比较快，如表4-6：

表4-6　　　郑州市各公立医院几年来发展情况统计表③

年度	医院名称	各种人员数				病床数
		合计	卫生技术	行政管理	其他	
1953年年底	市立一院	123	84	14	25	104
	市立二院	129	92	15	22	83
	市工人医院	46	33	9	4	—
	公教医院	113	81	16	16	106
	传染病院	41	27	6	8	48
	公疗门诊部	63	51	8	4	—
	省立二院	172	105	24	43	115
	铁路医院	301	225	33	43	159
	8个合计	988	698	125	165	615
1954年年底	市立一院	147	100	19	28	150
	市立二院	145	102	17	26	109
	市工人医院	39	26	9	4	
	公教医院	159	109	17	33	120
	传染病院	45	31	7	7	48
	公疗门诊部	61	46	10	5	—

---

①　郑州市地方史志编纂委员会：《郑州市志》第6分册，中州古籍出版社1998年版，第503页。

②　同上。

③　《郑州市各公立医院几年来发展情况统计表》，1955年，郑州市档案馆藏，档号：01-214。

续表

年度	医院名称	各种人员数				病床数
		合计	卫生技术	行政管理	其他	
1954年年底	省立二院	178	102	28	48	119
	妇产科医院	94	61	8	25	50
	铁路医院	314	236	34	44	153
	黄河医院	88	54	14	20	89
	10个合计	1270	867	163	240	838
1955年第一季度底	市立一院	160	113	18	29	150
	市立二院	152	110	16	26	107
	公教医院	156	106	17	33	125
	传染病院	45	29	9	7	40
	省立二院	161	99	17	45	130
	省妇产科医院	99	66	9	24	50
	黄河医院	94	52	16	26	103
	铁路医院	314	—	—	—	153
	市工人医院	40	27	9	4	—
	门诊部	55	41	10	4	—
	10个合计	1276	643	121	198	858

由表4-6可以看出：1953—1955年郑州市各公立医院的各种人员数以及病床数都是在增加的（1955年各种人员数及病床数增幅较小，是由于只统计到第一季度），这也说明随着郑州市经济的发展，政府扩大了各公立医院的人员编制，增加了对各公立医院的资金投入。

三 郑州市医疗卫生事业发展原因分析

"一五"期间，郑州市的医疗卫生事业发展迅速，人民群众所享受的医疗卫生服务日趋改善，其主要原因为：

第一，"一五"期间大批卫生机构的兴建。自1953年河南省"一五"计划开始实施以来，河南省在郑州市兴建了许多大型的卫生医疗机构，如河南省工人疗养院、河南省卫生厅综合医院、河南省妇产科医院等。这些新的卫生医疗机构设备先进、医务人员整体水平大大提高，极大地促进了郑州市卫生事业的发展。同时随着郑州市的经济发展,郑州市对市级医院的投入也有所增加,市级医院的人员及医疗设备均有较大增加。

第二,随着省会由开封迁郑州,一些省属医院也随省会迁郑。如1955年河南省人民医院由汴迁郑等,增强了郑州市发展卫生事业的力量。

第三,郑州市成为省会,更容易吸引优秀医务人才。

第六节 郑州市人民生活水平的提高及原因分析

随着郑州市经济的发展,郑州市人民收入有所增加,生活水平有所提高,住房条件有所改善,人民群众的生活幸福感也大大增强。

一 职工收入以及消费水平的提高

随着郑州市工业建设的发展,郑州市的职工生活水平有了较大的提高。为了了解职工生活的变化情况,我们根据郑州市政府的调查统计结果,特就郑州市1951年和1956年两个时期的职工生活状况作了对比。1956年的数据系据1956年6月到1957年5月郑州市职工家计调查资料取得的,当时共调查职工203户,包括家庭成员688人;1951年资料系据"郑州市经济调查统计资料"整理而得,共调查职工99户,包括家庭成员251人。①

(一)职工收入提高

1956年郑州市职工工资收入占实际收入的比重为93.7%,工资以外的收入(包括奖金、抚恤金、补助救济金、利息等收入)只占6.3%;1951年郑州市职工工资收入占实际收入的比重为88.2%,工资以外的收入则占11.8%。1956年被调查户的实际平均收入,按全部家庭人口计算每人为267元,较1951年被调查户实际平均收入194元,增加

---

① 《六年来郑州市职工生活水平的变化情况》,1957年,郑州市档案馆藏,档号:30-35。

38%,绝对值为73元(以上是全部收入),其中,1956年被调查户的工资收入,按全部家庭计算每人平均为248元,较1951年的171元,增加45%,绝对值为77元。1951年实际收入为实际支出的107.2%,亦即在实际收入中有7.2%是积余的;1956年实际收入为实际支出的121.3%,亦即在实际收入中有21.3%是积余的。① 这说明随着郑州市经济的发展,职工收入增长幅度较大。

(二)人民消费水平提高

郑州市人民生活水平的提高,首先表现在消费结构方面。如表4-7:

表4-7 1951年和1956年郑州市居民消费结构对比②

	1956年		1951年	
	占食用品非食用品和非商品支出(%)	占总计(%)	占食用品非食用品和非商品支出(%)	占总计(%)
总计		100		100
食用品	100	49.0	100	52.2
其中:主食	45.8	32.4	55.2	22.2
副食	34.1	16.7	30.3	15.8
其中:肉禽蛋类水产	12.1	5.95	6.4	3.4
蔬菜	13.8	6.5	8.6	4.5
烟、酒、茶	4.08	2.0	7.3	3.78
非食用品	100	26.2	100	23.6
其中:衣着	50.0	13.1	48.5	11.4
燃料	11.2	2.95	21.0	4.6
非商品	100	24.3	100	24.2
其中:房租	5.22	1.54	14.7	3.54
文娱费	5.56	1.26	3.25	0.78
医疗费	6.11	0.86	0.21	0.005
交通费	2.08	1.36	4.4	1.2

注:烟、酒、茶下降可能是由于1951年的资料不够准确。

从表4-7可以看出1956年与1951年的比较情况:

---

① 《六年来郑州市职工生活水平的变化情况》,1957年,郑州市档案馆藏,档号:30-35。
② 同上。

1. 食用品支出占总支出的比重下降（非食用品支出占总支出的比重上升，非商品支出的比重变化不大），这是由于房租的降低，如除去此项开支（当然这种降低，也是人民福利的增长），非商品支出则增加2.6%。

2. 主副食支出占食用品支出的比重下降（1956年为79.9%，1951年为85.5%），但是副食的比重上升，主食的比重下降，这就说明人民的生活水平提高了。

3. 燃料占非食用品支出的比重下降，衣着及其他非食用品支出的比重上升。

4. 房租所占比重大为降低，文娱和医疗费所占比重则均上升，交通费的下降是由于价格降低，以及坐公共汽车及自备自行车的市民有较大增加，而不是坐车的市民减少所致。

郑州民众生活水平的提高其次是表现在食物消费水平方面，如表4-8：

表4-8　　1951年和1956年郑州市居民食用品每人平均消费量①

	计量单位	1956年	1951年	增减量
大米	市斤	80	45	+35
面粉	市斤	233	224	+9
猪肉	市斤	13.2	6.1	+7.1
牛羊肉	市斤	4.8	4.7	+0.1
鸡鸭	市斤	1.81	0.58	+1.23
鱼虾	市斤	1.87	0.32	+1.55
蛋	市斤	115.88	58.47	+57.41
蔬菜	市斤	192	142	+50
食用植物油	市斤	9.18	11.05	-1.87
食糖	市斤	2.28	0.95	+1.33
卷烟	市斤	19.8	26.41	-6.61
酒	市斤	4.16	8.64	-4.48
茶叶	市斤	1.86	1.0	+0.86

① 《六年来郑州市职工生活水平的变化情况》，1957年，郑州市档案馆藏，档号：30-35。

从表 4-8 可以看出 1956 年与 1951 年的比较情况：绝大多数的食用品消费量水平均有提高，大米、猪肉、蛋类、蔬菜等食用品的消费水平提高得更快。食用植物油和烟酒的人均消费量下降可能是由于 1951 年的资料不够准确。再次郑州市人民生活水平的提高也表现在非食用品每人平均消费量的变化方面。如表 4-9：

表 4-9　1951 年和 1956 年郑州市居民非食用品每人平均消费量①

	计量单位	1956 年	1951 年	增减量
棉布	市尺	36.68	32.11	+4.57
绸缎	公尺	0.11	0.46	-0.35
呢绒	公尺	0.17	—	—
煤油	市斤	0.98	2.61	-1.63
煤	市斤	502	540	-38
柴草	市斤	36.78	31.69	+5.09
皮鞋	双	0.27	0.07	+0.2
胶鞋	双	0.11	0.10	+0.01
袜子	双	2.44	2.04	+0.4
手表	支	0.02	—	—

从表 4-9 可以看出 1956 年与 1951 年的比较情况：

1. 一般日用品的消费水平均有提高，特别是从 1956 年手表的人均消费量来看，每百人中就有 2 人买手表。

2. 绸缎、煤油的人均消费量有所减少，这与它们的产量有关；煤油的人均消费量下降，也与增减电灯设备有关。

3. 广大职工的吃穿情况有很大改善。

通过对比我们可以看出，自郑州被确定为河南省新省会以及郑州市大规模经济建设的开展以来，郑州市市民的工资水平有了很大提高，生活消费结构也大大改善，这也说明了省会迁郑以及大规模的经济建设给郑州市民带来了实实在在的好处。

---

① 《六年来郑州市职工生活水平的变化情况》，1957 年，郑州市档案馆藏，档号：30-35。

二 职工住房条件的改善

解放初郑州市约有各种房屋 63120 间,约含建设面积 1117440 平方米(包括住宅外的其他房屋,一间按 12 平方米建筑面积计算),这是自清朝京汉铁路通车到 1948 年解放为止的约 40 年当中所建房屋的总面积,其约有住宅建筑面积 744960 平方米,约折合 6208 间房屋。这些房屋大都很低矮,而且漏雨,有些是用绳搭的棚屋或草房,很多都有倒塌的危险。因此,过去人们常常这样说:"外边大下,屋内小下,外边不下,屋内滴答"。①

解放后,国家在郑州市投入了巨大的基本建设投资,这种不良情况起了根本变化。1949 年至 1956 年的 8 年间,包括一小部分私人建筑的住宅,郑州市共新建住宅面积达 1312651 平方米,约折合 109388 间房屋,住宅建筑面积占解放前 40 年当中全部房屋建筑面积的 117.5%,占住宅建筑面积的 176.2%。这些新建的住宅质量都很好,设施也比较完善,一般都有电灯、自来水等。其中,在 1953 年至 1956 年期间,国家(不包括私人建筑的)新建的 1160754 平方米住宅面积中,混合结构的(即由砖木及钢筋混凝土混合构成的)有 454014 平方米,占新建住宅面积的 39.1%,又据 1956 年全市新建住宅建筑面积统计,平均每平方米造价为 41.4 元,这样不仅保证了广大职工与劳动人民的居住安全,而且还进一步促进郑州市人民身体健康的发展。② 历年住宅增长情况如表 4-10:

表 4-10　　　　　1949—1956 年郑州市实有住宅增长情况③

	1949 年	1952 年	1956 年	56 年为 49 年%	56 年为 52 年%
年底实有住宅建筑面积(平方米)	744960	798260	1948462	261.6	244.1

---

① 《解放以来我市基本建设城市公用事业职工住宅的发展是巨大的》,1957 年,郑州市档案馆藏,档号:39-35。
② 同上。
③ 同上。

由表 4-10 我们可以看出郑州市住宅增长是相当快的,尤其是 1952 年郑州市被确定为河南省会后,到 1956 年只经过短短的 4 年时间,而住宅建筑面积增长了 1.44 倍。郑州市住宅建筑面积虽然发展得很快,但由于城市人口的不断增加,平均到每一个人,仍不够宽裕。据粗略的计算,1956 年年底人均居住面积约合 3.13 平方米。其中主要原因是人口增长太快,家属也增加得较快,因此虽增加了较多住宅,但还不够充足。如表 4-11:

表 4-11　　　　郑州市 1950—1956 年年底人均居住面积

（平方米）统计表①

	1950	1951	1952	1953	1954	1955	1956
年底人均居住面积（平方米）	2.82	3.08	3.13	2.98	3.15	3.22	3.13

由表 4-11 我们可以看出虽然郑州进行了大规模的住宅建设,但人均住房面积仍然增加缓慢,这主要是因为郑州市人口的不断增加,我们从下面一则材料可以看出郑州市的人口增加情况:

> 市商业局:
>
> 随着社会主义改革高潮的到来,人民物质文化生活相应的有所提高,同时郑州市目前工资改革,劳保登记等各项工作的进行,每个职工的工资都普遍地较前有所增加。因此,目前我公司部分职工要求叫自己的孩子和弟弟来郑求学,也有的叫自己的爱人长期迁入郑州来住,这种要求和考虑是对的,但是目前郑州市房屋是不能满足人民的需要,再加之暑期中雨水过多,房屋的倒塌甚多,房屋更加缺乏。另外,我公司没有宿舍,大部分职工睡在办公室里,油料食棚。②

---

① 《解放以来我市基本建设城市公用事业职工住宅的发展是巨大的》,1957 年,郑州市档案馆藏,档号: 39-35。

② 《中国煤建公司河南省郑州市公司关于我公司职工家属迁郑居住问题的请示》,1956 年,郑州市档案馆藏,档号: 96-40。

市商业局复函：

关于你公司职工要求家属来郑上学和长期迁入本市居住等情况，根据上级精神为了防止农村盲目流入城市及不影响农业生产，这就需要防止迁郑影响农业生产和造成职工生活困难情况发生。但我们不可阻挡干部职工家属来郑，我们认为公司本身不需要开介绍信，只要乡政府给其迁移，我们也不阻碍家属来郑，至于房子问题，由于我市房缺是个普遍现象，由你们自行研究解决。①

可见，郑州市工商各业的发展，需要招收大量的工人，而工资福利等收入的提高，必然带来家属的增加以及总人口的不断上升，这也必然带来住房紧张问题。

为了解决职工住房问题，郑州市出现了多种解决方法：

（一）大型国有工厂自建职工宿舍楼

大型国有工厂在建厂的同时，已经安排了建职工住宅的资金，职工住宅和工厂建设是同步进行的。如"在郑州市棉纺区建设路两旁，有25栋宿舍大楼正在施工。这25栋楼房，都是三层的钢筋混凝土混合结构。其中有19栋，是在东起碧沙岗，西至国棉三厂西边，一条约2000米长的直线上进行的。有三栋是在路南边与工人文化宫相接。另外有三栋是建设在碧沙岗西，一条由北向南的马路两边。这些楼房1956年第二季度即可完工。将来住在这儿的是国棉四、五厂的工人和家属。据建筑单位的负责人说，明年在国棉一厂和紧接着它建设的郑州印染厂、国棉六厂前面，也将要建设起成排的三层大楼，那时，在一条3000米的直线上，就会有几十栋三层大楼出现。"②

（二）郑州市政府统一组织为职工建房

据郑州市建房委员会统计，1956年下半年，郑州市"将为职工建筑8万平方米的住宅，可容纳15000名职工，建筑这些住宅的资金，是

---

① 《关于职工家属迁郑居住问题的批示》，1956年，郑州市档案馆藏，档号：96-40。
② 《建设路旁有25栋大楼正在兴建》，《郑州日报》1956年3月23日第2版。

通过上级拨款，利用企业超额利润、奖励资金、福利金和自建公助贷款等办法解决，如郑州市教育局拨了 12 万元，为教职员工建筑住宅。市建设局所属部门的 10 万元的超额利润，也作为建筑职工住宅的投资。郑州烟厂、邮电局、郑州农药厂、郑州机械厂等单位的工会组织，都分别发动职工，根据需要与可能，提出了自建公助贷款的数字。建筑职工住宅需要的劳动力和建筑材料，除建筑企业自建的职工住宅所需的劳动力和建筑材料自行解决外，其他职工住宅建筑所需的劳动力，郑州市建房委员会计划组织本市四个建筑生产合作社协同郊区 2000 名农民来完成，所需的建筑材料，通过各窑厂增加生产，内部调剂和组织郊区农民生产的办法来解决。"① 1956 年第四季度，郑州市共有 55 个单位建筑职工住宅，建筑面积达 15 万平方米，可容纳 18000 人居住，"为保证这些住宅在 1956 年年底竣工，郑州市人民委员会基本建设处安排第四季度工程任务时，确定河南省建一、建二公司、教育厅工程处、粮食厅工程处和郑州市建筑工程队的职工在自行建筑外，还组织郑州市建公司、四个建筑合作社、驻马店建筑公司等分别承包建筑工程；市劳动局为自建单位调配了劳动力进行支援；建筑住宅需用的建筑材料，郑州市计划委员会也进行了分配；郑州市交通处还统一组织了各部门的汽车，保证及时运输建筑器材。"②

(三) 单位自筹资金建职工住宅

除了中央和地方投资建筑的职工住宅以外，不少单位还利用部分福利基金、企业奖励金建筑了一些住宅。"还有一些单位采用自建自助的办法，建筑了一些住宅。已经有不少职工和家属陆续搬入新居。河南省第一、第二建筑工程公司第一批建成的万余平方米住宅，已经有 400 多户职工和家属使用。郑州国棉一厂有 200 多户职工及其家属分到了住房，布厂工人陆金山在 1956 年 9 月份分到了两间房，和他分别将近 3 年的爱人、孩子、母亲团聚在一起。布机保全工人周仙源

---

① 《本市将建 8 万平方米职工住宅》，《郑州日报》1956 年 8 月 24 日第 1 版。
② 《本市 55 个单位建筑职工住宅》，《郑州日报》1956 年 9 月 26 日第 1 版。

在 9 月份分得了一间房子，他和布厂记录员刘紫花在国庆节那天结了婚。郑州国棉三厂有的职工搬入新宿舍后，减少了上下班往返跑路的时间。"①

三　人民幸福感增强

郑州经济建设的快速发展，迅速改变了郑州的落后面貌，如此巨大的变化带给郑州市民的不仅是惊喜，而且更多的是欣喜感、归属感和幸福感，使他们更加热爱欣欣向荣的郑州市。

（一）强烈的欣喜感、归属感

郑州市经济建设的快速发展，迅速改变了郑州市的面貌，也带给郑州市人民强烈的欣喜感。我们首先看郑州郊区农民对这种变化的感受："老早就听说郑州市正建工厂哩，这回郑州专区组织农民参观团到郑州参观工厂。到郑州一看，可真是大变样啦。一座挨一座的楼房、大工厂多起来，街道也是又光又亮，到夜里那么多的电灯。解放前，我也来过郑州，那是像老坟岗、顺河街好多都是席棚，现在都修成高大的房子了，那时就是大同路、福寿街比较热闹，现在也分不出来啦。"② 郑州市人民不仅对郑州市的变化感到欣喜，他们更为持续建设着发展着的郑州市感到欣喜："前进中的郑州市，到处呈现出美丽的建设图景。新修的铁路支线和公路继续向四郊新建的工厂区延伸，满载着各种建筑器材的火车、汽车、马车、架子车不断地沿着这些线路奔赴基本建设工地，一排排架子的建筑架杆伸向天空，施工机械在吼叫，无数的建筑工人在紧张的劳动着。人们由京汉铁路和陇海铁路经过郑州，在远离市区一二十里的田野上，就会看见许多正在建设或已经建成的工厂、宽敞的校舍和高大的办公楼一栋栋地屹立在马路两旁……"③

郑州市的巨大变化，也使一些外来工人深深地爱上了蓬勃发展、蒸

---

①《关心职工生活　改善居住条件　我省正在兴建大批职工宿舍》，《河南日报》1956 年 11 月 19 日第 1 版。

②《到郑州参观我更体会到工业化的重要了》，《郑州日报》1954 年 2 月 23 日第 2 版。

③ 桑松森：《建设中的郑州市》，《河南日报》1955 年 9 月 25 日第 2 版。

蒸日上的郑州市，从而使他们产生强烈的归属感，使他们心甘情愿地扎根在郑州，甘心情愿地为郑州市的发展贡献力量。我们看一位外来工人的感受："我原来是江苏常州裕民布厂里的织布工。今年3月中旬，经我个人请求，组织上批准我到我们国家的一个新的纺织工业基地——郑州市工作。来到郑州前，我只听说郑州是个新兴的工业城市，但不知道是什么样子。来的路上我不断地想：郑州到底是什么样子呢？现在，我来到郑州已经5个月了。我不仅看到了郑州，而且深深地爱上了郑州，爱上了我的工厂——国营郑州第四棉纺织厂。过去，我一直是在一个只有240台旧式织布机的小布厂里工作，我从来也没有看到过象我们四厂这样宏大的现代化的棉纺织厂。到郑州以后，我看到了：一个个连着的大厂房，一排排高大的职工宿舍，还有正在兴建的工人文化宫、游泳池……我高兴极了。更使我兴奋的是：一走进我们宽敞、明亮的大厂房里，就看见那些崭新的织布机、细纱机，闪闪发光，而且都是我国自己制造的机器，有些机器就是当地纺织机械厂1956年生产的产品。这比起我原来工作的只有240台旧式布机的裕民布厂来，真是好的太多了。仅布机数，我们四厂就比裕民厂多了十七八倍，而且都是新式自动织布机。现在，我们厂虽然还没有正式投入生产，但我已经非常留恋车间里的一切了。"①

(二) 浓烈的幸福感

麦田上出现了雄伟的城市，稀落静谧的村庄涌出了密集的人群，这仿佛是童话般的世界，但这一切只经历了短短几年的时间。面对郑州市面貌的巨大变化，郑州市人民产生了强烈的幸福感，以生活在此地为荣。我们看郑州市民对此变化的描述：

> 周末的夜晚，郑州市建设路上别有一番风味。附近，关闭了一天的建设影院里的玻璃大门打开了："上金山"就要放映。白天，

---

① 《我爱上了郑州》，《郑州日报》1956年9月2日第2版。

几乎是一辆接一辆的运输物资和建筑材料的汽车,渐渐稀少了;公共汽车却在异常忙碌起来。在纺纱机和织布机旁边,在高高的脚手架上,在研究室和办公室里工作了一天的人们,仿佛一下子都跑出来了似的,好几里地长的一段街道上,行人来来往往,川流不息。灯火辉煌的商场,因为顾客突然增加,一下子变小了,挤进去真是不容易!姑娘们好像是故意挑逗那些眼馋的小伙子,打扮得一个比一个俏,光头发的式样就叫你说也说不清楚,在那一边,在一片小树林的近旁,不知是哪个工厂的青年男女在窃窃私语。远处,传来了悠扬激动的手风琴声……置身在此情此景,你怎么也想不到这一切仍是最近两三年内才像神话一般出现的。1953年春天以前,任凭你跑破鞋子,也找不到这条街的人的踪影。那时候,这里只有几个不大的村庄和一片麦田,还有就是几座烧砖的土窑和大大小小的坑坑。打从这年的5月1日国棉一厂动工兴建那天起,这里便一天天热闹起来。如今,在这条街的一边,在大约20多万平方米职工住宅建筑的后面,四个规模巨大的纺织厂已经排成一个"一"字,18万多枚纱锭和4000多台织布机已经在其中的三个工厂转动起来。在这个"一"字的西端,第五座棉纺织厂又在动工兴建,还有一座印染厂也在进行施工前的平整土地的工作。再往西,那脚手架搭得最高的地方,是郑州热电厂工地,这里的土木建筑工程已经接近竣工,机器安装工程正在进行。

在这条街道的另一边,河南纺织管理局、河南省交通厅、河南省工业厅工业试验所的办公大楼早已盖起。纺织工人学校早已开学,培养纺织工业建设人才的另外三所学校——河南纺织管理局干部学校、纺织机械制造学校、纺织高级技工学校,有的快要建成了,有的正在建设,它们将来可以一次接纳3000多名学员,正在施工的一所纺织联合医院,明年第二季度就要交付使用。此外,已经拥有了一个文化厅、一个游艺厅、一个游泳池、一个田径运动场和两个灯光球场的工人文化宫,还在计划修建一座容纳1200人的影剧院，这里将成为工人的文化生活之家。现在，生活在这条街道两旁的人大约有四五万了。建设路成长得多么快啊！正象工人雷闪跟我说的：如果我是郑州人，如果我在几年以前离开了这里，现在当我重回故乡的时候，一定不认得她了。①

郑州市的巨大变化使郑州市民拥有强烈的幸福感，从而更加热爱这座城市，更加积极地投入到该城市的建设中去。

四 人民生活水平提高原因分析

郑州市人民生活水平的提高源自于郑州市的经济、文化、教育、卫生等事业的快速发展。自1952年9月后，国家以及河南地方政府就加大了对郑州市经济、文化、教育、卫生等方面的投入，自1954年10月河南省直属机关由开封迁往郑州后，这种投入就保持着一种持续增加的趋势。据郑州市人民委员会基建处初步统计："郑州市1956年的基本建设任务比1955年总投资高59.77%。1956年郑州市基本建设投资的突出特点是工业比重大，占全年投资的70%以上。其中有进行扩建以进一步供应纺织工业机械的国营郑州纺织机械厂；有为适应农业合作化高潮的到来而新建、改建与扩建的郑州磷肥厂、郑州拖拉机修配厂和国营郑州油脂化学厂；有为满足城乡劳动人民物质文化生活需要的国营郑州第五棉纺织厂和为适应本市纺、织、染而内迁的郑州印染厂，这些工业建设，大部分将在1956年、1957年两年内竣工并投入生产。为适应本省工农业大发展的需要，国家还决定在郑州市新建与扩建很多文教卫生工程项目，其中有河南农学院、河南省艺术学校、河南医学院及其附属医院等28个单位。"② 郑州市基本建设投资情况，如表4-12：

---

① 熊芸书：《郑州一条街》，《河南日报》1956年10月4日第2版。
② 《本市今年基本建设投资比去年增加近60%》，《郑州日报》1956年1月1日第1版。

表 4-12　　郑州市基本建设投资计划调查表①　　　　单位：千元

系统名称	1955 年实际	1956 年计划	1956 年是 1955 年的%
总计	70786.88	173806.71	245.54
一、工业	39624.61	108025	272.62
1. 国营工业	36746.01	101431.37	276.03
2. 地方国营工业	2878.60	6593.63	229.06
二、文教	5432.41	22210.61	408.85
三、卫生保健	2345.68	2887.48	123.10
四、贸易及采购	2780.02	2528.90	90.97
五、市政建设	4839	1810	37.40
六、交通运输	2448.3	16568.93	676.75
七、农林水利	2851.07	4240.18	148.72
八、国防	1092.48	3030	277.35
九、建筑	1261.25	2038.51	161.63
十、其他	8112.06	10467.1	129.03

由表 4-12 可以看出，1956 年对郑州市的基本建设投入是 1955 年基本建设投入的 2.5 倍。涨幅较大、投入增长较快的有工业、教育、卫生、交通运输等方面。其中 1956 年郑州市的教育投入为 1955 年的 4 倍，这也与 1956 年郑州市新建与扩建很多文教项目的实际相符合。在国家以及河南地方政府的大力投资下，郑州市的经济、文化、教育、卫生、市政建设等方面全面发展。

郑州市的快速发展主要得益于大量的基本建设投资，而这种基本建设投资主要来源于"一五"计划中的中央投资。我们以郑州市 1957 年的基本建设计划投资为例。如表 4-13：

---

① 《郑州市基本建设投资计划调查表》，1956 年，郑州市档案馆藏，档号：38-23。

表 4-13　　郑州市 1957 年基本建设计划调查统计表[①]　　单位：千元

单位名称	1957 年计划					说明
	合计	建筑	安装	购买	其他	
总计	116073.285	69692.101	3601	34956.384	7823.8	
中央投资	92842.8	49891.7	3559.5	32377.3	7014.3	约占全年任务的 80%
1. 郑州砂轮厂	25735	15375	1052	6788	2520	
2. 郑州热电厂	11711	2719	1272	6799	921	
3. 纺织机械厂	1400	795	84	512	9	
4. 国棉一厂	144	144				
5. 国棉二厂	55	55				
6. 国棉三厂	13	13				
7. 国棉四厂	3786	2518	62	1033	173	
8. 国棉五厂	11552	4132	655	5232	1533	
9. 国棉六厂	20555	9178	289	9978	1110	
10. 纺织联合修配厂	70	13	2	53	2	
11. 纺管局安装队	355	266		45	44	
12. 纺织机电学校	1309	1002	2	286	19	
13. 纺织技工学校	744	510	13	215	6	
14. 纺管局干校	122	83	2	30	7	
15. 纺织工业学校	24	9		15		
16. 纺织联合医院	638	505	7	119	7	
17. 印染厂	160				160	
18. 肉类联合加工厂	218	141	5	68	4	
19. 金属结构加工厂	750	744		6		
20. 电业修配厂	380	141			239	
21. 油脂化学厂	319	77.5	30	138.2	73.3	
22. 郑州铁路管理局	3500	3500				
23. 建筑工程学校	547	485		61	1	
24. 机器制造学校	433.8	412.3	21.5			

---

① 《郑州市 1957 年基本建设计划调查统计表》，1957 年，郑州市档案馆藏，档号：39 - 150。

续表

单位名称	1957 年计划					说明
	合计	建筑	安装	购买	其他	
25. 地质学校	723	649	24	50		
26. 煤田地质学校	668	524		143	1	
27. 电力学校	55			55		
28. 海军学校	400	400				
29. 油脂技工学校	51	51				
30. 煤矿技工学校	220	126	7	84	3	
31. 郑州大学	448	422			26	
32. 三机部计经学校	40	38			2	
33. 商业厅干校	215	215				
34. 黄委会施工所	371	348			23	
35. 郑州采油所	153	139		14		
36. 省邮局基建科	614	522			92	
37. 邮政长途线路第五局	74.4	74.4				
38. 省地质局	273	273				
39. 煤炭郑州供应办事处	1300	1271		23	6	
40. 郑州电业局	700	700				
41. 金属收回管理局	56	56				
42. 凿井公司	311	118		192	1	
43. 煤矿机电安装公司	26.8			26.8		
44. 地质部三局仓库	550	550				
45. 煤田勘探局	596.1	236.8	14	325.3	20	
46. 矿基建局	40	34		6		
47. 民航站	153	50	18	80	5	
48. 外贸部特派处	24	17			7	目前正申请建筑中
49. 地质部水文地质局河南 941 队	202.2	202.2				
50. 铁道部第六工程局第六段	57.5	57.5				

由表 4-13 我们可以看出 1957 年郑州市的基本建设投资计划为

116073285元，其中中央投资为92842800元，约占全年任务的80%，中央投资涵盖了工业、商业、学校、科研院所、机关建筑等各个领域的投资建设，正是在计划经济时期中央的大量投资才使郑州获得了快速的全面的发展。

因此，郑州市被确定为省会后，其经济、文化、教育、卫生以及城市市政建设等方面全面发展，人民群众生活水平也得到极大提高，我们总结其原因为：

其一，郑州市的发展主要得益于大量的基本建设投资，这个投资主要来源于中央政府，河南地方政府以及郑州市投资所占的比例相对较小。郑州市自1952年9月被政务院确定为河南省会后，在1953年被确定为重点建设城市。1953年国家"一五"计划的开始，大批的国家项目选择了河南郑州市，从经济、文化、教育、卫生、政府机关建筑到城市市政建设等方面，无所不包；同时在行政力量的驱使与建设热情的感召下，大批的优秀技术工人被调来支援郑州市建设，增强了郑州市发展工商业的力量，从而使郑州市迅速成长为河南省的政治、经济、文化、教育中心城市。这个推力，主要来源于计划经济时期的中央政府。

其二，1954年河南省会由开封迁往郑州，大批河南省直属机关、企事业单位随省会迁郑，也带来了大量优秀的人才，这不仅使郑州市的经济力量有所增强，更充实了郑州市发展文化、教育、卫生、科研等方面的力量，优化了郑州市的人口结构，为郑州市成为河南省经济、文化、教育中心奠定了坚实的基础。

其三，郑州市成为省会城市，也增强了其对投资以及人才的吸引力。

小　结

自郑州被确定为河南新省会后，从1953年开始，中央以及河南省政府对郑州市进行了大规模的基本建设投资。自1954年起，省直机关企事业单位的陆续迁入，迅速增强了郑州市发展经济、文化、教育、卫生事业的力量，郑州市的面貌日新月异。

"一五"期间，国家在郑州投资了许多大型工厂企业，郑州市的工业经济发展迅速，使其成长为全国新兴的棉纺织业中心城市之一；随着消费人口的增多，商业服务业也获得了较快发展；在郑州市的基本建设与工业生产中，成长了一批熟练的技术工人，他们是郑州市可持续发展的有力保障。郑州市城市基础设施建设突飞猛进；教育事业高速发展，尤其是高等教育从无到有，发展迅速；文化事业日益繁荣；卫生事业日益改善，人民群众所享受的卫生医疗服务水平日益提高；人民生活水平提高，住房条件改善，幸福感增强。郑州市的快速发展原因主要有：（一）"一五"期间国家对郑州市的经济、文化、教育、卫生等各方面的投资建设，而这个投资主体来源是中央政府。这充分体现了计划经济时期我国政治中心城市发展的特点。（二）河南省直属单位以及大批企事业单位的陆续迁入，增强了郑州市发展经济、文化、教育、卫生事业的力量。（三）郑州市作为政治中心城市，有了对人才与资源更强的吸引能力。由此可见，在计划经济条件下，政治中心城市对资源具有更强的聚集作用，因此区域政治中心城市在本区域内发展相对较快。郑州市成为省会后的快速发展充分说明了这一点。

第五章　开封省会地位丧失与发展的滞缓

省会变迁，使开封丧失了省会的区域政治中心功能。学者何一民认为："城市由于没有大工业支撑，城市的发展主要依赖它的政治地位和交通运输条件，一旦这些条件消失，城市和城市经济就会走向衰落。"① 开封由于已经失去了处于铁路交通枢纽的历史机遇，又缺乏资源，更无大工业支撑，因而丧失省会区域政治中心功能后，其发展滞缓也是必然的了。在"一五"期间，开封没有被确定为重点建设城市，所以也就基本上没有开展大的建设项目。由于省会迁郑，省属机关、企事业单位以及学校随省会迁郑，同时开封还要支援重点建设城市，这就极大地影响了开封市的发展，致使其经济、文化、教育、卫生等事业于"一五"期间在河南省发展相对较为滞后。

第一节　发展滞缓的经济

自 1952 年 9 月份以后，开封失去了河南省省会的政治地位，它的经济建设也就不再被重视，根据当时河南省编制的《河南省发展国民经济的第一个五年计划（1953—1957）》："国家在第一个五年计划期内，确定洛阳、郑州市为新建工业基地，新建和改建焦作、平顶山、宜洛、

---

① 何一民：《近代中国衰落城市研究》，四川出版集团巴蜀书社 2007 年版，第 14 页。

鹤壁四个煤矿区，共建立10余个现代化的巨大的重工业和轻工业厂矿。根据中央对城市建设《为工业建设与工业生产服务并有重点地解决城市劳动人民生活中最迫切的设施》的方针，我省城市建设方针，应该是：以洛阳、郑州市为重点，做好总体规划和详细规划，并着重解决为工业建设和工业生产服务的供水、排水、道路、桥梁等主要工程项目；对新乡市和焦作、平顶山、宜洛、鹤壁矿区，积极搜集资料，做出总体规划的详细规划，并根据需要与可能有计划地进行建设。对开封、安阳、许昌等市做出初步规划，充分利用现有设备做好维护工作。"① 可见，开封市在河南省的"一五"计划中没有被列为重点建设城市，而仅仅是"做出初步规划，充分利用现有设备做好维护工作。"

一 开封市与郑州市工业经济发展比较

开封市自1952年9月失去了省会的地位，"一五"期间又没有被确定为重点建设城市，其经济发展是滞缓的。我们通过表5-1来看开封市经济发展情况：

表 5-1　　　　　　　　1957年度分专、市工业总产值②

（按1957年不变价格计算）　　　　单位：万元

	工业总产值		各专市总产值占全省总产值的比重（%）
	合计	其中：专、市县营企业	
全省总计	105157	44700	100
新乡专区	6221	6221	5.9
商丘专区	2320	1934	2.2
开封专区	3400	2407	3.2
洛阳专区	3464	1780	3.3
许昌专区	10449	3241	9.9

---

① 《河南省发展国民经济的第一个五年计划（1953—1957）》，河南人民出版社1955年版，第63页。

② 河南省统计局编印：《河南省国民经济统计资料提要（1949—1957）》，1958年，第24—25页。

续表

	工业总产值		各专市总产值占全省总产值的比重（%）
	合计	其中：专、市县营企业	
信阳专区	3304	2547	3.1
南阳专区	2335	1891	2.2
郑州市	31242	3796	29.7
洛阳市	5442	2474	5.2
开封市	8329	5436	7.9
新乡市	13291	6463	12.6
安阳市	9696	5298	9.2
焦作市	4402	966	4.2
三门峡市	185	78	0.2
平顶山市	618	100	0.6
鹤壁市	130	68	0.1
省外企业	329	—	0.3

由表 5-1 可以看出，截止到 1957 年河南省第一个五年计划结束，在河南省的 9 个省辖市中，开封市的工业总产值仅为 8329 万元，占河南省总产值的比重仅为 7.9%，排名第四，而郑州市的工业总产值为 31242 万元，占河南省总产值的比重为 29.7%，郑州市的工业产值已达到开封市的 3.75 倍。

下面我们再进一步比较开封市与郑州市经济发展的具体情况：

表 5-2　　　　开封市 1948 年至 1955 年工业总产值①

（按 1952 年不变价格计算）　　　金额单位：元

经济类型	1948 年		1949 年		1950 年		1951 年	
	总产值	比重（%）	总产值	比重（%）	总产值	比重（%）	总产值	比重（%）
总计	9116057	100	17607968	100	18039282	100	25965181	100
国营	268061	2.94	500480	2.84	444146	2.46	565168	2.18

---

① 《开封市 1948—1957 年全部工业总产值》，1957 年，开封市档案馆藏，档号：23-357。

续表

经济类型	1948年 总产值	比重（%）	1949年 总产值	比重（%）	1950年 总产值	比重（%）	1951年 总产值	比重（%）
地方国营	71475	0.78	865776	4.92	2308982	12.80	6323964	24.36
公私合营			122203	0.69	2613634	14.49	3263751	12.57
合作社营					54730	0.30	86320	0.33
私营	8776521	96.28	16119509	91.55	12617790	69.95	15725978	60.57

经济类型	1952年 总产值	比重（%）	1953年 总产值	比重（%）	1954年 总产值	比重（%）	1955年 总产值	比重（%）
总计	32990774	100	44852435	100	53491270	100	65971071	100
国营	1399199	4.24	1411711	3.15	3041570	5.69	3912270	5.93
地方国营	13576394	41.15	20907059	46.61	26066580	48.73	33781000	51.21
公私合营	4404455	13.35	6247783	13.93	11838180	22.13	21616000	32.77
合作社营	101709	0.31	244110	0.54	540000	1.01	353000	0.54
私营	13509017	40.95	16041772	35.77	12004940	22.44	6308801	9.56

表5-3　　　郑州市1948年至1955年工业总产值①

（按1952年不变价格计算）　　　　金额单位：元

经济类型	1948年 总产值	比重（%）	1949年 总产值	比重（%）	1950年 总产值	比重（%）	1951年 总产值	比重（%）
总计	2992000	100	7162000	100	26532000	100	38533000	100
国营	418000	14.0	509000	7.1	1097000	4.1	3021000	7.8
地方国营	153000	5.1	1597000	22.3	9740000	36.7	17876000	46.4
公私合营			527000	7.4	597000	2.3	943000	2.4
合作社营					9000	0.03	1646000	4.3
私营	2421000	80.9	4529000	63.2	15089000	56.9	15047000	39.0

经济类型	1952年 总产值	比重（%）	1953年 总产值	比重（%）	1954年 总产值	比重（%）	1955年 总产值	比重（%）
总计	53077000	100	96009000	100	147794000	100	200925000	100
国营	876000	1.7	30279000	31.5	57433000	38.9	92252000	45.9
地方国营	33549000	63.2	39956000	41.6	54137000	36.6	89790000	44.7

---

① 《国民经济统计资料汇编（1948—1955）》，1957年，郑州市档案馆藏，档号：179-01-13。

续表

经济类型	1952 年		1953 年		1954 年		1955 年	
	总产值	比重（%）	总产值	比重（%）	总产值	比重（%）	总产值	比重（%）
公私合营	2347000	4.4	4167000	4.3	9745000	6.6	12354000	6.1
合作社营	2814000	5.3	5307000	5.5	12563000	8.5		
私营	13491000	25.4	16300000	17.0	13916000	9.4	6529000	3.2

从上述两个表格可以看出两市工业发展的差距：从两市工业总体发展上看，1948年开封市工业产值为9116057元，同年郑州市为2992000元，开封市工业产值为郑州市的3倍。而到了1955年，开封市工业总产值为65971071元，郑州市工业产值为200925000元，郑州市工业总产值为开封市的3倍。从1948—1955年，开封市的工业总产值增长为6.2倍，而郑州市的工业总产值增长为66.2倍，郑州市工业总产值的增长远远快于开封市。从增长的高峰期看，郑州市的增长高峰期有两个重要阶段，第一个阶段为1949—1950年，工业产值分别为7162000元、26532000元。郑州市在这个阶段的工业总产值已经超过开封市。而这个阶段是沿海轻工业迁往郑州的时期，因此，郑州市在这个阶段的快速增长与此是有着很大关系的。第二个阶段是1952—1955年，在这个阶段，随着郑州市被确定为省会，郑州市的工业进入高速增长期，并把开封远远地甩在后面。而纵观开封市的整个经济增长期，则比较平缓，几乎没有出现增长的高峰期。从两市增长的工业经济结构看，1948年开封市国营所占比重为2.94%，地方国营为0.78%，郑州市国营所占比重为14.0%，地方国营为5.1%，这说明此时两市工业基础都较薄弱，虽然在结构上郑州稍占优势，但两市都缺乏大型企业，工业以小型私营为主。而到1955年，开封市国营所占比重为5.93%，地方国营为51.21%，郑州市国营所占比重为45.9%，地方国营为44.7%。由此可见，在开封市的工业经济结构中，国营所占的比重微乎其微，这说明在整个"一五"计划期间，开封几乎开展没有大的工业建设项目，工业以小型企业为主；在郑州市的工业经济结构中，1955年时的国营比重已经占到45.9%，地方国营也已经占到44.7%，两者加在一起为90.6%，这说

明在郑州市的工业经济结构中，大型近代化国有企业已经逐步占到主导地位，小型国有企业也发展较快。通过对比，我们可以发现郑州市的工业经济结构在"一五"计划中后期已经远远优于开封市。

由于开封市经济发展的滞缓，其单位数和职工人数也远远少于郑州市。如表5-4：

表5-4　　　　　1957年度工业企业单位数及职工人数①

地区名称	企业单位数	1957年年底全部职工人数	地区名称	企业单位数	1957年年底全部职工人数
新乡专区	142	13711	郑州市	94	37883
商丘专区	67	3176	开封市	51	13520
开封专区	74	11087	洛阳市	45	13559
洛阳专区	74	9768	新乡市	51	14980
许昌专区	126	10663	三门峡市	10	684
信阳专区	101	6475	平顶山市	6	4032
南阳专区	78	4776	鹤壁市	6	1853
安阳市	45	9997	焦作市	17	13463

说明：本表资料未包括手工业。

通过表5-4可以看出：截至1957年年底，郑州市有企业单位94个，开封市有51个，郑州市企业数是开封的1.8倍，郑州市全部职工人数为37883人，开封市有职工13520人，郑州市职工人数为开封的2.8倍。开封市在企业单位数以及职工人数上已经远远落后于郑州市。

郑州市职工人数的增长是由于新增职工人数的增加远远大于开封市，我们通过表5-5可以看出：

表5-5　　　1953年至1957年新增职工固定人数（按地区）②　　单位：人

	1953年至1957年全部新增职工数	由小业主、资本家等转化的职工数	
		小计	其中：资本家
全省总计	465144	37012	11764

---

① 河南省统计局编印：《河南省国民经济统计资料提要（1949—1957）》，1958年，第35页。

② 同上书，第170—171页。

续表

	1953年至1957年全部新增职工数	由小业主、资本家等转化的职工数	
		小计	其中：资本家
新乡专区	54236	4935	1603
商丘专区	35289	2481	716
开封专区	25678	2138	711
洛阳专区	29820	2136	589
许昌专区	50739	6520	1011
信阳专区	49554	7350	2095
南阳专区	41231	2506	1257
郑州市	75555	2506	1257
开封市	15738	2098	473
洛阳市	35408	1284	368
新乡市	15708	1311	933
安阳市	9194	1224	590
焦作市	10924	213	121
三门峡市	6775	41	13
平顶山市	5574	138	10
鹤壁市	3721	131	17

注：由于此表1953—1957年新增职工固定人数中未排除调出职工等因素，故数字大于上表数字。

1953—1957年郑州市新增固定职工有75555人，由小业主资本家转化为职工的有2506人；开封市新增职工共15738人，由小业主资本家转化而来的有2098人。两市在由小业主、资本家转化的职工人数上相差不大，但郑州市新增固定职工人数为开封市的4.8倍，远远超过开封市。从上表还可以看出，洛阳市是当时国家所确定的8个重点建设城市之一，但1953—1957年洛阳市新增职工人数为35408人，郑州市新增职工人数为洛阳市的2.1倍，这说明了由于郑州市是省会，河南省在建设投资的过程中，对郑州市有更多的倾斜。

二 开封市与郑州市投资额对比

开封市失去省会地位后，其发展速度远远落后于郑州市，被郑州市迅速赶超，这与国家和河南省政府对郑州市基本建设的投资额增加是分不开的。如表 5-6：

表 5-6　　　　基本建设投资额——按地区分（一）①　　　　单位：万元

	五年建设时期					五年合计	比重	
	1953 年	1954 年	1955 年	1956 年	1957 年		占 1957 年投资总额	五年合计占五年投资总额
投资总额	18100	26715	29452	65924	68132	208323	100.0	100.0
新乡专区	377	259	384	1798	5763	8581	8.5	4.1
商丘专区	561	203	165	779	784	2492	1.2	1.2
开封专区	116	863	445	1281	853	3558	1.3	1.7
洛阳专区	129	353	382	1182	8149	10195	12.0	4.9
许昌专区	1089	2142	546	3529	1931	9237	2.8	4.4
信阳专区	4056	2349	161	969	1925	9460	2.8	4.5
南阳专区	196	187	115	1837	346	2681	0.5	1.3
郑州市	6757	13942	17345	14171	10447	62662	15.3	30.1
洛阳市	184	3062	6232	16910	19901	46289	29.2	22.2
开封市	1530	518	254	615	279	3196	0.4	1.5
新乡市	574	662	672	1038	1302	4248	1.9	2.0
安阳市	583	592	79	306	298	1858	0.4	0.9
焦作市	1490	1179	1906	1944	3308	9827	4.9	4.7
三门峡市	—	—	—	4107	5131	9238	7.5	4.4
平顶山市	203	67	248	3724	3059	7301	4.5	3.5
鹤壁市	91	251	479	1609	1904	4334	2.8	2.1
不能分地区者	164	86	39	10125	2752	13166	4.0	6.3

从表 5-6 可以看出：从 1953 年第一个五年计划开始，中央与河南地方政府对开封市的投资就远远少于郑州市，从 1954 年开始，即河南省省直属机关全部迁郑后，对开封的投资还在逐渐减少，仅 1956 年才有所增加。从 5 年合计看，郑州市在河南省基本建设所占投资比重为 30.1%，开封仅为 1.5%，5 年实际对郑州市基本建设投资额为 62662 万元，对开封

---

① 河南省统计局编印：《河南省国民经济统计资料提要（1949—1957）》，1958 年，第 44—45 页。

市基本建设投资额为3196万元,整个"一五"期间对郑州市的基本建设投资额为开封市的19.6倍。从上表也可以看出,河南省在整个五年计划当中,在对其9个省辖市基本建设投资中,仅次于郑州市的是洛阳市,5年合计占全省比重为22.2%,其次依次是焦作市4.7%、三门峡市4.4%、平顶山市3.5%、鹤壁市2.1%,再次为新乡市2.0%。这个基本建设投资额结果很好地体现了河南省的"一五"计划,由于郑州、洛阳是重点建设城市,且郑州是河南省省会,自然要将其放在投资中的重中之重;而新中国建立初期出于对煤炭资源的需求以及治理黄河开发三门峡水电工程建设的需要,在"一五"期间新兴了焦作市、三门峡市、平顶山市、鹤壁市4个省辖市,这4个市自然也是基本建设投资中的重点,新乡市作为旧平原省省会,属于河南省重点建设城市,自然在基本建设投资上也得到倾斜。而当时河南省的"一五"计划规定"对开封、安阳等市做出初步规划,充分利用现有设备做好维护工作",这也决定了开封市在"一五"计划中得不到较多的投资。这些说明在计划经济体制下,城市的发展缺乏自主性,城市的发展规模是受国家投资计划制约的。

开封失去了省会城市地位,一些省直企业如省邮电局、交通银行、人民银行、保险公司、食品公司、油脂公司、省直第三印刷厂等迁往郑州市;① 同时河南省的一些大型工程项目选择在省会郑州市建设,开封失去了省会城市的优势,也意味着失去了这些机会。如表5-7:

表5-7 河南省建筑工程局1953—1957年限额以下建设单位一览表②

计算单位:万元

建设单位名称	建设地点	五年合计投资额	1953—1957年计划				
			1953投资额	1954投资额	1955投资额	1956投资额	1957投资额
总计		37945	16690	15425	4630	700	500
河南省建筑公司	郑州市	22847	7776	11378	2593	700	400

---

① 《送上省直迁郑人口表两份》,1954年,开封市档案馆藏,档号:23-126。
② 《河南省建筑工程局1953—1957年限额以下建设单位一览表》,1955年,河南省档案馆藏,档号:J140-12。

续表

建设单位名称	建设地点	1953—1957 年计划					
		五年合计 投资额	1953 投资额	1954 投资额	1955 投资额	1956 投资额	1957 投资额
河南省基建局设计处	郑州市	3068	1281	1287	500	—	—
河南省城市建设局本部	郑州市	4728	3933	795	—	—	—
郑州市建筑公司	郑州市	1600	1430	100	70	—	—
开封市建筑公司	开封市	123	—	73	50	—	—
安阳市建筑公司	安阳市	620	552	48	20	—	—
商丘市建筑公司	商丘市	751	632	69	50	—	—
信阳市建筑公司	信阳市	800	621	123	56	—	—
南阳市建筑公司	南阳市	627	465	108	54	—	—
新乡市建筑公司	新乡市	526	—	476	50	—	—
洛阳市建筑公司	洛阳市	1768	—	968	800	—	—
其他		487	—	—	387	—	100

注：由于此表统计于1955年，故1956、1957年数字仅为预测，统计不详。

从表5-7可以看出河南省建筑工程局所承担的工程的主要建设地点在郑州市，河南省建筑公司、河南省基建局设计处、河南省城市建设局本部承担的工程项目的建设地点全部在郑州市，总投资额为30643万元。郑州市建筑公司在郑州市承担的5年投资额合计为1600万元。建设地点在郑州市的5年投资总额为32243万元，而由开封市建筑公司承担的建设地点在开封市的5年投资额仅为123万元，建设地点在郑州市的投资额是建设地点在开封市投资额的262倍。可见，省会的优势地位，在全省是无可比拟的。

三 作为非重点建设城市抽调力量支援重点建设城市

在"一五"期间，开封市没有被确定为重点建设城市，这意味着它不仅失去了获得大规模投资的机会，同时还意味着开封要抽调力量支援重点建设城市的发展。1953年3月河南省工业厅召开第二次基本建设会议，在这次会议上表明了这一观点："国家大建设开始了。我省不少地方国营厂矿想增添设备，扩大本单位的基本建设，大多厂矿来开会时就打算要求增加投资，追加预算。但是国家建设的方针是集中资金办好几样好事，地方工业投资一般不搞大的基本建设，只是为了维持当前的生产做一些必要的小型修建。今年省内还要在原已确定的基本建设投资中减去17.8%，以便把资金集中用到国家重点建设上去。"① 由此可见，当时由于是在新中国建立初期，百废待兴，国家资金紧张，只能保证重点建设的进行，非重点建设单位或城市则要缩减投资，把有限的资金用到重点建设中去。开封市要支援当时河南省的重点建设城市郑州市、洛阳市。如在河南省1956年支援重点建设的规划中，由于重点建设城市洛阳、郑州急需力工，当地劳力调配不足，河南省劳动局从开封进行调配支援。其况如下：

洛阳市：需省调配力工15000人，除已调给5000人外，在洛阳市郊调给8000人，在开封市调配2000人。

郑州市：需调配力工3000人，在开封专区内调给3000人。②

开封市作为非重点建设城市，不仅得不到大规模的建设投资，还要抽出力量支援重点建设城市，这也是导致其在"一五"期间经济发展滞缓的重要因素。

四 发展缺乏中央以及河南地方政府投资

1953年，全国开始进行大规模的经济建设。国家从全国经济发展战略的需要出发，将河南确定为全国重点建设地区之一，安排了一大批重点工程及配套项目。为了与经济建设相适应，本着"城市建设与工业建设同步规划、同步实施"的原则，国家对河南的城市建设提出了明确要求。其中，洛阳被确定为全国8个重点建设城市之一；郑州由于工业

---

① 《我省地方国营工业今年基本建设任务确定——省工业厅召开第二次基本建设会议，根据国家重点建设方针，取消和缩减了一些工程项目》，《河南日报》1953年3月28日第1版。

② 中共河南省委党史研究室：《河南省"一五"计划和国家重点建设工程》，河南人民出版社1999年版，第115页。

第五章　开封省会地位丧失与发展的滞缓　/ 317

建设的繁重任务以及河南省会由开封迁郑，新乡由于是原平原省省会所在地，成为河南的2个重点扩建城市；新建平顶山、焦作、鹤壁、三门峡市；同时对开封、安阳、许昌、南阳、信阳、商丘、漯河、周口等市的基础设施进行不同程度的扩建。① 而事实上，在第一个五年计划期间，中央分三线建设，沿海和京广路以东为第一线，开封由于被划在一线之内，国家不在开封安排建设项目，加之1954年省会迁郑带走了三四万人，河南省将建设重点放在郑州，中央将建设重点放在洛阳，而开封的一项重要任务是支援郑州、洛阳建设，郑、洛向开封要什么就给什么。在此情况下，开封全力以赴抓现有小工业和手工业，大搞生产自救，组织一些建筑、搬运、饮食服务行业支援郑州、洛阳。② 因此开封的基建投资主要依靠自身积累，并且受到省会迁郑的影响。如表5-8：

表5-8　　　　1953—1957年开封市基建拨款表③　　　　单位：万元

年份	经办任务	
	投资完成数	拨款支付数
1953年	2173	1840
1954年	1093	1583
1955年	461	455
1956年	1117	1217
1957年	868	929

由表5-8可以看出，1953年，开封市投资完成数和拨款支付数分别达2173万元、1840万元，1954、1955年时出现明显下降，到1956年才有所恢复。而1954年正是大批河南省直属机关、企事业单位从开封迁走的时期，省会迁郑对开封的经济发展带来了较为不利的影响，同时也影响了开封市的资金积累。

---

① 中共河南省委党史研究室：《河南省"一五"计划和国家重点建设工程》，河南人民出版社1999年版，第15页。
② 程子良、李清银主编：《开封城市史》，社会科学文献出版社1993年版，第300页。
③ 开封市地方志编纂委员会：《开封市志》第三册，燕山出版社1999年版，第362页。

我们通过开封邮电业务收入的变化来看省会迁郑对开封市经济的影响。如表5–9：

表5–9　　　　开封邮电历年财务收支情况统计表①　　　　单位：万元

年份	邮电业务总收入	其中		邮电业务总支出
		邮政收入	电信收入	
1951	90.81	34.73	56.08	49.27
1952	132.08	35.72	96.36	67.48
1953	204.88	61.92	142.96	49.52
1954	165.49	54.99	110.50	44.94
1955	68.16	35.27	32.89	37.97
1956	70.66	37.06	33.60	33.71
1957	66.86	46.18	20.68	33.08

由表5–9可知，从1951—1953年，开封市的邮电业务总收入一直处于上升趋势。从1954年开始，开封市的邮电业务总收入基本呈现逐年下降趋势（除1956年略有上升外）。可见，1954年河南省会由开封迁郑州，对开封市邮电业务收入的影响是巨大的。

由于"在国民经济建设第一个五年计划期间，开封没有大的建设项目，只对旧城进行局部改造"②，在"一五"期间，开封市发展得不到外来投资（主要指省级和国家级项目），只能靠自身力量积累资金，又因受到省会迁郑对开封经济发展的负面影响，因此发展速度较慢。

总之，开封市在"一五"期间，由于失去了省会地位，其经济发展速度远远落后于郑州市。究其原因，主要有：

其一，失去了省会城市的地位，没有被确定为重点建设城市，几乎没有省级和国家级的建设项目，得不到外来的资金投入，这是"一五"期间导致开封市经济发展缓慢的决定性因素。

其二，开封市城市建设在"一五"时期主要依靠自身资金积累，而1954年开封市经济又受到河南省会迁郑影响，处于萎缩状态，而且

---

① 开封市地方志编纂委员会：《开封市志》第三册，燕山出版社1999年版，第296页。
② 《开封市城建志》编辑室：《开封市城建志》，测绘出版社1989年版，第35页。

还要拿出一部分资金用于救济因为省会迁走而受影响的群众的生计。故而资金积累有限,投资减少,因此经济也发展缓慢。

其三,开封市作为非重点建设城市,要支援重点建设城市。开封市要抽出一定的人力、物力去支援重点建设城市郑州、洛阳的建设,这也是影响开封市在"一五"期间的经济发展的一个重要因素。

第二节 总体萎缩的教育事业

由于省会迁郑,开封市的一些学校,尤其是高等院校随省会迁郑州,使开封市的教育事业受到极大削弱。在"一五"期间,开封属于非重点建设城市,国家对开封教育事业资金投入较少,教育事业发展缓慢,总体上处于萎缩状态。

一 发展迟缓的基础教育

(一)幼儿教育

在计划经济时期,教育事业的发展是受到国家计划制约的,我们首先看开封市计划数与郑州市计划数的对比情况:

表5-10　　　河南省幼儿园教育事业分专市计划①　　　计量单位:人

地区	1957年预计完成到达数	
	园数(个)	幼儿数(人)
郑州市	90	6893
其中:公立	12	949
开封市	62	6979
其中:公立	10	991
洛阳市	31	2268
其中:公立	3	347
新乡市	8	631

① 《河南省幼儿园教育事业分专市计划》,1957年,郑州市档案馆藏,档号:38-39。

续表

地区	1957 年预计完成到达数	
	园数（个）	幼儿数（人）
其中：公立	1	275
安阳市	14	649
其中：公立	1	112
焦作市	1	19
其中：公立		
鹤壁市		
其中：公立		
三门峡市		
其中：公立		
平顶山市	1	49
其中：公立	1	49

由表 5-10 可知：1957 年郑州市幼儿园预计完成到达数为 90 个，开封市为 62 个，郑州市为开封市的 1.45 倍；郑州市幼儿数为 6893 人，开封市为 6979 人，开封市略占优势。在河南省 9 个省辖市中，除了和郑州市接近持平外，开封依然遥遥领先于其他各市。这说明开封作为河南传统的教育中心，幼儿教育发展较早，即使在"一五"计划期间发展不充分，但依然拥有一定的实力。

（二）小学教育

我们通过下面表格来看开封市小学教育的发展情况。如表 5-11：

表 5-11　　　　河南省小学教育事业分专市计划[①]　　　　计量单位：人

	1957 年预计完成				
	高小	初小	合计	学龄儿童入学率（%）	初小毕业生升学率（%）
郑州市	21684	65093	86777	80.01	95.1
其中公立	19886	58178	78064		
民办	1798	6915	8713		
开封市	9263	24502	33765	91.58	79.3

---

① 《河南省小学教育事业分专市计划》，1957 年，郑州市档案馆藏，档号：38-39。

续表

	1957 年预计完成				
	高小	初小	合计	学龄儿童入学率（%）	初小毕业生升学率（%）
其中公立	9049	23973	33022		
民办	214	529	743		
洛阳市	15081	44499	59580	87.04	96.1
其中公立	13929	41612	55541		
民办	1152	2887	4039		
新乡市	5951	15119	21070	82.88	100
其中公立	5556	14089	19645		
民办	395	1030	1425		
安阳市	4711	11472	16183	82.38	100
其中公立	4711	11472	16183		
民办					
焦作市	5323	15587	20910	82.64	97.1
其中公立	4965	14701	19666		
民办	358	886	1244		

注：此表仅列举河南省9个省辖市中的6个。

由表5-11可以看出：在1957年河南省小学教育事业分专市计划中，郑州市计划数为86777人，开封市为33765人，郑州市计划数为开封市的2.57倍，且开封市还要落后于洛阳市计划数的59580人，在全省省辖市中排名第3位，这说明开封市的学校建设已经远远落后于郑州市、洛阳市。但开封市学龄儿童入学率为91.58%，在河南省6个省辖市中排名第1，领先于洛阳市的87.04%、郑州市的80.01%，这说明开封作为河南省传统的教育中心，其基础教育仍然有一定的实力；但这也是郑州、洛阳两市由于工业的建设，人口大量激增等造成的，尤其是郑州市，省会的迁入带来了大量的人口，使学生入学更趋紧张。但在初小毕业生升学率这一指标中，开封市在6个省辖市中排名最后，这也暴露了在"一五"期间开封市基础教育投入的不足。

（三）初中教育

我们通过下列表格来看开封市中学教育的发展情况，如表5-12：

表 5-12　　　　　　　河南省初中教育事业分专市计划①

（1958 年度）　　　　　　　　　计量单位：人

地区	招生			毕业生	
	班数	学年毕业生	吸收比（%）	班数	学年初学生数
郑州市	172	8600	90		
其中公立	88	4400		83	4030
民办	84	4200			
开封市	103	5150	90		
其中公立	65	3250		63	2964
民办	38	1900			
洛阳市	118	5900	90		
其中公立	44	2200		40	1953
民办	74	3700			
新乡市	50	2500	90		
其中公立	32	1600		32	1497
民办	18	900			
安阳市	46	2300	90		
其中公立	29	1450		25	1238
民办	17	850			
焦作市	47	2350	80		
其中公立	17	850		11	563
民办	30	1500			
三门峡市	8	400	80		
其中公立	6	300			
民办	2	100			

从表 5-12 可以看出：郑州市 1958 年度学年毕业生 8600 人，开封市为 5150 人，洛阳市为 5900 人，开封市在全省排名第 3，郑州市、洛阳市分别为开封市的 1.7 倍和 1.1 倍，而吸收比 3 市均达到 90%，这说明了郑州、洛阳两市虽然初中教育发展较快，但和开封市的差距没有拉得很大。

开封市高中教育的发展情况，如表 5-13：

---

① 《河南省初中教育事业分专市计划》，1957 年，郑州市档案馆藏，档号：38-39。

表 5-13　　　　河南省公立高中教育事业分专市计划①

（1958 年度）　　　　　　　　　计量单位：人

地区	招生数			毕业生	
	班数	学生数	吸收初中毕业生（%）	班数	学生数
郑州市	32	1600	39.7	23	1071
开封市	34	1700	57.3	30	1380
洛阳市	20	1000	40.0	12	539
新乡市	16	800	53.4	14	620
安阳市	12	600	48.4	10	464
焦作市	6	300	53.2	4	87
三门峡市					
平顶山市	2	100			
鹤壁市	2	100	56.1		

由表 5-13 可以看出：开封市的公立高等教育在 1958 年计划达到 1700 人，吸收初中毕业生达到 57.3%，毕业生数为 1380 人，高于郑州市、洛阳市。这说明开封市作为河南省传统的教育中心，在基础教育上仍然是有一定实力的，且郑州市、洛阳市虽然新建学校数量较多，但在高中这一阶段仍然有限。

综上所述，综观开封市与郑州市、洛阳市的基础教育对比，我们可以发现，开封市作为河南传统的文化教育中心，即使在省会迁郑时一些基础教育学校随省会迁到郑州（如开封育英学校在 1955 年随省会迁郑②），在"一五"期间，又是非重点建设城市，教育事业投入较少；但其基础教育仍然是有一定实力的，开封市在高中教育方面的领先就说明了这一点。这主要是因为开封市作为河南传统的教育中心，基础教育原本就处于优势地位，而随省会迁郑迁走的基础教育学校较少，对开封的基础教育影响甚微；郑州、洛阳虽然在"一五"期间是重点建设城市，有大量教育资金的投入，但由于工业的发展，人口的激增，所以教

---

① 《河南省公立高中教育事业分专市计划》，1957 年，郑州市档案馆藏，档号：38-39。
② 开封市地方志编纂委员会：《开封市志》第四册，北京燕山出版社 1999 年版，第 84 页。

育的发展仅局限于小学、初中阶段，即满足新增适龄儿童的入学问题，并且其部分发展成果被人口增长所抵消。因此，在基础教育方面开封与同时期的郑州、洛阳相比较，虽然差距较小，但相对于开封市来说，其发展仍然是迟缓的，其传统优势地位正在逐步丧失。

二 停滞的职业教育

（一）中等职业教育

由于省会的迁离，开封市的中等职业教育发展总体呈现萎缩状态。如表5-14：

表5-14 开封市与郑州市中等专业学校对比（1949—1957）

开封市		郑州市	
学校名称	建校情况	中等专业学校	建校情况
河南第一护士学校	1949年接收于南关福音医院，1952年改称河南第一护士学校，1953年9月迁郑州	郑州师范学校	1949年（由原郑州临时师范与郑州市立师范合并）
河南省第二护士学校	1945年创设，1953年改为河南省立第二护士学校	中南纺纱学校	创建于1953年
开封市高级工业职业学校	1948年，由原河南省立高级织染科职业学校改办，1954年奉命迁郑州	郑州电力学校	创建于1953年
开封艺术师范学校	1950年创办，1954年6月迁郑州	郑州铁路学校	1953年由开封迁入
开封黄河水利学校	1951年创办，1952年定名为《开封黄河水利学校》	郑州幼儿师范学校	创建于1954年
开封师范学校	1953年创办，由陈留师范改建	郑州纺织工业学校	创建于1954年
开封市第二师范学校	1954年创建，原开封艺术师范学校校址	郑州地质学校	创建于1956年（地质部）
		郑州电器工业学校	创建于1956年（食品工业部）
		郑州机器制造学校	创建于1956年（第一机械工业部）

续表

开封市		郑州市	
		郑州城市建设工程学校	创建于1956年（城市建设部）
		郑州建筑工程学校	创建于1956年（建筑工业部）
		郑州煤田地质学校	创建于1956年（煤炭工业部）
		郑州助产学校	创建于1956年（河南省卫生厅）
		河南省农业财会学校	创建于1956年（河南省农业厅）
		郑州第二卫生学校	1956年由在焦作的河南焦作医士学校迁入，定名为郑州市第二卫生学校
		河南省邮电学校	1956年由在开封的原河南省邮电管理局训练班迁入，1958年改名为河南邮电学校
		河南戏曲学校	创建于1957年
		河南省水利学校	创建于1957年
		郑州戏曲学校	创建于1957年
		郑州机械化学校	创建于1957年
		郑州畜牧兽医学校	创建于1957年
		郑州机器制造学校	创建于1957年
		海军学校	创建于1957年

资料来源：此表依据开封市地方志编纂委员会《开封市志》第4册，北京燕山出版社1999年版，第119—124页；郑州市地方史志编纂委员会《郑州市志》第6分册，中州古籍出版社1998年版，第53—63页；《郑州市1953年各基建单位目前任务确定情况与完成情况统计表》，1953年12月，郑州市档案馆藏，档号：67-01；《郑州市1954年基本建设计划完成情况表》，1955年1月，郑州市档案馆藏，档号：86-04；《郑州市1957年基本建设计划调查统计表》，1957年9月，郑州市档案馆藏，档号：39-150；《我省新建12所中等专业学校》，《河南日报》1956年7月14日第1版等提供的资料绘制而成。

由表5-14可以看出：在"一五"计划期间，开封市仅创建了开封市第二师范学校一所中等职业学校。河南省第一护士学校、开封市艺术师范学校、开封市高级工业职业学校 3 所中等职业学校迁郑州,仅余 4 所中等专业学校。在 1957 年郑州市中等专业学校已经达到 23 所,郑州市教育的发展主要得益于中央与河南省地方政府投入的大量建设资金以及外迁学校。在 1952 年 9 月之前,开封市的中等职业教育是领先于郑州市的(郑州市当时只有郑州师范学校 1 所)。郑州市成为河南省省会后,经过"一五"计划,在政府的推动下,大量中等职业技术学校的新建以及部分中等职业技术学校的迁入,使郑州市的中等职业教育快速发展,并把开封市远远甩在了后面。

(二)职工业余文化教育

开封市在"一五"期间工业发展较慢,其职工人数增加有限,职工文化教育发展也较为滞后。

表 5-15　　　　河南省职工业余文化教育分专市计划①

(1958 年度)　　　　　　　　　　计量单位:人

地区	扫除文盲		业余小学		业余初中		业余高中
	毕业生	学年初学生数	毕业生	学年初学生数	毕业生	学年初学生数	学年初学生数
总计	90000	128400	1600	168640	2020	88900	2608
郑州市	12848	18355	2160	22960	100	8670	400
开封市	3820	5440	590	6240	100	1890	500
洛阳市	9632	13717	1870	19700	600	26100	761
新乡市	5700	8117	1390	19600	250	8030	340
安阳市	3500	5000	1310	13730	50	5000	100
焦作市	5840	8318	1800	19320	400	9320	300
三门峡市	1320	1870	250	2650	50	3830	77
平顶山市	1047	1496	210	2210		2330	
鹤壁市	928	1040	60	600		100	

注:此表未列完,故"总计"并不是下列 9 市的数字相加总和。

由表 5-15 可知:开封市的扫除文盲数为 3820 人、学年初学生数为 5440 人,而郑州市学年扫除文盲数为 12848 人、学年初学生数为

---

① 《河南省职工业余文化教育分专市计划》,1957 年,郑州市档案馆藏,档号:38-39。

18355人，郑州市分别为开封市的3.4倍和3.4倍。同时郑州市在业余小学和业余初中学生数上分别为开封市的3.7倍和4.6倍。这说明了郑州市的职工人数要远多于开封市，同时郑州市可投入的资金也要比开封市充裕。

三 萎缩的高等教育

由于省会迁郑，开封市的一些高校随省会迁至郑州，高等教育发展呈现萎缩状态。如表5-16：

表5-16　　开封市与郑州市高等教育对比

开封市		郑州市	
学校名称	建校情况	学校名称	建校情况
河南大学	建校于1912年	郑州大学	1956年创建
河南农学院	1952年9月，河南大学农学院独立，校名为河南农学院，1956年6月迁郑	河南农学院	1956年6月由开封迁郑
河南医学院	1952年8月，河南大学的医学院独立，校名为河南医学院，1958年6月迁郑	河南医学院	1958年6月由开封迁郑
河南中医进修学校	创办于1955年，1958年9月迁往郑州	河南中医学院	1958年9月由开封迁郑
河南师范专科	1951年9月，以原开封师范和开封高中为基础成立河南师范专科学校，1956年该校中文、历史、艺术、体育四科迁郑参与组建郑州师专，1959年地理科并入郑州师专	郑州师范专科	1956年由开封市河南师范专科学校参与组建

注：1958年春，郑州师范专科学校的体育、艺术专业，分别独立建校，成立郑州体育专科学校、郑州艺术专科学校。郑州师范专科学校也同时升格为郑州艺术学院。同期，在郑的一部分中等专业学校即郑州电力学校、郑州煤田地质学校、郑州水利学校、郑州畜牧兽医学校、郑州机器制造学校、郑州建筑工程学校、郑州铁路运输学校等7所学校，升格为大专。河南省有关厅局及郑州铁路分局分别在郑州新建立了郑州农业机械化专科学校、郑州医学专科学校、郑州铁道学院、郑州铁路医学专科学校。至1959年秋，郑州高等院校达17所。[1]

资料来源：此表依据开封市地方志编纂委员会《开封市志》第4册，北京燕山出版社1999年版，第45—52页；郑州市地方史志编纂委员会《郑州市志》第6分册，中州古籍出版社1998年版，第69—79页所提供的资料绘制而成。

由表5-16可知：1956年之前，郑州市没有一所高校；开封市作

---

[1] 郑州市地方史志编纂委员会：《郑州市志》第6分册，中州古籍出版社1998年版，第69页。

为河南省传统的高等教育中心，其地位是郑州市所无法比拟的。1956—1959年，郑州市依靠政府行政的力量，采取新建、外迁、升格等多种方式，在短短的3年时间里，迅速使高等院校的数量达到17所，而反观开封市在此期间几乎没有兴建新的高等院校，而且部分高等院校还要迁至新省会郑州市，期间开封市的高等教育不但没有发展，反而在萎缩，已经远远地落在郑州市的后面了。

四 开封市教育发展滞后原因分析

通过开封市与郑州市教育发展的对比我们可以发现，在基础教育方面，开封市与郑州市的差距是不大的，郑州市虽然在规模上比开封市要大，但其新增人口基数也较大；开封市基础教育的发展要慢于郑州市，但两市在基础教育发展方面总体上是相近的。两者的差距主要体现在中等职业教育和高等教育方面。总结其原因，主要有以下几个方面：

其一，由于失去了省会的地位，又非重点建设城市，政府在开封市教育事业上投入的资金极其有限。同时在计划经济时期，教育发展要受到国家计划制约，开封失去了省会城市的地位，降格为地级市，河南省在制定开封教育发展计划时，也必然按照地级市的标准来规划。

其二，省会一般也是传统的政治、经济、文化、教育中心，而郑州已经成为新省会，这就意味着河南省的教育中心要发生转移，原在开封市的一些中等职业学校和高等院校在政府主导下迁往郑州就有力地说明了这一点。

其三，开封市由于丧失了省会城市地位，经济发展滞后，因而在吸引人才上也将存在困难。如1958年8月17日中央粮食部决定在北京中央粮食干部学校的基础上筹建粮食学院。当准备在河南选择建校院址时，负责接谈的河南省委财经委员会王秉章等人建议院方筹建负责人可以在开封、洛阳等地任意选择，甚至还提出了建在开封（为老城市，传统小吃多，生活比较方便）的建议。而院方筹建负责人则提出要把粮食学院建在郑州，因为粮院面向全国招生，郑州交通方便，而且学院靠近省直机关，有利于工作。最终粮食学院选址定在了郑州市。①

第三节 文化发展走向衰落

由于省会迁郑，以及省属文化机构的随迁，大批优秀文化艺术人才也离开了开封，这极大地削弱了开封市发展文化事业的力量。在"一五"期间，开封属于非重点建设城市，国家对开封文化事业投入资金较少，开封市文化娱乐设施在"一五"期间处于发展停滞状态。

一 大批优秀文艺人才随省会迁郑州

河南省会由开封迁郑州之前，开封市一直是河南省的文化中心，人才荟萃。1954年河南省会迁往郑州以后，许多卓有成就的作家和艺术家离汴赴郑，开封文化艺术事业发展因此受到很大影响。②

在河南省会迁郑之前，开封市的文化发展出现了一种欣欣向荣的局面。在文艺创作方面，开封市文联与河南省文联联合出版了《翻身文艺丛书》，其中开封市文艺工作者创作的具有代表性的作品有：《抢救爆炸车》（坠子，安澜著）、《王大娘摔神》（曲子，宋景昌著）、《货郎担翻箱》（坠子，云生著）、《小两口赶会》（坠子，安澜著）、《木船大破匪军舰》（坠子，苏鹰著）；与省文联共同编辑出版《反对侵略文艺小丛书》25种，其中包括梆子剧《崇美遗恨》《朝鲜儿女》《反对美军暴行》《友谊难忘》，快板《旧恨新仇》《牛不能卖》《及时转载的猪》《血债》《不再受骗了》，活报剧《日寇与美军》《柯克与狗》，坠子《报仇冤》《孤女泪》《是谁杀害了她》《复仇火焰》《机器就是机器》《孤胆英雄》《浑身是胆》《爱国商人》《血海深仇》《生产热潮在降临》《劝打狼》《美帝侵

---

① 中国人民政治协商会议河南省委员会文史资料研究委员会编印：《河南文史资料》第24辑，1987年，第139—141页。

② 开封市地方志编纂委员会：《开封市志》第四册，燕山出版社1999年版，第225页。

朝败到底》《大观灯》《渔夫恨》《通讯员智擒美兵》《七勇士》《攻占死鹰岭》，鼓词《美帝侵略阴谋》《美帝是个啥东西》，相声《杜鲁门的末路》，莲花落《一起打疯狗》，旱船调《援朝卫国》《活捉杜鲁门》《索还血债》，曲剧《朝鲜姑娘》，歌剧《模范人家》等。这一时期，开封市文艺创作的繁荣状况还表现在剧改方面。在剧改工作中，《白毛女》《王贵与李香香》被改编为梆剧；创新了新剧本《七夕泪》《扫穴犁庭》等；在同旧艺人同编同审的原则下，还改编了旧剧本《白莲花临凡》《织黄绫》《日月图》《洛阳桥》《香囊记》等。此外文协举办诗歌朗诵会；音协配合节日和纪念日举办各种形式的音乐晚会，以及为教唱爱国歌曲与省电台合办"空中音乐学校"；美协配合剿匪反霸、肃反镇反、土地改革、抗美援朝、"三反五反"等运动，利用图画举行各种形式的美展；剧协为救济灾民而募集寒衣、举办义演，以及配合抗美援朝运动而组织剧团、学校文工团等文艺团体举办联合公演。1954年4月，河南省文联正式成立时，开封市文联的大部分工作人员到省文联工作，而开封市文联只留2名同志与开封市文教局合署办公，其业务范围已不对外，开封市文联只作为印发一些文艺宣传资料的机构。[①] 1955年4月随着省会迁郑，河南省文联由开封迁至郑州。可见，由于省会迁郑，大批优秀的文艺创作者随省会迁到郑州市，这大大削弱了开封市发展文化事业的力量。

省会迁郑，也使开封市丧失了豫剧文化中心的地位。河南人生活中缺不了豫剧，河南最好的豫剧团几乎都在开封，即使在省会迁郑初期，豫剧还是以开封为中心的。据河南省文化艺术研究院研究员、河南理工大学教授马紫晨介绍，发源于开封的祥符调被称为豫剧之母。解放初，除了开封市、开封县、开封地区的豫剧团外，开封还有工人剧团、和平剧团，加上外地流动到开封演出的，最鼎盛时达七八个剧团，豫剧的精英人才都在开封。省会迁郑州后，全省集中优势人才成立了河南豫剧院，下设一团、二团（原大众剧团）、三团（原省歌剧团）："这是经过

[①] 开封市地方志编纂委员会：《开封市志》第四册，燕山出版社1999年版，第246页。

全省 23 个文工团、剧团 3 次的整编学习保留下来的精粹，就是豫剧的一艘航空母舰。"据 83 岁的马紫晨回忆说，"在河南豫剧院建立后，全省各地一些出类拔萃的演员都被以行政命令的方式调过来参与建设。王素君、高兴旺是从开封工人豫剧团调来的。"此后，郑州不但成为全省的政治、经济、文化中心，而且成为豫剧文化的中心。而如今，开封就剩下一个开封豫剧团和一个民办剧团，没有了当年的"牛劲"。①

二　文化娱乐设施发展的停滞

随着 1954 年河南省省会由开封迁往郑州市，在"一五"期间开封市又是非重点建设城市，资金投入少，其文化设施发展处于停滞状态。

表 5-17　　开封市 1952 年至 1955 年博物馆广播站实有数②

1952 年	1953 年	1954 年	1955 年
博物馆	博物馆	博物馆	博物馆
河南省博物馆	河南省博物馆	河南省博物馆	河南省博物馆
图书馆	图书馆	图书馆	图书馆
河南省图书馆	河南省图书馆	河南省图书馆	河南省图书馆
文化馆	文化馆	文化馆	文化馆
开封市第一人民文化馆	开封市第一人民文化馆	开封市人民文化馆	开封市人民文化馆
开封市第二人民文化馆	开封市第二人民文化馆	开封市回族自治文化馆	开封市回族自治文化馆
开封市第三人民文化馆	开封市第三人民文化馆	文化站	文化站
开封市第四人民文化馆	开封市第四人民文化馆	开封市郊区文化站	开封市郊区文化站
开封市第五人民文化馆			农村新站 3 个
广播电台（省台）10 喇叭	广播电台（省台）10 喇叭	开封市有线广播站 10 喇叭	开封市有线广播站 10 喇叭

---

① 王秋欣：《郑汴轮回：省会迁郑的开封情结》，《东方今报》2014 年 10 月 14 日第 A06 版。
② 《开封市 1952 年至 1955 年博物馆广播站实有数》，1955 年，开封市档案馆藏，档号：28-186。

由表 5-17 可以看出：开封市的文化设施在数量上几乎没有增长，其中河南省广播电台迁郑，河南省图书馆于 1957 年由开封市迁至郑州市，河南省博物馆 1961 年由开封迁至郑州市。省会迁郑，不仅带走了省属的文化机构，而且开封市由于城市地位的下降，资金投入的减少，因此其文化娱乐设施的建设处于萎缩停滞状态。如表 5-18：

表 5-18　　开封市 1952 年至 1955 年剧场变化情况表①

1952 年		1953 年		1954 年		1955 年	
剧场名称	座位	剧场名称	座位	剧场名称	座位	剧场名称	座位
总计（10 座）	5430	总计（10 座）	5430	总计（10 座）	5908	总计（10 座）	6988
国营（2 座）	1254	国营（2 座）	1254	国营（3 座）	2454	国营（4 座）	4054
工会系统	680	工会系统	680	文化系统	1200	文化系统	4054
工人剧场	680	工人	680	省属	1200	省属	2700
其他系统	574	其他系统	574	开封剧场	1200	开封剧场	1200
和平剧场	574	和平	574	其他系统	1254	解放剧场	1500
私营（8 座）	4176	私营（8 座）	4176	工人剧场	680	市属	1354
程豫	520	程豫	520	和平剧场	574	工人剧场	780
永安	469	永安	469	私营（7 座）	3454	和平剧场	574
新声	600	新声	600	醒豫	520	私营（6 座）	2934
大新	480	大新	480	永安	469	永安	469
大成	400	大成	400	新声	600	新声	600
同乐	407	同乐	407	明光	378	大新	480
民乐	600	民乐	600	同乐	407	新民乐	600
大华	700	大华	700	大新	480	同乐	407
				新民乐	600	明光	378

由表 5-18 可以看出，开封市的剧场数量在 1952—1955 年数量上没有增加，只是座位的数量由 5430 个发展到 6988 个，增长数量极为有限，这说明只是在原有设施的基础上进行有限的增设；至于经营性质的变化，即私营剧场由 1952 年的 8 座，减少到 1955 年的 6 座，

---

① 《开封市 1952 年至 1955 年剧场变化情况表》，1955 年，开封市档案馆藏，档号：28-186。

国营剧场由 1952 年的 2 座增加到 1955 年的 4 座，这在很大程度上是公私合营的结果。

开封市剧场设施发展处于停滞状态，开封市的电影事业设施建设同样处于停滞状态。如表 5 – 19：

表 5 – 19   开封市 1952 年至 1955 年电影事业放映情况表①

1952 年		1953 年		1954 年		1955 年	
剧院名称	座位数	剧院名称	座位数	剧院名称	座位数	剧院名称	座位数
合计 5	5850	合计 5	5850	合计 4	4350	合计 4	4150
文化系统 3	3750	文化系统 3	3750	文化系统 2	2250	文化系统 1	850
大众影院	850	大众影院	850	大众影院	850	大众影院	850
解放影院	1400	解放影院	1400	解放影院	1400	工会系统 2	2100
人民影院	1500	人民影院	1500	工会系统 2	2100	工人影院	850
工会系统 2	2100	工会系统 2	2100	工人影院	850	工人文化宫	1250
工人影院	850	工人影院	850	工人文化宫	1250	其他系统 1	1200
工人文化宫	1250	工人文化宫	1250			中苏友谊宫	1200

说明：开封市人民影院于 1954 年 9 月 1 日交开封市中苏友谊协会，于 1955 年 1 月 1 日改为中苏友谊宫。解放影院于 1954 年 11 月停映，改为剧场。

由表 5 – 19 可以看出：在 1952—1955 年，开封市的电影放映场所不仅没有增加，还有所减少，即从 1952 年的 5 个减少到 1955 年的 4 个，座位数也出现减少现象。减少是从 1954 年开始的，1954 年河南省会迁郑州，使开封市减少大批人口，消费群体减少。影院数量与座位数减少显然与此有关。

三 文艺表演团体的缩减

随着 1952 年开封丧失省会城市地位，以及 1954 年河南省省会由开封迁郑州，消费群体的减少，使开封市的文艺表演团体也呈现缩减的趋势。如表 5 – 20：

---

① 《开封市 1952 年至 1955 年电影事业放映情况》，1955 年，开封市档案馆藏，档号：28 – 186。

表 5－20　　　　1952 年至 1955 年剧团杂技团变化情况表①

1952 年		1953 年		1954 年		1955 年	
剧团名称	全部人员	剧团名称	全部人员	剧团名称	全部人员	剧团名称	全部人员
民间职业剧团杂技团	762	民间职业剧团杂技团	767	民间职业剧团杂技团	566	民间职业剧团杂技团	439
剧团 10	613	剧团 8	623	剧团 5	401	剧团 3	281
工人剧团	94	工人剧团	102	实验剧团	104	实验剧团	85
和平剧团	113	和平剧团	110	和平剧团	107	和平剧团	77
民乐剧社	76	民乐剧社	110	民众曲剧社	75	开封市曲剧团	119
民众曲剧社	57	民众曲剧社	70	京剧艺联社	45	杂技团 3	158
人民曲剧社	48	人民曲剧社	70	人民曲剧社	70	专广马戏团	47
人民桥剧社	70	人民桥剧社	70	杂技团 4	165	新华马戏团	37
曲艺剧团	45	曲艺剧团	50	专广马戏团	35	专胜杂技团	74
京剧艺联社	41	京剧艺联社	41	新民马戏团	45		
京剧文承社	35	杂技团 3	144	新华马戏团	20		
大成剧团	34	专广马戏团	45	专胜杂技团	65		
杂技团 3	149	新民马戏团	45				
专广马戏团	50	新华马戏团	54				
新民马戏团	45						
新华马戏团	54						
民间业余剧团共 53 个		民间业余剧团共 53 个		民间业余剧团共计 29 个		民间业余剧团共计 28 个	

说明：1. 本表所列数字均系各年年终数字。2. 剧团变化情况：京剧文承社、大成剧团于 1953 年解散。工人剧团 1953 年改为民营公助，1954 年改为实验剧团。1954 年曲艺剧团划归汤阴领导，民乐剧社划归濮阳领导，人民桥剧社划归邯郸领导，民众曲剧社、京剧艺联社、人民曲剧社于 1955 年合并为开封市曲剧社。

从表 5－20 可以看出：开封市的剧团从 1952 年的 10 个减少到 1955 年的 3 个，整体呈逐年减少的趋势；杂技团则基本保持稳定；民间业余剧团由 1952 年的 53 个缩减到 1955 年的 28 个。总体上开封市的文艺表演团体呈现缩减状态。而按照表中说明 1953 年有 2 个剧团解散，1954

---

① 《1952 年至 1955 年剧团杂技团变化情况表》，1955 年，开封市档案馆藏，档号：28－186。

年有3个剧团被划归外地,1955年则有3个剧社合并,可见剧团的变化主要发生在1954年省会迁郑前后;民间业余剧团从1954年开始急剧减少。这除了政府本身的文艺发展思路等因素外,与1954年河南省会由开封迁往郑州市,开封市人口的减少以及消费群体的相应减少,从而导致艺术人才的流失,是有着很大关系的。

四 开封市文化发展衰落原因分析

自1954年河南省省会由开封迁郑州后,开封市很快失去了河南省文化中心的地位,文化事业发展转向衰落。其原因有:

其一,文化的传承与发展,最终要依靠大量优秀而富有创造性的文艺人才。1954年河南省省会由开封迁郑州,大批的优秀文艺人才随省会迁郑。大量文化艺术人才的流失,使开封市的文化发展难以为继,也使开封市迅速失掉了河南省传统文化中心的地位。

其二,河南省省会迁郑,也使河南省直属的文化机构和团体随省会迁郑州。省属文化机构和团体的迁离,使开封发展文化的力量受到极大削弱。

其三,省会地位的失去,使开封市城市地位下降,"一五"期间又非重点建设城市,加之省会迁郑对开封经济的负面影响,开封市拿不出更多资金用于文化娱乐设施建设,致使文化娱乐设施建设处于停滞状态。

其四,省会地位的失去,城市地位的下降,经济发展的长期不景气,也使开封市在吸引优秀人才以发展文化事业方面更加乏力,从而缺乏文化发展的动力源。

第四节 卫生事业发展缓慢

省会迁郑州,一些省属医院也随省会迁郑。同时由于开封市失去了省会地位,在"一五"期间属于非重点建设城市,因而其医疗卫生事业经费投入较少,卫生事业发展缓慢。

一 发展滞缓的卫生事业

由于开封市省会地位的失去，医疗卫生事业投入经费较少，医疗卫生机构整体发展较为滞后。如表5-21：

表5-21　20世纪50年代开封卫生医疗机构基本情况①

医疗机构名称	医疗机构简介	医疗机构规模
第一卫生所	1948年12月成立。	6人组成
第二卫生所	1949年2月成立。	1954年编制5人
第三卫生所	1949年2月成立。	不详
第四卫生所	1948年12月成立。	7人组成
市直机关门诊部	1949年冬以第三卫生所改组成立。	共16人组成，设内、外、五官、妇产、化验等科。
河南省人民医院	1949年11月将基督教内地南关福音医院改建为"开封市人民医院"。1950年2月，河南省卫生厅将该院改组为河南省人民医院，1955年2月迁郑。	
开封市卫生防疫站	1950年7月创办"开封卫生实验区"，1952年6月改组为"开封市卫生防疫站"。	编制60人
开封市第一人民医院	1950年冬，以公教医院原院址房舍及医疗器械为基础，市政府加入资金扩大成立。	1955年，病床150张，职工200人。
开封市红十字会巡回医疗防疫队	1951年4月成立，1953年以后撤销。	6人组成
开封市第一联合医院	1951年4月由9个私人开业诊所合并组成。	18人组成
开封市工人医院	1951年10月以私营更生、慈惠医院及市总工会工人诊所3个单位合并成立，1954年6月成立市工人医院。	有职工33人，病床20张。
开封市第二联合医院	1951年12月由3个私人诊所合并组成。	16人组成

① 开封市卫生局：《开封市卫生志》，河南人民出版社1990年版，第20—24页。

续表

医疗机构名称	医疗机构简介	医疗机构规模
开封市干部休养所	1952年8月成立。	编制15人,床位30张。
公费医疗第一门诊部	1952年10月将第一联合医院改组成立。	18人组成
公费医疗第二门诊部	1952年将市直门市部改组成立。	不详
公费医疗第三门诊部	1952年10月将第二联合医院改组成立。	16人组成
公费医疗第四门诊部	1952年10月将六联医院改组成立。	5人组成
开封市中医联合医院	1952年10月成立,后被河南省中医院接收。	不详
开封市妇幼保健所	1953年4月将开封市人民医院妇产科改组成立。	编制40人,床位30张。
开封市红十字会门诊部	1953年5月成立"红会门诊部"。	9人组成
开封市工人疗养所	1953年成立。	床位40张
开封市卫协医院	1953年6月成立。	10人组成
郊区卫生所	1953年7月成立。	6人组成
开封市职工医院	1953年8月将公费医疗第三门诊部与社员医院合并成立。	有职工67人,病床60张。
开封市妇幼保健站	1953年9月成立。	有6人组成,床位5张。
开封市顺河回族自治区接生站	1953年成立。	8人组成
开封市郊区妇幼保健站	1953年成立,1959年撤销。	不详
开封市公费医疗门诊部	1954年4月以原公费医疗第二门诊部为基础成立。	设有内、外、五官、中医、化验、药房等科室,编制50人。
开封市儿童保健所	1954年8月成立。	编制16人
开封市干部疗养所	1954年7月将市干部休养所改组成立。	编制15人,床位30张。
开封市卫生工作者协会中医门诊部	1955年7月接收中医七联诊所改组成立。	5人组成
开封市第二人民医院	1954年6月开封市工人医院与开封市第二人民医院合并组成。	编制135人,病床100张。
开封市工人疗养院	1953年成立。	设床位40张
开封鼓楼医院	1956年5月将6个联合诊所改组成立。	病床39张,职工170人,设有内、外、中医、痔瘘等科。

续表

医疗机构名称	医疗机构简介	医疗机构规模
开封市回族医院	1956年5月将联合诊所及个体开业者合并成立。	设病床15张,设内、外、眼等科。
开封龙亭医院	1956年由6个联合诊所和4个私人开业诊所合并组成。	共96人
开封南关医院	1956年将几个私人诊所合并成立。	不详

资料来源：本表依据开封市卫生局《开封市卫生志》，河南人民出版社1990年版，第20—26页提供资料绘制而成。

从表5-21可以看出，自1952年起，开封市就几乎没有大的医疗机构建立，一些新的医疗机构的产生，也只是建立在原有小机构或私人诊所的重组之上；加之开封市规模较大的河南省人民医院于1955年2月迁郑，开封市卫生事业机构的建设在整个"一五"期间基本上没有大的发展。这显然是与开封城市地位下降，资金投入较少是有很大关系的。

二 缩减的卫生事业经费

开封市卫生事业发展的滞后，是与其资金投入较少密切相关的。如表5-22：

表5-22 开封市1950—1957年卫生事业费预算执行情况统计表[①]

单位：万元

年份	人数	床位数	拨款数	其中防治防疫事业费
1950年			1.72	1.02
1951年			8.89	1.23
1952年	225	164	12.87	2.96
1953年	429	243	62.36	11.32
1954年	505	202	39.3	3.12
1955年	511	231	36.46	3.12
1956年				
1957年	647	261	50.96	6.72

---

① 开封市地方志编纂委员会：《开封市志》第四册，燕山出版社1999年版，第369页。

从表 5-22 可以看出：在 1950—1953 年，即河南省会迁往郑州之前，从开封市卫生事业方面的人数、床位数、拨款数等 3 项指标看，它们都是在逐年上升的，从 1954 年开始，拨款数在下降，直到 1957 年仍然没有恢复到 1953 年的水平。这说明了随着省会的迁郑，开封城市地位下降，卫生事业的投入也在减少。

三　开封市卫生事业发展滞缓原因分析

开封自 1952 年后，几乎没有大的医疗机构的建立，整个卫生事业的发展是滞缓的，总结其原因，主要有：

（一）自 1952 年开封市失去省会城市地位后，在"一五"期间又没有被列为重点建设城市，政府用于卫生事业的经费极其有限，因此，在整个"一五"期间，开封市新的医疗机构的建立也是建立在原有医疗机构或私人医疗机构联合重组的基础之上的，"一五"期间，开封市几乎没有新的大型现代化医疗机构建立。这是开封市医疗卫生事业发展滞缓的主要原因。

（二）1954 年河南省会迁郑，一些省属的医疗机构也随之迁往郑州，如河南省人民医院于 1955 年 2 月迁郑。1958 年河南省医学院及其附属医院迁郑州，这也极大地削弱了开封市发展医疗卫生事业的力量。

（三）开封失去省会城市地位后，加之经济发展的不景气，在吸引优秀医疗卫生事业人才方面也面临更多困难。

第五节　人口增长缓慢、结构趋向不合理

省会迁郑，迁走了开封市大量人口。"一五"期间，开封市属于非重点建设城市，几乎没有大的建设项目，新增外来人口极少，人口增长主要依靠自然增殖，与郑州相比，人口增长缓慢。由于省会迁郑，大批精英人才随省会迁离开封；在"一五"期间，开封经济、文化、教育、卫生事业发展缓慢，失业人口安置较为困难，新增外来高素质人口较

少，人口结构趋向不合理。

一 开封市人口增减变化

开封市随省会迁走了大量人口，"一五"期间又无大的建设项目，外来迁入人口较少，人口增长较为缓慢。如表5-23：

表5-23　　　　　1949—1957年郑州市与开封市人口对比　　　　　单位：人

年份	郑州		开封	
	总人口	自然增长人数	总人口	自然增长人数
1949	190784	3034	292300	3771
1950	207858	3402	319000	5284
1951	204724	4706	322000	7443
1952	209019	4887	315000	7844
1953	514065	3160	318000	9400
1954	557753	16375	318000	10878
1955	611445	14166	320000	9066
1956	707905	14089	317000	8479
1957	766429	26144	332000	10126

资料来源：本表依据开封市统计局《古都开封五十年（1949—1998）》，河南省济源市河合资料印刷厂1999年版，第45页《人口情况》，第51页《人口自然增长情况》；郑州市地方史志编纂委员会《郑州市志》第1分册，中州古籍出版社1999年版，第351页《郑州市人口自然变动情况（1949—1990年）》等表格绘制而成。

由表5-23可知：郑州市1949年总人口为190784人，1957年人口为766429人，在9年时间里人口增长了4倍；开封市1949年人口为292300人，1957年人口为332000人，在9年里人口增长1.1倍。1949年开封市的人口数为郑州市的1.5倍，而到了1957年，郑州市人口为开封市的2.3倍。郑州市的人口在1952年是少于开封市的，而随着郑州市被确定为省会，到1953年，郑州市的人口已经达到514065人，而开封市同期人口有318000人，郑州市人口为开封市的1.6倍。这说明随着郑州市被确定为河南省会，郑州市开始了大规模的工业建设，大量外来人口的增加造成郑州市人口的剧增；而后，随着1954年河南省省会迁郑以及郑州市继续开展大规模基本建设，郑州市的人口继续迅速增长；而开封市由于失去了省会地位，没有大的建设项目，很少有外来人口，人口增长基本上是靠本市人口自然增长来维持，增长是较为缓慢的。

二　开封市人口结构变化

开封市原来是一个工业少、商业服务业多的消费城市，解放后，在经济文化上维持发展，但由于省府迁郑和省内其他城市建设事业的迅速发展，相对而言它是发展比较缓慢的。解放前（1948年6月）开封市共有328412人，解放后（1948年11月）有268025人（仅指市区人口，以下同），为解放前的81.61%；1952年末共有264502人，为解放前的80.54%，为解放后的98.69%；1956年末有264353人，为解放前的80.49%，为解放后的98.63%，为1952年的99.94%。1953年开封市共有269098人（普选调查数，为最高到达数），1954年省府迁郑，全市人口随之减少，以1953年为100，则1954年为98.98%，1955年为98.96%，1956年为98.24%，郊区农业人口变化不大，人口的变化以城区为主。除总的减少趋势外，在城区人口的分类构成变化中也出现一些问题。① 如下：

表 5-24　　　　　开封市历年来各类人口所占比重②

	1952年		1953年		1954年		1955年		1956年	
	人数	比重	人数	比重	人数	比重	人数	比重	人数	比重
合计	237287	100	241298	100	238101	100	237085	100	233228	100
基本人口	31277	13.18	34553	14.32	27559	11.57	28660	12.09	30383	13.03
服务人口	48572	20.47	47835	19.82	47024	19.75	40652	17.15	37168	15.94
被抚养人口	140522	59.22	143123	59.31	148719	62.46	153564	64.77	152857	65.54
其他人口	16916	7.13	15787	6.54	14799	6.22	14209	5.99	12820	5.50

定基比：均以1952年为100。

---

① 《对我市人口情况分析》，1958年，开封市档案馆藏，档号：28-282。
② 同上。

表 5-25　　　　　开封市历年来各类人口的增减变化①

环比：均以上年为 100

	1953 年		1954 年		1955 年		1956 年	
	定基比	环比	定基比	环比	定基比	环比	定基比	环比
合计	101.69	101.69	100.34	98.68	99.91	99.57	98.29	98.37
基本人口	110.47	110.47	88.11	79.76	91.63	104.00	97.14	106.01
服务人口	98.48	98.48	96.81	98.30	83.69	86.45	76.52	91.43
被抚养人口	101.85	101.85	105.83	103.91	109.28	103.26	108.78	99.54

表 5-26　　　　开封市平均每个基本人口与服务、抚养人口的比例②

年份	1952	1953	1954	1955	1956
服务人口	1.55	1.38	1.71	1.42	1.22
服务抚养人口	4.49	4.14	5.40	5.36	5.03

上述表格说明各类人口的变化，反映了开封市总人口的变化趋势，基本人口③由于省会迁郑，比重由 1953 年的 14.32% 降为 1954 年的 11.57%，1955 年、1956 年随着生产及文化建设的发展，在稳步回升，但仍没赶上 1953 年的水平。服务人口④的比重逐年下降，基本上又以 1955 年、1956 年下降较突出，主要是由于社会主义改造的发展，个体手工业以及私营商业（其中主要是摊贩）、饮食业被淘汰而造成的减少。被抚养人口⑤的变化情况不同于以上两类情况，比重逐年增加，他

---

① 《对我市人口情况分析》，1958 年，开封市档案馆藏，档号：28-282。
② 同上。
③ 依据《对我市人口情况分析》，基本人口主要是指：现代工业职工（包括国营、地方国营、合营以及各种私营大型工业职工）、建筑业城市工人（指建筑业固定工人）、对外交通运输业工人（包括铁路、公路、装卸工人）、非市属行政党群团体、非市属经济机构工作人员、高等学校师生员工、非市属中等专业学校师生员工、科学文化艺术团体工作人员、非地方性医疗卫生机构人员等。
④ 依据《对我市人口情况分析》，服务人口主要是指：私营小型工业及合作社（组）职工、个体手工业职工、建筑业工人（非固定工人）、市级以下行政党群团体机关人员、市内交通运输职工（包括搬运货物职工、垃圾车工人、推水、推土工人等）、市级经济贸易机构工作人员、教育机构工作人员（小学、中学、幼儿园教职员工）、文化娱乐机构工作人员（公私影剧院、剧团、马戏团）、市级医疗卫生机构工作人员、安全消防人员等。
⑤ 依据《对我市人口情况分析》，被抚养人口主要是指：按规定包括 18 岁以上及 60 岁以下的人口，即指残疾人、失去劳动能力的人以及家务劳动者。

们所占的比重由 1952 年的 59.22% 增加到 1956 年的 65.54%，这显然不够正常，其原因主要是解放后随着人民生活水平的提高，不少职工把家属接进城里。其他人口的减少说明了开封市对失业等人员安置的效果，但这类人口所占的比重还是不小的。郑州市其他人口仅占城市人口的 0.64%，开封市尚占 5.49%，这说明开封市较郑州市经济发展较为滞缓。

为了进一步了解开封市的人口构成情况，我们着重分析 1956 年的情况。1956 年开封市人口构成的实际比重，较中央规定和开封市规划及郑州市、新乡市的实际情况都有很大距离。基本人口少，是开封市的突出问题，从所占的比重看，实际还不及规划指标的一半。尤其基本人口中，工业职工仅占 28.5%，手工业人员占 17.1%，高等及中等专业学校师生占 29%，其他各项占 25.4%，这充分说明开封市基本人口少，生产性的基本人口更少。1956 年开封市共有 233228 人，其中基本人口为 30383 人，占 13.03%，服务人口为 37168 人，占 15.94%，被抚养人口为 152857 人，占 65.54%。参照开封市规划标准确定各类人口的比重是：基本人口占 28%，服务人口占 16%，被抚养人口占 16%。平均每个基本人口应有 0.57 个服务人口，将近 2 个被抚养人口，这是比较合理的。但实际则是 1956 年开封市平均每个基本人口有 1.22 个服务人口，5.03 个被抚养人口，这说明开封市 1956 年城区人口实际比重和本市规划以及郑州市、新乡市的实际比重有较大差距，尤其说明开封市的基本人口少是更突出的现象。①

开封市服务人口所占的比例为 15.94% 虽然接近规划指标，但与开封市实际基本人口放在一起看，却大大超过了规划中两者的比率。服务人口虽然接近规划指标，但它是基本人口的 122.33%，超过规划比率 57.14% 很多。由于被抚养人口所占比重大，且一直在增加，因此，每个服务人口所负担的人数仍是逐年增加，具体情况为：1952 年为 3.54

---

① 《对我市人口情况分析》，1958 年，开封市档案馆藏，档号：28-282。

人，1953年为3.71人，1954年为3.75人，1955年为4.48人，1956年为4.93人，这是因为开封市服务人口除了服务于基本人口外，还要为更多人口，尤其是被抚养人口服务，如果按照规划每个服务人口应负担5.25人来计算，开封市（1956年末）应有服务人口34903人，实际有37168人，比规划还多2265人，如果将类似服务人口的壮工、小工、临时工、摊贩、洗衣服工、纳鞋底工、嬷奶姆等计算在内势必更多。实有的37168人中主要包括：经济机构（商业、服务等业）人员15813人，占42.54%，手工业人员6747人占18.15%，市内交通运输人员6481人，占17.44%，中小学幼儿园教职员工2800人，占7.53%，市级行政党群职工2507人，占6.75%，这类人口几年来没有大的增减变化。以1956年被抚养人口所占比例69.35%，较郑州市、新乡市也高出不少。这类人口若按照规划比例计算，1956年开封市应有123428人，但实际有152857人，超出23.84%，即29429人。这种情况的形成主要是由于开封市一向是省会所在地，城市工业基础薄弱，建国后的几年间又没有大的发展，因此城市的消费性尚未获得较大的扭转，原有的旧摊子依然保存下来，当然农村人口的流入以及人口的增殖也是一个不小的因素。被抚养人口过多不仅直接加重职工生活负担，也使商业、卫生、文教等服务人员相应增加，促使市场物资供应紧张，也影响了工农业生产和城乡关系。①

因此，开封市人口方面的情况是：基本人口太少，服务人口尤其是被抚养人口过多，开封市虽然调动了一部分力量支援外地，但这对解决问题帮助不大，服务人口量多，城市搬运、建筑工人剩余，失业半失业情况仍较突出，总之，劳动力的安置问题仍存在一定的困难。② 这说明了开封市由于省会迁走之后，流失了一部分基本人口。且由于开封市在"一五"期间属于非重点建设城市，基本没有大的建设项目，新建工厂极少，新增职工有限，造成基本人口过少，服务人口过多；而且由于新

---

① 《对我市人口情况分析》，1958年，开封市档案馆藏，档号：28-282。
② 同上。

增岗位有限，原有的失业半失业人员也难以安置，从而造成人口结构的不合理。而郑州市由于在"一五"期间新建工厂较多，新增职工较多，基本人口一直处于增长状态。如表5-27、表5-28：

表5-27　　　　　　　郑州市基本人口发展情况

年份	1953年	1954年	1955年	1956年	1957年
基本人口（人）	56219	79635	80761	110624	112341

资料来源：此表依据《郑州市国民经济统计资料汇编1948—1955年》，1957年，郑州市档案馆藏，档号：179-01；《郑州市计划委员会关于本市基本人口职工带眷人口调查情况与1957、1958年度市区人口发展估计的报告》，1958年，郑州市档案馆藏，档号：39-45所提供的数据绘制而成。

表5-28　　　郑州市历年来基本人口的增减变化　　　以上年为100%

年份	1953年	1954年	1955年	1956年	1957年
定基比（%）		141.65	101.41	136.98	101.55

资料来源：此表依据表5-27数据计算得出。

与郑州市相比，开封市自1953年以后，其基本人口定基比一直处于下降趋势，1955年开始低于100%，这说明开封市基本人口处于下降趋势；而郑州市基本人口定基比则高于100%，基本人口一直处于增长状态。郑州市是建设发展的城市，基本人口一般是逐年上升的。若从系统情况看：郑州市的基本人口发展是不平衡的。有的系统是逐年增加的，如工业、交通运输、大专学校与中等专业技术学校、卫生系统；有的基本维持现状，如建筑、非市属国家行政机关、非市属科学研究、文化艺术系统；省级经济机关，工业等4个系统人口之所以增加，是由于郑州市新建工厂的陆续投入生产、铁路复线的修筑、大专学校的建成。① 因此，郑州市的基本人口总体一直是增加的，这是因为郑州市是建设中的城市，新增单位较多，从而新增职工也较多，而开封市则截然相反。因此，郑州市的人口结构则要远远优于开封市的人口结构。如表5-29：

---

① 《对我市人口情况分析》，1958年，开封市档案馆藏，档号：28-282。

表 5-29　开封市与郑州市主要人口结构对比　　　　单位：人

城市	人口类别	1953 年	1954 年	1955 年	1956 年
郑州	其中现代工业职工	12980	18211	19447	32016
开封	其中现代工业职工	6541	6180	6721	8644
郑州	对外交通运输职工	10000	10798	11533	15636
开封	对外交通运输职工	387	544	489	973
郑州	大中等专业学校师生员工	2960	4963	5294	16946
开封	大中等专业学校师生员工	7314	8030	7496	8819
郑州	医疗卫生保健机构工作人员	1039	1363	1424	1559
开封	医疗卫生保健机构工作人员	742	828	765	734
郑州	建筑业职工	17790	20202	18724	21309
开封	建筑业职工	158	185	178	1109
郑州	科学文化娱乐业职工	223	1109	1642	2123
开封	科学文化娱乐业职工	964	732	551	686

　　资料来源：此表依据《开封市历年来人口分类资料》，1957年，开封市档案馆馆藏，档号：28-282；《郑州市统计局城市人口调查表》，1957年，郑州市档案局馆藏，档号：39-01 所提供的数据绘制而成。

　　从表5-29可以看出：在现代企业职工方面，1953年时郑州市为12980人、开封为6541人，郑州市为开封市的近2倍；1956年时郑州市为32016人、开封市为8644人，郑州市为开封市的3.7倍。郑州市的现代企业职工数一直处于增长状态，而开封市则增长极为缓慢。在对外交通运输职工的人数方面，1953年时郑州市为10000人、开封市为387人，郑州市为开封市的25.8倍；1956年时郑州市为15636人、开封市为973人，郑州市为开封市的16倍，但郑州市增长的绝对值还是要远远高于开封市。在大中等专业学校师生员工方面，1953年时开封市为7314人、郑州市为2960人，开封市为郑州市的2.47倍；1956年时开封市为8819人、郑州市为16946人，郑州市为开封市的1.9倍。这说明随着省会迁郑，郑州市的中高等教育发展迅速，河南省的教育中心已经从开封市转移到郑州市。在医疗卫生保健机构工作人员方面，两市发展相对均衡，但郑州市一直处于增长状态，而开封市自从1954年省会迁走后，人员数量呈现下降趋势。在建筑业职工方面，1953年时郑州市为17790人、开封市为158人，郑州市为开封市的113倍；1956

年时郑州市为21309人、开封市为1109人，郑州市为开封市的19倍。但是郑州市的相对人数一直远远高于开封市，这说明郑州市的建筑任务比较繁重。在科学文化娱乐业职工方面，1953年时郑州市为223人、开封市为964人，开封市为郑州市的4.3倍，而到了1956年，郑州市为2123人，开封市为686人，郑州市为开封市的3.1倍。这说明随着省会迁郑，河南省的文化中心也发生了转移。自1954年开始，郑州市的科学文化娱乐业职工一直处于增加趋势，而开封市则处于减少趋势。综上所述，随着省会迁郑以及"一五"计划的进行，开封市流失了大量的基本人口，而新增基本人口较少，人口结构趋向不合理；而郑州市则由于大量工厂、教育、科研等单位的建设，新增高素质职工较多，人口结构趋向优化。

从职工带眷的情况看，郑州市的人口结构也要优于开封市。从8个系统（即调查基本人口的8个系统）调查结果看：1956年底职工总数是110624人，带眷职工37612人，眷属117223人；1957年底职工总数112341人，带眷职工39714人，眷属127758人。带眷职工占总人数的比率变化是：1956年占34%，1957年占35%；带眷职工人数与眷属的比例变化是：1956年底为1∶3.12人；1957年底为1∶3.22人。① 从上述情况我们可以看出：职工的眷属是随着职工人数的增加而逐年增加的，而带眷职工的比例又是逐年增加的；同时也说明，郑州市作为新兴发展中的城市，就业要比开封充分，同时新招职工中青年职工较多，故负担相对较小，因此，郑州市的人口结构要优于开封市。郑州市统计处调查的1956年6月底全市人口的构成比例也可以说明这一点，基本人口（不包括驻军）占28.4%，服务人口占14.3%，家务劳动者及被抚养人口占57.3%。当时1957年底郑州市有475000人，按照国家规定：25万以上但不满50万人的城市，基本人口应占总人口的27%到30%，服务人口应占15%到17%，家务劳动者及被抚养人口应占55—57%，

---

① 《郑州市计划委员会关于本市基本人口职工带眷人口调查情况与1957、1958年度市区人口发展估计的报告》，1958年，郑州市档案馆藏，档号：39-45。

而当时的郑州市正属于这个类型。① 可见，由于郑州市经济的快速发展，其人口结构要远优于开封市。

三 开封市人口增长缓慢、结构趋向不合理原因分析

与郑州市相比，开封市的人口增长基本上是依靠自然增长，增长速度极为缓慢；同时，自省会迁走后，开封市的人口结构则是基本人口较少，被抚养人口较多，人口结构趋向不合理。这种状况一直到"一五"计划结束也没有得到改变。这主要是因为：

（一）随省会迁郑迁走了大批机关企事业单位，也迁走了大量人口，这使开封的人口有所减少。同时在迁走的这批人口中，有很多是属于人口素质较高的基本人口，这也改变了开封的人口结构，使之逐渐趋向不合理。

（二）整个"一五"计划期间，开封是非重点建设城市，发展缺乏中央以及河南省政府的投资，只能主要依靠自身资金积累；这造成了开封市新增企业极少，几乎没有大的现代化的企业兴建，因此新增现代企业职工也极少。同时，由于资金的缺乏，开封文化、卫生、教育等机构也发展滞缓，这些机构新增人员也极为有限。这些因素导致开封对失业以及新增劳动人口安置困难，而被抚养人口却大大增加，更无法吸收外来人口来开封就业。这是造成开封市人口增长缓慢、结构趋向不合理的主要原因。而相反，郑州市成为省会后，随着大批企事业单位的兴建，新增单位较多，新增职工也较多。人口增长迅速，人口结构趋向优化，与开封市形成了鲜明的对比。

小 结

省会迁走，使开封市失去了省会的区域政治中心功能，失去了作为

---

① 《郑州市计划委员会关于本市基本人口职工带眷人口调查情况与1957、1958年度市区人口发展估计的报告》，1958年，郑州市档案馆藏，档号：39-45。

省会城市聚集资源的能力,"一五"期间其各项事业在河南省发展相对较为滞缓。表现为:经济发展滞缓,教育事业萎缩,文化事业发展走向衰落,卫生事业发展缓慢,人口增长缓慢、结构趋向不合理。开封市出现发展滞缓的原因主要是:(一)失去了省会地位,在"一五"期间没有被列为重点建设城市。因此,在发展上缺乏中央以及河南省地方政府的投资,不得不主要依靠自身资金积累进行建设投资。(二)省会迁郑迁走了大批机关企事业单位以及大量人口,极大地削弱了开封市发展经济、文化、教育、卫生事业的力量。(三)按照当时河南省政府的要求,开封市作为非重点建设城市必须抽调力量支援重点建设城市,这进一步削弱了开封市发展自身的力量。(四)随着城市地位的降低,开封市在吸引优秀人才与资源方面也更加乏力。

第六章 省会变迁对河南省城市经济文化教育发展的影响

河南省会变迁对河南省经济文化教育的发展产生了深远的影响。在经济方面，它改变了河南省城市发展的布局，形成了今天中原城市群的历史基础。同时省会变迁也是造成开封发展滞后的重要原因之一。在文化方面，省会变迁造成了河南省传统文化中心传承的断裂，而以郑州为中心形成了新的中原文化。在教育方面，省会变迁是造成河南省现今高等教育名校缺失、发展滞后的原因之一。

第一节 省会变迁对河南省城市经济发展的影响

1954年省会由开封迁郑州，对河南省的经济发展产生了长远的影响。河南省政府当前提出的中原城市群和郑汴一体化发展战略可以说就是在省会变迁后的历史基础上形成的。省会迁郑，使河南省省会处于河南省北部适中的位置，由于省会变迁实现了省政府便于领导和省会经济辐射带动周边城市的目的，使省会郑州市周围的一些老工业城市如洛阳、新乡等城市得到进一步发展；许昌、漯河等中小城市迅速成长；焦作、鹤壁、平顶山、三门峡等新兴省辖市迅速崛起，从而形成了以郑州为中心的中原城市群的基础；开封则由于省会迁走，"一五"期间又没有被列为重点建设城市，元气大伤，发展缓慢。

第六章　省会变迁对河南省城市经济文化教育发展的影响 / 351

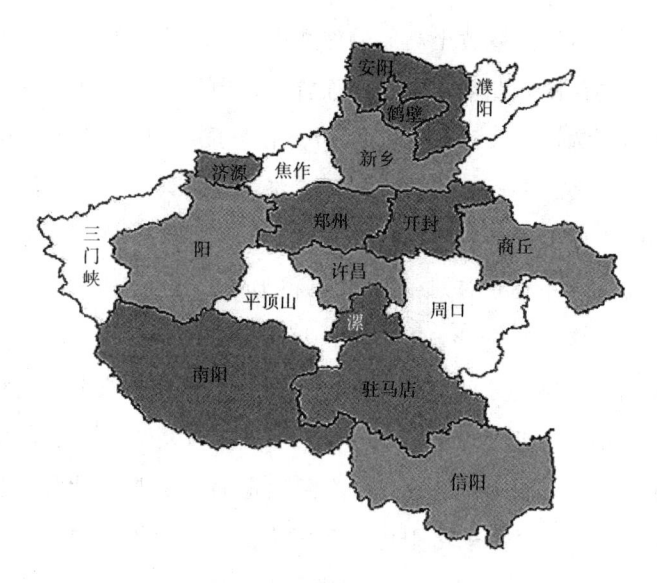

图 6-1　河南省政区图

（资料来源：《河南省地图》，星球出版社 2015 年版，绘制）

一　以郑州市为中心的老工业城市的发展

河南省会由开封迁郑州，郑州市由于适中的地理位置和便利的交通条件，因而便于领导、协调和支援以郑州市为中心的河南老工业城市的发展。因此，与郑州相邻的洛阳市与新乡市均发展较快。

（一）洛阳市

洛阳市位于郑州市西部，距离郑州市约 140 公里。洛阳市曾是我国的九朝古都，在历史上曾经是我国政治、经济、文化的中心。西周初年，周公（旦）始建"洛邑"，东周后称王城。到公元前 770 年周平王东迁，洛阳成为我国首都；之后，东汉、曹魏、西晋、元魏、隋、唐及五代后梁、后唐都曾建都于此，历时千年之久，故洛阳有"九朝古都"之称。唐朝之后洛阳日渐衰落，金、元时代，洛阳更不景气。解放前，由于战争，洛阳城市破坏严重。解放后，先是洛阳专区代管市，此时的洛阳还是一个集散消费城市，全市仅有 9 万余人，其中农业人口占 1/4 以上。1953 年经中央批准，洛阳改为河南省直辖市。

洛阳位于黄河流域黄土高原的豫西山区，地势险峻，东有虎牢、西有函谷、南临伊阙、北依邙山，四面皆山，中为平原。并有洛沙河、伊河横列于南，瀍河、涧河环绕于东西，北距黄河50余华里，是军事之要地。交通方便，四通八达，有洛界、洛孟、洛栾、洛横、洛长、伊洛诸公路，还有陇海铁路横贯东西。市形为一狭带长形，西北高、东南低，气候温和，土质肥沃，全市总面积为455平方公里。1957年洛阳全市共分5个区，21个乡，1个镇，共有居民87075户、454892人。

解放初，洛阳的工业基础很差，除了一个500瓦的小电厂和龙门煤矿外，其余都是一些小型工业和个体手工业。1952年仅有较大工厂12个，职工2820人。1953年中央将洛阳确定为重工业建设城市后，工业有了飞跃的发展。"由于洛阳位于我国腹部和陇海铁路中段，黄河、洛水、邙山和伏牛山环抱四周，适宜建设工业城市，并盛产质量良好的棉花、砖、瓦、砂石、石灰等建筑材料当地也不缺乏，农产品和副食品当地也很丰富，因此，国家决定在这里建设机械制造、电力和纺织等工业"。① "一五"期间，国家决定将苏联首批援建的73个厂矿中的4个大型厂即拖拉机厂、轴承厂、矿山机械厂和热电厂放在洛阳，使洛阳成为全国8个重点建设城市之一；随后，又有铜加工厂、高速柴油机厂2个苏联援建的重点工程先后在洛阳确定厂址；再加上为洛阳工业建设服务而兴建的玻璃厂、耐火材料厂、水泥厂、棉纺织厂，在洛阳合称"国营十大厂"。除此之外，还有一大批为城市建设服务和配套的中小型工厂陆续开工建设，如水泥制管厂、食品加工厂、机械修配厂、木工家具厂、关林钢铁厂等。这些重点工程以及数量众多的中小型厂矿在同一时间先后兴建，使洛阳成为"一五"时期河南工业基本建设重点中的重点。② 在保证重点建设的前提下，洛阳市同时对私人资本主义工商业和个体手工业进行了社会主义改造。截至1958年，洛阳已投入生产的厂

---

① 《国家决定在我省洛阳市建设机械制造、电力和纺织工业》，《河南日报》1955年2月4日第1版。

② 中共河南省委党史研究室：《河南省"一五"计划和国家重点建设工程》，河南人民出版社1999年版，第10—11页。

矿共有127个，为1952年的10倍；职工有39292人，为1952年的14倍；主要工业部门有机械工业32个，煤炭工业1个，钢铁工业6个，电力工业1个，另有手工业社（组）28个。同时洛阳具有丰富的地下矿藏，据初步勘查发现的有煤2461万多吨，按龙门煤矿扩建后开采能力年56万吨计算，这些煤仍可开采44年；有制造水泥的石灰岩200多万吨，亦可供开采40余年。因此，洛阳市发展工业的潜力很大。

洛阳的教育、文化、卫生事业也发展很快。到"一五"末期，洛阳全市已有中等专业学校5所，除省林校1所设滦河区外，其余均设在涧西重工业区。洛阳有地质勘探学校1所，拖拉机制造学校1所，技工学校2所，共有学生3800人；普通中学41所，其中民办20所，在校学生共13926人，全市20岁以前应入中学的青年入学率达到98%。小学共120所，在校学生61252人。其中：7—12岁的在校学龄儿童，占全市学龄儿童总数的95.5%。另外还有医学院、工学院高等学校4所正在筹建中。在文化方面，全市有剧院5个，影院3个，剧团3个；另有洛阳博物馆1所，内分8个室，陈设的都是新中国建立后几年来在该市出土的珍贵文物。洛阳的卫生事业也在迅速地发展。全市有卫生医疗机构128个，其中：医院8个，较大的有涧西综合医院、西工区的第二医院、老城区的人民医院、铁路职工医院；还有结核病疗养院1所；一般性疗养院3所，门诊部、所，防疫站、妇幼保健站、厂矿企业卫生室等共116个。全市共有病床1746张，其中：简易病床255张；全市有中、西医师286人，其中：中医师87人。[①]

（二）新乡市

新乡市位于郑州市北部，距离郑州市约80公里。新乡市地处平原，南距黄河50公里，西距太行山40公里，沿京广线，是豫北平原地区重要工业城市之一。市区面积东西长11000米，南北宽8100米，共约89平方公里。市内设3个行政区，即新华区、和平区和市郊区。全市人口到1957

---

① 河南省统计局：《河南省各专市县经济文化情况志要》上集，河南省统计局1958年版，第33—38页。

年底共有19万人，其中职工4万多人，农业人口3万多人，学生3万多人，市民6万多人。分布的民族主要是汉族和回族，其中回族大约有3430人。

新乡古冀州地，周为庸国，自隋开始设郡县制，在明清时期属于卫辉府。民国元年裁府，属豫北道，一直为小县城，自京汉、道清两路修成后，因交通方便，地位逐渐重要。抗战前，国民党专员公署曾设于此。日寇侵占时，新乡被辟为华北八大市之一。日本投降后；曾为国民党在豫北地区的政治、经济、文化中心。1949年5月7日新乡解放，划城关车站及周围十数村为新乡市，属太行行署新乡专署领导。1949年9月平原省建省，新乡市为平原省省会所在地，1952年10月平原省撤销，新乡市改为河南省省辖市。

解放初期，新乡工业较落后，全市仅有成兴纱厂、面粉厂、榨油厂、发电厂等几家较大工厂和几个修械所。解放以后，经过"一五"计划的建设，工业有了飞跃式的发展，截至1958年，已有工厂81个，正在建设的工厂有113个（不包括民办工业和专署在市的工业）。以现有生产的工厂分组：电力工业1座（发电机容量为5400瓦），机械工业18个，纺织印染工业17个，食品工业12个，建筑材料工业7个，化学工业3个，其他工业25个，全市工业职工有26000多人。1957年全市工业总产值达1.4亿元。有手工业生产合作社2个和7个生产小组，计200多人，加上个体手工业者共计400多人。新乡市生产的主要产品有：煤气机、锅炉机、水泵、金属切削机床、鼓风机、电动机、克丝钳、矿车、水泥、钢磨、骨粉、细菌肥料、耐火砖、生铁、干电池、各种制酒、面粉、空气干电池、棉纱、棉布、各种印染布、锯材、植物油、蛋制品等40余种，按品种分类则有600余种。

新乡是豫北地区的文化中心，截至1958年已有师范大学1所，学生2000多人。工学院正筹建中，医学院2座。中等专业学校2座，学生近千人。此外，116厂、劳动局、卫生局等还筹建了中等技术学校。新乡还有普通中学20所，学生1万多人；民办中学7所，学生1千多人；小学38所，学生2.2万人；幼儿园8所，入园幼儿600多人（不包括街道民办的）。

随着新乡工农业生产发展和人民生活的提高，卫生事业也有了进一步发展，截至 1958 年有医院 10 座，并有著名的精神病院、残疾军人疗养院。此外，还有门诊部 1 所，区卫生所 3 所、联合医院 3 所；各种合作保健站 6 所、工矿企业保健所 32 所，学校卫生室 16 个，防疫站 1 所、妇幼保健站 7 所。共有床位 1650 张。中医师 52 人，西医师 82 人。[①]

可见，经过"一五"计划，洛阳市和新乡市在经济、文化、教育、卫生等各方面都发展较快。这主要是因为：其一，洛阳市和新乡市是河南省历史上发展相对较好的老工业城市，有一定的工业基础。其二，这也是河南的"一五"计划建设任务所决定的："洛阳被确定为全国八个重点建设城市之一，新乡由于是平原省省会所在地，成为河南的重点扩建城市"。[②] 这两个城市因为是重点建设城市，所以得到的投资较多，经济、文化教育、卫生等各方面发展速度也较快。其三，省会迁郑州后，河南省委、省政府也更便于领导与支援洛阳、新乡等老工业城市的经济建设。洛阳市与新乡市的发展与省会郑州市连成一片，相互支持，为中原城市群的形成奠定了初步的基础。

二 郑州市周围发展较快的中小城市

郑州市南部的中小城市许昌、漯河由于处在京汉铁路线上，交通便利，且处在省会郑州的经济辐射圈内，经济、文化、卫生、教育各项事业均发展较快。

（一）许昌市

许昌市位于郑州市南部、河南省的中部，距离郑州市约 80 公里。许昌市交通较为发达，京广铁路横贯市区由北向南伸展，许南公路经过襄城、叶县、方城伸向大西南富饶的山区成为通许昌、南阳专区各县物

---

① 河南省统计局编印：《河南省各专市县经济文化情况志要》上集，1958 年，第 53—56 页。
② 中共河南省委党史研究室：《河南省"一五"计划和国家重点建设工程》，河南人民出版社 1999 年版，第 15 页。

资交流的重要干线，此外还有许扶、许禹、许汴等公路，它们成为城乡沟通、物资交流的主要干线。许昌市生产烟叶，并为烟草的主要集散市场，它也是许昌专区政治、经济、文化的中心地。1950年许昌市、县分立，以固有城池为界，面积约10.36平方公里，东西长3公里，南北长4.5公里，1958年扩大市区后，许昌总面积为27.23平方公里，东西长8.5公里，南北长9公里。许昌市全市总人口为81785人（1958年6月底人数），其中农业人口为16585人。许昌市下设4个办事处、1个乡，管辖35个居民委员会、39个自然村，是个不设区的中小城市。

许昌市解放前工业基础极为薄弱，工厂寥寥无几，多是一些工场手工业，现代工业一无所有。据调查1949年底总共有工厂70个，包括2个地方国营厂在内，职工共1504人，全年产值为2807000元，其中小型卷烟厂39个，铁工厂（炉坊）24个，其他工厂5个。但经过"一五"计划，许昌的工业生产也有了巨大的飞跃发展，截至1957年底全市共有工厂21个，职工3532人，全年产值68944000元，为1949年的24.6倍。1957年许昌共有14个行业，烤烟厂1个，职工1434人，年烤烟7915吨；卷烟厂2个，职工662人，年卷烟32805箱；机械厂2个，职工700人，以生产农业机械、炼钢设备为主；此外还有印刷、食品等行业。

截至1957年年底许昌全市已普及了中、小学教育，共有小学19所、178班，学生9456人，其中民办6所、21班，学生1211人；初中6所、50班，学生2655人，其中民办14班，学生710人；高中4所、64班，学生2929人。许昌市有俱乐部66个，业余剧团52个，电影院1座，曲剧团1个，文化馆1个，公私合营剧团3个以及图书馆等。许昌有公立医院3个（许昌市人民医院，许昌专区人民医院，许昌县人民医院），病床270张，医务人员598人，联合诊所1所，医务人员114人。①

（二）漯河市

漯河市位于郑州市东南部，与郑州市间隔许昌市，距离郑州市约

---

① 河南省统计局编印：《河南省各专市县经济文化情况志要》下集，1958年，第297—305页。

150公里。漯河市在19世纪末还是一个小寨子，名为漯湾河，在平汉铁路修建前除小寨子外的漯河均为一片荒芜的田野。1906年平汉铁路通车后，直到解放前，漯河市是属于郾城县所辖的一个大镇——漯河镇。1950年漯河设市。漯河市场的形成约在20世纪初，它的发展是和周围工农业生产的发展，特别是交通运输的发展分不开的；市区有淮河的主要支流，沙河和澧河在漯河汇流，漯河上通襄县、舞阳，下通安徽、蚌埠直达上滁，豫东平原的农副产品经沙河航运流入上下游地区；而漯河市是沙河上下游的主要港口，也是全国有名的牲畜、粮食、蛋类的集散地，周围许多县、市的农副业及土特产都经漯河市外运全国各地。

漯河市位于河南省中部，沿京广铁路线，北临沙河，交通便利。市西北63公里为豫中著名产煤区平顶山市，有铁路可以直达。1958年漯河土地面积为46平方公里，市区面积为7.6平方公里，截至1958年全市人口为93497人。根据当时规划，城市共分为4个行政建设区，铁路西沙河南为地方工业及商业区，铁路东沙河以南为工业区，沙河北铁路西为重工业区，沙河北铁路东为纺织工业区。连接4个建设区的有铁路沙河大桥2座，永久性交通桥1座，铁路天桥1座（近期建设），这些桥梁贯串4个建筑区，东西南北畅通无阻。

解放前漯河市工业较为落后，只有一私营的平原蛋厂、豫新面粉厂、光华电厂及4家私营烟厂。解放后，经过"一五"计划的建设，截至1958年漯河已经有较大的工厂16座。该市生产的产品有各种炼铁设备、面粉、蛋粉、纸烟、锅炉机、煤气机、鼓风机、水泵、车床、马达、变压器、电力、各种棉织品、日用品、竹器工艺、玻璃器等上千种。

截至1958年漯河市内有高中1所，学生928人；高师1所，学生811人；初中18所，学生3259人（包括民办）；中等技术学校1所，学生1500余人；高小17所，学生10532人；幼儿园及托儿所154所（包括民办），入园儿童3479人。漯河全市有医院6家，此外还有公费医疗诊所、防疫站。较大的工厂均有医疗室,全市共有中医43人,西医194人。①

由此可见,许昌市、漯河市在"一五"期间各方面发展均较快,这主要是因为许昌市、漯河市均位于京广线上,交通极为便利,在"一五"计划期间,又都属于扩建城市;②且离郑州市较近,受郑州市发展带动,因此它们的发展速度较快。许昌市、漯河市的发展扩展了郑州市发展的经济圈,进一步促进了中原城市群的形成。

三 郑州市周边因资源而兴起的新兴省辖市

在"一五"期间,河南省由于对煤炭资源的开发利用,而兴起了平顶山、焦作、鹤壁3个省辖市;又由于对黄河三门峡水利工程的开发利用,而兴起了三门峡市。这样,"一五"期间,在郑州市周边形成了4个新兴的省辖市,这在一定程度上改变了河南省的城市布局。

(一) 平顶山市

平顶山市位于郑州市西南部,与郑州市距离约153公里。平顶山市位于河南省的中南部偏向西南,1958年平顶山市全境东西长20公里,南北宽15公里,土地面积为203.5平方公里。平顶山原系叶、宝、襄、郏四县交界边沿山区,解放前兵荒马乱,地瘠民贫,土匪较多,广大人民不得安居乐业。解放后在党和政府的领导下,社会秩序得以安定,农业生产有了很大的发展,整个地区除有2个小煤窑以外,还是一个比较单纯的以农业为主的偏僻山村。1953年原中南地质局401队来平顶山进行勘察,探明这里蕴藏着大量的优质煤炭。1954年6月煤矿筹备处建立,1955年9月8日开始平顶山第一口矿井——诸葛庙矿的建设。为了搞好地方支援,随着矿区的发展,1956年1月划来叶县、宝丰部分地区成立了矿区政府,即许昌专署平顶山办事处。至1956年6月全区

---

① 河南省统计局编印:《河南省各专市县经济文化情况志要》下集,1958年,第305—308页。
② 中共河南省委党史研究室:《河南省"一五"计划和国家重点建设工程》,河南人民出版社1999年版,第15页。

人口达 59496 人，其中农业人口 34101 人，年底发展到 59903 人；为了建设好新的煤矿工业基地，1957 年 3 月 26 日经国务院 43 次会议通过将平顶山改为省辖市，设置平顶山市政委员会，1957 年底平顶山人口达到 70742 人，其中城市人口为 36229 人；1958 年 3 月底又划来叶县北渡乡、宝丰刘村乡，5 月经过市首届一次人民代表大会选举，正式成立了平顶山市人民委员会。

为了更好地开发平顶山的煤炭资源，政府对平顶山的交通建设极为重视，因此平顶山的交通事业发展较快。平顶山原有洛叶（通往宝丰、鲁山）、程平（程庄到平顶山）公路 2 条，与许南线相连，在未通火车前是平顶山唯一的交通运输线。另有平漯（平顶山至漯河）铁路支线 1 条，全长 150 多华里，1956 年开修，至 1957 年 7 月 1 日正式通车。为了配合工业发展的需要，"国家将在平顶山新建平南（平顶山到南阳），平洛（平顶山至洛阳）两条铁路，预计 1959 年可全线通车，还计划修建由平顶山直接通往郑州的郑平线，与平漯铁路相连，将形成铁路枢纽。"[①]

平顶山市在建设初期的 1956 年，全市仅有厂矿 8 个，产值 2421000 元，手工社（组）26 个，产值 1083000 元。1957 年工业总产值为 4863000 元，比 1956 年工业产值增长一倍多；手工业产值达 1652400 元。截止到 1958 年 8 月 1 日，平顶山市有厂矿（不包括街道及乡社办工业，以下同）61 个，手工业社（组）7 个。在厂矿中有煤矿 4 个，钢铁冶炼厂 20 个，炼焦厂 4 个，电厂 1 个，街鞋厂 3 个，砖瓦厂 3 个，石灰厂 3 个，水泥厂 2 个，食品制造加工厂 6 个，耐火材料陶瓷厂 1 个；手工业社（组）有制鞋社 1 个，缝纫社 1 个，其他为修理社组等。

平顶山市以发展煤炭工业为中心，相应地以发展建筑材料工业以及其他为职工生活所需的食品工业为辅。平顶山有 4 对现代化的中小矿井投入生产，即：诸葛庙矿，1955 年 9 月 8 日开始建设，1957 年 10 月 1 日移交生产，现有职工人数 900 人，设计能力由原来的 21 万吨，扩充

---

① 河南省统计局编印：《河南省各专市县经济文化情况志要》上集，1958 年，第 68—75 页。

到年产 31 万吨。黄山寨矿,1955 年 11 月 1 日开始建设,1957 年 12 月 31 日投入生产,1958 年职工人数为 1073 人,设计能力年产 30 万吨。擂鼓台矿、寺沟矿于 1958 年 8 月 1 日正式移交生产(擂鼓台矿是 1955 年 11 月 17 日开始建设,寺沟矿是 1957 年停采的老井扩建)。其中:擂鼓台矿设计能力 60 万吨,是当时平顶山市已投入生产的矿井中规模最大、机械化程度最高的一对新矿井;寺沟矿设计能力 15 万吨。正在建设的矿井有一、五、六、七、十二矿,建成后总生产能力可达 588 万吨。其中以一矿为最大,设计能力为年产 120 万吨。有临时电厂 1 座,设计能力 4250 瓦,列车发电站 2500 瓦,"1958 年 3 季度有一条 110 千伏的输电线路由郑州接到平顶山大营变电站,同时国家在平顶山兴建一座大型火力发电厂,将来与郑洛三电网相连形成一个强大的电力枢纽。"①

  平顶山市的教育、文化、卫生事业也发展较快。在教育事业方面,1956 年 9 月平顶山市开办了完全中学 1 所,截至 1958 年该校发展到 15 班,在校学生 666 人;公立小学 42 所、177 班,在校学生 7971 人;企业办小学 3 所(不包括铁路小学)、33 班;煤炭部在市内设立煤炭中等专业学校 1 所,该校于 1956 年 9 月开办,已发展到 17 班,在校学生共 553 人。在卫生事业方面,1958 年 6 月底平顶山全市有综合医院 2 所,乡卫生所 5 个,铁路卫生所 1 个,学校卫生室 2 个,厂矿企业卫生室 3 个,合作社保健站 6 个,联合诊所 4 个。在综合医院方面,平顶山有市人民医院 1 所,设病床 60 张,该院是 1956 年在乡卫生所的基础上建立的矿区医院,当时全院职工仅 40 多人,后在 1957 年 5 月从原河南省康复 2 院调来 106 人,并携带大部医疗器械,健全了科室机构,之后,正式建立了平顶山市人民医院,1958 年有职工 114 人,地址在市优越路西端。另 1 所是平顶山矿务局医院,病房及门诊分别设在两处,新址为矿工路西段,有职工 223 人,设病床 100 张,总计全市病床 160 张,医师 23 人,其中市人民医院 8 人、矿务局医院 13 人。在文化事业方面,

---

  ① 河南省统计局编印:《河南省各专市县经济文化情况志要》上集,1958 年,第 68—75 页。

有影剧院1座，俱乐部1个，电影放映队4个，文化馆、工人文化宫已先后建立，平顶山并于1958年的4月1日建立了有线广播。①

（二）焦作市

焦作市位于郑州市西北部，与郑州市距离约98公里。焦作市由一个单一的煤矿区发展成为一个拥有钢铁、煤炭、炼铝、耐火材料、硫磺、水泥、建筑材料、制革、机械制造等综合性的重工业城市。焦作市位于河南北部，太行山南麓，东邻修武、武陟，南至黄河30公里。清末时焦作还是一个不知名的小村——西焦作村，日寇侵占时期改名焦作镇。1945年第一次改名为焦作市（太行军区直辖市），随着工业发展，人口逐年增加，1956年改为省辖市。由于工业建设需要，市境不断扩大，1958年焦作东西长37公里，南北宽10公里，全境总面积370平方公里，截止至1958年9月，人口达到336000人。

工业原料丰富是焦作的基本特点，也是其发展工业的物资基础。据当时调查焦作有煤、铁、粘土、硫黄、石灰岩、石油等。煤——焦作全境皆是，藏量20亿吨左右，全为优质无烟煤。铁——以九里山、茅岔、红固堆、红砂岭藏量最富；估计焦作全市藏量达16亿吨以上，含铁率在50%以上，有些达到70%。硫黄——多产在焦作西部，距市区10公里，蕴藏量初步估算时有1100万吨以上。铝土——到处都有，北面沿山极为丰富，可说取用无穷，用之不竭，且质量高，含铝达50%—70%，这些铝土既是耐火材料又是炼铝原料。

在解放前焦作除了半产半停的煤炭生产和附属电厂外，其他工业几乎一无所有。1949年仅有3个厂矿。经过"一五"计划，焦作市工业发展迅速，截至1958年焦作市已经有厂矿131个，其中：千人以上厂矿达19个；焦作市兴建了一些大型的厂矿，其中冶炼厂有：1个机械化的钢铁联合企业、4个钢铁联合厂和铝厂；机械制造和修配厂有：矿山机械厂、通用机械厂、机械制造厂等27个；煤矿3个，矿井7对，

---

① 河南省统计局编印：《河南省各专市县经济文化情况志要》上集，1958年，第68—75页。

其中2个小煤窑；建筑材料有水泥厂2个，扩建耐火材料厂2个，粘土矿1座，还有玻璃厂和玻璃钢联合企业1个。焦作市已经能成批生产卷扬机、电动机、车床、水枪等1600多种产品。

截至1958年，焦作市有大学2所，普通中学15所，中等技术学校12所，在学人数达到10170人，为1949年的31倍；小学有188所，学生19800人，为1949年的4倍，基本上普及了中小学教育。焦作市内有影剧院6处，座位3850个，电影队12个，1958年新建了文化馆和职工俱乐部各1处。有大小医院、保健所（站）107所。其中较大的有焦作市医院和3个区医院及矿务局医院，床位共711张，为1950年的15倍。①

（三）鹤壁市

鹤壁市位于郑州市东北部，距离郑州市约158公里。为了建立新中国的煤炭工业基地，鹤壁于1957年7月正式建立为直辖市，它的前身是安阳专员公署鹤壁办事处。在1956年底以前鹤壁是汤阴二区政府所在地。鹤壁市位于太行山东麓，1958年其南北长达28公里，东西宽达15公里，总面积为279公里，有总人口10万余人，其中，城市人口4万余人，回族人口约200人。市区设有鹤壁、大湖、新市区等3个办事处和原泉、间寨、鹿楼、施家沟、盘石头、大河涧等6个乡。

鹤壁的地下资源较为丰富，不仅有丰富的煤炭资源，而且铁、铜、铅、磷、硫黄、陶瓷粘土、耐火黏土等各种矿藏也很多，但在建市前开采很少。建市后，工业发展很快，截至1958年已经有厂矿53个，其中已投入生产的有大型煤矿、小煤窑、水泥厂、机修厂、细菌肥料厂等23个厂矿。边建设边生产的有钢铁厂、炼焦厂、机械厂、水泥厂等4个工厂。正在建设的有钢铁厂、机械修配厂、炼焦厂、耐火砖厂、大型煤矿等28个厂矿。鹤壁市主要工业产品有生铁、钢、原煤、水泥、钢管、石灰、木制鼓风机、铁制鼓风机、滚珠轴承、水泵、煤气机、细菌

---

① 河南省统计局编印：《河南省各专市县经济文化情况志要》上集，1958年，第79—84页。

肥料、化肥等几十种。

鹤壁市随着工农业生产的发展，在文教、卫生方面也有了一定的发展。鹤壁市在建市前，仅有汤阴县立三中1所，完全小学二所，初级小学89所。1958年已有完全中学2所，学生750人；工业技术学校1所，学生500多人；小学131所，学生12683人，其中民办小学35所，学生4613人；幼儿园36所，入园1451人，其中民办35所，入园幼儿413人。鹤壁市全市有医院1所，卫生所8个，联合诊所3个，卫生室4个，床位120张；共有医师25人，医士32人，其中中医14人。①

（四）三门峡市

三门峡市位于郑州市的西北部，与郑州市间隔洛阳市，距离约220公里。三门峡市的前身是会兴镇，春秋战国时是虢国所在地，在基建中发现春秋战国和秦时代的古物甚多。解放后为了开发黄河，充分利用水利资源，为国家建设服务，中央决定建设三门峡水利工程。为做好工程支援工作，于1956年3月份在陕县会兴区的基础上成立了工区政府，属洛阳专署领导。水利枢纽工程于1957年4月13日正式施工。为了配合工程建设，1957年6月经国务院批准在原工区的基础上正式成立三门峡市，属河南省直接领导。三门峡市完全是因为三门峡工程而兴起的一座新兴城市："一座还没有画在地图上的城市——三门峡市正在形成。从会兴车站西望，由黄河和陕县南涧河环抱的一块4平方公里许的台地上，出现了一个楼房棋布，瓦房连接的新市区——三门峡市湖滨区。这座新兴的城市是随着三门峡水利枢纽的建设在去年开始建设的。以前，这里除了考古队从地下挖掘出来的元徒皇太子的坟墓，证明春秋战国时的虢国曾在附近建都外，一直都是农民种植庄稼的田野。现在在这片田野上建成或正建设着的楼房、瓦舍已经有7万余平方米。该市的一条主要街道——黄河路已经初具规模。和这条路平行的另一条主要街道——建设路，三门峡工程局企业分局正在那里建设机械修配厂、木材加工

---

① 河南省统计局编印：《河南省各专市县经济文化情况志要》上集，1958年，第85—88页。

厂、混凝土预制厂等，不久就会形成街道。纵横市区的大马路和上下水道，也正在修建。目前这里居住的主要是三门峡工程局的职工和职工家属。三门峡市直机关在 1957 年 10 月就迁到新市区办公。各个公司的门市部和邮电局、新华书店、电影院、旅社、饮食，还有照相、洗染、缝纫、理发等服务行业，也将陆续在新市区开张营业。这个新市区，已经有了一个小学，共 600 名学生，还有一处容纳 600 名学生的中学已经建成，最近就有一部分学生从会兴镇迁新校址上课。"① 到 1958 年三门峡全市人口已达 12 万人，其中：城市人口占 73%。三门峡全市东西长 30 华里，南北长 46 华里，土地总面积达 596 平方华里。市区北靠黄河，南邻涧河，陇海铁路由此经过。1957 年又新建一条由新城（湖滨区）——三门峡工地（史家滩）的支线，另新建会三公路 70 余里。全市分湖滨、会兴、大安 3 个区。湖滨区为城市中心，是工业、教育、商业、行政机构所在地。会兴区是郊区，分设 8 个乡，33 个社，农业人口达 4 万人。大安区是三门峡水利工程所在地，全部基建队伍均集居于此，人口达 2.5 万人。

  三门峡刚解放时，根本没有工业。自 1956 年工区成立后，工业才逐步发展，至 1957 年全市共有 4 个工厂，12 个手工业社（组），全年工业总产值为 235.3 万元。三门峡市有著名的水利枢纽工程，即黄河三门峡水库工程，它位于当时的河南省陕县以东和著名"中流砥柱"以西，由于这段黄河河道狭窄，河底都是坚固的岩石，便于修建大型的水坝，因此在黄河规划的第一期工程中就要在这个地方修建一座最大和最重要的防洪、发电、灌溉的综合性工程。计划中的三门峡水库工程坝高 90 米左右，被拦阻的河水由陕县上溯到潼关以北临晋和朝邑的黄河两岸，潼关以西和临潼以下的渭河两岸和大荔以下的北洛河两岸，形成巨大水库，容积可达到 360 亿立方米。三门峡水库完成后，可将 2/3 的黄河水装入水库，对解决黄河下游洪水灾害起着决定性作用；在黄河缺水

---

  ① 《三门峡市已具雏形》，《河南日报》1957 年 10 月 18 日第 2 版。

时期，三门峡水库还可以把下游的最低流量由 197 立方米/秒调节到 500 立方米/秒，保证下游河南、河北、山东接近黄河地区的灌溉用水和航运需要的水量。三门峡工程于 1956 年进入准备阶段，到 1957 年 4 月 13 日转入正式施工，计划 1961 年发电量达到 100 万瓦，平均每年发电 46 亿度，电力供应河南、山西、陕西等地。①

三门峡市的文教卫生事业发展也很快，1957 年底全市共有学校 79 所，学生数为 9833 人，其中初中 1 所、10 班，学生 508 人。全市有医疗机构 24 个（包括门诊部、乡联合诊所、医疗室），病床位 450 张，中西医师 80 人，较大的医院有黄河三门峡医院，设于大安，有 200 张床位。②

综上所述，平顶山、焦作、鹤壁、三门峡 4 个省辖市基本上是（除焦作有一定基础外）平地起家的城市，它们是因为新中国建立初期对煤矿以及对水利工程的开发利用而兴起的城市。省会迁郑，使河南省委、省政府更便利于对它们的领导，如平顶山矿区，"没有河南省委、省政府以及许昌地委专署的大力支持，就不可能在这么短的时间内开工兴建并建成投产"③。因此，省会迁郑，加速了这些城市的形成。而这些城市的形成，改变了河南省城市发展的布局，使以郑州市为中心的中原城市群经济圈基本成形。

可见，河南省会由开封迁郑州改变了河南省的城市发展布局。郑州市周边的老工业城市洛阳、新乡等城市得到进一步发展。开封虽然也属于老工业城市，由于省会迁走，经济发展颇显滞缓，但"一五"期间在河南省仍属于大城市之列。郑州市南部的中小城市许昌、漯河，由于交通便利，其经济发展也很迅速。"一五"计划末期，河南省又新兴了平顶山、焦作、鹤壁、三门峡 4 个省辖市。这些城市又由于铁路与公路

---

① 《为三门峡工程的开工做好准备》，《河南日报》1955 年 8 月 24 日第 4 版。
② 河南省统计局编印：《河南省各专市县经济文化情况志要》上集，1958 年，第 76—79 页。
③ 中共河南省委党史研究室：《河南省"一五"计划和国家重点建设工程》，河南人民出版社 1999 年版，第 313 页。

网和省会郑州市紧密地联系在一起,从而初步形成了以省会郑州市为中心的中原城市群的基础。"一五"期间,这些城市基本上是独立发展的,其发展的资金主要是来源于中央政府、河南地方政府的投资以及自身的资金积累,与郑州市的经济互动是有限的。这主要是因为:

其一,在计划经济时期,城市的自主经济活动受到国家的限制,城市的发展资金更多的是来源于国家以及省政府的发展计划对资源的分配。"一五"计划时期,河南省对整个经济实行直接计划与间接计划相结合的计划制度,绝大部分资金集中在中央,基本建设项目绝大部分直属中央各工业部门管理,少数地方建设项目由省安排,国营工业企业的建设、生产和物资调配形成以中央主管、各部管理为主的计划管理体制。① 这决定了城市发展的资金绝大部分集中在中央和省,地方发展的资金十分有限。同时河南省发展国民经济的"一五"计划和"一五"计划期间年度计划的编制采取了"两下一上"的程序,即自上而下地颁发计划控制数字,自下而上地逐级编制并呈报计划草案,再自上而下逐级批准下达计划。这种计划编制程序,简称为"两下一上"的程序。这个程序中的控制数字是各地区、各部门、各基层计划单位编制计划草案的依据。这一时期,河南省划归中南行政区,全省的国民经济计划控制数字先由政务院以命令颁至中南财政经济委员会,然后由中南财政经济委员会根据政务院颁发的控制数字及中南区各部在河南的管理机关及直辖基层单位,综合考虑后,发至河南省财政经济委员会及中南各部在河南的管理机关及直辖基层单位,省财政经济委员会接到中央与中南区颁发的控制数字后,即结合河南省实际研究平衡,确定全省的控制数字和编制计划的方针,提出具体分配意见,报经河南省委、省人民政府批准,按业务系统下达,抄送专、市,省级各业务系统接到直属上级发来的控制数字后,将控制数字连同本部门的具体分配意见报经省财政经济委员会,经批准后下达,省属企业单位须将控制数字抄送企业

---

① 河南省地方史志办公室编纂:《河南省志·计划志·统计志·人民生活志》,河南人民出版社1995年版,第37页。

所在地的专（市）财政经济委员会。1954 年，中央人民政府决定撤销大区一级行政机构，国家计划控制数字由国家计委直接颁发到省。省接到中央颁发的控制数字后，即行研究，具体分配，经省人民委员会批准，按计委和业务系统同时下达。[1] 由此可见，在计划经济时期，城市发展的自主权十分有限，城市的发展受到国家计划严格控制。

其二，"一五"时期是郑州市发展的关键期，其自身正在建设，且主要发展的是轻工业，因此没有极大的能力支援其他城市的建设。"一五"期间省会迁郑对这些城市发展的最大影响是河南省委、省政府更便利于领导、协调与支援这些城市的发展。如对洛阳的支援："早在 1954 年 3 月，经中共中央中南局批准，河南成立了由中共河南省委第一书记潘复生兼任主任，省委工业部部长王维群、洛阳市委第一书记王黎之任副主任的洛阳建厂委员会，具体组织筹建洛阳的建设工作。随后，省委调王维群并兼任洛阳拖拉机厂筹建主任。省人民委员会成立了支援洛阳办公室，调集必要人员，协助办理有关事宜。"[2] 省会由开封迁到郑州后，省委、省政府与洛阳等工业城市与工矿区的距离更近，交通也更为便利，更便于领导与支援这些工业城市和工矿区的建设。

"一五"期间，这些城市的发展虽然与郑州市的经济互动较少，但是这些城市的发展与形成构建了中原城市群的基础，对于河南省以及郑州市具有极其重要的意义。

第一，以郑州市为中心的中原城市群的形成郑州市的发展提供了广阔的经济腹地。区域经济理论认为：区域经济的构成要素包括经济中心、经济腹地和经济网络。其中经济腹地是经济区域三大构成要素的基础。没有经济腹地，就不会有经济中心，也就没有区域经济的存在。同一经济中心的一块地域范围，就成为这个经济中心的经济腹地。从经济学的观点看，腹地是经济运动地域格局的一种依托。也就是说，经济运

---

[1] 河南省地方史志办公室编纂：《河南省志·计划志·统计志·人民生活志》，河南人民出版社 1995 年版，第 118—119 页。
[2] 中共河南省委党史研究室：《河南省"一五"计划和国家重点建设工程》，河南人民出版社 1999 年版，第 11 页。

动在地域空间上总会展示出某种具有内部联系的格局，这种格局的基本态势，使经济运动的空间聚集趋势共同指向于同一经济中心。① 由此可以看出，经济腹地是经济中心吸引力和辐射力所及的地域范围，其中进行着具有一定内在联系的经济运动。因此，这些城市的发展，使郑州市有了范围宽广的经济腹地，对进一步支撑郑州市经济发展，以及郑州市对周边形成辐射效应都极为有利。

第二，"一五"期间初步形成的以郑州市为中心的中原城市群交通便利、矿产资源丰富、文化教育事业较为发达、人口较为稠密，易于形成集聚效应，对发展经济十分有利。创建现代工业区位论的德国科学家韦伯认为：工业的地区分布应遵循"生产费用最小，节约费用最大"的基本原则。区位因子（指对工业定点和生产起到有利作用的因素）决定生产场所，将生产吸引到生产费用最小、节约费用最大的地点。② 中原城市群以郑州市为中心，且各个城市之间距离较近，通过公路与铁路网络连接起来，从而形成经济网络，可以最大限度地利用资源，发挥整体优势，形成集聚效应。

第三，中原城市群的形成成为河南省一个重要的经济增长极。增长极理论主张，经济增长不可能在各地区同时出现或按同一速度（或比率）平衡增长，相反，是在不同的地区按不同的速度不平衡地增长的。某些主导部门和有创新能力的行业总会集中于一些地区和大城市，以较快的速度优先得到发展，形成发展极，再通过其吸引力和扩散力不断地扩大自身的规模，并通过对其腹地的辐射影响，引起整个地区经济的发展。③ 中原城市群的形成，可以利用其较高的科学技术、雄厚的物质基础、先进的管理经验，对河南省其他地区的发展形成辐射和带动作用，进而带动全省经济的发展。当今，中原城市群已经突破了河南省的范围，辐射范围达5省30市，升级为国家级的城市群，已成为国家发展

---

① 熊义杰：《区域经济学》，对外经济贸易大学出版社2011年版，第21—22页。
② 同上书，第2页。
③ 同上书，第57页。

的重要经济增长极之一。

四 河南省形成了以郑州为中心的新兴工业基地

"一五"期间,河南省以机器制造、煤炭、电力和纺织机械制造为中心的基本建设成就巨大。洛阳、郑州、新乡、平顶山和鹤壁等新兴的工业城市和工矿区已经基本形成或初具规模。三门峡水利枢纽也正积极准备施工。我们通过下面材料看河南省工业的发展情况:

> 在古都洛阳,我国一个重要的机械工业基地正在形成。从1955年9月到12月相继动工兴建的第一拖拉机制造厂、洛阳滚珠轴承厂和洛阳矿山机械厂,经过一年多的建设,全厂一半以上或者绝大部分的建筑工程已经完成,现在,涧西区十多华里的铁路线附近,一座座高大的厂房已经矗立起来。千余台机床已经安装起来,这三个现代化工厂的辅助车间,均已部分开始投入生产。与洛阳矿山机器厂毗邻的洛阳起重机制造厂,也开始着手筹建工作。不久的将来,洛阳将成为我国腹地的一个重要的机械工业基地。
>
> 煤炭称为工业的食粮。1956年国家用于对河南省煤炭工业的投资比历史上任何一年都大得多。新建和扩建的10对大、中型现代化矿井,经过一年的紧张施工,焦作小马村斜井已经移交生产,其余的九对竖井除了中马村竖井和鹤壁三矿尚在井筒施工以外,平顶山二、三、四矿,鹤壁一矿和二矿,焦作北朱村竖井和义马新井,都正在开拓井底车场或巷道。其中,计划在1957年移交生产的四对竖井,设计产量相当于1956年全省煤炭总产量的35%强。担负鹤壁和焦作六对矿井建设的郑州煤矿基本建设局已在1956年12月20日完成了全年计划的103.5%。与矿井兴建的同时,各矿区均进行了大批的房屋建筑。将建设成为我国重要煤炭基地的平顶山矿区,一座新兴的矿工城的城市轮廓,已经开始显现出来。
>
> 为保证郑州、洛阳和三门峡地区工业发展和水利枢纽建设需要

的强大电力，1956年动工架设的郑州、洛阳、三门峡11万伏高压输电线工程，其中郑州至洛阳段的线路工程将在1957年元月竣工，2月份郑州的电力将首先送往洛阳，以解决洛阳重点工程急需的电力。在建设这个电力网的同时，郑州和洛阳的两座巨型热电厂均在两市工业区的中心先后动工兴建。现在，郑州热电厂高大的主厂房已经拆除了脚手架杆，五部锅炉的钢架已经全部竖立起来，两部汽车发电机也即将安装完毕。建设在洛阳的热电厂目前正日夜紧张施工，几十米高的主厂房已接近应有的高程，并且开始吊装汽车间的屋架。两座热电厂都将在1957年开始发电，全部建成后的发电能力比全省当前的总发电能力还大一倍半左右，两座热电厂除向周围新建大型工厂输送电力和热力外，还将保证三门峡水利枢纽建设期间需用的电力。

在大力发展重工业的同时，国家在我省又积极地进行了棉纺织业的建设。1956年，建筑工人为郑州纺织工业系统建筑了30多万平方米的厂房和其他房屋。国营郑州第五棉纺织厂已经基本建成，开始安装机器，国营郑州第六棉纺织厂的布机厂房也盖上了屋顶。原建的几个纺织厂和郑州纺织机械厂都进行了生产或生活方面扩建和续建工程。郑州市已经基本形成了一个纺织工业基地。新建的这些棉纺织厂投入生产后，全省将拥有51万多纱锭，15000多台自动织布机。①

在"一五"期间，随着河南省大规模经济建设的进行，河南省形成了以郑州为中心的机械、煤炭和新兴纺织工业基地。郑州市由于处于这个工业基地的中心位置，且处于交通枢纽的位置，也就便于领导和协调各个工业城市的发展，从而使这些工业城市在发展中相互支援，得到更好的发展。如"在交通方面以京汉铁路为中心，修建支线，1956年，

---

① 《机械、煤炭和纺织工业基地日渐形成》，《河南日报》1957年1月1日第1版。

陇海铁路的郑（州）洛（阳）复线和京汉铁路的郑（州）安（阳）复线已经动工，通往平顶山和鹤壁矿区的铁路支线也铺轨到了矿区，另外还修筑了郑州枢纽站等。"① "平顶山矿区连接京汉铁路的平顶山铁路支线，已经全面施工。这条支线全长63公里，一端将在京汉铁路的孟庙车站接轨，另一端将和平顶山矿区的各矿井专用线连接起来。通车后，建设平顶山矿区的物资就可以直接送到建筑工地，大大加速这个新矿区的建设，将来这里开采的优质炼焦煤，也将便利地被运到钢铁基地供应需要。"② 配合竖井建设的汤（阴）鹤（壁）铁路支线，正由数千名铁路工人和农民在沿线全面施工。现在，铺轨已离开京汉铁路汤阴车站10公里以上，在已经铺轨的线路上，工程列车频繁往来，运送铺轨、枕木等建设器材。③ 通过铁路复线与支线的建设，河南省的主要工业城市与工矿区均与主要铁路线相连、与交通枢纽郑州市相连，这便于省会郑州市在河南经济发展中发挥其领导与协调功能，也便于各工业城市在建设中互相支援，从而发挥整体效应。

各工业城市在建设中还互相支援，发挥合力，共同发展。如在电力能源方面："建设电网：郑洛三输电线从郑州到三门峡，全长230余公里。这是保证以三门峡水利枢纽为中心的新的工业基地的电力网的重要干线之一。建成后郑州、洛阳热电站通过它把电输送到三门峡工地，保证三门峡水利枢纽施工用电；三门峡水利枢纽竣工发电后，大量电源将通过它输送到洛阳、郑州等地，供给这些城市的工矿用电。"④ 主要工业城市和工业区不仅在电力能源方面互相支援，在城市和矿区建设中也互相援助："在郑州市、洛阳市、新乡市抽调一部分砖、瓦，支援我省的新工业区和新工业城市，洛阳市支援三门峡的500万块砖，除准备从洛阳窑厂调130万机砖外，其余的将组织市郊区的群众生产。郑州市支

---

① 《机械、煤炭和纺织工业基地日渐形成》，《河南日报》1957年1月1日第1版。
② 《平顶山铁路支线全面施工》，《河南日报》1956年5月10日第1版。
③ 《鹤壁矿区大规模建设工程全面展开》，《河南日报》1956年10月28日第1版。
④ 《三门峡变电站建成 11月三门峡就要使用郑洛的电》，《河南日报》1957年10月4日第2版。

援平顶山的60万片瓦,将从纺织工业部第三建筑安装公司、中南第四建筑工程公司、河南省建筑材料供应处等五个单位抽调。目前,调出、调入单位正在办理具体手续,只要运输问题得到解决,不日即可运往平顶山。新乡市决定支援平顶山200万机砖,支援三门峡400万块砖和30万片瓦,其中的一部分目前正从各建筑单位抽调。"①

因此,在"一五"期间,由于河南省省会迁郑,而郑州又处于河南省适中位置,工业城市以及工业区皆在其周围附近;且处于京汉铁路与陇海铁路交叉点,交通很便利,因此在河南省形成了以郑州市为中心的机械、煤炭、和新兴纺织工业基地,较好地发挥了其领导、协调与支援作用,从而使这个工业基地形成整体效应,更好地促进了河南省整体经济的发展。

五 省会变迁对河南省城市经济发展的影响分析

省会变迁对河南省的城市布局以及经济发展产生了深远的影响,主要表现为以下几个方面:

其一,较好地落实了"一五"计划,基本实现了迁省会的目的。"河南地处中原,交通便利,地势平坦,矿产资源和农产品资源极为丰富。国家从全国经济发展战略的需要出发,确定河南为'一五'时期全国重点建设地区之一。其中,由苏联援建的156项重点工程安排在河南的有10项,即洛阳第一拖拉机厂、滚珠轴承厂、矿山机械厂、有色金属加工厂、柴油机械厂(1957年从山西侯马迁入洛阳,1958年动工兴建)、郑州热电厂、洛阳热电厂、焦作中马村煤矿、平顶山二号矿井、三门峡水利枢纽工程。国家确定,洛阳、郑州为新建工业基地,同时扩建和新建焦作、平顶山、鹤壁、宜洛4个煤矿区,修筑北京至郑州、郑州至洛阳铁路复线,继续根治淮河并根治黄河。"②从河南"一五"计

---

① 《郑州、洛阳、新乡市抽调砖瓦支援三门峡和平顶山的建设》,《河南日报》1956年10月25日第1版。

② 中共河南省委党史研究室:《河南省"一五"计划和国家重点建设工程》,河南人民出版社1999年版,第10页。

划的落实效果看,"一五"期间河南省形成了以郑州为中心的机械、煤炭和新兴纺织工业基地。同时为了根治黄河,三门峡水利枢纽工程已经开始兴建,整体较好地完成了一五计划的目标,基本上实现了河南省最初迁省会的目的。

其二,对河南省城市发展的布局产生了重大影响。河南省传统的省会位于豫东开封市,开封市在河南位置偏东,且交通没有郑州市便利,整体交通区位优势不如郑州市。河南省会迁郑州后,由于河南省政府具有了更好的领导、协调与支援条件,郑州市周围的老工业城市洛阳、新乡市等城市得到较大的发展提升;许昌、漯河等中小城市发展较快,尤其重要的是,由于对煤炭、水利资源的开发,在1957年河南省又新兴了4个省辖市,即平顶山、焦作、鹤壁、三门峡,形成了河南省今天中原城市群的基础。这是河南省会迁郑的巨大成功之处。

其三,河南省会迁郑也有一些不利的影响。比如郑州市作为河南省全省的首位城市,首位度较低。城市首位度,是用于衡量区域城市规模分布状况的一种常用指标,反映区域城镇规模序列中的顶头优势性,也表明区域中各种资源的集中程度;因此也是衡量核心城市对城市群社会经济影响力的重要指标之一,一般用一个地区最大城市与第二大城市经济规模之比来表示这个最大城市的首位度。[①] 郑州市是河南省的首位城市,在20世纪90年代,其首位度仅为1.5,低于相邻的湖北、陕西等首位城市的首位度。郑州市人口规模为102.56万人,也远低于邻近的西安、武汉等省会城市的规模。[②] 近些年随着河南省以及郑州市经济的发展,虽然情况有所好转,但郑州市作为河南省核心城市,其首位度较低、辐射带动能力不强的现状并没有得到根本改变,仍然是"首位度较低,经济实力不强,辐射能力较弱,对全

---

① 刘静玉:《当代城镇化背景下的中原城市群经济整合研究》,中国经济出版社2014年版,第96页。

② 朱友文:《河南省黄河经济带研究》,中国展望出版社1991年版,第130页。

省经济发展的带动作用有待加强,在全国城镇体系中的等级地位有待提高"①。这种现实显然与郑州市从小城市发展而来、起步较晚、历史基础薄弱等有很大关系。

其四,造成了开封城市发展的长期滞后。河南省会由开封迁郑州,是对开封城市发展的一次大抽血,但是在"一五"计划中,开封市并没有被确定为重点建设城市,几乎没有安排大的建设项目。又由于开封与郑州市的距离较近,在郑州市的极化效应下,开封市发展的很多要素流向郑州市,这更加剧了开封市发展的困难,造成开封市在现代发展的长期滞缓。河南当前提出且正在进行的郑汴一体化战略,可以说正是要重新发展开封这座历史文化名城。

总之,河南省会由开封迁郑州,从对河南省经济发展的长远影响来说,是利大于弊的,是成功的。省会在郑州市能更好地促进河南经济的长远发展,但在省会变迁中,只注意了郑州市的发展,而没有注意适当地发展开封,造成今天开封市长期发展滞缓,历史文化名城一度沉沦,则是在省会变迁中应当注意和反思的。

第二节　省会变迁对河南文化教育发展的影响

省会变迁对河南文化教育发展的影响是深远的。省会变迁使河南省传统的文化中心发生转移,从而造成文化中心传承的断裂,对河南省文化的传播产生影响。省会变迁也导致河南高等教育中心的转移,高等教育中心的转移也影响了现代河南高等教育的发展。

一　文化中心的转移及其双面性作用

在我国历史上,开封曾经先后作为7个封建王朝的都城而闻名于世。这种特殊的历史地位,使开封形成了丰厚的传统文化积淀。开封曾

---

① 徐斌编著:《中国新型工业化与新型城镇化研究——基于中部六省的视角》,复旦大学出版社2015年版,第174页。

经长期是全国以及河南省的文化中心，其诗、词、歌、赋、音乐、戏曲、书法、绘画、图书、档案事业源远流长；新闻、广播、电影、电视等事业虽然发端于近代或现代，但都发展很快。

早在两千多年前的春秋战国时期，大梁（开封）就已经是中原地区的名邑大都、文人名士往来之地。据传，春秋时期的大音乐家师旷，就曾在大梁演奏。魏惠王迁都大梁之后，大梁的城市规模和地位迅速崛起，成为名人荟萃之地，"孟子见梁惠王""信陵君窃符救赵"的故事，至今脍炙人口。到唐代，大诗人杜甫、李白、高适在汴州梁园相会，成为千古佳话，杜甫的《遣怀》、李白的《梁园吟》等诗篇，留下了他们当年欢聚开封、登高对酒赋诗的情景。到五代时期，梁、晋、汉、周相继建都开封，开封的文化艺术事业有了进一步的发展。

在北宋时期，开封是统一王朝的都城，为全国政治、经济、文化中心，成为中外文化交流的大都会，文化艺术事业极为繁荣。"城市勾栏瓦肆开始出现，游艺花样繁多，夜市通宵达旦，杂家百戏、傀儡戏、说浑话、讲故事，各成家数，中国戏曲随之成熟。"① 大批文学家、书画家、艺术家、诗人和民间艺人，云集京师，留下了大量不朽的巨作名著。大文学家欧阳修、王安石，大诗人苏洵、苏轼、苏辙，大词人李清照等，都曾长期生活在京师开封，并留下了许多光辉灿烂的篇章。东京画院聚集了大批著名画家，创作了大量流芳后世的绘画作品。在开封建立的国家藏书机构崇文院，不但藏书丰富，且建筑辉煌壮丽，景致"甲于内廷"，堪与皇宫媲美。北宋著名的藏书家宋敏求家住东京春明坊，不少士大夫为便于到其家借阅图书，往往就近租房居住，致使春明坊一带的房租比京城其他地方高出一倍，被后人传为佳话。为了便于记述撰写宋代的历史，北宋王朝曾在开封专门建立龙图阁、天章阁等5座皇帝档案图书馆，用来保管皇帝的诏令、诗文、书籍、家谱等，并命专职大臣撰修《时政记》《起居注》，记录朝廷宣谕、圣语、皇帝言行及军国

---

① 河南省地方史志编纂委员会：《河南省志》第53卷，河南人民出版社1994年版，第2页。

要政。在档案的搜集、保管方面，宋王朝除注意积累中央机关形成的档案史料外，皇帝还亲自下诏令征购天下藏书，并命大臣组织校戡、缮写和复制，并要求地方机关积累储存本身形成的史料，使大量珍贵档案史料得以保存。在档案的管理上创造了"架阁库"的工作制度与方法，在档案的整理、鉴定、销毁、利用等方面制定了一套完整的规章制度。到元、明时期，虽然中国的文化中心已经转移，开封由国都变为省会，城市地位下降，但其文化艺术仍享有较高声誉，明代开封被称为"中原弦索"和北方"歌舞"的艺术中心，周宪王朱有敦创的《诚斋乐府》为明代杂剧的发展开创了新路。在当今的文学史和戏曲史上，仍记载着宋词、元曲、杂剧在开封的光辉篇章。①

清代和民国初年，开封作为河南的省会城市，依然凝聚着中原文化艺术的精华。豫剧祥符调、河南坠子等发源于开封，汴梁俗曲、汴梁小曲为河南曲剧的产生和发展奠定了基础，开封因此被誉为"戏曲之乡"。许多著名的文人学士在开封创作了大量优秀的文学艺术作品，图书事业、档案事业都有了进一步的发展，新闻事业也开始兴办。文学期刊和文学社团开始出现，并逐步得到发展。开封的文学创作属于古典文学范畴，较有影响的有蒋藩及其《梧荫楼文钞》、刘增禄及其《梦圆诗集》、朱荫谋及其《疆村丛书》、刘毓南及其《澹泊斋谏草》、张东阳及其《神鬼大战记》等。与此同时，秋心社、衡门诗社等文学社团开始建立。"五四"运动以后，"在开封创刊的《心声》和次年创刊的《青年》杂志首先冲破了封建文学一统的局面，宣布了河南新文学的诞生。"②"冯友兰、曹靖华、冯沅君、徐玉诺等作家的论文、小说、诗歌产生了很大影响。……城市剧院陆续兴建，曲艺艺术有所发展，书棚茶社在开封大量涌现。"③ 1925—1926年，《文艺月刊》《文艺周刊》《荆

---

① 开封市地方志编纂委员会：《开封市志》第4册，燕山出版社1999年版，第223—225页。

② 河南省地方史志编纂委员会：《河南省志》第53卷，河南人民出版社1994年版，第9页。

③ 同上书，第3页。

野》《心波》《晚霞》等文学月刊相继创办,揭开了开封新文学发展序幕。1931 年以后,开封又涌现出潘漠华主办的《火信》、冯新宇主编的《中原》、魏晓明主编的《蔬萍》、黄寿山主编的《心音》、赵梅深主编的《晨曦》、陈雨门主编的《夜声》、刘遂真主编的《梁园新话》、李红蓼主编的《青年之友》,以及《塔影》《天河》《小雨点》《青萌》等文艺期刊和报纸副刊。一批著名的作家、诗人,在开封创作了大量有影响的作品。在这一时期,书法、绘画也有了新的发展,现在遗存的部分碑刻、老字号店铺的匾额及绘画作品,就反映了当时开封书法和绘画的水平。①

河南省的新闻事业也发端于开封。清光绪二十四年(1898)河南官书局出版了文摘性报纸《汇报辑要》,这是河南的第一份报纸。光绪三十年(1904)陈夔龙创办的《与舍学报》,分别开了河南官报、日报和民办报纸的先河。是年,河南留日学生同乡会在日本东京创办《河南》杂志,宣传反清民主革命,鲁迅曾作为其特约撰稿人。民国初年,同盟会、国民党河南支部先后创办的《自由报》《民立报》,坚持共和反袁思想,被袁世凯政权强行封闭,报人被害。北伐战争时期,萧楚女主办的中共豫陕区委机关刊物《中州评论》,对指导革命运动、唤起民众起了重大作用。抗日战争胜利后,由郭海长主办,后得到中共资助的《中国时报》,是一份主持正义、拔除流俗的进步报纸。上述几种报纸,在它们各自所处的那个时期,都在全国产生过较大影响。②

河南省图书馆是全国建馆较早的省级馆之一,创建于清光绪三十四年(1908),以开封城内许公祠为馆址。后于宣统元年(1909)开馆,1915 年元月改名为河南省图书馆。③ 1924 年由何日章发起成立的开封图

---

① 开封市地方志编纂委员会:《开封市志》第 4 册,燕山出版社 1999 年版,第 223—225 页。
② 同上。
③ 河南省地方史志编纂委员会:《河南省志》第 53 卷,河南人民出版社 1994 年版,第 422 页。

书馆协会，成为当时全国成立最早的地方图书馆协会之一。民国时期，开封的档案事业也有了发展，积累了大量的档案资料。

清光绪二十二年（1896）电影传入中国。清宣统元年（1909）开封首次放映无声电影。① 河南省第一个专业电影院——明真电影院于1929年在开封民众教育馆内建立，首映无声电影《火烧红莲寺》。② 开封的广播事业兴起于20世纪30年代，电视事业产生于19世纪70年代。1934年10月，由河南省主席刘峙提议，经国民党政军联席会议通过，开封建立了河南历史上第一座无线广播电台——河南广播电台，发射功率200瓦，使用频率1070千周，地址在开封城西北隅的龙亭内。③

抗日战争初期，开封的文化艺术事业在抗日爱国运动的推动下，得到了新的发展，一批以唤起民众、积极宣传抗日的爱国戏剧歌舞应运而生，一批激励抗日的文艺刊物如《山雨》《青春诗刊》《蓓蕾》《澎湃》《梁尘》《海星》等相继创办。1938年，设在开封的新闻社团由1933年的5家增至15家。开封解放后，文化艺术事业开始走上了繁荣和发展的道路，1949年9月25日建立了开封市文学艺术界联合会（简称"文联"）。与此同时，河南省文联筹委会也在开封成立。河南省文联筹委会主办了《翻身文艺》半月刊，并与开封市文联联合创办了《河南文艺》月刊，发表了一大批反映新时期精神风貌的文学艺术作品，还出版发行了各种文艺丛书。苏金伞、师陀、徐玉诺、李蕤、苏鹰、陈雨门、于安澜、李根红、青勃、吉学沛等一批著名作家、诗人，在开封创作出一大批有影响的文学艺术作品。书法、绘画也在继承传统的基础上有了较大发展，戏剧、曲艺、杂技舞台非常活跃。1948年11月6日，中共开封市委机关报《开封日报》正式创刊，揭开了人民新闻事业的第一

---

① 河南省地方史志编纂委员会：《河南省志》第53卷，河南人民出版社1994年版，第397页。
② 同上书，第398页。
③ 开封市地方志编纂委员会：《开封市志》第4册，燕山出版社1999年版，第223—225页。

页。与省、市报纸创刊的同时，新华社河南分社和开封分社也在开封设立。1950年9月，河南省人民广播电台开始在开封播音。1951年2月开封人民广播电台成立，3月1日开始播音。解放伊始，河南省图书馆在开封恢复图书借阅等项业务，开封市人民教育图书股在市内设阅览室多处，并以图书流动箱等方式对全市人民开展广泛的图书借阅活动。中原私立民众教育馆内设立民众书报阅览室、儿童图书馆，对社会开放。档案事业也有了进一步的发展，1953年以后，开封市市委机关和市政府机关都建立了档案室，市直机关和国有大型企业、事业单位也都相继建立了档案室。① 可见，在省会迁郑州前，开封曾长期是河南传统的文化中心。

而郑州市在历史上从来没有成为过河南省的文化中心，其作为古代商城遗址也是由于被近现代考古所发现，其知名度远远不如开封。历史文化底蕴是一个国家或地区形象的灵魂和标志，世界上许多国家或地区因其历史文化而名扬天下、载誉四海，如大家提起金字塔就会想起埃及，提起泰姬陵就会想到印度，提起海神就会想到希腊……厚重的历史对于提升区域知名度和美誉度的作用十分突出。② 开封作为历史文化名城，在国内和国际都有着很大的影响力，提起开封就会联想到经济文化繁荣昌盛的北宋，就会想到中国，就会想到河南。2005年5月22日美国记者克里斯托夫发表在《纽约时报》评论版的《从开封到纽约——辉煌如过眼烟云》③ 一文，以开封作为"衰落典型"而轰动全球。作者把历史上的开封比作美国的纽约，并对其在现代的衰落表示深深的遗憾，可见开封的国际影响之大。以开封作为河南省的名片，其知名度、历史文化影响力要远远大于郑州市。而郑州市却缺乏深厚的历史文化底蕴，其知名度、历史文化影响力远远不如开封。河南省在文化的发展上

---

① 开封市地方志编纂委员会：《开封市志》第4册，燕山出版社1999年版，第223—225页。
② 徐光春主讲：《一部河南史半部中国史》，大象出版社2009年版，第51页。
③ ［美］克里斯托夫：《从开封到纽约——辉煌如过眼烟云》，《纽约时报》（评论版）2005年5月22日。

宣扬中原文化,即中原文化是以中原为基础的物质文化和精神文化的总称,最早可追溯至公元前约 6000 年至公元前约 3000 年的中国新石器时代。中原文化以河南省为核心,以黄河中下游地区为腹地,逐层向外辐射,影响延及海外。中原是中华文明的摇篮,中原文化是中华文化的重要源头和核心组成部分。中原在古代不仅是中国政治经济中心,也是主流文化和主导文化的发源地。中国历史上先后有 20 多个朝代定都于中原,中国八大古都中河南省占据一半,包括洛阳、开封、安阳和郑州。中原地区以其特殊的地理环境、历史地位和人文精神使中原文化在中国历史上长期居于正统主流地位。但中原文化是一个较为广泛的概念,其远远没有象开封这样的历史文化名城更能突出代表河南文化。因此,郑州市作为河南省新兴的文化中心城市,虽然它能利用其迅速发展的经济、优越的地理位置、便利的交通等有利条件,更好地传播河南文化,但它终究是与河南省传统的文化中心断裂的,缺乏传统的延续性、承继性。

二 高等教育发展滞缓、名校缺失的缘由之一

在当代,河南省已经成为全国人口第一大省,① 但河南的高等教育相比全国却还是比较落后的。"985 工程高校"是衡量高等教育办学水平的重要标准之一,即 1998 年 5 月 4 日,教育部为贯彻落实党中央科教兴国的战略和江泽民同志的号召,决定在实施"面向 21 世纪教育振兴行动计划"中,重点支持北京大学、清华大学等部分高等学校创建世界一流大学和高水平大学,简称"985 工程"。但河南省没有一所"985 工程"高校。②

不仅河南省没有高质量的"985 工程"高校,"211 工程"高校也只有郑州大学一所。如表 6 – 1:

---

① 孟宪臣:《河南人口现代化战略研究》,河南人民出版社 2008 年版,第 15 页。
② 冯用军、赵德国:《中国大学评价研究报告(2015)》,科学出版社 2015 年版,第 407 页。

表 6-1 "211 工程"高校名单①

地区				
北京市	清华大学	北京大学	中国人民大学	北京交通大学
	北京工业大学	北京理工大学	北京航空航天大学	北京科技大学
	北京化工大学	北京邮电大学	对外经济贸易大学	北京林业大学
	中国传媒大学	中央民族大学	中国矿业大学（北京）	中央音乐学院
	中央财经大学	中国政法大学	中国石油大学（北京）	北京体育大学
	中国农业大学	北京中医药大学	华北电力大学（北京）	
	北京师范大学	北京外国语大学	中国地质大学（北京）	
上海市	复旦大学	上海外国语大学	华东师范大学	上海大学
	东华大学	上海财经大学	华东理工大学	同济大学
	上海交通大学			
天津市	南开大学	天津大学	天津医科大学	
重庆市	重庆大学	西南大学		
河北省	河北工业大学	华北电力大学（保定）		
山西省	太原理工大学			
内蒙古自治区	内蒙古大学			
辽宁省	大连理工大学	东北大学	辽宁大学	大连海事大学
吉林省	吉林大学	东北师范大学	延边大学	
黑龙江省	哈尔滨工业大学	哈尔滨工程大学	东北农业大学	东北林业大学
江苏省	南京大学	东南大学	苏州大学	南京师范大学
	河海大学	中国药科大学	中国矿业大学（徐州）	南京理工大学
	江南大学	南京农业大学	南京航空航天大学	
浙江省	浙江大学			
安徽省	安徽大学	合肥工业大学	中国科学技术大学	
福建省	厦门大学	福州大学		
江西省	南昌大学			
山东省	山东大学	中国海洋大学	中国石油大学（华东）	
河南省	郑州大学			
湖北省	武汉大学	华中科技大学	中国地质大学（武汉）	武汉理工大学
	华中师范大学	华中农业大学	中南财经政法大学	

---

① 冯用军、赵德国：《中国大学评价研究报告（2015）》，科学出版社 2015 年版，第 404—405 页。

续表

湖南省	湖南大学	中南大学	湖南师范大学	
广东省	中山大学	暨南大学	华南理工大学	华南师范大学
广西省	广西大学			
四川省	四川大学	西南交通大学	电子科技大学	四川农业大学
	西南财经大学			
云南省	云南大学			
贵州省	贵州大学			
陕西省	西北大学	西安交通大学	西北工业大学	长安大学
	陕西师范大学	西北农林科技大学	西安电子科技大学	
甘肃省	兰州大学			
青海省	青海大学			
新疆省	新疆大学	石河子大学		
海南省	海南大学			
西藏自治区	西藏大学			
宁夏回族自治区	宁夏大学			
军事系统	第二军医大学	第四军医大学	国防科学技术大学	

"211工程"即面向21世纪，重点建设100所左右的高等学校和一些重点学科。从表6-1可以看出：河南省的"211工程"高校只有郑州大学1所，河南省与青海、海南、宁夏、贵州、云南、广西、山西、内蒙古等9省并列最后一名（甘肃的兰州大学是985高校，故除外），因为保证每个省最低有一所211院校，河南算是达到了最低要求。但是河南省的人口却是排在全国前列的，河南省的经济发展水平也排在全国前列，其高校发展状况与河南的现实状况是不相适应的。

分析河南的高等教育状况为何如此糟糕，首先需要我们回顾一下河南高等教育的历史：

河南省在光绪二十八年（1902）设立河南大学堂，二十九年（1903）河南大学堂改为高等学堂，旋设优级师范学堂、法政学堂等。这是河南近代高等教育的开端。宣统元年（1909）正式创办焦作路矿学堂，这是全国第一所矿冶高等学校。至宣统末年，河南全省先后设有高等学堂、理科专门学堂、法科专门学堂，公、私立农科专门学堂，官、公立工业专门学堂，官、公、私立实业预科学堂以及优级师范学堂，计31所。其课程门类与教学内容含有高等教育因素，此时期为河南高等教育的初步发展阶段。民国初年改优级师范学堂为高级师范学校，法政学堂为法政专门学校，1912年9月设立留学欧美预备学校，还设有留法预备学校及农业专门学校。1927年春，留学欧美预备学校改组为中州大学，中州大学成为河南第一所综合性大学。1927年将中州大学等3校组建为中山大学，1930年中山大学改名为河南大学。此后，至抗日战争开始前为河南高等教育基本稳定发展阶段，1936年全省有正式高等学校3所：河南大学、焦作工学院和省立水利工程专科学校，在校学生926人。1946年省立水利工程专科学校并入河南大学，全省只有2所高等学校，在校学生2403人。抗日战争、解放战争期间，在中共领导下的抗日根据地解放区相继建立了中国人民抗日军政大学第四分校和第十分校、中原民主建国大学、豫皖苏建国学院、中原大学等，共培养革命干部2400余人。1952年，全国进行高等学校院系调整和教学改革，实行统一招生和毕业生统一分配制度。河南大学分为河南师范学院、河南农学院和河南医学院，此次调整将原河南大学的水利、财经、工科调到外省。1956年9月国务院批准建立郑州大学，这是新中国成立后创办的第一所综合性大学。到1957年，河南省的高等学校增加到7所，在校学生达9618人。[①] 由此可见，在历史上，河南省的高等教育并不算落后，尤其是还有名校河南大学。下面我们单独介绍河南大学：

　　河南大学　辛亥革命胜利后，各种进步思想的潮流让中原大地上的仁人志士心潮澎湃，1912年，在李时灿、陈善同、林伯襄等为代表的进步人士的推动下，创办了河南留美预备学校。1922年，时任河南省督军的冯玉祥将军十分重视教育，主张在河南创办大学，他从查抄反动军阀的财产中拨出专款作为创办大学的筹备金。

---

① 邵文杰总纂：《河南省志》第50卷，河南人民出版社1993年版，第317页。

11月，在预校的基础上成立了中州大学，设文理两科。1927年，河南公立法政专门学校、河南省立农业专门学校并入中州大学，改名为国立第五中山大学。7月，改为河南省立中山大学，下设文、理、农、法四科。1930年9月，河南省立中山大学改名为省立河南大学，下设文、理、农、法、医5个学院，是当时全国18所国立大学之一。1942年3月，河南大学由省立改为国立，1944年经国民政府教育部综合评估，河南大学以教学、科研以及学生学籍管理的优异成绩，被评为全国国立大学第6名。1950年代初，政务院教育部提出"以培养工业建设人才和师资为重点，发展专门学院，整顿和加强综合大学"的院系调整方针，在此大背景下，河南大学先后经历两次大的调整。河南大学农学院独立设置为河南农学院，医学院独立设置为河南医学院，水利系调往武汉大学水利系，财经系调往武汉中原大学财经学院，畜牧兽医系调往江西农学院，植物病虫害系调往武汉华中农学院，行政学院单独设校，成立河南省政法管理干部学校。1953年8月6日，平原师范学院并入河南大学成立河南师范学院，分设院本部和二院，在开封、新乡两地办学，1956年11月，院本部和二院分别定名为开封师范学院和新乡师范学院，并形成了文科集中在开封，理科集中在新乡的办学格局。1984年5月，河南大学恢复今校名。①

由此可见，河南大学具有悠久的历史和深厚的文化底蕴，其在民国时期已经是全国18所国立大学之一，并且在1944年国民政府教育部的综合评估中，"河南大学以教学、科研以及学生学籍管理的优异成绩，被评为全国国立大学第6名"，可见其实力雄厚。1954年河南省会由开封迁郑州，由于郑州大学的兴建等原因，河南大学最终没有随河南省会迁郑州。在河南大学的发展过程中，20世纪50年代初河南大学经历的

---

① 《河南大学校史》编写组：《河南大学校史》，河南大学出版社2002年版，第2—3页。

两次大的调整，确实极大地削弱了河南大学的实力；但其没有随省会迁郑州，而留在开封，随着开封城市地位的降低，经济发展的滞后，河南大学在争取资源以及吸引人才方面必然存在更多困难，这也影响了其进一步的发展。因此，河南大学至今没有成为"211工程"高校。

1956年9月国务院批准建立郑州大学，郑州大学虽然起步较晚，但由于其在河南省会郑州市，因此，在争取资源与吸引人才方面远远强于河南大学，故发展较快，成为河南省唯一的一所"211工程"大学。但由于其办学时间较短，这也影响了其跻身名校行列。

河南高等教育发展的现状，是多种因素造成的，比如历史原因、国家政策等，但河南省会的变迁，也是影响其发展的原因之一。

三 省会变迁对河南省文化教育发展的影响分析

1954年河南省会由开封迁郑州，对河南省的文化教育发展带来双重影响。

其有利因素在于：河南省会由开封迁郑州，有利于河南省经济的发展。郑州市作为省会城市，利用其发达的经济、便利的交通、适中的区位优势，更便利于河南文化教育的发展与传播。

其不利因素在于：开封市作为历史文化名城、河南省传统的教育文化中心，省会的迁离，意味着教育文化中心的转移，也意味着教育文化承继性的断裂。由于文化教育的发展是长期的，因而其需要历史的积淀。文化中心的转移，也必然带来一些不利的影响，如高等教育发展滞缓、名校缺失等。

小 结

河南省会变迁对河南省的经济、文化、教育的发展产生了深远的影响。在经济发展上，河南省会西迁基本上实现了河南省"一五"计划的预期目的，实现了其发展经济的预期目标；同时也影响了河南省的城市发展布局，表现为郑州市周围的老工业城市洛阳、新乡等得到进一步发展；中小城市许昌、漯河等城市获得较快发展；并且由于对煤炭和黄河水利工程的开发利用，新兴了平顶山、焦作、鹤壁、三门峡4个省辖市；由于在省会迁移后，没有适当照顾开封的发展，也造成了开封长期发展滞后。因此，河南省会由开封迁往郑州是今天河南实行中原城市群和郑汴一体化发展战略的历史基础。由于郑州是后起城市，虽然在成为省会后其经济发展速度较快，但城市历史基础薄弱，也造成了其在中原城市群发展中首位度较低等劣势。在文化发展上，河南省会变迁造成了河南省传统文化中心传承的断裂。开封是一座历史文化名城，文化底蕴深厚，是河南传统文化中心。而郑州市的文化底蕴远远不如开封，因此，传统文化中心传承的断裂对河南省的文化产生了双重影响。一方面，郑州市发达的经济、便利的交通更有利于发展传播河南文化。另一方面，由于郑州缺乏文化底蕴，其知名度远远不如开封，对河南传统文化的承继也产生了一些负面影响。在教育上，省会变迁也是河南省今天高等教育发展滞缓、名校缺失的原因之一。河南大学虽是历史悠久的名校，但由于留在了开封，随着开封城市地位的降低以及经济发展的滞后，在发展上困难较大。而郑州大学虽然起步较晚，但由于在郑州市，争取资源与人才方面的条件得天独厚，因此发展较快；但由于其办学时间较短，也影响了其跻身名校之列。

结　语

一　国内外政治中心城市变迁的历史考察

从古至今，国内外有许多政治中心城市变迁的案例，对它们进行回顾，可以为本研究提供一些借鉴。

（一）国外政治中心城市变迁

在国外古代以及近现代史上，曾经发生过许多政治中心城市变迁的案例，并且产生了深远的影响，我们仅列举一些比较重要的政治中心城市的变迁。

在古代埃及，阿蒙霍特普四世即位后，为摆脱王权对阿蒙神庙集团的依赖并削弱其势力，实行了宗教改革，史称埃赫那吞的宗教改革，他先是恢复对古老的拉神的崇拜，宣布自己是拉神的最高僧侣。当这一措施遭到阿蒙神庙僧侣强烈反对后，阿蒙霍特普四世转而采取果断的改革，与阿蒙僧侣集团彻底决裂。埃赫那吞把首都从阿蒙神庙的所在地底比斯迁出，在崇山峻岭环抱的阿玛尔那建立新都，取名埃赫塔吞（意为"阿吞之境界"）。但是对于人民来说，他们不仅没有从改革中得到任何好处，反而因建造新首都、新神庙加重了负担。[1]

公元323年，君士坦丁成为罗马帝国的统治者，他在政治上进行了

---

[1] 王正平、张兴仪、钱茂堂主编：《世界史大事汇编》，浙江人民出版社1984年版，第9页。

一系列的改革，同时鉴于帝国的经济和文化中心已经逐渐转移到东方，君士坦丁于执政的第二年，在具有战略和经济意义的拜占庭的遗址上建立新都，公元 330 年后建成，君士坦丁将罗马首都迁至拜占庭，并将其改名为君士坦丁堡，借以适应政治、经济和宗教形势发展的需要，从此，罗马失去了帝国政治中心的作用。①

布尔萨（Bursa）旧称布鲁萨（Brtlsa），古称普鲁萨（Prusa），是土耳其西北部城市。公元前 3 世纪时建于马尔马拉海东南岸附近的古代密西亚国奥林波斯山脚下，作为比希尼亚国王的领地。在罗马及拜占庭时代颇繁华。1204 年君士坦丁堡被十字军攻陷后，该城是拜占庭的抵抗中心。14 世纪初期奥斯曼人夺取该城，将其建为最早的国都。15 世纪初为帖木儿征服，后又被奥斯曼夺回。1453 年，奥斯曼攻陷君士坦丁堡，其后奥斯曼迁都君士坦丁堡。布尔萨现为农业中心，以生产地毯闻名，城里还有很多 15 世纪遗留下来的清真寺。②

1868 年 9 月 3 日，日本明治天皇为了表示与旧政权分道扬镳，决定迁都东京，更改年号。明治天皇下令将江户改为东京，作为未来都城。③

1713 年，沙皇彼得大帝宣布将圣彼得堡定为首都，正式将首都从莫斯科迁到圣彼得堡。首都由莫斯科向圣彼得堡迁移，表明了彼得与旧俄罗斯的莫斯科决裂的决心，也标志着俄罗斯国策取向的转变；俄国要通过新出海口向西方靠拢，要学习西方先进科技文化，要进行西化改革。从此，俄国发展道路正式开始偏向西方。迁都圣彼得堡进一步促进了这一座城市的发展。彼得大帝以及后来的沙皇聘请了大批西方建筑师来参与圣彼得堡的设计和建造，如瑞士建筑师特列尼设计建造了保罗大教堂和彼得宫；意大利建筑师特拉斯特列里设计修建了东宫、斯莫尔尼修道院和叶卡捷琳娜宫；意大利建筑师罗西建造了参政院、艺术广场、

---

① 周成编著：《世界通史》，云南人民出版社 2011 年版，第 49—50 页。
② 不列颠百科全书公司编著，中国大百科全书出版社编译：《不列颠简明百科全书》上卷，中国大百科全书出版社 2005 年版，第 239 页。
③ 许海云、何黎萍：《领袖们：大国崛起中的领军人物》，人民日报出版社 2012 年版，第 235 页。

总参谋部大楼等。彼得大帝亲自进行选址和策划，从全国各地调集千千万万的农民前来筑城。伐掉森林，填平沼泽，人们整日在没膝的泥沼中劳动。繁重的劳动和困苦的生活环境夺去了无数农奴的生命。① 靠无数劳工的努力和牺牲，借助国内外专家和能工巧匠的聪明才智，圣彼得堡逐渐发展成了一座充满魅力的欧式大都市。②

美国迁都华盛顿。1775年，美国独立战争爆发，1776年7月4日大陆会议所在地费城宣布了《独立宣言》，此后，大陆会议所在地一直在费城，这里成为美国最初的形式上的首都。1789年，美国联邦政府成立，4月30日，华盛顿在纽约就任美国第一任总统。当国会在纽约召开第一次会议时，人们再次提出建都问题，并发生激烈的争论。南北双方利益分歧，目的不一，都想把首都设在自己境内。经过一番激烈的争论，南北双方终于达成协议，决定把首都建立在南北方的天然分界线——波托马克河畔，并委托华盛顿总统在波托马克河畔选择一块约26平方公里的土地作为建设首都的永久性用地。总统选中了波托马克河与阿那考斯蒂河的汇合处，国会批准了他的选择。1799年，华盛顿总统去世，国会决定以他的名字为首都命名。华盛顿选中的这个地区正是马里兰州与弗吉尼亚州的交界处。国都选定后，一位名叫皮埃尔·郎方的曾参加过美国独立战争的法国工程师自告奋勇为这座城市进行规划设计。1800年，美国首都从费城迁到华盛顿。③

墨尔本在1901—1927年曾经是澳大利亚的首都，1927年澳大利亚迁都堪培拉。④ 澳大利亚迁都，主要是为了平衡联邦各州，首先是两个最重要的州——新南威尔士州和维多利亚州，尤其是这两个州首府就此发生的争执。因为澳大利亚联邦初建时，首都设在维多利亚州的墨尔本（当时是澳第一大城市），引起新南威尔士州的悉尼（当时澳

---

① 修朋月主编：《人类五千年大事典》，北方文艺出版社1999年版，第457—458页。
② 孙蕾主编：《俄罗斯历史问答》，外语教育出版社2014年版，第83页。
③ 陈佩雄主编：《世界通史》，中州古籍出版社2006年版，第379—400页。
④ 董晓峰等：《宜居城市评价与规划理论方法研究》，中国建筑工业出版社2010年版，第119页。

第二大城市）不满，要求迁都到他们那里。为解决这场争端，联邦政府不得不采取折中办法，于1911年通过决议，在这两个城市之间，选择适当地点，进行营建，然后把首都迁过去，这就是它现在的首都堪培拉。①

巴西首都原为里约热内卢，而巴西利亚在1956年前是只有几户人家居住的荒原，它位于巴西高原中部，离大西洋西海岸600英里。为了缩小区域经济的差别，带动巴西中西部经济的腾飞。1956年1月，巴西政府决定在巴西利亚建设新首都。1957年，新首都正式奠基。1960年巴西议会通过决议，正式迁都巴西利亚。1960年4月21日，政府部门由里约热内卢搬迁到新首都巴西利亚。②

1947年，当独立的巴基斯坦出现在世界上时，其第一大城市卡拉奇自然而然地成为年轻共和国的首都。然而，这座庞大的港口城市并非理想的首都所在地。卡拉奇虽然经济发达、交通方便，但它位于南部沿海，与广阔的内地相距甚远，从军事上讲也不符合国防的要求，因而，选择一个理想的首都之所便成为一个不可忽视的迫切问题。几经考察和论证，由专家组成的委员会最后把古城拉瓦尔品第东北10公里处的一块地方定为新都的选址，在新都建成以前，将首都从卡拉奇迁至拉瓦尔品第。1961年10月，新首都开始动工兴建，将其取名为伊斯兰堡，意即"伊斯兰教城"。1967年正式迁都，伊斯兰堡从此成为全国的政治中心。1970年，整个城市基本建成。③

德国首都由波恩迁至柏林。德国在重新统一时，就要不要迁都的问题发生了争论。赞成迁都的人认为柏林代表着德国的统一，迁都柏林可以加快东部与西部的融合；可以加快东部经济发展；可以进一步加强德国在东欧、东南欧的存在；可以使德国政治中心更接近欧洲中部，发挥欧洲地缘中心的桥梁作用。反对迁都的人认为：波恩代表着德国的成

---

① 刘伉：《说迁都》，《中国方域》2002年第6期。
② 辛向阳、倪建中主编：《首都中国：迁都与中国历史大动脉的流向》，中国社会出版社2008年版，第43页。
③ 朱惠康等编著：《各国首都》，知识出版社1994年版，第87页。

功,代表着与西方的结盟;搬迁需要花费巨额资金;柏林在历史上前科累累,让人想起两次世界大战和纳粹暴行,为了与德国历史上的黑暗告别,不宜把柏林作为首都。① 最终赞成迁都的人占了上风,在1991年6月20日的议会投票上最终通过了迁都柏林的议案。

缅甸首都由仰光迁到彬马那。彬马那是位于缅甸锡唐河上游河谷平原的一个县级小城,背靠勃固山脉和本弄山脉。在被定为新的首都后,其人口由5万人激增到15万人。从位置上看,彬马那位于缅甸首都仰光与中部的第二大城市曼德勒之间,与仰光、曼德勒的直线距离分别为320公里、250公里,比较靠近国家的地理中心。该城有公路和铁路与仰光、曼德勒相连接,交通相对而言比较方便。彬马那在缅甸现代史上有较大的影响。二战期间它曾是重要的抗日根据地,缅甸共产党1948年3月在此地召开过有20万人参加的农民代表大会,但被吴努政府宣布为非法组织。缅甸独立以后,彬马那的发展非常缓慢,迄今为止没有什么像样的工业,主要经济部门是农业、林业和畜牧业。"缅甸政府的新首都于2003年开始在一片荒原上破土动工,经过耗资数亿美元的建设后,到2005年彬马那的市政设施已初具规模,基本建成了领导人官邸、政府办公大楼、公务员住宅以及发电站、机场、医院、宾馆、程控电话甚至高尔夫球场等配套设施。同时一条仰光至彬马那的六车道高速公路正在修筑,仰光到彬马那的航班也将开通。彬马那新区占地10平方公里,市政工程全部完工后,完全可以容纳缅甸现政府的所有公务员来此办公。"②

在世界近现代史上,国家政治中心变迁成为一种普遍的现象。如表7-1:

---

① 孙广来主编:《世界百年风云纪实》第2辑,内蒙古人民出版社2006年版,第94—95页。

② 李全民主编:《德宏发展研究》,德宏民族出版社2007年版,第263页。

表 7-1　　近现代以来国外政治中心城市变化情况表①

	国家名	国家政治中心变化情况
亚洲	日本	京都（—1868）→东京（1868—）
	泰国	大城（—1767）→吞武里（1767—1782）→曼谷（1782—）
	菲律宾	马尼拉（—1948）→奎松城（1948—1976）→马尼拉（1976—）
	缅甸	曼德勒（1857—1885）→仰光（1949—2006）→彬马那（2006—）
	印度尼西亚	雅加达（—1946）→日惹（1946—1949）→雅加达（2006—）
	不丹	普纳卡宗（—1963）→廷布（1963—）
	巴基斯坦	卡拉奇（1947—1959）→拉瓦尔品第（1959—1967）→伊斯兰堡（1967—）
	土耳其	伊斯坦布尔（—1923）→安卡拉（1923—）
	哈萨克斯坦	克孜勒奥尔达（—1829）→阿拉木图（1829—1998）→阿斯塔纳（1998—）
	尼泊尔	廓尔喀（—1775）→加德满都（1775—）
	阿富汗	坎大哈（—1773）→噶布尔（1773—）
	伊朗	杜拉子（—1794）→德黑兰（1794—）
亚洲	印度	德里（—1849）→加尔各答（1849—1911）→德里（1911—1931）→新德里（1931—）
	阿曼	鲁斯塔格（—1792）→马斯喀特（1792—1834）→桑给巴尔（1834—1856）→马斯喀特（1856—）
	斯里兰卡	康提（—1833）→科伦坡（1833—）
	老挝	琅勃拉邦（—1893）→万象（1893—）
	柬埔寨	乌栋（1497—1867）→金边（1867—）
	马来西亚	吉隆坡（1896—2007）→布特拉贾亚（2007—）
	韩国	汉城（首尔）（—2012）→世宗（2012—）
欧洲	俄罗斯	圣彼得堡（—1918）→莫斯科（1918—）
	德国	柏林（—1949）→波恩（1949—1991）→柏林（1991—）
	立陶宛	考纳斯（1919—1940）→维尔纽斯（1940—）
	芬兰	图尔库（—1812）→赫尔辛基（1812—）
	意大利	佛罗伦萨（—1871）→罗马（1871—）
	希腊	纳夫普利翁（1823—1834）→希腊（1834—）
	阿尔巴尼亚	都拉斯（—1919）→地拉那（1919—）

---

① 吴殿廷、袁俊、常旭：《定都与迁都：兼论中国迁都问题》，东北师范大学出版社 2008 年版，第 274—276 页。

续表

	国家名	国家政治中心变化情况
非洲	科特迪瓦	大巴萨姆（—1934）→阿比让（1934—1983）→亚穆苏克罗（1983—）
	尼日利亚	拉各斯（—1975）→阿布贾（1975—）
	坦桑尼亚	达累斯萨拉姆（—1975）→多多马（1975—）
	乌干达	恩培德（1894—1964）→坎帕拉（1964—）
	乌拉维	松巴（—1975）→利隆圭（1975—）
非洲	摩洛哥	非斯（—1912）→拉巴特（1912—）
	尼日尔	津德尔（—1903）→尼亚美（1903—1911）→津德尔（1911—1926）→尼亚美（1926—）
	毛里塔里亚	圣路易（1903—1957）→努瓦克肖特（1957—）
	塞内加尔	圣路易（1872—1958）→达喀尔（1958—）
	马里	卡伊（—1908）→巴马科（1908—）
	几内亚比绍	博拉马（—1941）→比绍（1941—）
	喀麦隆	布埃亚（1884—1909）→雅温得（1909—）
	肯尼亚	蒙巴萨（—1905）→内罗毕（1905—）
	斯威士兰	曼齐尼（1890—1902）→姆巴巴内（—1902）
	科摩罗	藻德济（1841—1975）→莫罗尼（1975—）
	赞比亚	马兰巴（—1935）→卢萨卡（1935—）
	刚果	黑角（—1958）→布拉柴维尔（1958—）
	加纳	海岸角（—1876）→阿克拉（1876—）
北美洲	加拿大	金斯顿（1841—1844）→蒙特利尔（1844—1849）→多伦多（1849—1851）→魁北克（1859—1865）→渥太华（1865—）
	伯利兹	伯利兹城（—1972）→贝尔莫潘（1972—）
	牙买加	西班牙镇（—1872）→金斯顿（1872—）
	洪都拉斯	科马亚瓜（—1880）→特古西加尔巴（1880—）
	尼加拉瓜	莱昂（—1845）→格林纳达（1845—1858）→马那瓜（1858—）
	哥斯达黎加	卡塔戈（—1832）→圣何塞（1823—）
	危地马拉	安提瓜（—1776）→危地马拉（1776—）
南美洲	巴西	萨尔多瓦（—1763）→里约热内卢（1763—1960）→巴西利亚（1960—）
	阿根廷	巴拉那（—1862）→布宜诺斯艾利斯（1862—）
	玻利维亚	苏克雷（—1898）→拉巴斯（1898—）
	哥伦比亚	库库塔（—1898）→圣菲波哥大（1821—）
	委内瑞拉	巴伦西亚（—1817）→玻利瓦尔城（1817—1830）→加拉加斯（1830—）

续表

	国家名	国家政治中心变化情况
大洋洲	澳大利亚	墨尔本（1901—1927）→堪培拉（1927—）
	新西兰	奥克兰（1841—1865）→惠灵顿（1865—）
	斐济	赖武卡（—1882）→苏瓦（1882—）

由表 7-1 可以看出，在世界近现代史上，政治中心城市迁移的案例在六大洲均有发生（南极洲无人居住），可见政治中心变迁已经是一种普遍现象。造成政治中心迁移的原因多种多样，总结起来主要有以下几种：1. 因政治原因而进行的政治中心迁移。如俄国沙皇为进行西化改革，从莫斯科迁都圣彼得堡；日本明治天皇为进行革新，决定迁都东京等。2. 为了发展经济而进行的迁都。如巴西为了带动内地的经济发展，把首都由里约热内卢搬迁到新首都巴西利亚等。3. 为寻求合适的地理位置而进行的迁都。如巴基斯坦把位于南部沿海的首都迁到内地的伊斯兰堡；缅甸把首都从仰光迁到彬马那等。4. 多种因素兼有的原因而进行的迁都。如君士坦丁为了适应政治、经济以及宗教形势发展的需要，把首都从罗马迁到君士坦丁堡；但无论由于何种原因而迁移政治中心，一般都会将政治中心迁移到经济发达、交通方便的地区，既便于对其所管辖地区进行控制，又有利于发展经济。

（二）国内政治中心城市变迁

在中国历史上，政治中心变迁的事例不胜枚举，我们仅列举几次比较重要的政治中心变迁事例。

公元前 14 世纪，商王盘庚把都城从淹（山东曲东）迁到殷（河南安阳西北）。商王盘庚经过一番努力，挫败了反对势力，带着官员、平民和奴隶，渡过黄河搬迁到殷（河南安阳）。在殷地安定下来以后，盘庚便着手进行政治改革，他严令大臣按法令行事，奖罚分明，并努力发展生产。几年后，殷地成了一个繁荣的大都市，已滑向颓废的商王朝又转回到兴盛的道路上。从那以后，商朝再也没有迁都，所以商朝也被称为殷朝或殷商。盘庚迁都，使商朝迎来了政治、经济、文化辉煌灿烂的新时期，中原民族也迎来了古代文明的新高峰。①

公元前 770 年，周平王把都城从镐京（今陕西西安）迁到洛邑（今河南洛阳）。周朝原来的都城镐京，经犬戎之乱后，残破狼藉。公元前 770 年，少数民族犬戎攻破镐京，经大肆掠夺后，一片狼藉，无以成都。镐京已处于西北戎人的威胁之下，而周朝兵力又不强，迁都实为躲避少数民族"戎人"的侵袭。周王室在进入西周中期后，权势逐渐衰弱。与此同时，西北地区的戎狄，特别是犬戎却日益强大起来。②为避开犬戎，摆脱困境，在公元前 770 年，周平王把都城从镐京迁到洛邑。

公元494年，北魏孝文帝拓跋宏把都城从平城（今山西大同）迁到洛阳；农业经济已较发达的中原地区，逐渐成为北魏主要产粮基地。所以从关外贫瘠的平城转移到中原经济中心，已是当时经济发展的客观要求。而且，平城长期作为北魏都城，功勋公老多居于此，保守势力十分强大，他们拒不接受先进的汉族文化，因循守旧，给北魏社会发展造成阻碍。因此，从摆脱保守势力的束缚这一点来说，迁都也是当务之急。孝文帝统治时期，虽然北魏军事实力已逐渐衰落，但孝文帝却抱有消灭南朝、统一全国的雄心。孝文帝说：迁都洛阳的理由是"经营天下，期于混一"。所以，从军事上说，平城作为国都也已远远不能适应形势了。当时新都选择地点有二，一是洛阳，一是邺城。洛阳是汉族政治文化中心，汉、魏、西晋都曾建都在此，是所谓"中夏正音"所在之地。邺城则是中原最富庶的地区，集中了北方财富，是河北主要的粮食和丝、棉产地。单纯从经济意义上说，邺城要胜过洛阳一筹；但从吸收汉族文化的角度看，洛阳要比邺城优越。孝文帝最后把新都定在洛阳。③

公元1141 年宋金议和以后，金海陵王完颜亮为统一江南，加速全国的封建化过程，更好地学习中原地区先进的经济、文化，命渤海人张

---

① 龚勋主编：《中华上下五千年》上卷，北京出版社 2014 年版，第 12 页。
② 诸葛文编著：《图说春秋三百年》，黄山书社 2012 年版，第 2 页。
③ 张国安：《魏晋南北朝史》，人民出版社 2013 年版，第 221 页。

浩在燕京营造都城，贞元元年（1153），将金国的政治、军事、经济中心从都城会宁（今黑龙江阿城县南）迁到燕京（今北京），改名中都，这就是金代史上的"海陵南迁"。①

公元1272年，元世祖忽必烈把都城从上都开平府（在北京以北约300公里）迁到燕京，改名大都。忽必烈取得政权后，蒙官霸突鲁向忽必烈建议："幽燕之地，龙盘虎踞，南控江淮，北连朔漠，欲经营天下，驻跸之所非燕不可。"② 为了完成消灭南宋、统一天下的雄心壮志，随着军事的胜利进展，南移政治中心，既适应统一王朝的新形势，又利用了燕京优越的地理位置。忽必烈最终听从建议把都城从上都开平府迁到燕京。

公元1421年，鉴于北京地理条件优越，明成祖朱棣把都城从应天（今江苏南京）迁到北京。北京"左环沧海，右拥太行，南襟河济，北枕居庸……关口上下百十，而居庸、紫荆、山海、喜峰、古北、黄花镇险厄尤著。会通漕运之利，天津又通海运，诚万古帝王之都。"北京又是明成祖朱棣经营多年的根据地，朱棣发动"靖难之役"，取代其侄子建文帝之前，北京曾是他的燕王封地，其亲信、势力也大多集于此地。迁都北京可以摆脱南京反对派旧臣的牵制，同时也是为了加强北方的军事防御力量。当时盘踞在漠北的蒙古各部，屡屡骚扰明朝边境，给明朝造成极大的威胁。以南京为都城来应付蒙古势力卷土重来的严重威胁，必然有鞭长莫及之危险；而北京地处北方咽喉要地，迁都北京，实行"天子戍边"，既可以加强对蒙古的防御和抗击，又可以加强对东北和西北地区的管理和控制。③

后金夺取了辽东大片土地后，公元1618年，努尔哈赤把都城从赫图阿拉（今辽宁新宾）迁到沈阳；后金天命十年（1625），努尔哈赤定都辽阳的3年之后，再次决定迁都。此次是从辽阳迁至沈阳。当时目光

---

① 张新国编著：《中国通史》，时代华文书局2014年版，第253页。
② 谭新生：《北京通史》，南开大学出版社2004年版，第215页。
③ 李楠主编：《中国通史》第12卷，河南大学出版社2006年版，第2746页。

短浅的女真族王公大臣们仍如当年迁都辽阳一样，发出一片反对声。努尔哈赤一如既往，又一次以他的远见卓识说服了大家。据载，当时努尔哈赤向大家解释说："沈阳交通便利，是个四通八达的地方。如果从沈阳出兵攻打明朝，从都尔弼（今辽宁彰武）渡辽河，道路又直又近。若向北攻打蒙古，不过两、三天的路程。若是向南攻打朝鲜，从清河路走，也非常便利"；"沈阳浑河通往苏克苏浒河，可顺水而上伐木，然后木材顺流而下，不可胜用；出游打猎，山近兽多，还有河中之利。我考虑已久，所以才打算迁都，这么好的地理条件，你们怎么会不同意呢？"其实，根据当时的形势看，后金国占有的土地成倍扩大，南至鸭绿江，与朝鲜相邻；北到嫩江，与蒙古接壤；西过辽河，与明朝对峙。因此，后金正处于这3股势力的包围之中。既然努尔哈赤把夺取明朝的天下作为自己的"射天之志"，那么沈阳便理所当然地成为实现这一远大政治目标的形胜之地了。因此，努尔哈赤决心不惜"一时之劳"，"惟远大是图"，迁都沈阳。①

公元1644年，清军入关进占北京，由于北京优越的地理位置，燕为"京都之首选"已不言自明，时人皆称京师"诚万古帝王之都"；同时出于实现统一全国的大业以及巩固统治的需要，清摄政王多尔衮最终决定迁都北京。但有些满族官员仍留恋东北故土，反对迁都，他们认为留下军队驻守北京即可，大军应该班师回朝。多尔衮严肃地说："先皇在世时曾不止一次说过，如果得到北京，应马上迁都，以图进取。况且现在人心未定，不可轻易放弃北京。"1644年10月，顺治帝将都城迁到北京，多尔衮以小皇帝的名义发布了诏书。从此，清朝成为统治全国的大清帝国。②

可见，政治中心变迁在我国也十分普遍，并且历次变迁都产生了较大影响。中国政治中心城市变迁除了具有国外一些政治中心城市变迁的相同因素外，也具有自身的特点。中国在政治中心城市的选择上，尤其

---

① 白玉林、曾志华、张新科主编：《清史解读》上册，华龄出版社2007年版，第10页。
② 王星智、张兰菊编著：《中国简史》，中国文史出版社2014年版，第340页。

重视军事、地理、经济等因素。首先要优先选择周边有险要地势、便于防守的城市，以保证自己的安全。其次要处于相对的地理中心、交通便利，既便于对全国进行有效控制，又便于从全国获得财富和物资。再次首都及其周围地区经济要相对发达，便于养活首都庞大的官僚机构、军队以及城市人口。中国古代政治中心变迁的一些案例恰好说明了这一点，如周平王把都城从镐京（今陕西西安）迁到洛邑（今河南洛阳），北魏孝文帝拓跋宏把都城从平城（今山西大同）迁到洛阳，忽必烈把都城从上都开平府迁到燕京（今北京），明成祖朱棣把都城从应天（今江苏南京）迁到北京，努尔哈赤把都城从赫图阿拉（今辽宁新宾）迁到沈阳等。这些迁都有各个朝代自身的特殊性，而其中洛阳、北京、沈阳等城市优越的地理位置、便利的交通条件、较为发达的经济是吸引当时的统治者迁都的共同特点。

（三）政治中心城市变迁的影响

总结古今中外的政治中心城市变迁，我们可以发现以下共同点：

1. 成为政治中心的城市，其发展则会受到统治者的重视，它们能够依靠行政的力量在短期内积聚起大量资源，从而获得较快发展。如抗日战争时期的重庆：为躲避日本军队进攻，1937年11月20日，国民政府发表迁都宣言："国民政府兹为适应战况，统筹全局，长期抗战起见，本日移驻重庆，此后将以最广大之规模，从事更持久之战斗，以中华人民之众，土地之广，人人本必死之决心，继续抗战，必能达到维护国家民族生存独立之目的，特此宣告，惟共勉之。"① 重庆作为西南内陆城市，在抗战前其他地区经济的发展和城市规模的扩大较为缓慢；抗战爆发后定为陪都，一跃成为全国政治中心。大批厂矿、商贸团体内迁，城市人口遂于短短数年之内骤增至130万，商业贸易日趋繁荣，工业产值跃居大后方之首，重庆成为支撑抗战的重要物资基地。到1945年全市工业企业增加至1690家，职工10.65万人。工厂数占当时国统区的28.3%，占西

---

① 张天社：《中国抗战纪略》，西北大学出版社2014年版，第85页。

南地区的51.1%，占四川的70.94%；资本额占国统区的32.1%；职工人数占国统区的26.9%。这样短期内发展出来的城市繁荣无疑是城市地位的大幅度提升带来的。① 可见，重庆成为陪都后的繁荣是与其城市地位的提高密切相关的，其经济迅速发展是靠大批厂矿、商业以及人口的迁入来实现的。这也充分证明了政治中心对资源集聚的巨大力量。

2. 失去政治中心地位的城市，由于其城市政治功能的丧失或城市地位的下降，集聚资源的力量受到削弱，往往发展较慢，或者从此衰落。我们仍以重庆为例。抗战结束后，1946年4月30日，国民政府颁布还都令，定于5月5日正式还都南京。随着政治中心的东移，政府又很快将重庆这些资源迁出。大批厂矿和商业团体的东迁，加之随之而来的国内战争，这不可避免地导致重庆走向衰败。② 可见，失去政治中心的地位，也意味着资源积聚力量的削弱和资源的流失，不可避免地带来城市发展的衰落。

二 区域政治中心变迁与城市发展关系

（一）河南区域政治中心变迁的历史经验

1954年河南省会由开封迁郑州，是在特殊的历史时期发生的一项重大事件。清朝晚期，在开封被大水围城的危急时刻，清朝最高统治者道光帝曾经提出过迁河南省会，但面临地方官员及绅士的阻挠，最终迁移未果。而相比之下，在中华人民共和国建立初期，河南省会由开封迁郑州竟能进行得很顺利，这里面的原因在于：

其一，所处的历史时期不同。在清朝晚期，开封作为清朝河南省省会已近200年，其地位已经相当稳固，绅士和官员在开封已经形成稳固复杂的利益，省会搬迁，必然会对他们的利益带来损害，他们自然反对迁移。且由于历史惯性的作用，开封作为河南传统的政治中心，在人们

---

① 何一民主编：《近代中国衰落城市研究》，四川出版集团巴蜀书社2007年版，第225—226页。

② 同上。

心中的地位已经很稳固，猝然迁移，必然招致开封官绅以及百姓心理的反弹，他们自然也会反对迁移。在新中国建立初期，旧势力已经被打倒，人民群众对新政权拥有无比的信任。相比于旧政权，新政权往往有不同的发展思路，若进行大胆的改革，人民群众对此也比较容易接受。由于新政权的发展方向是社会主义，经过土地改革、"三反五反"、公私合营等运动，与开封省会地位有着巨大相关利益的地主阶级已经被消灭、资产阶级已经被边缘化；而普通的小市民阶级又由于自身的觉悟与知识的限制，缺乏应有的话语权，他们很难提出系统的反对迁省会的理由。在革命战争中，形成的一元化的领导体制，使领导层往往具有至高无上的权威，河南省当时的两位主政者张玺、吴芝圃形成了相同的观念之后，迁移河南省会很快形成了高层的决议，在当时特殊的历史背景下，这一决议很快得到中南局以及政务院的支持，进而形成必须执行的政策。即使有反对的声音，也很快被压制。如1957年7月河南省委召开党代会，当时的开封地委和开封市委都在会上发表了一些不合时宜的意见，甚至出现了"省会都迁郑州了，为什么还把铁塔留在开封"的言论，"当然，开封的这些'小动作'受到了驳斥，最后地、市领导都做了检讨"。① 在当时的历史背景下，河南省委、省政府的主要任务是恢复国民经济、打击敌特分子、巩固新生的人民政权，所以对于省会的迁移，只是为完成上述目标的一个有利的步骤，对于当时河南的主政者来说，算不上一件很大的事。又加上新政权刚刚建立，出于稳定的考虑，河南省会由开封迁郑，从1951年申请开始，直到1954年，此期间这一决定在河南各级报纸上几乎没有被宣传，直到1954年，省会迁郑前的半年内，在报纸上才有消息被宣传。

其二，计划经济的巨大力量。晚清时期，河南省会迁移没有成功的原因之一是经费问题，因为迁移新省会，意味着再造一座新城，在当时小农经济的社会背景下，这些支出几乎是无法承担的。而新中国建立初

---

① 《档案解密：河南省会从开封到郑州大搬迁》，《大河报》2010年4月14日第A06版。

期，当时的河南，刚刚从战争中走过来，也是一穷二白。要迁移省会，建造郑州这样一座新兴的工业城市，显然也是没有力量的。但从1952年开始，国家开始逐步进入计划经济时期，河南省主政者把郑州市列为重点建设城市，从而巧妙地使国家投资向这个城市进行显著的倾斜，使苏联的部分援助项目落实到郑州市。在行政力量的主导下，在建设热情的感召下，全国各地的优秀人才、全省的优秀人才向新兴的省会城市集中，同时随着各级省直属机关的迁郑，郑州市的实力迅速增强，从而郑州才得以迅速成长为河南省的政治、经济、文化中心。计划经济的力量解决了省会迁移的经费问题，没有计划经济的大环境，在当时的历史背景下，河南地方政府是很难承担建设一个新郑州的经费压力的。

（二）区域政治中心变迁与郑汴两市发展关系暨规律总结

区域政治中心变迁意味着区域政治中心的转移，而区域政治中心是城市发展资源的集聚中心，区域政治中心的转移，也意味着城市发展资源集聚中心的转移。"即一个城市的发展规模和发展速度与其行政地位的高低成正比。"行政中心城市相对于一般城市更易在短时期内聚集大量的人口、物资、信息等资源，并且这种聚集力与城市行政级别成正比关系，因此行政中心城市往往能够获得优先发展。① 这主要是源于国家权力消解城市权力的城市化道路，在二者关系上，具体表现为二者的同构；而城市权力与国家权力有明确分野的城市化道路，则往往表现为二者的异构，且该种道路持续的时间越长，同构或异构越典型。②

所谓政区体系与城市体系的同构，是指国家内部的城市发展及其相应城市体系状况直接与国家公共权力（尤其是行政权力）的空间配置方式有关。在高度集中的权力配置机制下，一方面，城市发展的动因受到国家权力的强烈干预和影响，由于城市自身权力匮乏，只能依赖由国家配置的公共权力作为城市集聚的引力源，这使得城市发展严重依赖于

---

① 何一民主编：《近代中国衰落城市研究》，四川出版集团巴蜀书社2007年版，第224页。

② 范今朝：《仁政必自经界始——中国现当代城市化进程中的行政区划改革若干问题研究》，浙江大学出版社2011年版，第98、100页。

国家权力（尤其是行政权力），一旦缺乏国家权力（未作为政区治所或高等级治所），则自身发展动力严重缺乏，致城市萎缩；另一方面，公共权力高度集中于各级治所所在地的城市，那么，相应地区，政区等级越高，权力集聚越多，则城市发展动力越强，规模也越大，进而导致城市体系与政区体系高度一致。中国自秦代统一后，国家权力完全消解了城市权力，直至清末，都走的是一条"国家权力消解城市权力"的城市化之路。因此，古代阶段的城市体系与政区体系高度同构。近现代的1840年至1949年间，由于外力作用（期间，如西方人在中国租借土地，建立租界，相对于中央政府、中国政府而言，租界处于自治和分权状态），国家权力衰落，城市化道路随之转向，开始发生变化，但主要集中在外力作用最明显的东南沿海地带，内地触动不大，突出表现在上海的迅速崛起和沿海港口城市的迅速发展，而与内地城市呈现出二元结构的态势；城市体系与政区体系开始偏离，显示出异构的趋向。但1949年后，国家权力再次消解了城市权力，中国城市发展又开始回归二者的同构状态。① 学者宁越敏指出："1949年以来的中国城市规模分布还受到经济体制的深刻影响。在传统的计划经济体制下，所有决策层集中到中央政府，然后通过各级行政机构层层下达执行，这样，我国行政中心城市的发展一直很快。"② 由此可见，在计划经济体制时期，中国是"政治中心城市优先发展"最为典型的国家。

自1952年郑州市被确定为河南省省会后，郑州市获得了快速的发展，迅速成长为河南省的政治、经济、文化中心。主要原因有三点：

其一，依靠省会政治中心功能，集聚资源。在"一五"计划期间，国家以及河南地方政府在郑州市进行了大量的基本建设投资，一些原有的工厂被扩建，如纺织机械厂等。更主要的是大量工厂的兴建，如郑州电厂，国营一、三、四、五、六棉纺厂，郑州市砂轮厂等的建设，极大

---

① 范今朝：《仁政必自经界始——中国现当代城市化进程中的行政区划改革若干问题研究》，浙江大学出版社2011年版，第98、100页。

② 宁越敏等：《中国城市发展史》，安徽科学技术出版社1994年版，第544页。

地增强了郑州市的经济实力。在教育方面,随着1956年郑州大学的兴建,高等教育从无到有,到1959年已经发展到17所大学;中等教育随着大批中等专业学校的兴建,从原有的1所发展到17所;同时随着政府对基础教育投资的加大,基础教育也获得了较大的发展。在文化方面,新建了河南工人文化宫等基础文化设施。在医疗卫生方面,新建了河南工人疗养院、卫生厅综合医院、妇产科医院等具有现代化医疗水平的医院。同时,在郑州市的建设过程中,在行政力量的支配下,大批优秀的技术工人和管理干部从上海、武汉等城市抽调支援郑州市,郑州市在新建大批工厂的同时,也培养了大批熟练的技术工人,这些为郑州市的发展提供了宝贵的人力资源。

其二,原有政治中心资源迁移新的政治中心。由于河南省省会由开封迁郑州,在经济方面,一些省属企业也随省会迁郑,如河南省油脂公司、河南省保险公司等。在文化方面,一些文化机构和科研院所随省会迁郑,如省文联、河南省图书馆等,大批优秀的文化艺术科研人才随省会迁郑州,极大地增强了郑州市发展文化事业的力量。在教育方面,河南农学院、河南医学院、河南中医进修学校随省会迁郑州,使郑州市的高等教育力量大大加强。在医疗卫生方面,河南省人民医院随省会迁郑州。同时,1954年河南省直属机关连带家属3万多人陆续由开封迁郑州,由于这些群体大部分人员属于公务员、企事业单位人员,消费水平也较高。因此,这些因素有利于提升郑州市的整体消费水平,从而促进商业、服务业的发展。同时由于这个群体整体文化素质较高,这也有利于优化郑州市的人口结构。

其三,区域政治中心城市对于各种资源具有天然的吸引力。如郑州粮食学院在选择建院工程中主动选择靠近省直机关的郑州市建院。同时作为省会所在地,省的领导机关在政治、经济、文化等各方面的活动都很自然地以此为中心,全省的城市和农村与省的联系都会集中到此地。① 省会

---

① 《欢迎省会迁郑 为国家社会主义工业化而奋斗》,《河南日报》1954年11月1日第2版。

成为全省资源的聚集地，自然发展较快。

城市地位的下降将直接导致城市建设投入的减少和发展优势的丧失。总结开封丧失区域政治中心地位以后，城市发展滞缓，主要有以下原因：

其一，由于省会迁走，因而城市行政地位降低，即由省会城市降低为地区级城市。国家以及河南地方政府对之关注和投入随之相应减少。在"一五"期间，开封市没有被确定为重点建设城市，几乎没有大的建设项目，发展主要靠自身资金积累。

其二，省会迁走，大量省属的经济、文化、教育、卫生等机构随省会迁郑州，这极大地削弱了开封市城市发展的力量。

其三，开封市在"一五"期间属于非重点建设城市，按照当时支持重点建设城市的原则，开封市要抽调一部分人力、物力支援重点建设城市郑州市、洛阳市的建设。

其四，开封市由于丧失了省会城市的地位，以及经济发展的滞后，在吸引人才上存在更多困难。

由此可见，在计划经济体制下，城市发展缺乏自主性，受到国家计划的严格控制。通过郑州市与开封市的对比，我们可以看出，郑州市的迅速崛起主要是靠行政力量的干预，靠行政力量在短时间内聚集大量的人力、物力、财力资源，从而得以迅速发展。城市依靠自身权力聚集资源，即引进投资以及进行自身资金积累等方面，在此时期所起的作用是相当有限的。开封市发展的滞缓则是由于其丧失了省会城市的地位，失去了聚集资源的能力，从而失去了原有发展的主要动力——行政力量的推动。

所谓政区体系与城市体系的异构，是指国家内部的城市发展及其相应城市体系状况虽然与国家公共权力（尤其是行政权力）的空间配置方式有关，但二者相关度不大。在国家权力空间配置相对分散的情况下，国家权力往往未能（被动）或不愿（主动）消解城市权力，城市发展动因除了与国家公共权力有关外，城市自身权力对城市发展的作用凸显出来,并产生强烈影响,从而使得城市发展可以依赖多种权力作为引力源;缺乏国家权力(未作为政区治所或高等级治所)并不必然导致城市发展动力缺乏,因而也并不必然致使城市不能迅速生长。这样,城市的发展规模就不与国家权力的配置有直接关系,城市体系与政区体系就会发生偏离,即导致二者异构。中国在近代一度也走上了异构的道路;当然,并非国家主动为之,而是外力所迫,迫使国家不能消解城市权力,所以在外力消失后,又回归传统。[①]

自1978年党的十一届三中全会召开后,国家为了发展经济,逐步发展商品经济以至于确定社会主义市场经济体制;由于中央政府的放权,地方城市发展有了一定的自主性,如沿海城市和经济特区深圳等城市的发展,这些城市可以在国家允许的范围内依赖多种权力作为引力源,如吸引更多外资等,从而使城市即使处于非区域政治中心也能获得快速发展。但是也要看到,我国的国家体制是单一制体制,即指由若干不享有独立主权的一般行政区域单位组成统一主权国家的制度,而单一制国家又可分为中央集权型单一制国家和地方分权型单一制国家,而我国则属于中央集权型单一制国家,地方政权在中央政权的严格控制下行使职权,因此全国政治中心享有支配资源的绝对优势,然后依次是省级区域政治中心、地区级区域政治中心、县级区域政治中心等。每级行政中心在本辖区内享有支配资源的相对优势。因此,总体上表现为政区体系与城市体系的同构为主、异构为辅这样一种局面。这也表明了现阶段我国区域政治中心城市依然能够优先得到资源配置,依然能保持中心城市地位。现阶段,区域政治中心支配资源的方式作为一种促发展的手段经常被使用,许多城市兴建新城区,为了能促进新城区的快速发展,往往也把政府机关迁到新城区。政府机关的迁入,首先使新城区增加了人口。其次,稳定了人心,将吸引更多的资金以及人口。再次,政府也便于在建设项目上给予新城区更多的投入。可见,区域政治中心支配资源

---

① 范今朝:《仁政必自经界始——中国现当代城市化进程中的行政区划改革若干问题研究》,浙江大学出版社2011年版,第101页。

的方式在当今中国的城市发展中依然起着重要的作用。

在当代，随着我国经济的快速发展和市场经济体制的逐步成熟，也出现了一些有利于非主要区域政治中心城市发展的因素。这是因为一些省会城市过度发展，也出现了一些大城市病的问题："省会城市作为省域内多个中心的重合，长期处于超载状态，交通拥堵、人口膨胀、房价居高、公共资源挤占、人均基础公共设施不足等问题逐渐暴露。"① 区域经济学认为：当区域中产业过度集聚产生集聚经济时，就会产生扩散。② 因此，当今省会城市在发展的过程中，也出现了一种"中心分离"③ 的现象，即在计划经济时代作为全省政治、经济、文化、交通中心等多种功能汇聚的中心城市，其功能要素逐渐向省域内各个城市转移、分离、扩展的现象。这种中心分离主要有两种方式：其一是省会的部分功能向省内部分城市转移，单纯的政治、经济、文化等中心在本省域范围内出现，改变以往计划经济时代省会城市集政治、经济、文化多中心合一的状况。其二是省会的部分功能向周边区域扩散，如把省会的一部分行政机关转移到周围的卫星城。在当今河南的中原城市群发展战略中，明确把开封、洛阳定位为副中心，并"将开封作为郑州都市圈的功能城市，将郑州的部分教育职能逐步向开封转移，在郑州不再增加高等教育用地，使开封成为郑州都市圈的教育基地，实现一体化发展。"④ 这对于失去省会地位的开封来说，将是一种新的发展机遇。

（三）区域政治中心变迁与中原城市群、郑汴一体化发展战略关系

在20世纪50年代早期，河南省政府面临着3项重要的建设任务，即治理淮河、治理黄河和迎接大规模经济建设。由于河南工业城市、矿

---

① 黄卫平、汪永成主编：《当代中国政治研究报告》第13辑，社会科学文献出版社2015年版，第89页。
② 郝寿义、安虎森：《区域经济学》，经济科学出版社2004年版，第15—29页。
③ 黄卫平、汪永成主编：《当代中国政治研究报告》第13辑，社会科学文献出版社2015年版，第90页。
④ 《河南省全面建设小康社会规划纲要》，《河南日报》2003年8月20日第1版。

产资源以及淮河、黄河分布的特点,因此工作的重点置于豫南、豫北、豫中和豫西,开封市所在的豫东是没有大的建设任务的。作为河南的领导机关,要充分发挥领导、协调和支援功能,很多时候领导干部要亲临一线调查研究,而开封市处在豫东这样的位置,显然在领导工作上是不方便的,不利于更好地完成中华人民共和国建立初期河南的巨大建设任务。而郑州市处于河南省北部适中位置,又处于交通枢纽,同时京广线连接北京和中南军政委员会,火车朝发夕至。这对于河南省委、省政府来说,无论是联系上级领导部门还是指导河南的建设任务均较为方便,对成功领导河南省完成"一五"计划也是很有利的。1954年10月河南省会由开封迁郑州,基本实现了其迁省会的目的。在淮河治理上,豫南一系列水库的建设,使淮河的洪水得到了控制。治理黄河的三门峡水库工程的上马,形成了三门峡市。对煤炭资源的开发,形成了焦作、鹤壁和平顶山3个新兴城市。因此,在河南省"一五"计划末期,河南省共新兴了4个省辖市。同时,在"一五"期间,郑州市南部的许昌、漯河等中小城市也得到发展,西部的洛阳和北部的新乡等老工业城市实力进一步增强。开封市则由于受省会迁走的影响,且又是非重点建设城市,经济发展相对滞缓。

从河南省"一五"计划的完成上,可以看出河南省省会由开封迁至郑州达到了其原来的目的,基本上完成了治理淮河、黄河与经济建设这3项建设任务,并对河南省的城市以及国家的城市发展产生了深远的影响。

其一,在城市布局上,形成了以郑州为中心的国家发展战略中原城市群的历史基础。中原城市群即以郑州为中心、以一个半小时交通为半径,包括洛阳、开封、新乡、焦作、许昌、平顶山、漯河、济源在内的9个城市。中原城市群项目从2004年8月正式启动,历时1年多,于2005年12月完成。其未来15年(2006年—2020年)的发展规划展开研究项目于2006年在北京通过了专家评审。当时的中原城市群概念包括河南9个地级市在内,下辖14个县级市、34个县。这9个城市也自然成为中原城市群的核心区：土地面积虽然只占河南省总面积的35.1%，但其人均生产总值高出全省近37个百分点，城镇化水平比全省平均水平高出8.8个百分点。中原城市群远景目标定为：争取在2020年前后成为河南省经济发展的龙头；建成全国重要的先进制造业基地、能源基地和区域性现代服务业中心、科技创新中心，经济与人口、资源、环境相协调的发展格局基本形成；2020年人均生产总值超过5000美元，第二、三产业比重超过95%，其从业人员达到70%，城镇化率超过65%，确立在中西部乃至全国城市群中的重要地位。与国内其他城市群相比，中原城市群的优势主要有以下几点：一是地理位置优越，承东启西，连南贯北；中心城市郑州北距北京、南距武汉、西距西安、东距济南均在400公里以上。二是交通便利，铁路、高速公路均呈网络状，京广线、陇海线呈"十字形"在郑州交会，北有新菏铁路、西有焦枝铁路、南有漯平铁路，京珠、连霍高速公路穿境而过，且有10多条高速公路在建或待建。三是城市密集度和人口密集度都比较大。[①]2016年12月28日国务院发布通知称，原则上同意国家发改委报送的《中原城市群发展规划》，这意味着中原城市群正式上升为国家战略。通知中提到，"河南、河北、山西、安徽、山东省人民政府要切实增强政治意识、大局意识、核心意识、看齐意识，加强组织领导，密切协调配合，落实工作责任，完善工作会商推进机制，抓紧制定实施方案和专项规划，依法落实规划明确的主要目标和重点任务。"因此，中原城市群范围不仅涵盖河南省18个省辖市，还包括周边4省12个城市，即"河北省邯郸市、邢台市，山西省长治市、晋城市、运城市，安徽省宿州市、淮北市、阜阳市、亳州市、蚌埠市，山东省聊城市、菏泽市"。可见中原城市群，并不再仅仅局限于河南一省，从2003年中原城市群首次提出的9个城市概念，到如今，范围进一步扩大，中原城市群已经

---

① 李杰、曲昌荣：《以郑州为中心、一个半小时交通为半径，包括洛阳、开封、新乡、焦作、许昌、平顶山、漯河、济源在内的9个城市，有个响亮的名字——"中原城市群"，九城兴中原》，《人民日报》2006年4月20日第6版。

是国家战略之一，与京津冀、长三角、珠三角、长江中游城市群等同样为国家级城市群，同时郑州市也获得国家赋予建设国家中心城市的支持，① 这就赋予了中原城市群新的意义。中原城市群的历史基础是建立在新中国建立初期河南省会西迁郑州的基础之上的。省会迁郑，河南省会才有了今天的交通区位优势。自20世纪50年代以来郑州市周边城市的兴起与发展，形成了今天河南省中原城市群的基础。没有省会西迁，也就没有今天中原城市群的布局。

省会西迁，带来的不仅是中原城市群的优势，其劣势也是受历史因素影响的，如：更令人担忧的是中心城市郑州首位度低，辐射带动作用小。尽管郑州的GDP已经实现3年翻一番，2005年的一项统计显示，武汉市的GDP占湖北省的30.8%，长沙占湖南省的20%，而郑州仅占河南省的15.6%，河南省副省长张大卫担心："如果河南的中心城市不够强，集聚带动作用不足，那么周边其他'恒星'就将强力吸纳河南的资源、资金，形成发展的'离心化'甚至经济要素的'失血'问题。"② 郑州的首位度底，辐射带动作用小，显然是历史因素造成的，郑州市毕竟是从一个小城市发展起来的，虽然成为省会后发展较快，但相比较武汉、长沙等老省会城市，毕竟基础薄弱，追赶尚需要时间。这也是导致郑州今天作为龙头城市首位度仍不高等问题的主要原因。

其二，郑汴一体化。1954年河南省会由开封迁郑州，对开封市的经济、文化、教育发展产生了极大的影响。经济长期发展滞后，文化教育投入较少，使开封市这座历史文化名城一度沉沦。好在这种现象至今已经被人们所认识，国家正在努力采取措施予以改变。2005年，美国

---

① 引自国务院《国务院关于中原城市群发展规划的批复》国函〔2016〕210号，主体分类：国民经济管理、国有资产管理\宏观经济，网站：www.gov.cn，发布日期：2016年12月30日。国家发展与改革委员会《关于印发中原城市群发展规划的通知（发改地区〔2016〕2817号）》及附件《中原城市群规划》，网址：http://www.ndrc.gov.cn/zcfb/zcfbtz/201701/t20170105_834444.html，发布日期：2017年1月5日。

② 李杰、曲昌荣：《以郑州为中心、一个半小时交通为半径，包括洛阳、开封、新乡、焦作、许昌、平顶山、漯河、济源在内的9个城市，有个响亮的名字——"中原城市群"，九城兴中原》，《人民日报》2006年4月20日第6版。

记者克里斯托夫发表在《纽约时报》评论版的《从开封到纽约——辉煌如过眼烟云》一文,以开封作为"衰落典型"而轰动全球。人们再次把目光聚焦到这个曾经有着辉煌历史的衰败城市,并引发了新一轮的思考。相比 1994 年《经济日报》热议"开封现象",这次冲击波更大,直接导致了上层领导对开封城市的重大决策,开封的发展机遇来了。时任河南省委书记的徐光春在读过此文后,旋即批示:"要把开封建设好、发展好,使之成为现代化的城市,要采取特殊措施促进开封的发展,把振兴开封作为河南省'十一五规划'的重点来实施。"随后,在中原城市群总体规划中,"郑汴一体化"被作为"中原城市群建设的突破口、郑汴洛工业走廊的重要支撑",开封的发展被提升到了前所未有的战略高度。① "中原城市群要发展,优先推动郑汴一体化!"——在河南,这已经成为一个共识。由于开封市中心距郑州市中心 72 公里,两城市边界处相隔不足 40 公里,属于 45 分钟通勤圈,在郑州的极化效应下,大量要素流向郑州。如果这种情况不及时改变,那么开封的发展将会受到严重的制约。所以开封要扬长避短,通过与郑州经济一体化,吸引和利用郑州的各种要素,促进开封的发展。② 不仅河南地方政府对开封城市的发展极为重视,对于开封市的发展,中央也是极为重视的。2005 年 5 月 30 日,国务院批准调整开封市市辖区和开封县部分行政区划。其中,将开封市郊区更名为金明区,将龙亭区的梁苑街道、鼓楼区的城西街道和开封县的杏花营镇划归金明区管辖。2014 年 9 月 26 日国务院批复撤销开封市龙亭区、金明区,设立新的开封市龙亭区,撤销开封县,设立开封市祥符区。调整后,开封市区面积一下子大了 1000 多平方千米,市区人口增加了近 80 万。③ 这势必对开封城镇化率的提升,即新兴副中

---

① 吴鹏飞:《开封城市生命周期探析》,《江汉论坛》2013 年第 1 期。
② 李杰、曲昌荣:《以郑州为中心、一个半小时交通为半径,包括洛阳、开封、新乡、焦作、许昌、平顶山、漯河、济源在内的 9 个城市,有个响亮的名字——"中原城市群",九城兴中原》,《人民日报》2006 年 4 月 20 日第 6 版。
③ 周斌:《开封撤销开封县设祥符区 金明区并入龙亭区》,《大河报》2014 年 9 月 27 日第 A06 版。

心城市的建设，起到极大的促进作用。虽然历史不能改变，但未来却可以争取。开封应找准定位，摆正心态，奋发努力，牢牢掌握自己的命运。我们相信，在中央以及河南地方政府的高度重视下，在开封市人民的努力下，古老的开封一定能重新焕发出青春，重现往日的繁荣，步入发达城市之列。

参考文献

一 档案资料

1. 河南省档案馆藏，中共河南省委档案，全宗号：J1

    河南省人民政府档案，全宗号：J78

    河南省城市建设局档案，全宗号：T140

    河南省计划委员会档案，全宗号：J150

    河南省统计局档案，全宗号：J151

    河南省工业厅档案，全宗号：J139

    河南省教育厅档案，全宗号：J153

    河南省建筑工程局档案，档号：J140

    平原省人民政府档案，全宗号：J35

2. 开封市档案馆藏，开封市人民委员会办公室、开封市人民政府办公室档案，全宗号：23

    开封市统计局档案，全宗号：28

    开封市计划委员会档案，全宗号：24

    开封市房管局档案，全宗号：52

    开封市民政局档案，全宗号：31

    开封市文化局档案，全宗号：35

3. 郑州市档案馆藏，郑州市政府办公室档案，全宗号：002、005、82、140、129、053、096、30

郑州市人民委员会办公室档案，全宗号：001、002

郑州市人民委员会统计处档案，全宗号：086、179

郑州市人民委员会基建处档案，全宗号：067

郑州市计划经济委员会统计处档案，全宗号：038、039

郑州市土地局档案，全宗号：038

郑州市公安局档案，全宗号：001、039

郑州市财政经济委员会档案，全宗号：082

郑州市统计局档案，全宗号：001

郑州市工业局档案，全宗号：039、061、092

郑州市建设局档案，全宗号：065

郑州市教育局档案，全宗号：109

郑州市卫生局档案，全宗号：101、111

4. 吉林省档案馆藏，吉林省人民政府档案，全宗号：2

二 相关报刊资料

《人民日报》《河南日报》《郑州日报》《河南政报》《大河报》《东方今报》

三 资料汇编

1. 中共中央文献研究室：《毛泽东文集》第6卷，人民出版社1999年版。

2. 中共中央文献研究室：《周恩来年谱（一九四九——九七六）》上卷，中央文献出版社1998年版。

3. 中共中央文献研究室：《建国以来重要文献选编》第3册，中央文献出版社2011年版。

4. 刘洪声、张林南主编：《张玺纪念文集》，河南人民出版社1992

年版。

5. 傅振武主编：《纪念吴芝圃文集》，河南人民出版社1993年版。

6. 中共河南省委党史工作委员会：《纪念赵文甫文集》，河南人民出版社1993年版。

7. 河南政协委员会编印：《河南文史资料》第24辑，1987年。

8. 郑州市政协文史资料委员会编印：《郑州文史资料》第14辑，1993年。

9. 姜明清：《中华民国交通史料（四）·铁路史料》，国史馆1981年版。

10. 《河南省发展国民经济的第一个五年计划（1953—1957）》，河南人民出版社1955年版。

11. 中共河南省委党史研究室编：《河南省"一五"计划和国家重点工程建设》，河南人民出版社1999年版。

12. 河南省统计局编印：《河南省各专市县经济文化情况志要》上、下集，1958年。

四　论著

1. 王明德：《从黄河时代到运河时代：中国古都变迁研究》，四川出版集团巴蜀书社2008年版。

2. 吴殿廷等：《定都与迁都——兼论中国迁都问题》，东北师范大学出版社2008年版。

3. 朱军献：《因革之变：中原区域中心城市的近代变迁》，山西出版传媒集团·山西人民出版社2013年版。

4. 何一民：《近代中国衰落城市研究》，四川出版集团巴蜀书社2007年版。